RÉPERTOIRE

UNIVERSEL ET RAISONNÉ

DE JURISPRUDENCE

CIVILE, CRIMINELLE,

CANONIQUE ET BÉNÉFICIALE.

OUVRAGE DE PLUSIEURS JURISCONSULTES :

Mis en ordre & publié par M. G U Y O T, Écuyer,
ancien Magiſtrat.

TOME DIXIÈME.

A PARIS,

Chez PANCKOUCKE, Hôtel de Thou, rue des
Poitevins.

Et ſe trouve chez les principaux Libraires de France.

M. DCC. LXXVII.

Avec Approbation & Privilége du Roi.

RÉPERTOIRE

UNIVERSEL ET RAISONNÉ

DE JURISPRUDENCE

CIVILE, CRIMINELLE,

CANONIQUE ET BÉNÉFICIALE.

C

CHASSE. C'eſt l'action de pourſuivre certaines bêtes, comme lièvre,
renard, chevreuil, loup, cerf, ſan-
glier, &c. & en général toute ſorte
de gibier.

Nous diviſerons cet article en ſept parties :

Dans la première nous parlerons de l'origine
de la Chaſſe :

Dans la ſeconde, des anciennes lois concernant la Chaſſe :

Dans la troiſième, des perſonnes à qui appartient le droit de Chaſſe :

A ij

Dans la quatrième , des règles relatives à l'exercice du droit de Chasse :

Dans la cinquième , des amendes & des peines qu'encourent ceux qui contreviennent aux règlemens des Chasses :

Dans la sixième , des juges compétens pour connoître des matières concernant la Chasse :

Dans la septième , de la Chasse du loup.

PREMIÈRE PARTIE.

De l'origine de la Chasse. La Chasse est un des plus anciens exercices. On peut en rapporter l'origine au besoin de garantir les troupeaux des loups , & d'empêcher les animaux sauvages de ravager les moissons : on trouva dans la chair de quelques-uns des alimens sains ; dans les peaux de presque tous une ressource très-prompte pour les vêtemens : on fut intéressé de plus d'une manière à la destrution des bêtes malfaisantes : on n'examina guère quel droit on avoit sur les autres , & on les tua toutes indistinctement , excepté celles dont on espéra de grands services en les conservant.

L'homme devint donc un animal très-redoutable pour tous les autres animaux. Les espèces se dévorèrent les unes les autres , & l'homme les dévora toutes. Il étudia leur manière de vivre pour les surprendre plus facilement ; il varia ses embûches selon la variété de leur caractère & de leurs allures ; il instruisit le chien ; il monta sur le cheval ; il s'arma du dard ; il aiguisa la flèche ; & bientôt il fit tomber sous ses coups le lion , le tigre , l'ours , le léopard : il perça de sa main depuis l'animal terrible qui rugit dans les forêts , jusqu'à celui qui fait retentir les airs de ses chants innocens, & l'art de les détruire fut un art très-étendu, très-exercé, très-utile, & par conséquent fort honoré.

On voit en général que l'exercice de la Chasse a été dans tous les siècles & chez toutes les nations d'autant plus commun, qu'elles étoient moins civilisées. Nos pères beaucoup plus ignorans que nous, étoient beaucoup plus grands chasseurs.

DEUXIÈME PARTIE.

Des anciennes lois concernant la Chasse. Suivant le droit naturel, la Chasse étoit libre à tous les hommes : mais le droit civil de chaque nation a apporté des restrictions à cette liberté indéfinie.

Solon voyant que le peuple d'Athènes négligeoit les arts méchaniques pour s'adonner à la Chasse, la défendit au peuple, défense qui fut depuis méprisée.

Chez les Romains chacun pouvoit chasser, soit dans son fonds, soit dans celui d'autrui ; mais il étoit libre au propriétaire de chaque héritage d'empêcher qu'un autre particulier n'entrât dans son fonds, soit pour chasser ou autrement.

En France dans le commencement de la monarchie, la Chasse étoit libre de même que chez les Romains.

La loi salique contenoit cependant plusieurs règlemens pour la Chasse ; elle défendoit de voler ou de tuer un cerf élevé & dressé pour la Chasse, comme cela se pratiquoit alors ; elle ordonnoit que si ce cerf avoit déja chassé & que son maître pût prouver d'avoir tué par son moyen deux ou trois bêtes, le délit feroit puni de quarante fous d'amende ; que fi le cerf n'avoit point encore fervi à la Chaffe, l'amende ne feroit que de trente-cinq fous.

Cette même loi prononçoit auffi des peines contre ceux qui tueroient un cerf ou un fanglier qu'un autre chaffeur pourfuivoit, ou qui voleroient le gibier des autres ou les chiens & oifeaux qu'ils auroient élevés pour la Chaffe.

Mais on ne trouve aucune loi quii reftreignît alors la liberté naturelle de la Chaffe. La loi falique femble plutôt fuppofer qu'elle étoit encore permife à toutes fortes de perfonnes indiftinctement.

On ne voit pas précifément en quel temps la liberté de la Chaffe commença d'être reftreinte à certaines perfonnes & à certaines formes. Il paroît feulement que dès le commencement de la monarchie Françoife, les princes & la nobleffe en faifoient leur amufement lorfqu'ils n'étoient pas occupés à la guerre ; que nos rois donnoient dès-lors une attention particulière à la confervation de la Chaffe ; que pour cet effet ils établirent un maître veneur (appelé depuis grand veneur) qui étoit l'un des grands officiers de leur maifon, & que fous ce premier officier ils établirent des foreftiers pour la confervation de leurs forêts, des bêtes fauves & du gibier.

Dès le temps de la première race de nos rois, le fait de la Chaffe dans les forêts du roi fut un crime capital, témoin ce chambellan que Gontran roi de Bourgogne fit lapider pour avoir tué un buffle dans la forêt de Vaffac, autrement de Vangenne.

Sous la feconde race, les forêts étoient dé-
fenfables ; Charlemagne enjoint aux foreftiers
de les bien garder ; les capitulaires de Charles-
le-Chauve défignent les forêts où fes commenfaux ni même fon fils ne pourroient pas chaffer ;
mais ces défenfes ne concernoient que les forêts
& non pas la Chaffe en général.

Un concile de Tours convoqué fous l'autorité
de Charlemagne en 813, défend aux eccléfiaftiques d'aller à la Chaffe, de même que d'aller au
bal & à la comédie. Cette défenfe particulière
aux eccléfiaftiques fembleroit prouver que la
Chaffe étoit encore permife aux autres particuliers, du moins hors des forêts du roi.

Vers la fin de la feconde race & au commencement de la troifième, les gouverneurs des
provinces & des villes qui n'étoient que de fimples officiers s'étant attribué la propriété de leurs
gouvernemens à la charge de l'hommage, il y
a apparence que ces nouveaux feigneurs & ceux
auxquels ils fous-inféodèrent quelque portion de
leur territoire, continuèrent de tenir les forêts
& les autres terres de leur feigneurie en défenfe
par rapport à la Chaffe, comme elles l'étoient
lorfqu'elles appartenoient au roi.

Il étoit défendu alors aux roturiers, fous peine
d'amende, de chaffer dans les garennes du feigneur : c'eft ainfi que s'expliquent les établiffemens de faint Louis faits en 1270. On appeloit
garenne toute terre en défenfe : il y avoit alors
des garennes de lièvres auffi-bien que de lapins,
& des garennes d'eau.

Les anciennes coutumes de Beauvoifis rédigées en 1283, portent que ceux qui dérobent
des lapins ou autres groffes bêtes fauvages dans

la garenne d'autrui, s'ils font pris de nuit, feront pendus ; & fi c'eft de jour, ils feront punis par amende d'argent ; favoir, de foixante livres, fi c'eft un gentilhomme, & de foixante fous, fi c'eft un homme de *pofte*.

Les privilèges que Charles V accorda en 1371 aux habitans de Mailly-le-Château, portent que celui qui fera accufé d'avoir chaffé en plaine dans la garenne du feigneur fera cru fur fon ferment, s'il jure qu'il n'a point chaffé ; que s'il ne veut pas faire ce ferment, il payera l'amende.

Il étoit donc défendu dès-lors, tant aux nobles qu'aux roturiers, de chaffer dans les forêts du roi & fur les terres d'autrui en général ; mais on ne voit pas qu'il fût encore défendu, foit aux nobles ou aux roturiers, de chaffer fur leurs propres terres.

Il paroît même que la Chaffe étoit permife aux nobles, du moins dans certaines provinces, comme en Dauphiné, où ils jouiffent encore de ce droit, fuivant des lettres de Charles V de 1367.

A l'égard des roturiers, on voit que les habitans de certaines villes & provinces obtinrent auffi la permiffion de Chaffe.

On en trouve un exemple dans des lettres de 1357, fuivant lefquelles les habitans du bailliage de Revel & de la fénéchauffée de Touloufe étant incommodés des bêtes fauvages, obtinrent du maître général des eaux & forêts, la permiffion d'aller à la chaffe jour & nuit avec des chiens & des domeftiques, *etiam cum ramerio feu rameriis ;* ce qui paroît fignifier des branches d'arbre dont on fe fervoit pour faire des battues.

On leur permit de chasser aux sangliers, chevreuils, loups, renards, lièvres, lapins & autres bêtes, soit dans les bois qui leur appartenoient, soit dans la forêt de Vaur, à condition que quand ils chasseroient dans les forêts du roi ils seroient accompagnés d'un ou deux forestiers, à moins que ceux-ci ne refusassent d'y venir; que si en chassant, leurs chiens entroient dans les forêts royales autres que celles de Vaur, ils ne seroient point condamnés à l'amende à moins qu'ils n'eussent suivi leurs chiens; qu'en allant visiter leurs terres & étant sur le chemin pour d'autres raisons, ils pourroient chasser lorsque l'occasion s'en présenteroit, sans appeler les forestiers. On sent aisément combien il étoit facile d'abuser de cette dernière faculté; ils s'obligèrent de donner au roi pour cette permission cent cinquante florins d'or une fois payés; & au maître des eaux & forêts de Toulouse, la tête avec trois doigts au-dessus du cou & au-dessous des oreilles, de tous les sangliers qu'ils prendroient, & la moitié du quartier de derrière avec les pieds des cerfs & des chevreuils; & par les lettres de 1357, le roi Jean confirma cette permission.

Charles V en 1369, confirma des lettres de deux comtes de Joigny de 1324 & 1368, portant permission aux habitans de cette ville, de chasser dans l'étendue de leur justice.

Dans les privilèges que ce prince accorda en 1370 à la ville de Saint-Antonin en Rouergue, il déclara que quoique par les anciennes ordonnances il fût défendu à quelque personne que ce fût, de chasser sans la permission du roi aux bêtes sauvages, lesquelles néanmoins, dit-il, gâtent les

blés & vignes, que les habitans de Saint-Antonin pourroient chaffer à ces bêtes hors des
forêts du roi.

Les privilèges qu'il accorda la même année
aux habitans de Montauban , leur donnent pareillement la permiffion, en tant que cela regarde le roi, d'aller à la Chaffe des fangliers &
autres bêtes fauvages.

Dans des lettres qu'il accorda en 1374 aux
habitans de Tonnay en Nivernois, il dit que
fuivant l'ancien ufage , toutes perfonnes pourront
chaffer à toutes bêtes & oifeaux dans l'étendue
de la juridiction en laquelle les feigneurs ne pourront avoir de garennes.

On trouve encore plufieurs autres permiffions,
femblables, accordées aux habitans de certaines
provinces, à condition de donner au roi quelque
partie des animaux qu'ils auroient tués à la Chaffe ;
& Charles VI, par des lettres de 1397, accorde
aux habitans de Beauvoir en Béarnois, permiffion de Chaffe , & fe retient entr'autres chofes
tous les nids des oifeaux nobles : c'étoient ap-
paremment les oifeaux de proie propres à la
Chaffe.

Outre ces permiffions générales que nos rois
accordoient aux habitans de certaines villes &
provinces , ils en accordoient auffi à certains
particuliers pour chaffer aux bêtes fauves &
noires dans les forêts royales.

Philippe de Valois ordonna en 1346 , que ceux
qui auroient de telles permiffions ne les pourroient céder à d'autres & ne pourroient faire
chaffer qu'en leur préfence & pour eux.

Charles VI ayant accordé beaucoup de ces
fortes de permiffions & voyant que les forêts

étoient dépeuplées, ordonna que dorénavant
aucune permiſſion ne ſeroit valable ſi elle n'é-
toit ſignée du duc de Bourgogne.

En 1396 il défendit expreſſément aux non-
nobles qui n'auroient point de privilège pour
la Chaſſe, ou qui n'en auroient pas obtenu la
permiſſion de perſonnes en état de la leur donner, de chaſſer à aucune bête groſſe ou me-
nue, ni oiſeau, en garenne ni dehors. Il permit cependant la Chaſſe à ceux des gens d'égliſe
auxquels ces droits pouvoient appartenir par
lignage ou à quelqu'autre titre, & aux bourgeois
qui vivoient de leurs héritages ou rentes. A
l'égard des gens de labour, il leur permit ſeulement d'avoir des chiens pour chaſſer de deſſus
leurs terres les porcs & autres bêtes ſauvages,
à condition que s'ils prenoient quelque bête, ils
la porteroient au ſeigneur ou au juge, ſinon qu'ils
en payeroient la valeur.

Ce règlement de 1396 qui avoit défendu la
Chaſſe aux roturiers, fut ſuivi de pluſieurs autres,
à-peu-près ſemblables en 1515, en 1533, 1578,
1601 & 1607.

Ces deux derniers règlemens & le titre 30 de
l'ordonnance des eaux & forêts du mois d'août
1669, forment les principales lois qu'on ſuit
aujourd'hui ſur cette matière (*).

TROISIÈME PARTIE.

Des personnes à qui appartient le droit de Chasse.
D'après les dispositions que renferment tant les

---

ceux de nos sujets qui n'en ont aucun droit, afin de les empêcher par-là de quitter leur travail ordinaire & les obliger à s'appliquer entièrement à leurs affaires particulières. Nous sommes cependant informé qu'au mépris de nos ordonnances, toutes sortes de personnes se donnent la licence de Chasser & de tirer indifféremment toutes sortes de gibiers, soit bêtes fauves, rousses ou noires, lievres, levreaux, perdrix, gelinotes & oiseaux de rivières de toutes espèces, & vont avec chiens courans, couchans, mâtins, tiasses, collets, panneaux, cordes, filets & autres engins servant au fait desdites Chasses, sans crainte d'encourir les peines portées par nos ordonnances, qui demeurent souvent sans exécution, par la négligence que nos officiers ont à poursuivre les rapports qui sont faits contre les délinquants : & desirant encore faire connoître plus particulièrement nos intentions à cet égard, nous avons jugé à propos de donner un règlement nouveau sur le fait des Chasses & de la pêche, en y rappellant partie des articles de nos ordonnances des quinze janvier & premier octobre 1704, 5 octobre 1705, 23 juin 1708, 5 septembre 1709, 20 avril 1717, & 30 janvier 1724, d'y en ajouter de nouveaux, & d'en commettre l'exécution à notre grand veneur & aux officiers qui lui seront subordonnés, lequel composera dans nos états, terres & pays de notre obéissance, un nombre suffisant de capitaineries, dans lesquelles il nommera des lieutenans & brigadiers des Chasses, & gardes-Chasse qui veilleront à ce qu'il ne soit contrevenu aux présentes ; & après avoir oui notre grand veneur, & pris l'avis des gens de notre conseil, & de notre certaine science, pleine puissance & autorité souveraine, nous avons dit, déclaré & ordonné, disons, déclarons & ordonnons, voulons & nous plaît ce qui suit.

TITRE PREMIER.

ARTICLE PREMIER. Il sera incessamment formé par

anciennes ordonnances que les nouvelles, on

---

notre grand veneur dans nos états, terres & pays de notre obéissance, un nombre suffisant de capitaineries, dont l'état sera ci-joint sous notre contre-scel, dans chacune desquelles il nommera un ou plusieurs lieutenans, & un ou plusieurs brigadiers, pour veiller à la conservation de la Chasse, & tenir la main à l'exécution des présentes, & prêteront lesdits lieutenans leur serment pardevant les officiers du bailliage dans lequel leur département sera enclavé.

II. Les lieutenans des Chasses seront pourvus par commissions expédiées en notre chancellerie, revocables à notre bon plaisir, & toutes & quantes fois que notre grand veneur le jugera à propos pour le bien de notre service; & outre les gages qui leur seront attribués, ils jouiront de toutes franchises & exemptions, même de la subvention, à la reserve des débits de ville & sous de paroisse, à charge de faire régistrer leurs commissions dans tous les greffes des bailliages & gruries de leur juridiction, & sera payé au greffier pour chaque enregistrement deux francs.

III. Les brigadiers des Chasses seront établis par commissions de notre grand veneur, revocables au bon plaisir; prêteront serment par devant les officiers de nos bailliages; & seront aussi obligez de faire régistrer leurs commissions dans tous les greffes desdits bailliages & gruries de leur département, & sera payé pour chaque enregistrement au greffier, un franc.

IV. Lesdits brigadiers, outre leurs gages, jouiront des mêmes franchises & exemptions que les lieutenans des Chasses, à la réserve de subvention dont ils ne payeront que la moitié des cottes auxquelles ils se trouveront taxés lors de leur établissement.

V. Il sera établi par les lieutenans de Chasse dans chaque capitainerie, un nombre suffisant de gardes-Chasse, qui sçauront lire & écrire, autant que faire se pourra; & après information faite de leurs vie & mœurs, seront reçus sans frais & prêteront serment pardevant les officiers des bailliages, en présence du lieutenant des Chasses, s'il veut s'y trouver.

doit établir pour maxime que parmi nous, le

VI. Afin d'engager lesdits gardes Chasse à faire leur devoir, ils jouiront de cinquante livres de gages annuellement, qui leur seront payées sur les fonds que nous destinerons à cet effet, & seront en outre francs & exempts des charges publiques & autres prestations personnelles, même des logemens de gens de guerre, à la réserve de la subvention & autres sommes imposées par nos ordres, des cens, rentes & autres droits domaniaux, corvées & autres prestations envers les seigneurs, & leurs cottes à la subvention & autres charges qui seront imposées, demeureront sur le pied qu'elles seront lors de leur reception auxdits emplois.

VII. Tous les gardes Chasse qui auront prêté serment, seront crus sur leur simple rapport, jusqu'à la somme de cent francs d'amende, & au delà jusqu'à la somme de deux cens francs en justifiant que celui ou ceux qu'ils auront rapportés, auront porté le fusil le jour du rapport, ou qu'ils sont accoutumés de le porter, sauf & sans préjudice à celui ou ceux qui auront été rapportés, de prouver leur alibi ou autres faits justificatifs de droit ; & lors que le fait méritera une condamnation plus forte, le garde Chasse sera obligé de prouver la vérité de son rapport, au moins par un temoin digne de foi.

VIII. Les forêtiers & garde de nos forêts & rivières, qui ont prêté serment, & qui trouveront quelqu'un chassant, pourront en faire rapport comme il est dit en l'article ci dessus, & le tiers de l'amende en laquelle les délinquants auront été condamnés, leur appartiendra, & les gardes Chasse pourront aussi faire rapport de ceux qu'ils trouveront commettant quelques délits ou dégradations dans les eaux & forêts, auquel cas le tiers de l'amende leur appartiendra.

IX. Et pour animer un chacun à veiller soigneusement à la conservation de la Chasse, nous voulons que toutes personnes, indistinctement, soient reçues à faire des rapports, pourvu qu'elles en puissent prouver la vérité par deux témoins dignes de foi, & en ce cas celui qui aura fait le rapport, aura le tiers de l'amende.

roi a préfentement feul le droit primitif de

X. Tous les rapports foit qu'ils foient faits par des
gardes Chaffe, forétiers, gardes forêts, rivieres ou autres,
feront faits au greffe de la grurie, dans les terres de nos
domaines, & aux greffes des hautes juftices, de nos vaffaux dans l'étendue defdites juftices, à la réferve des lieux
refervés pour nos plaifirs, dans lefquels les rapports feront
faits au greffe du bailliage qui fe trouvera enclavé dans
l'étendue d'iceux, quoique de différentes juridictions, à
l'effet de quoi nous ordonnons à tous les greffiers d'avoir
un regiftre particulier & en bonne forme, fur lequel ils
écriront & feront figner tous les rapports de fuite, fans y
laiffer aucun blanc, à peine de cinquante francs d'amende
& d'interdiction, s'il échet.

XI. Les rapports feront bien circonftanciés & fignés par
celui qui les aura faits, s'il fait figner, & s'il ne fait figner,
il fera fa marque à l'affiftance de deux témoins

XII. Tous les rapports feront faits dans huit jours au
plus tard après la reprife faite, à peine de nullité.

XIII. Enjoignons à nos procureurs dans nos bailliages,
aux fubftituts dans nos gruries, & aux procureurs des feigneurs dans leurs hautes juftices, de pourfuivre le jugement des rapports jufqu'à fentence définitive inclufivement,
pardevant les juges de la juridiction où lefdits rapports auront été faits, dans la quinzaine au plus tard après que le
rapport aura été mis au greffe, a peine d'interdiction de
leurs charges, à l'effet de quoi ils fe feront repréfenter
chaque femaine les régiftres de rapports.

XIV. Nous attribuons la juridiction & connoiffance des
faits de Chaffes en premiere inftance aux officiers de nos
gruries dans l'étendue des hautes juftices de nos domaines,
dépendantes de leur juridiction, tant en Lorraine que dans
le Barrois non mouvant, fauf l'appel en notre chambre
des comptes de Lorraine, & en outre dans les domaines de nos pays qui ont été engagés ou aliénés, &
dont la juridiction leur a été réfervée, fauf l'appel immédiatement à notre cour fouveraine; aux juges des hauts
jufticiers dans l'étendue de leurs hautes juftices (lors qu'elles
ne feront pas comprifes dans nos plaifirs) fauf l'appel aux

Chasse ; que tous les autres tiennent ce droit de

---

bailliages, & en dernier ressort à notre cour souveraine pour la Lorraine & le Barrois non mouvant ; & dans les lieux re-servés pour nos plaisirs, la connoissance en appartiendra en première instance aux juges de nos bailliages, dont les sentences seront exécutées par provision, (& même par corps contre les roturiers) si les amendes n'excèdent pas la somme de cinq cens francs, à moins que les condam-nés ne consignent l'amende ; & sans préjudice de l'appel en notredite cour. Et à l'égard du Barrois & Bassigny mouvants, les juges qui sont en droit & possession de con-noître desdits faits & Chasse, continueront d'en prendre connoissance comme du passé, sauf l'appel où il appar-tiendra, conformément aux concordats & réglemens.

XV. Enjoignons auxdits juges de juger à la rigueur les faits de Chasse, conformément au présent règlement, sans que pour quelques causes ou raisons que ce puisse être, ils puissent diminuer ni modérer les peines & amen-des y portées, à peine d'en répondre en leur pur & privé nom.

XVI. Les preuves des rapports seront faites sommaire-ment, & les témoins assignés de même que l'accusé, à la diligence de nos procureurs, des substituts & de ceux des seigneurs, à comparoître à l'audience, où ils prêteront serment en présence du garde Chasse, ou autre qui aura fait le rapport ; & seront ensuite leurs dépositions rédigées sommairement par le juge à l'audience.

XVII. Les lieutenans de Chasse pourront assister aux jugemens des procès intentés pour faits de Chasse arrivés dans les hautes justices de notre domaine & lieux réservés pour nos plaisirs, sans que pour raison de ce ils puissent prétendre aucune part aux émolumens : y auront voix délibérative, tant dans les bailliages que dans les gruries & prendront séance dans les bailliages après le dernier conseil-ler, & dans les gruries après le gruyer, ou en son absence, après le premier officier du corps, à l'effet de quoi toutes les causes pour fait de Chasse seront appelées les premières ès audiences & avant toutes autres

XVIII. Toutes sentences pour faits de Chasse, seront

fa

sa majesté, soit par inféodation ou par concef-

---

signifiées à la requête de nos procureurs dans les bailliages,
des substituts dans nos prévôtés & gruries, ou des procureurs des seigneurs, à personnes ou domiciles des condamnés dans la huitaine au plus tard, du jour de leurs
dattes, & pourront être mises à exécution par provision,
sans qu'il soit besoin de prendre aucun visa, ni pareatis,
lorsque nosdits procureurs ou substituts seront parties; &
lorsqu'il y aura appel desdites sentences, l'appelant sera
obligé de relever son appel, & de faire de sa part toutes
diligences nécessaires pour le faire juger dans deux mois,
du jour & date de la signification de la sentence, sinon
ledit temps passé, elle sera mise à exécution; ce qui aura
pareillement lieu pour les appels pendans en nos bailliages
& en nos compagnies souveraines.

XIX. Ordonnons aux procureurs généraux de prendre le
fait & cause en défense de nos procureurs dans les bailliages & des substituts en nos gruries, dans les causes d'appel,
& de poursuivre d'office le jugement des procès ainsi qu'il
est ci-dessus prescrit.

XX. Ordonnons à tous les greffiers de nos bailliages &
gruries, de donner aux lieutenans des Chasses de leurs capitaineries, tous les trois mois, des extraits de toutes les
sentences rendues pour faits de Chasse lesquels extraits
lesdits lieutenans enverront à notre grand veneur.

XXI. Voulons que les gardes Chasse & autres qui seront obligés de venir faire leurs rapports au greffe, à
plus d'une lieu de distance de leur résidence, soient payés
de leurs journées à raison de deux francs par lieue, par
la partie condamnée, à l'effet de quoi il sera fait mention
dans leurs rapports, de la distance du lieu de leur résidence;
ordonnons aux procureurs généraux de les comprendre pour
leurs voyages dans les déclarations de dépens.

TITRE DEUX.

ARTICLE PREMIER. Faisons très-expresses inhibitions
& défenses à toutes sortes de personnes, de quelque qualité
& condition qu'elles soient, même aux seigneurs hauts
justiciers, de chasser, pas même sur leurs terres, depuis

fion, & qu'elle peut le reſtreindre comme bon lui ſemble.

---

le quinze de mars, juſqu'au quinze d'août, à peine de cent francs d'amende pour la premiere fois, du double pour la ſeconde, & de cinq cens francs pour la troiſième, & ce outre les amendes ordinaires qui ſeront prononcées ci-après pour fait de Chaſſes, contre ceux qui n'ont aucun droit de chaſſer, & des dommages & intérêts réſultans des dégats faits dans les grains, dans les vignes, prairies & autres lieux, contre ceux qui y ſeront trouvés chaſſans pendant ledit temps défendu.

II. Voulons que tous ceux qui ſeront repris chaſſans dans nos plaiſirs, pendant leſdits cinq mois de défenſe, ſoient condamnés à l'amende du double, portée en l'article précédent, à l'effet de quoi il ſera joint au préſent règlement un état ſigné de notre grand veneur, des lieux réſervez pour nos plaiſirs de Nancy, Lunéville & Commercy.

III. Avons fait & faiſons très expreſſes & itératives défenſes à toutes ſortes de perſonnes qui n'ont droit de Chaſſe, de quelque rang, état, qualité, & condition qu'elles puiſſent être, de chaſſer avec armes à feu, ſans chiens, ou avec des chiens, dans les bois, hayes, buiſſons, garennes, plaines, campagnes ou montagnes, ni ſur les étangs, ruiſſeaux & rivières de nos domaines, à peine de cent francs d'amende pour la première fois, du double pour la ſeconde, en cas de récidive pour une troiſième fois, de punition corporelle contre les roturiers, de perte & privation d'office contre les officiers, quels qu'ils puiſſent être, & de cinq cens francs d'amende contre les eccléſiaſtiques, gentils hommes & nobles; leſquelles prohibitions & défenſes ſeront pareillement obſervées dans nos domaines engagés ou aliénés, & dans toutes les terres & ſeigneuries de nos vaſſaux, ſous les mêmes peines.

IV. Défendons pareillement à toutes ſortes de perſonnes indiſtinctement, de tendre ou faire tendre dans nos états aucuns filets, lacs de ſoie, de crin ou de fil de laiton, fer ou autres, en quelque façon ou manière que ce puiſſe être, ſous les peines portées en l'article précédent.

C'eft en conféquence de ce principe que les

V. Faifons pareilles défenfes dans les lieux réfervés pour nos plaifirs, même aux feigneuries hauts-jufticiers, de qui les terres & feigneuries y feront comprifes, à peine de deux cens francs d'amende pour la première fois, & en cas de récidive, des peines portées en l'article III du préfent titre.

VI. Défendons expreffément à tous lieutenans des Chaffe, brigadiers & gardes Chaffe, foreftiers, gardes de nos forêts & rivières, de porter le fufil, à peine de cent francs d'amende ; permettons feulement auxdits lieutenans & brigadiers des Chaffes, lorfqu'ils feront dans les fonctions de leurs emplois d'avoir une paire de piftolets à l'arçon de la felle, pour la fureté de leurs perfonnes.

VII. Défendons à toutes perfonnes de quelque qualité, état & condition qu'elles puiffent être, même aux feigneurs hauts-jufticiers dans leurs terres, & à tous autres ayant droit de Chaffe, de chaffer, tirer ou prendre cerfs, biches ou fans de biches, à peine de cinq cens francs d'amende pour la première fois, du double pour la feconde, & en cas d'une troifième récidive, du carcan & d'un banniffement de nos états, pendant cinq ans contre les rôturiers. Et s'il arrivoit que quelques eccléfiaftiques, gentilshommes ou nobles tombaffent en cette faute une troifième fois, nous voulons qu'il foient condamnés à une amende de fept mil francs.

VIII. Nous défendons pareillement la chaffe du Chevreuil pendant trois ans, à compter de la publication des préfentes, à toutes fortes de perfonnes & fous les mêmes peines qu'en l'article ci-deffus.

IX. Ceux qui prendront des jeunes levreaux, fans de chevreuil, œufs de perdrix, cailles, gelinottes & faifans, feront condamnés comme s'ils avoient chaffé.

X. Défendons à toutes perfonnes d'avoir dans leurs maifons, ou de porter en campagne des armes brifées & qui fe démontent, à peine de cinq cens francs d'amende, & de punition corporelle, & à tous armuriers d'en fabriquer ni faire fabriquer, ni d'en tenir dans leurs boutiques fous pareille peine de cinq cens francs d'amende, & en

articles 14 & 26 du titre 30 de l'ordonnance des

outre du carcan, & d'être bannis pendant cinq ans de nos états.

XI. Toutes personnes qui n'ont aucun droit de porter les armes & qui seront trouvées avec fusil, écartées des grands chemins, même dans les sentiers, seront condamnées à cent francs d'amende, & quand elles auront des chiens avec elles, l'amende sera de deux cens francs.

XII. Défendons à tous laboureurs, vignerons, bergers, pâtres & autres habitans des villes & de la campagne, de laisser roder leurs chiens, à moins qu'il n'ayent un billot pendu au cou, pendant sur les jambes, au moins d'un pied de longeur, & de cinq pouces de tour, ou une chaîne pendante jusqu'au milieu des jambes, si mieux ils n'aiment leur faire couper un jaret, à peine de cinq francs d'amende.

XIII. Faisons défenses de chasser de nuit au feu, au traîneau, ou filet, à peine de cinq cens francs d'amende, & du double en cas de récidive.

XIV. Nous défendons pareillement à toutes sortes de personnes de faire aucune pipée dans nos forêts, à peine de cens francs d'amende, outre les dommages & intérêts dûs pour dégradation dans les bois.

XV. Défendons pareillement à toutes personnes de prendre des nids ou aires de grives, sous pareille peine de cens francs d'amende.

XVI. Déclarons les peres, meres, maîtres & maîtresses, responsables des amendes auxquelles auront été condamnés leurs enfans ou domestiques qui auront contrevenu au présent règlement.

XVII. Pourront les seigneurs hauts-justiciers chasser dans l'étendue de leurs hautes-justices dans les temps permis par le présent règlement, lorsqu'elles ne sont point comprises dans nos plaisirs, sans néanmoins qu'ils puissent affermer le droit de Chasse en détail, mais seulement céder à leurs amodiateurs le droit personnel qu'ils ont de chasser, & de pouvoir établir un chasseur.

XVIII. Pour éviter les contestations qui arrivent souvent au sujet de la Chasse, entre les seigneurs qui ont diffé-

eaux & forêts, ont accordé aux seigneurs, aux

---

rentes parts dans une haute, baffe, moyenne ou foncière
juftice, défendons à peine de cent francs d'amende à celui
qui n'aura pas au moins un fixième dans une haute,
moyenne, baffe ou foncière juftice, d'y chaffer.

XIX. Permettons à tous feigneurs, moyens & bas
jufticiers, ou fonciers des lieux où les hautes juftices dépendent de notre domaine, d'y chaffer avec un fecond, dans
les temps permis, quand ils y auront au moins un fixième,
ainfi qu'il eft dit en l'article ci-deffus.

XX. Les nobles & gentils-hommes réfidant dans les
fiefs dont le ban eft féparé, pourront chaffer dans l'étendue de leurs fiefs feulement, & fi les terres & héritages
dépendans de leurs fiefs, fe trouvent mêlés dans le finage
de la haute juftice, ils ne pourront y chaffer, s'ils n'ont
titre contraire.

XXI. Pour indemnifer les feigneurs hauts-jufticiers,
dont les terres & feigneuries font fituées dans nos plaifirs,
nous voulons qu'il leur foit défigné par notre grand veneur, un canton fuffifant dans d'autres terres dépendantes
de nos domaines dans lequel ils jouiront du droit de Chaffe
qu'ils avoient dans leurs hautes juftices, & des deux tiers des
amendes des délits qui s'y commettront.

XXII. Les amendes qui fe trouveront adjugées par les
officiers de nos bailliages, pour les reprifes faites dans les hautes juftices qui fe trouveront enclavées dans nos plaifirs, appartiendront pour les deux tiers aux propriétaires defdites
hautes juftices, au cas qu'il ne leur auroit pas été donné
un canton fuffifant dans d'autres terres, dépendantes de
notre domaine par notre grand veneur, & l'autre tiers à
celui qui aura fait le rapport.

XXIII. Nous nous refervons de faire chaffer quand
nous le jugerons à propos, fur les terres de notre domaine, de même que dans tous les bois & forêts de nos
domaines, qui ont été aliénés à quelque titre que ce puiffe
être.

XXIV. Voulons que toutes les peines & amendes portées par le préfent règlement, foient payées par tête &
folidairement par chacun de ceux qui feront trouvés chaf-

B iij

gentilshommes & aux nobles, le droit de Chasse

fant, tirant, tendant avec armes à feu, chiens, filets,
lacs de crins, de foie, & de fil de laiton, de fer, ou
autres, en quelque façon & maniere que ce puiffe être, dans
les bois, hayes, buiffons, garennes, plaines, campagnes,
ainfi que fur les étangs, rivières & pipées, & en outre
ceux qui ayant droit de chaffer feront trouvés chaffans,
tirans cerfs, biches ou fans de biches & chevreuil, & ceux
qui feront trouvés chaffant dans les temps prohibés.

XXV. Nous fupprimons toutes les commiffions ci-devant accordées à des giboyeurs, pour fournir du gibier à
notre cour, & nous défendons d'en donner aucune à l'a-
venir, fans un ordre exprès de notre part.

XXVI. Nous défendons à tous nos vaffaux & autres
qui ont droit de chaffer, de porter le fufil hors de l'é-
tendue du terrein où ils n'auroient pas droit de Chaffe; & au
cas que leurs chiens fuivroient la Chaffe fur un terrein
où il n'auroient pas droit de chaffer, il leur fera feulement permis de les fuivre fans armes, à peine d'être punis
comme fi effectivement il avoient chaffé.

XXVII. Si par des confidérations particulières & qui
doivent être rares, notre grand veneur accorde quelques
permiffions de chaffer, elles feront revocables à bon plaifir,
régiftrées aux greffes des jurifdictions dans l'étendue defquelles elles doivent avoir leur effet, & communiquées au
lieutenant des Chaffes.

XXVIII. Nous permettons à tous les feigneurs hauts-
jufticiers d'établir dans leurs hautes juftices & dans les terres
qui leur feront défignées en indemnité de celles qu'ils
auront dans nos plaifirs, des gardes Chaffe avec des
bandoulières, à leurs armes & livrées, & leur ordonnons
d'y faire exécuter le préfent règlement, à peine d'y être
pourvu par notre grand veneur.

XXIX. Voulons que fur les ordres de notre grand
veneur, chaque lieutenant des Chaffes faffe chaffer &
tracquer toutes les communautés de fa capitainerie pour
les loups, renards & autres bêtes puantes, feulement,
enforte néanmoins qu'il ne pourra obliger à chaque trac-
que que la moitié des habitans d'une communauté, dont

dans l'étendue de leurs hautes justices & dans

---

les sexagénaires & les jeunes garçons, au-dessous de quatorze ans, seront exempts ; & qu'il ne sera fait chaque année que quatre tracques par chacune communauté, à moins que pour des cas pressans & imprévus, il n'ait un ordre exprès & extraordinaire de notre grand veneur.

XXX. Tous ceux qui manqueront de se trouver auxdites Chasses ou qui n'y enverront pas des personnes suffisantes en leur lieu & place, seront condamnés en deux francs d'amende ; & seront lesdites amendes payées & levées sur le champ par le garde Chasse qui pourra contraindre les défaillans au payement d'icelles, nonobstant appel ou opposition, dont moitié appartiendra aux gardes Chasses, & l'autre moitié sera remise entre les mains du lieutenant des Chasses qui ne pourra en disposer que sur les ordres de notre grand veneur ; seront de plus les maires, ou syndics de chaque communauté obligés de fournir à chacun de leurs habitans, qui auront des fusils, trois coups de poudre & trois coups de plomb.

XXXI. Voulons aussi que toutes les amendes qui seront prononcées par nos juges pour fait de Chasse, soient consignées entre les mains du greffier, où le rapport aura été fait, sans qu'ils puissent les délivrer que sur les ordres de notre grand veneur, dont un tiers nous appartiendra, un tiers au lieutenant des Chasses de la capitainerie, & l'autre tiers aux brigadiers, gardes Chasse, forêtiers, gardes de nos forêts & rivières, & autres qui auront fait le rapport ; & aura le greffier deux francs par cent francs pour droit de contseing, qui sera payé par la partie condamnée.

Le titre 3 de cet édit n'ayant rapport qu'à la pêche seroit ici superflu.

Depuis la mort du roi Stanislas, époque à laquelle la Lorraine a été réunie à la couronne, Louis XV a rendu un édit qui a dérogé à quelques dispositions de celui qu'on vient de rapporter, & a confirmé les autres : voici cette loi que la cour souveraine de Lorraine & Barrois a enregistrée le 30 mai 1766.

Louis par la grace de Dieu roi de France & de Navarre,

leurs forêts, buissons, garennes & plaines; mais

à tous présens & à venir; salut. Les ducs de Lorraine & de Bar ayant par édit du mois de janvier 1729, établi douze capitaineries pour l'administration & la conservation des Chasses & pêches, sous l'autorité & la direction du grand veneur & depuis le feu roi Stanislas I, notre très-cher frere & beau-pere, ayant par un autre édit de janvier 1764, distrait de la grande venerie les Capitaineries de Nancy, Lunéville & Commercy, pour rester affectées à l'arrondissement de ses plaisirs, & être lesdits trois capitaineries administrées par des officiers & juges particuliers créés & établis à cet effet par le même édit; & considérant que la premiere dont le siége est fixé dans la ville capitale de notre duché de Lorraine est en partie composée de cantons de terres appartenant à des seigneurs hauts-justiciers, possesseurs de fiefs & autres à titre patrimonial, de concession ou aliénation; que la circonstance du décès de notre frere & beau-pere, & l'éloignement de notre résidence faisant cesser le motif & l'utilite de l'établissement de la capitainerie, nous avons jugé ne pouvoir pas en faire une disposition plus utile qu'en affectant au gouverneur-général de la Lorraine ou au commandant en son absence, ainsi qu'aux officiers de l'état-major & de la garnison de Nancy, les parties domaniales de ladite capitainerie restées en notre main, & en rendant aux seigneurs fonciers, haut-justiciers, possesseurs de fiefs, & autres nos sujets, la libre jouissance & l'usage de la Chasse sur leurs terres ou parties dicelles qui sont entrées dans ledit arrondissement; à quoi inclinant favorablement, nous, de notre certaine science, pleine puissance & autorité royale, avons dit, statué & ordonné, disons, statuons & ordonnons, voulons & nos plait ce qui suit.

Article premier. La capitainerie des Chasses de Nancy créée par édits de 1729 & 1764, sera & demeurera renfermée à l'avenir dans les limites & étendue des cantons de bois & terreins restés en notre main, ensemble des bans, finages & parties d'iceux non concédés ni aliénés, sur lesquels le droit de Chasse nous appartient, dont l'état sera arrêté en notre conseil, & joint aux présentes.

fous la condition qu'ils ne pourroient chaffer à

II. Voulons en conféquence que les autres parties dépendantes des hautes juftices, terres, fiefs ou feigneuries tant
aliénées que patrimoniales comprifes dans l'arrondiffement
fixé par l'édit de 1729, en foient diftraites, pour en être
la jouiffance rendue aux propriétaires & poffeffeurs defdites
hautes-juftices, terres, fiefs & feigneuries, lefquels pourront déformais y exercer ou faire exercer le droit de Chaffe
qui leur appartient, en fe conformant aux édits, ordonnances & réglemens rendus fur le fait des Chaffes ès du-
chés de Lorraine & de Bar ; au moyen de quoi les cantons qui leur avoient été accordés à titre d'indemnité ou de
remplacement, rentreront de droit à notre difpofition.

III. Les parties réfervées pour le nouvel arrondiffement
de la capitainerie de Nancy, fuivant l'état qui en aura été
arrêté, demeureront affectées aux plaifirs du gouverneur-
général de la Lorraine, ou commandant militaire en fon
abfence audit duché, auxquels attribuons tout pouvoir &
autorité pour l'exercice du droit de Chaffe fur lefdites parties réfervées, & pour la défignation & diftribution des
cantons qui en feront diftraits, & affectés à l'ufage particulier des officiers tant de l'état-major que ceux de la
garnifon de la place de Nancy.

IV. Voulons que les contraventions & délits qui pourront être commis dans l'étendue des parties de terres &
hautes-juftices réfervées pour l'arrondiffement de la capitainerie de Nancy, foient pourfuivis & jugés fuivant les
formes prefcrites par l'édit de 1729, ordonnances &
réglemens fubféquens, & qu'en conféquence les officiers
particuliers, juges, greffiers & gardes, créés & établis
par l'édit du mois de janvier 1764, foient & demeurent
fupprimés.

V. Faifons très expreffes inhibitions & défenfes à toutes
perfonnes de quelqu'état & condition qu'elles foient, de
chaffer dans l'étendue des cantons réfervés & compris dans
l'arrondiffement de ladite capitainerie, fans être munies
de permiffions du gouverneur-général ou du commandant en fon abfence, lefquelles permiffions ne pourront être
accordées qu'à des officiers militaires, gentils hommes,

force de chiens & d'oiseaux, qu'à une lieue des

ou autres perfonnes vivant noblement , & ce dans les temps feulement où la Chaffe n'eft pas prohibée par les ordonnances.

VI. Il fera libre au gouverneur de commettre & établir des gardes , autres que fes domeftiques ou ceux des officiers de l'état major & de la place , fachant lire & écrire , au nombre néceffaire , pour la confervation des Chaffes dans l'étendue de ladite capitainerie ; lefquels gardes feront porteurs de bandoulières à fes armes & livrée ; & ne pourront être admis à l'exercice de leurs fonctions qu'après avoir prêté ferment , & été reçus fuivant les formes prefcrites par les édits & règlemens concernant les Chaffes.

VII. Pourra auffi ledit gouverneur faire publier & afficher les défenfes qu'il jugera néceffaires pour empêcher la Chaffe & la deftruction du gibier , par collets , engins, feux, enlevement de nids & de portées , ou autres voies ; n'entendant néanmoins fa majefté , qu'il puiffe , fous aucun prétexte , retarder la coupe des grains & foins , ni l'extraction & enlevement des chaumes , empêcher les cultivateurs d'arracher les herbes dans leurs terres enfemencées, ni établir d'autres peines que celles portées par l'édit du mois de janvier mil fept cent vingt-neuf.

VIII. Les gardes-Chaffe établis par le gouverneur, & reçus conformément à l'article VI des préfentes , feront tenus de fuivre , dans la rédaction de leurs rapports & procès-verbaux , les règles & formes prefcrites par les édits & ordonnances , à peine de nullité defdits rapports & procès-verbaux ; & cependant lefdits gardes rendront compte des délits ou contraventions au gouverneur ou au commandant en fon abfence , lequel pourra , fi le cas eft affez grave , faire arrêter les délinquans , pour être remis dans les vingt-quatre heures au pouvoir des juges auxquels il appartient de connoître defdits délits ou contraventions.

Si donnons en mandement à nos amés & féaux les gens tenant notre cour fouveraine de Lorraine & Barrois, à Nancy, que notre préfent édit ils ayent à faire lire , pu-

plaifirs du roi ; & pour les chevreuils & bêtes noires, dans la diftance de trois lieues.

---

blier & regiftrer, & le contenu en icelui garder, obferver & exécuter felon fa forme & teneur : car tel eft notre plaifir. Et afin que ce foit chofe ferme & ftable à toujours, nous y avons fait mettre notre fcel.

Donné à Verfailles au mois de mai l'an de grace mil fept cent foixante-fix, &c.

Par un autre édit du mois d'octobre fuivant le roi a fait pour les capitaineries des Chaffes de Lunéville & de commerci un règlement pareil a celui qui avoit été fait pour la capitainerie de Nancy, & a attribué au gouverneur & aux officiers de la garnifon des villes de Lunéville & de Commercy, les mêmes avantages dans ces capitaineries, que ceux que l'édit du mois de mai qu'on vient de lire, avoit accordés au gouverneur de la Lorraine dans la capitainerie de Nancy.

Enfin s'étant élevé des difficultés entre les officiers des bailliages de Nancy, de Lunéville & de Commercy, & ceux des maîtrifes de Nancy, de Lunéville & de faint Mihiel fur la juridiction que les uns & les autres vouloient exercer relativement aux délits & faits de Chaffe dans ces capitaineries, le roi les a terminées par la déclaration fuivante.

Louis, par la grace de Dieu, roi de France & de Navarre, à tous ceux qui ces préfentes lettres verront, falut. Nous avons par nos édits des mois de mai & octobre 1766, reftreint & limité l'étendue des capitaineries des Chaffes de Nancy, Lunéville & Commercy, aux cantons de bois & terreins reftés en notre main, enfemble aux bans, finages & parties d'iceux non concédés & aliénés, fur lefquels le droit de Chaffe nous appartenoit ; nous avons, en conféquence, fupprimé les officiers particuliers, juges & greffiers, & gardes créés & établis par édit du mois de janvier 1764, & ordonné que les contraventions & délits qui pourroient être commis dans l'étendue des terreins réfervés pour former l'arrondiffement defdites capitaineries, feroient pourfuivis & jugés fuivant les formes prefcrites par l'édit du mois de janvier 1729. Nous fommes

Lorſque le fief de ſla paroiſſe appartient à un

inſtruits que cette dernière diſpoſition fait naître des prétentions contraires entre les officiers des bailliages de
Nancy, Luneville & Commercy, & ceux des maîtriſes
de Nancy, Lunéville & ſaint-Mihiel, en ce que les uns
& les autres faiſant une application différente des diſpoſitions des articles X & XIV dudit édit de janvier 1729,
prétendent avoir la connoiſſance des délits & faits de Chaſſe
dans l'étendue deſdites capitaineries, les premiers parce
que ces capitaineries n'étant point ſupprimées, mais ſeulement limitées en une moindre étendue, reſtent toujours dans leur première nature de réſerves pour nos
plaiſirs, & par conſéquent ſoumiſes à la juridiction des
bailliages dans leſquels elles ſe trouvent ſituées ; les
ſeconds parceque les officiers particuliers créés par l'édit
de janvier 1764 étant ſupprimés, & leſdites capitaineries
étant affectées aux gouverneurs de Nancy, Lunéville &
Commercy, & non pas à nos plaiſirs, rentrent dans la
claſſe des autres capitaineries, & par conſéquent deviennent comme elles du reſſort des maîtriſes des eaux & forêts : & ces prétentions reſpectives & contraires ne pouvant qu'occaſionner des conflits de juridiction & nuire au
bien de notre ſervice, nous avons réſolu d'expliquer nos
intentions à ce ſujet.

A ces cauſes, & autres à ce nous mouvant, de l'avis de
notre conſeil & de notre certaine ſcience, pleine puiſſance
& autorité royale, nous avons dit, déclaré & ordonné,
& par ces préſentes ſignées de notre main, diſons, déclarons & ordonnons, voulons & nous plaît ce qui ſuit.

Les articles X & XIV du titre premier de l'édit du
mois de janvier 1729, ſeront exécutés ſelon leur forme
& teneur, & en conſéquence, la connoiſſance des délits
& contraventions ſur le fait de Chaſſes, qui ont été commis dans les parties de terres & hautes-juſtices domaniales
qui compoſent actuellement les capitaineries de Nancy,
Lunéville & Commercy, & de ceux qui s'y commettront
à l'avenir appartiendra aux officiers des maîtriſes, ſous le
reſſort deſquelles leſdites parties de terres & hautes juſtices
domaniales ſont ſituées, nonobſtant tous jugemens & arrêts de défenſes à ce contraires, que nous déclarons de nul
effet.

autre qu'au seigneur haut justicier, celui-ci n'en

II. Indépendamment des gardes-Chasses que nous avons laissé la liberté au gouverneur-général de la Lorraine, & aux gouverneurs des villes de Lunéville & Commercy d'établir, les forêtiers & gardes de nos forêts & rivières qui ont prêté serment, pourront faire les rapports des délits de Chasse dans l'étendue desdites capitaineries, suivant les formes prescrites par les édits & règlemens concernant les Chasses, lesquels seront au surplus exécutés selon leur forme & teneur, en ce qui n'y est point dérogé par les présentes.

Si donnons en mandement à nos amés & féaux les gens tenant notre cour souveraine de Lorraine & Barrois à Nancy, que ces présentes ils aient à faire lire, publier & registrer, & le contenu en icelles garder & observer selon leur forme & teneur; car tel est notre plaisir. En témoin de quoi nous avons fait mettre notre scel à cesdites présentes.

Donné à Versailles le sixième jour du mois de juin, l'an de grace mil sept cent soixante sept, &c.

Ajoutez à ce qui vient d'être dit sur les Chasses de la Lorraine les observations suivantes que nous a communiqués après la composition de l'article, M. H***** avocat au parlement. Nous devons d'autant moins les passer sous silence qu'elles serviront de commentaire à l'édit que nous avons rapporté, & qu'elles appartiennent a un jurisconsulte non moins recommandable par son érudition que par la doctrine pure & le stile énergique qui règnent dans ses écrits. Sa modestie ne nous a jusqu'à présent permis de l'indiquer que par la lettre initiale de son nom.

En Lorraine, dit le jurisconsulte cité, le droit de Chasse réside dans la personne de celui qui représente le public, & qui exerce les droits de la société. Le prince seul & les seigneurs hauts-justiciers en ont l'exercice illimité; il est interdit aux Seigneurs de moyenne & basse justice & si les seigneurs directs en ont quelque fois l'usage, ce n'est que par une espece de tolérance & dans des cas qui se rencontrent rarement.

a pas moins le droit d'y chasser, mais il ne peut

. Le duc Henri par son ordonnance du 8 août 1621 ,
confirmant celles des ducs ses prédécesseurs, sur le fait
des Chasses; déclare formellement : « qu'il interdit sous
» les peines & amendes y portées , & défend à toutes
» personnes de quelqu'état , qualité & condition quelles
» fussent, de chasser en ses forêts, bois, buissons, ga-
» rennes, & campagnes ; & en ceux des prélats ou vas-
» saux de ses pays auxquels il veut être loisible comme au-
» paravant, de chasser ès lieux de leurs hautes-justices »

On voit d'après cette disposition qu'alors le droit de
Chasse étoit concentré dans la personne du souverain, &
des seigneurs hauts-justiciers, à l'exclusion des seigneurs de
moyenne, & basse justice, & des seigneurs de fiefs. En effet
la prohibition est générale, & les premiers seuls en sont
exceptés.

Le duc Léopold regardé a si juste titre comme le législateur de la Lorraine, rendit en 1704 une ordonnance sur
le fait des Chasses. Après avoir exposé dans le préambule
de cette loi, que l'exercice de la Chasse « ne convient
» qu'aux princes & aux grands seigneurs dont il fait un des
» principaux plaisirs ; » Après avoir interdit la Chasse à ses
sujets de quelque condition qu'ils soient , ce prince met
une exception a cette prohibition générale, & cette exception est encore en faveur des seigneurs hauts-justiciers.
» Pourront néanmoins, est-il dit par l'article 9 , les seigneurs
» hauts - justiciers chasser dans l'étendue de leurs hautes-
» justices, suivant l'ancien usage, lorsqu'elles ne seront point
» comprises dans nos plaisirs. » Par l'article 10 de la même
ordonnance , le duc Léopold voulant pourvoir a l'indemnité de ceux qui par son fait , pouvoient être privés du droit
de Chasse, n'accorde cette indemnité qu'aux seuls seigneurs hauts justiciers, d'où résulte la conséquence qu'eux
seuls avoient le droit de Chasse. Autrement il faudroit supposer que ce prince respectoit moins le droit des seigneurs
moyens & bas justiciers, que ceux des seigneurs de haute
justice. Mais qu'elle auroit été la raison de cette différence ?
Le duc Léopold ne respectoit-il pas également les droits de
tous ses sujets ?

empêcher le propriétaire du fief d'en faire autant.

Dans une loi poſtérieure, par l'article 18 de l'édit de 1729 le prince jugea même à propos de mettre des conditions aux prérogatives attachées à la qualité des ſeigneurs hauts-juſticiers ; une portion trop modique, par exemple, un ſeptième dans une haute, moyenne, & baſſe juſtice, tout enſemble ne donneroit aucun droit de Chaſſe a celui à qui il appartiendroit. « Pour éviter eſt-il dit dans cet article les con- » teſtations qui arrivent ſouvent au ſujet de la Chaſſe, en- » tre les ſeigneurs qui ont différentes parts dans une haute, » baſſe, moyenne ou foncière juſtice ; défendons, a peine » de cent livres d'amende à celui qui n'aura pas au moins un » ſixième dans une haute, moyenne, baſſe ou foncière juſ- » tice d'y chaſſer. » En un mot il n'y a aucun article dans l'édit de 1729, dans celui de 1704, & dans tous ceux qu'ont rendus ſur le fait des Chaſſes les ducs de Lorraine, qui ne tendent a exclure les ſeigneurs moyens & bas juſticiers du droit de Chaſſe. On voit même que les ducs n'ont accordé ce droit aux ſeigneurs haut-juſticiers qu'avec le plus grand ménagement, & parcequ'ils compoſoient le premier ordre de leur état, auquel ſeul ſuivant l'ordonnance « de 1704, » convient ſurtout de prendre les plaiſirs de la Chaſſe. »

A l'égard des ſeigneurs de fiefs on voit qu'ils ſont compris avec les moyens & bas juſticiers dans la prohibition générale, prononcée par les ordonnances. Cependant comme ils ont un domaine ou au moins une propriété directe, comme le gibier en eſt, en quelque ſorte, une production, on a penſé qu'il y avait une eſpece de juſtice à modifier, en leur faveur, les diſpoſitions prohibitives de ces loix ; & par l'édit de 1729, il leur eſt permis de chaſſer ſur leurs fiefs, mais dans un cas ſeulement, lorſque les terres qui en dépendent ſe trouvent réunies, & former un enclave bien déterminée. « Les nobles, porte l'article 20 de cet » édit, réſidant dans les fiefs, dont le ban eſt ſéparé, pour- » ront chaſſer dans l'étendue de leurs fiefs ſeulement ; & » ſi les terres & héritages, dépendans de leur fiefs ſe trou- » vent épars dans le finage d'une haute juſtice, ils ne pour- » ront y chaſſer ſans un titre exprès. Telles ſont les loix

. Bacquet rapporte un arrêt du 23 décembre

lorraines fur le fait des Chaffes. Deux règles généiales, une modiffication à ces règles, en forment, comme on voit, tout l'enfemble. 1°. La Chaffe appartient au feigneur haut-jufticier. 2°. Tous les autres & nommément les moyens & bas jufticiers font privés de l'exercice de ce droit. 3°. Les feigneuis de fiefs peuvent néanmoins en jouir, mais par exception & dans un feul cas lorfque leur fief eft réuni en un corps circonfcrit & limité.

Ces loix font confacrées par la jurifprudence la plus conftante. La cour fouveraine de Nancy en a ordonné l'exécution par une infinité d'arrêts. On fe contentera d'en rapporter trois des plus récents.

Par arrêt du 12 août 1752, « Cette cour a fait défenfes » à un feigneur de moyenne & baffe juftice, de chaffer dans » l'étendue d'une haute juftice, tant & fi longtems qu'il » n'auroit pas un fixième dans la haute, moyenne, baffe » & foncière juftice dudit lieu. » Cette cour a donc jugé qu'il ne fuffifoit pas d'avoir la moyenne & baffe juftice fur un territoire, pour avoir le droit d'y chaffer ; mais que, conformément à l'article 18 de l'ordonnance de 1729, il falloit avoir encoie fur fe territoire au moins un fixième de la haute-juftice.

Par un autre arrêt, du premier août 1757, la même cour a interdit l'exercice de la Chaffe au fieur de Cleimarés, fur le territoire de Batincourt, dont le fieur Raffemberg étoit feigneur haut-jufticier, quoique le fieur de Clermarés fût lui même feigneur moyen & bas jufticier de cette terre pour la plus grande partie. Cet arrêt prouve, d'une manière fans réplique, que la qualité de feigneur de moyenne & baffe juftice ne fuffit pas feule pour donner le droit de Chaffe a celui qui a ce titre, & que l'exercice en eft interdit à toute perfonne qui n'a pas au moins un fixième dans une haute juftice.

Enfin la cour fouveraine de Nancy a jugé contre le fieur de Mitry, par arrêt du 3 janvier 1771, qu'il ne fuffifoit pas pour avoir le droit de Chaffe, de pofféder fief avec moyenne & baffe juftice : que la jouiffance même, jointe à ce titre, ne fuffiroit pas encore ; mais qu'il falloit,

1566,

1566, par lequel le seigneur du fief de Ville-
nondé a été maintenu dans sa possession de chasser
sur son fief, sans être tenu de demander pour
cet effet aucune permission à la dame de Mons-
Jeai, haute-justicière.

Le même auteur cite un autre arrêt du 17
mars 1573, par lequel Claude de Buffemant,
écuyer, seigneur de Saligny, a été maintenu
dans le droit de chasser sur son fief relevant
de la haute-justice du seigneur de Saligny.

Au surplus cette jurisprudence se trouve formellement établie par l'article 26 dont on a parlé
ci-dessus.

Le droit qu'ont les gentilshommes & les nobles de pouvoir chasser sur leurs terres s'étendoit autrefois au cas où ces terres étoient en
roture : c'est ce qui paroissoit résulter tant de
l'article 14 comparé avec l'article 28 du titre
30, que d'un arrêt du parlement de Toulouse
du 2 juillet 1680, & d'un autre du 9 mars 1730,
rapporté par Fromental : mais cette jurisprudence a été changée par l'arrêt du conseil du 20
janvier 1761 : cette loi défend à toutes sortes
de personnes, de quelque qualité & condition
qu'elles soient, qui n'ont pas le droit de Chasse
à cause de leurs fiefs ou de leurs hautes justices,
de chasser ni faire chasser sous quelque prétexte
que ce puisse être, même en vertu des cessions

---

conformément à l'article 9 de l'ordonnance de 1729 que
les terres de fief ne fussent point éparses dans le territoire
de la haute justice ; en un mot, qu'il étoit nécessaire que le
fief eût un ban séparé, ou bien que le seigneur féodal
réunît à sa directe au moins un sixième de la haute justice.
*Addition de monsieur H*****, avocat au parlement.*

qu'on leur auroit faites par convention ou par
baux emphithéotiques qui ne contiendroient
point aliénation des fiefs ou hautes justices dans
l'étendue desquels le droit de Chasse auroit été
cédé.

Il suit de ces dispositions, que les gentilshommes ne peuvent pas plus que les roturiers
chasser sur leurs propres héritages lorsqu'ils n'en
sont pas seigneurs féodaux ou hauts justiciers.

Le commentaire de M. Jousse sur l'ordonnance des eaux & forêts imprimé en 1772,
fourmille d'erreurs sur cette matière : non-seulement il attribue aux nobles le droit de chasser
sur leurs terres en roture, nonobstant l'arrêt du
20 janvier 1761 dont on a parlé, il veut encore que ce droit puisse être exercé par *les
bourgeois & autres personnes vivant noblement de
leurs rentes, ou exerçant des professions honora-
bles, comme juges, avocats, médecins, &c. quoique
roturières.*

· Cet auteur va plus loin : *il auroit*, dit-il,
*beaucoup de peine à se persuader que le ministère
public pût empêcher un artisan qui auroit un bien
en roture, de chasser chez lui quelques momens,
puisque dès-lors qu'il possède un bien à la campagne, il est censé pouvoir jouir de l'amusement qui
est attaché à la possession de ce bien, & que ce n'est
pas ici le cas d'appliquer la règle que les artisans
ne doivent point s'occuper de la Chasse & quitter
leur travail.*

· *Il y a plus de difficulté*, continue M. Jousse,
*dans la question de savoir si les seigneurs de fief &
de la haute justice, dont la terre de cet artisan dépend, peuvent l'empêcher de chasser dans sa roture,
parce qu'alors on peut dire que cette Chasse, quoique*

paſſagère, préjudicie à leurs droits, & qu'ainſi il
en réſulte une action privée à cet égard : néanmoins
j'aurois auſſi peine à me perſuader que ces ſei-
gneurs fuſſent fondés dans leur prétention à cet
égard.

Pour mettre le lecteur en état de prononcer ſi
le droit de chaſſer attribué par M. Jouſſe au cor-
donnier ou au maçon, propriétaires d'un bien de
roture, eſt fondé, il n'y a qu'à comparer le
commentaire qu'on vient de rapporter, avec le
texte commenté : voici comme s'eſt expliqué le
légiſlateur par l'article 28 du titre 30 de l'ordonnance des eaux & forêts :

« Faiſons défenſe aux marchands, artiſans,
» bourgeois & habitans des villes, bourgs, pa-
» roiſſes, villages & hameaux, payſans & ro-
» turiers de quelque état & qualité qu'ils ſoient,
» non poſſédant fiefs, ſeigneurie & haute juſtice,
» de chaſſer en quelque lieu, ſorte & maniere,
» & ſur quelque gibier de poil ou de plume que
» ce puiſſe être, &c ».

Ajoutez à cela les diſpoſitions de l'arrêt du
conſeil du 20 janvier 1761, & appréciez enſuite
le commentaire de M. Jouſſe.

La déclaration du 27 juillet 1701 a permis aux
ſeigneurs hauts-juſticiers ou ayant fief & cenſive
de chaſſer eux & leurs enfans ou amis dans l'é-
tendue de leurs hautes-juſtices & fiefs : mais par
arrêt du 13 mars 1702 rapporté au code des
chaſſes, le parlement de Paris a fait défenſe à
Pierre Guérin, chevalier, ſeigneur haut-juſticier
de Poiſieux, Vaujour & autres lieux de mener,
ni envoyer aucun domeſtique, ni autre perſonne,
chaſſer ſur les terres & fiefs qui relevoient de
lui.

Cet arrêt prouve que le droit de chasser, que le seigneur haut-justicier peut exercer sur les fiefs qui relevent de lui, n'est que personnel.

·· La même chose a été décidée par un jugement de la table-de-marbre du 11 février 1708, rendu entre le marquis du Tremblay & le lieutenant-général d'épée de Montfort.

Le droit de Chasse accordé par l'ordonnance aux seigneurs, s'étend à ceux qui sont roturiers comme à ceux qui sont nobles. C'est ce qui résulte des articles 26 & 28 du titre cité.

Les seigneurs ecclésiastiques (*), les veuves & les tuteurs des mineurs qui ont un droit de Chasse qu'ils ne peuvent exercer personnellement, ont la liberté de commettre un chasseur, mais il faut que sa commission soit enregistrée au greffe de la maîtrise dont la terre dépend. C'est ce qu'ont décidé divers arrêts & jugemens, d'après l'article 3 de la déclaration du 27 juillet 1701.

Par arrêt du 20 Septembre 1740 rendu entre l'abbé & les moines de Saint-Gildas de Rhuis en Bretagne, le grand conseil a jugé que le droit de Chasse sur les terres qui composoient le chef-lieu de l'abbaye, appartenoit à l'abbé seul, quoique par le partage elles se trouvassent dans le lot des religieux.

_____

(*) Les loix de l'église telles que le canon 55 du concile d'Agde, célébré en 506, le canon 15 du quatrième concile de Latran & plusieurs autres ont défendu la Chasse aux ecclésiastiques. Ceux qui continuent cet exercice après avoir été avertis de s'en abstenir, peuvent être punis par la privation de leurs bénéfices, & même par la déposition de l'ordre qui leur a été conféré, lorsqu'ils persistent après plusieurs avertissemens.

. Lorsqu'une haute-justice se trouve démembrée & divisée entre plusieurs enfans ou particuliers ; il n'y a que celui auquel appartient la principale portion qui ait droit de chasser dans l'étendue de cette justice : si les portions sont égales , la Chasse est attachée à la portion que l'aîné a eue en partage , sans que cette prérogative puisse tirer à conséquence pour les autres droits. Telles sont les dispositions de l'article 27 du titre 30 de l'ordonnance des eaux & forêts.

. C'est en conséquence de cette loi , que par un arrêt du mois de septembre 1699 , que rapporte Boutaric, le parlement de Toulouse infirma un jugement de la table-de-marbre qui avoit autorisé le sieur Fabas , propriétaire d'un huitième dans la seigneurie de Barzelle , à chasser pendant l'année où il devoit jouir des droits de justice, & jugea que le droit de Chasse appartenoit sans partage au sieur de Sequi , propriétaire des sept autres huitièmes de la même seigneurie. Le sieur de Fabas se fondoit sur une ancienne transaction passée entre les auteurs des parties litigantes , & suivant laquelle il devoit jouir durant chaque huitième année , de tous les droits de justice : mais le droit de Chasse étant personnel & incessible est toujours inhérent à la propriété de la terre , & ne peut être exercé en vertu d'une transaction qui ne contient pas l'aliénation du fief ou de la haute-justice.

. L'usufruitier & la douairière d'une haute-justice ou d'un fief ont le droit de chasser dans l'étendue de cette haute-justice & de ce fief. C'est ce que pense M. le président Bouhier dans ses observations sur la coutume de Bourgogne. Et Laisné dans sa jurisprudence sur les Chasses , rapporte un jugement de la table-de-marbre de Paris, du 11 juillet 1676, par lequel la dame veuve du seigneur de Maudegris fut reçue à prendre le fait & cause de son garde, contre lequel les officiers de la maîtrise avoient informé à cause qu'il avoit chassé, & *en conséquence* porte ce jugement, *faisant droit tant sur l'appel, intervention que principal que nous avons évoqué, disons qu'il a été mal procédé & jugé, émendant & corrigeant, déchargons l'appelant de l'accusation contre lui intentée, à la charge néanmoins que la dame de Maudegris, intervenante, ne pourra faire chasser sur ses terres lorsqu'elle sera sur les lieux, que par une homme qu'elle sera tenue de nommer au greffe de cette cour, ou en celui de la maîtrise de Crecy, duquel elle demeurera civilement responsable*, &c.

La Chasse n'étant pas considérée comme un droit utile, les engagistes du domaine du roi ne peuvent y chasser qu'autant que sa majesté leur a accordé pour cet effet une permission qu'ils ont ensuite fait enregistrer au greffe de la maîtrise.

C'est en conformité de cette jurisprudence, que par arrêt du 3 octobre 1722, le conseil a reçu le procureur du roi de la maîtrise des eaux & forêts de Paris, opposant à l'exécution d'un autre arrêt du conseil du 27 mars précédent ; & faisant droit sur l'opposition, a ordonné, que de la ferme des terres de la baronnie de Levy adjugée à Jacques Giroult, distraction seroit faite du droit de Chasse, sans que pour cela Giroult pût prétendre aucune indemnité ni diminution sur le prix de son adjudication, si mieux il n'aimoit consentir à ce qu'elle fût résolue. Le même arrêt

fait défense à tous les seigneurs laïques & ecclésiastiques du royaume d'affermer la Chasse sur
leurs terres & domaines, & à toutes fortes de
personnes de la prendre à ferme & redevance.

La défense de chasser en vertu d'un bail, s'applique aux baux judiciaires, comme aux autres.
Ainsi l'expression que *le fermier jouira de tous les
droits annexés à la haute-justice dont il prend le bail
judiciaire*, ne l'autorise ni à chasser ni à faire
chasser dans cette haute-justice. Bruneau rapporte
un arrêt du 14 février 1698 qui l'a ainsi jugé, &
l'auteur du code rural dit qu'il en a été rendu un
pareil à la tournelle criminelle le 14 février 1718.
C'est d'ailleurs la conséquence qu'on doit tirer
de l'arrêt du conseil dont on vient de parler.

Les commandans des places ne peuvent conserver la Chasse aux environs de la ville, ni y
chasser eux-mêmes, n'y permettre aux officiers
de la garnison d'y chasser, s'il n'a été rendu en
leur faveur une ordonnance qui leur accorde une
réserve & qui en fixe l'étendue & les bornes.
C'est ce qui résulte de l'article 21 du titre 19 de
l'ordonnance militaire du premier de mars 1768.

Et l'article 22 du titre 20 porte, que quand
il aura été accordé un terrain de réserve, les
officiers de la garnison ne pourront y chasser que
dans les saisons convenables, & il est ordonné
au commandant de tenir la main à ce qu'il n'y ait
que les officiers qui chassent sur ce terrain.

QUATRIÈME PARTIE.

Des règles relatives à l'exercice du droit de Chasse.
Il est défendu à tout gentilhomme & autre ayant
droit de Chasse, de chasser dans les terres ense-
mencées depuis que le bled est en tuyau jusque

C iv

après la moiſſon , & dans les vignes , depuis le premier de mai juſqu'après la vendange.

Dans quelques parlemens & particulièrement en Bourgogne les ſeigneurs ne peuvent ni faire chaſſer ni chaſſer eux-mêmes dans les enclos de leurs cenſitaires & de leurs juſticiables. Cette juriſprudence eſt atteſtée par M. le préſident Bouhier dans ſes obſervations ſur la coutume du duché de Bourgogne : mais on en uſe différemment en Provence ; car Boniface rapporte un arrêt du 17 mai 1668 , qui a jugé en faveur du marquis de Marignagnes contre le ſieur Barigou , bourgeois de Marſeille , que quiconque a parc dans une haute-juſtice doit le tenir ouvert pour les plaiſirs du ſeigneur.

Une pareille queſtion s'étant préſentée au parlement de Paris entre le ſieur de Montaran , ſeigneur de Liſſes , & le ſieur de Fromonville , auditeur des comptes , ſon cenſitaire , il fut jugé par arrêt du 12 août 1769 que le ſieur de Montaran étoit en droit de chaſſer dans l'enclos du ſieur de Fromonville.

Cet arrêt contient un réglement ainſi conçu : » Faiſant droit ſur les concluſions du procu- » reur-général du roi , la cour , ſous le bon plai- » ſir dudit ſeigneur roi , a ordonné & ordonne : » 1°. Que tous propriétaires de parcs , clos » & jardins en cenſive & roture , joignant im- » médiatement leurs habitations , ſeront tenus » de ſouffrir les viſites que les propriétaires de » fiefs, dans l'étendue deſquels leſdits parcs , » clos & jardins ſont ſitués , pourront faire ou » faire faire de jour en jour par leurs gardes » reçus en juſtice pour la conſervation du gibier , » ſauf aux propriétaires deſdits parcs & jardins

» de faire accompagner lefdits gardes dans leurs
» vifites par une perfonne à eux, telle que bon
» leur femblera.

» 2°. Pourront lefdits feigneurs de fiefs &
» feigneurs hauts-jufticiers, tirer dans lefdits
» parcs, clos & jardins, quand bon leur fem-
» blera, fans qu'ils puiffent y faire tirer autres
» perfonnes avec eux, n'y envoyer chaffer, à la
» charge néanmoins d'en ufer modérément,
» conformément aux ordonnances, fans aucun
» dégât.

» 3°. Fait défenfes auxdits propriétaires def-
» dits parcs, clos & jardins en cenfive & ro-
» ture, de chaffer ni faire chaffer dans lefdits
» parcs, clos & jardins, fous les peines portées
» par les ordonnances ».

On a beaucoup agité la queftion de favoir, fi
un gentilhomme qui fait lever du gibier dans fa
haute-juftice, peut le pourfuivre & le tuer fur
une autre feigneurie ?

M. le préfident Bouhier qui a adopté l'affirmative, penfe que cette queftion ne peut être
problématique qu'à caufe que Laifné, auteur
fort inftruit fur la manière dont il s'agit, a rapporté divers jugemens de la table-de-marbre de
Paris, par lefquels il a été décidé qu'il n'étoit
pas permis à un feigneur haut-jufticier de
pourfuivre fon gibier fur la terre d'un autre
feigneur haut-jufticier fon voifin.

Au refte, pour appuyer fon opinion, M. le
préfident Bouhier obferve que de toute ancienneté il a été établi dans le royaume que celui qui
avoit droit de Chaffe, jouiffoit de la liberté de
pourfuivre fon gibier fur la feigneurie d'autrui.
C'eft en effet ce qu'attefte Bouteiller, l'un de nos

plus anciens pratic ens, qui affure qu'*ainsi le veulent les coutumiers*. Ce émoignage eft d'ailleurs fortifié par ceux de François Marc, de Chaffeneuz, de le Bret & de plufieurs autres qui ont écrit fur la même queftion.

Il y a même à cet égard une décifion expreffe dans la coutume de Franche-Comté, voifine de celle de Bourgogne, & dont voici les termes:

» La bête meute de la Chaffe d'aucun, ayant
» droit & pouvoir de fa re chaffer, fe peut
» pourfuivre en autre juftice, ou feigneurie; &
» fi elle y eft prife & abattue, elle doit être
» rendue au premier, de qui la chaffe eft meute,
» fi elle eft pourfuivie par les chaffeurs, ou par
» les chiens, dedans vingt-quatre heures après
» ce qu'elle fera abattue: & doit être gardée la-
» dite bête fans démembrer lefdites vingt-quatre
» heures durant ».

M. le préfident Bouhier ajoute à ces autorités qu'un grand nombre d'auteurs tels que Chopin, Charondas, Bacquet, la Rocheflavin, Ferriere, le Prêtre, Automne, l'Hommeau, Dupineau, Pallu, le Grand, la Laude, Perchambaud, Livoniere, de Heu, Coquille & Pithou, penfent tous que le droit de pourfuivre, dont il s'agit, appartient aux feigneurs. Ces jurifconfultes citent même, felon la remarque de M. le préfident Bouhier, trois arrêts du parlement de Paris & un du parlement de Touloufe qui confirment leur fentiment. Ceux du parlement de Paris, font l'un de l'année 1290, le fecond du 14 décembre 1566, & le troifieme du 17 mars 1573 Celui du parlement de Touloufe eft du 2 juin 1608.

Il eut été difficile que M. le préfident Bouhier

défendît mieux fon opinion. Il paroît néanmoins qu'elle ne peut plus être fuivie : car indépendamment du témoignage de Laifné, Boutaric & le judicieux auteur du code rural s'accordent à dire qu'autrefois on toléra la Chaffe faite par fuite du gibier, mais qu'on avoit reconnu depuis que cela étoit fujet à trop d'abus & d'inconvéniens. Boutaric rapporte à ce fujet un arrêt rendu au parlement de Touloufe par lequel il fut dit que « fi le gibier levé par le feigneur d'Aignan » dans fa terre, paffoit fur celle de Marfan, le » feigneur d'Aignan feroit tenu de s'arrêter à » l'extrémité de fa terre, d'où, avant d'entrer dans celle de Marfan, il feroit tenu d'envoyer un de fes domeftiques fans armes, ou » autre perfonne de fa part au feigneur de Marfan, pour l'avertir qu'il n'entroit dans fa terre » que pour rompre fes chiens, ou réclamer & » prendre fon oifeau ; & qu'en cas que le gibier » fuivi viendroit à être pris avant d'avoir rompu » les chiens, réclamé & pris l'oifeau, le feigneur » d'Aignan feroit tenu d'envoyer un de fes valets offrir le gibier tué au feigneur de Marfan dans fon château, & de fe retirer enfuite, fes chiens couplés & fon oifeau fur le » poing, &c ».

Cet arrêt qui eft très-fage, femble dicté par l'article 26 du titre 2 de l'édit du duc Léopold du mois de janvier 1729, que nous avons rapporté dans la feconde partie de cet article.

Nous croyons d'après tout ce qui vient d'être dit, qu'on peut établir pour principe que le gentilhomme qui fait lever du gibier dans fa haute-juftice ne peut le fuivre fur les terres où il n'a aucun droit que pour rompre fes chiens & non pour y tuer ce gibier.

Lorfqu'un feigneur paffe fur une terre qui ne lui appartient pas, pour aller chaffer fur la fienne, il doit faire coupler fes chiens. Un jugement de la table-de-marbre du 6 juillet 1707 a fait défenfe au fieur Richon de traverfer la terre de Pleurs avec fes chiens, à moins qu'ils ne fuffent couplés.

Les feigneurs qui ont droit de Chaffe peuvent tirer fur toute forte de gibier, à l'exception toutefois des cerfs & des biches.

Les ordonnances défendent de chaffer avec des chiens couchans, par la raifon que cette efpèce de Chaffe occafionne la deftruction d'une trop grande quantité de gibier : (*) mais ces défenfes ne s'obfervent point à la rigueur, quoiqu'elles n'aient été levées par aucune loi.

L'article 4 du titre 20 de l'ordonnance des eaux & forêts, défend à toute perfonne de *chaffer*

_____

(*) Et d'autant, *porte l'article 6 de l'ordonnance du 27 feptembre 1607*, que la Chaffe du chien couchant fait qu'il ne fe trouve prefque plus de perdrix & de cailles, avons conformément aux précédentes ordonnances des rois nos prédéceffeurs & de nous totalement interdit ladite Chaffe à tous, de quelques qualités & conditions qu'ils foient, ni d'avoir, nourrir & dreffer chiens couchans : enjoignons aux capitaines defdites Chaffes, maîtres des eaux & forêts, gruyers ou leurs lieutenans & autres officiers de nofdites forêts, comme auffi aux prévôts des maréchaux, vice baillifs, lieutenans, de tirer lefdits chiens couchans qu'ils rencontreront, enfemble aux capitaines & autres commandans en nos gendarmerie & infanterie empêcher qu'aucuns des gendarmes, chevaux legers & foldats puiffent retenir dans lefdites troupes, compagnies, & à leur fuite aucuns chiens couchans ; fur peine d'en demeurer eux-mêmes refponfables envers nous.

à feu, parce que cette Chasse tend à détruire entierement le gibier d'une terre. Et l'article précécédent interdit à toute personne sans distinction de qualité, de temps, ni de lieu, l'usage des armes à feu brisées par la crosse ou par le canon, & des cannes & bâtons creusés, même d'en porter & d'en fabriquer sous quelque prétexte que ce puisse être. Réné Duchesne, prêtre de Pontvalin, a été condamné par jugement de la table-de-marbre du 30 avril 1675, à cent livres d'amende pour avoir porté un bâton creux.

Suivant l'article 8, il est défendu de prendre aucun aire d'oiseaux de quelque espèce que ce soit, dans les forêts, garennes, buissons & plaisirs du roi ; & dans tout autre lieu, les œufs de cailles, de perdrix & de faisans, sous peine de cent livres d'amende pour la première fois, du double pour la seconde, & du fouet & banissement à six lieues de la forêt pendant cinq ans pour la troisième. Il est même défendu d'acheter aucun œuf de cette espèce, & la table-de-marbre de Paris prononce les mêmes peines tant contre le vendeur que contre l'acheteur, à moins qu'il ne soit justifié par un acte en bonne forme que les œufs ont été achetés en pays étranger.

Parmi les manières de chasser qui sont défendues, est celle de tendre des lacs, tirasses, tonnelles, traînaux, bricoles de corde & de fil d'archal, pièces & pans de rets, colliers de fil ou de soie, &c. L'article 12 du titre des Chasses veut que ceux qui commettent des délits de cette espèce soient condamnés au fouet & à trente livres d'amende pour la première fois, & qu'en cas de récidive, ils soient fustigés, flétris & bannis pour cinq ans de l'étendue de la maîtrise où le délit aura été commis.

Les particuliers qui ont des parcs, jardins, vergers ou d'autres héritages clos de murs dans l'étendue des capitaineries des maisons royales, ne peuvent, sous peine d'une amende de dix livres, faire à leurs murailles aucun trou, coulisse, ou autre passage par où le gibier puisse y entrer.

Observez toutefois que la défense ne s'étend pas aux trous ni aux autres ouvertures qui servent aux cours des ruisseaux ou à l'écoulement des eaux. C'est ce qui résulte des articles 21 & 22 du titre cité.

L'article 23 défend aux particuliers qui ont des îles ou prés dans l'étendue des capitaineries de Saint-Germain en Laye, Fontainebleau, Vincennes, Livry, Compiegne, Chambort & Varenne du Louvre, de les faire faucher avant le jour de la Saint-Jean-Baptiste, à peine de confiscation & d'amende arbitraire.

Cette loi a pour objet d'empêcher qu'on ne détruise les nids de perdrix & de cailles. Au reste, s'il arrivoit qu'il fût nécessaire de faucher les prés auparavant, à cause de la chaleur ou pour quelqu'autre motif, on pourroit en obtenir la permission des capitaines.

Observez d'ailleurs que la défense ne s'étend pas aux autres capitaineries, car l'article 3 de déclaration du roi du 27 juillet 1701, rendue pour les capitaineries de l'apanage de M. le duc d'Orléans, porte que les particuliers qui ont des terres dans ces capitaineries, pourront faucher leurs foins quand bon leur semblera, sans qu'ils puissent en être empêchés par les capitaines des Chasses.

Suivant l'article 24 du titre des Chasses, il

ne peut être conftruit aucun parc, ni être fait aucune clôture d'héritage, en maçonnerie, dans l'étendue des plaines des maifons royales, fans une permiffion expreffe du roi. Mais l'article 25 difpenfe de demander cette permiffion pour clore de murs les héritages qui font derrière les maifons fituées dans les bourgs, villages & hameaux hors des plaines.

. Deux arrêts du parlement de Paris des 12 mars & 17 mai 1547, rapportés par Papon, ont jugé que le propriétaire d'un héritage avoit pu faire des foffés à l'entour pour empêcher les animaux d'y entrer, fans que le feigneur eût été en droit de s'oppofer à de pareils ouvrages fous prétexte qu'ils le gênoient dans l'exercice de fon droit de Chaffe.

CINQIÈME PARTIE.

Des amendes & des peines qu'encourent ceux qui contreviennent aux règlemens des Chaffes. Par l'article 2 du titre des Chaffes de l'ordonnance de 1669, le roi a défendu aux juges de condamner au dernier fupplice pour fait de Chaffe, de quelque nature que fût la contravention, à moins qu'elle ne fût accompagnée d'une autre crime qui méritât cette peine ; à l'effet de quoi fa majefté a dérogé à l'article 14 de l'ordonnance du mois de juin 1601, fuivant lequel les juges étoient autorifés à prononcer la peine de mort contre les délinquans obftinés & incorrigibles.

Et fuivant l'article 24 de l'ordonnance du mois de juin 1601, il ne peut être prononcé de peine afflictive pour fait de Chaffe, que contre des perfonnes viles & abjectes.

L'article 4 du titre des Chaffes prononce cent

livres d'amende contre ceux qui chaſſent à feu ou qui ſe trouvent de nuit dans les forêts avec des armes à feu : ils peuvent même être punis corporellement ſelon les circonſtances du fait.

L'article 13 veut que les ſeigneurs, les gentilshommes & toute autre perſonne de quelque qualité ou condition qu'elle ſoit, qui, ſans titre ou permiſſion, auront tiré ou chaſſé à bruit dans les forêts, buiſſons, garennes ou plaines appartenant au roi, ſoient condamnés, ſavoir, les gentilshommes à quinze cent livres d'amende, & les roturiers aux peines prononcées par l'ordonnance du mois de juin 1601, à l'exception toutefois de la peine de mort (*).

(*) *Ces peines ſont ainſi détaillées :*

ARTICLE II. Et afin que le préſent édit ſoit inviolablement obſervé & gardé pour l'avenir, nous voulons & ordonnons que les infracteurs & contrevenans aux défenſes portées par icelui, ſoient punis ainſi qu'il s'enſuit.

XII. A ſavoir ceux qui auront chaſſé aux cerfs, biches & faons, en quatre-vingt-trois écus un tiers d'amende ; & aux ſangliers & chevreuils en quarante un écus deux tiers, s'ils ont de quoi payer ; ſinon & en défaut de ce, ſeront battus de verges ſous la cuſtode, juſques à effuſion de ſang.

XIII. S'ils y retournent pour la ſeconde fois, & après ladite punition, ſeront battus de verges autour des forêts, bois, buiſſons, garennes & autres lieux où ils auront délinqué ; & bannis de quinze lieues à l'entour.

XIV. Après leſdites punitions s'ils y retournent pour la tierce fois, ſeront envoyés aux galères, ou battus de verges, & bannis perpétuellement de notre royaume, & leurs biens confiſqués : & s'ils étoient incorrigibles, obſtinés & récidivoient après leſdites punitions, enfreignans leurs ban, ſeront punis du dernier ſupplice, s'il eſt ainſi trouvé raiſonnable par les juges qui feront leurs procès, à la conſ.

Et

Et l'article 18 veut que les gentilshommes &

cience desquels nous avons permis d'en ordonner , selon
l'exigence des cas.

XV. Ceux qui auront contrevenu aux défenses susdites
& chassé par plusieurs & diverses fois auxdits cerfs, biches
& faons , sans avoir été punis , seront condamnés en
cent soixante-six écus deux tiers d'amende s'ils ont de quoi
payer ; & au défaut de ce , seront battus de verges aux
environs des forêts, bois , buissons ; garennes & autres
lieux où ils auront délinqué , & bannis trente lieues à l'entour : & en chacun desdits cas de venaison, chiens , filets,
bâtons & engins confisqués.

XVI. Si après ladite punition ils contreviennent auxdites
défenses , ils seront punis en la forme & manière que ceux
qui auront contrevenu la tierce fois , ainsi qu'il est ci-dessus
déclaré.

XVII. Ceux qui auront chassé aux menues bestes &
gibier, seront condamnés pour la première fois en six écus
deux tiers d'amende, s'ils ont de quoi payer , sinon , &
au défaut demeureront un mois en prison au pain & à l'eau;
la seconde au double de ladite amende, & au défaut de
payer , seront battus de verges sous la custode, & mis au
carcan trois heures , à jour & heure de marché ; & la
tierce fois , outre lesdites amendes, battus de verges autour
des garennes, bois , buissons & autres lieux où ils auront
délinqué & bannis à quinze lieues à l'entour.

XVIII. Ceux qui après avoir chassé par plusieurs fois
auxdites menues bêtes & gibier, & sans avoir été punis ,
seront repris & appréhendés par justice , seront condamnés
en treize écus un tiers d'amende s'ils ont de quoi, sinon ,
& au défaut de ce seront battus de verges sous la custode , & mis au carcan comme dessus ; & en chacun desdits cas les venaison & gibier , chiens, oiseaux , fillets
bâtons & engins confisqués ; & si après ladite punition ils
récidivoient ils seront punis en la forme & manière que
ceux qui auront contrevenu la tierce fois.

XIX. Ceux qui auront ouvié , exposé en vente, ou
acheté , ou qui auront été trouvés saisis de tiraffe , tonnelles, traîneaux, bricolles, pans de rets, collets & autres

autres ayant droit de Chasse & qui en font usage

---

engins défendus , seront pour la première fois condamnés
en cinq écus d'amende ; pour la seconde au double ; &
pour la troisième , outre lesdites amendes , bannis de la
ville , prévôté ou bailliage où ils auront été trouvés , &
les filets & engins confisqués , lesquels nous voulons être
ards & brûlés à jour de marché ès places publiques desdites villes , bourgs & villages ; & pour la première &
seconde fois qu'ils n'auront de quoi payer lesdites amendes ,
seront battus de verges sous la custode , ou en la place
publique , à l'arbitrage des juges ; & ceux qui enfreindront
leur ban , seront punis comme infracteurs ci-dessus pour
la troisième fois.

XX. Ceux qui chasseront aux chiens couchans , à l'ar-
quebuze , autrement que nous avons ci-dessus déclaré ,
seront condamnés pour la première fois en trente trois écus
un tiers d'amende ; au double pour la seconde , & au
triple pour la troisième s'ils ont de quoi. Et à défaut de ce ,
la première fois battus de verges sous la custode ; la troisième
bannis à toujours du lieu de leur demeure ; & en chacun desdits cas auront les chiens les jarrets de derrière coupés ; &
seront les arquebuses confisquées.

XXI. Ceux qui se trouveront atteints de larcin , tant
en nos garennes , que celles des hauts justiciers & autres ,
seront punis & châtiés selon les anciennes ordonnances des
rois nos prédécesseurs & de nous , sur ce faits.

XXII. Pareillement ceux de nosdits officiers sur le fait
de nosdites Chasses & forêts , qui auront contrevenu à
nos défenses , ou usé de négligence ou connivence à l'endroit des infracteurs , seront condamnés en chacun desdits
cas , aux peines & amendes ci-dessus déclarées pour la première fois ; & outre , pour la seconde , suspendus pour
un an , & pour la troisième , privés de leurs offices.

XXIII. Et où en aucuns autres cas de nosdites défenses
la peine n'auroit été exprimée par cestui notre présent
édit , nous voulons que les infracteurs & contrevenans
soient condamnés par nos juges & officiers , en telles peines & amendes qu'ils verront qu'au cas appartiendra , selon
la qualité du délit.

dans les temps défendus, en soient privés & soient en outre condamnés à cinq cent livres d'amende & à tous les dépens, dommages intérêts du propriétaire des vignes & ou des terres ensemensées dans lesquelles ils auront chassé.

Suivent l'article 16, ceux qui tirent en volant sans être à une distance de trois lieues des plaisirs, ou qui Chassent avec des chiens couchans, en quelque lieu que ce soit, doivent être condamnés à deux cens livres d'amende pour la première fois, au double pour la seconde fois, au triple pour la troisième fois & bannis à perpétuité du ressort de la maîtrise.

L'article 28 prononce cent livres d'amende pour la première fois, le double pour la seconde, & pour la troisième, le carcan outre un bannissement de trois années du ressort de la maîtrise, contre les marchands, artisans, bourgeois & habitans des villes bourgs & villages non possédant fief, ni-hautejustice, qui auront chassé en quelque lieu & en quelque manière que ce soit. La même loi défend aux juges de remettre ou modérer ces punitions pour quelque cause que ce soit, à peine d'interdiction.

L'article 34 veut que si quelques particuliers riverains des forêts ou autres de quelque qualité qu'ils soient, viennent à troubler les officiers des Chasses du roi dans leurs fonctions, ou à leur faire quelque violence pour se maintenir dans un droit de Chasse usurpé, ils soient condamnés pour la première fois à une amende de trois mille livres; & qu'en cas de récidive ils soient privés de tout droit de Chasse sur les terres riveraines, ou même punis plus sévèrement si la violence est qualifiée.

La question de savoir si les prêtres peuvent être contraints par corps à payer l'amende prononcée contre eux pour fait de Chasse, s'est présentée au parlement de Toulouse entre le sieur Foulcher, prêtre bachelier en théologie, & le sieur de Castelpers, baron de Trevier, vicomte d'Ambialet ; & par arrêt du 15 juin 1743, cette cour a déclaré nul, &c. l'emprisonnement du sieur Foulcher.

SIXIÈME PARTIE.

Des juges compétens pour connoître des matières concernant la Chasse. Les officiers des eaux & forêts & les capitaines des Chasses connoissent concurremment & par prévention entre eux, de ce qui concerne la capture des délinquans, la saisie des armes, bâtons, chiens filets & engins défendus, & l'information, première ; mais l'instruction & le jugement appartiennent au lieutenant de robe longue, à la poursuite des procureurs du roi, sans toute fois qu'ils puissent exclure les capitaines & les lieutenans des Chasses du droit d'assister à l'une & à l'autre si bon leur semble, & d'y avoir séance & voix délibérative, savoir, le capitaine avant le maître particulier, & le lieutenant du capitaine avant celui de la maîtrise dans les cas spécifiés ci-dessus seulement. C'est ce que porte l'article 31 du titre des Chasses.

Les articles 32 & 33 exceptent de ces dispositions les capitaines des Chasses des maisons royales de Saint-Germain en Laye, Fontainebleau, Chambort, bois de Boulogne, &c. Ces capitaines sont maintenus dans le droit & possession d'instruire & de juger à la diligence des procureurs du roi dans leurs capitaineries, toutes fortes de procès civils & criminels pour fait de Chaffe, à la charge d'appeler avec eux les lieu-tenans de robe longue, & d'autres juges & avo-cats pour confeil.

Hors des capitaineries, les officiers des eaux & forêts font feuls compétens pour connoître en première inftance, & à l'exception des au-tres juges, de toutes fortes de caufes & procès relatifs à la Chaffe & aux prifes de bétes, ainfi que des querelles, excès, affaffinats ou meurtres qui peuvent avoir lieu à ce fujet, tant entre gentilshommes ou officiers, qu'entre marchands, bourgeois & tous autres de quelque qualité & condition qu'ils foient. C'eft ce qui réfulte des articles 7 & 14 du titre premier de l'ordon-nance des eaux & forêts. C'eft d'ailleurs ce que le confeil a décidé par différens arrêts, & par-ticulièrement par un du 3 avril 1702, rendu dans l'efpèce fuivante :

Divers eccléfiaftiques du diocèfe de Bordeaux accufés pour faits de Chaffe, s'étoient perfuadés qu'ils n'avoient point du être traduits pour rai-fon de cette accufation, devant la table de mar-bre : en conféquence ils fe pourvurent en règle-ment de juges & demandèrent qu'on les ren-voyât devant l'official de Bordeaux leur juge naturel, pour être leur procès inftruit conjoin-tement avec le lieutenant criminel de Bordeaux, pour le cas privilégié, s'il étoit jugé y en avoir. Mais l'arrêt cité renvoya les parties à la table de marbre, & ordonna que le procès y feroit inftruit conjointement avec l'official.

Par un autre arrêt du 15 novembre 1735, le confeil a jugé que les excès & affaffinats com-mis à l'occafion de la Chaffe, étoient de la com-

pétence des maîtrifes, & a fait défenfe aux officiers de la duché-pairie de Laon de troubler la
maîtrife des eaux & forêts de cette ville dans
l'inftruction d'un procès pour pareil fait.

Par un autre arrêt du 31 décembre 1737, le
confeil a caffé & annullé un décret d'ajournement perfonnel décerné pour fait de Chaffe, à
la table de marbre de Paris le 18 feptembre précédent, & a renvoyé les parties à la maîtrife
de Paris, avec defenfe aux greffiers de la table
de marbre d'expédier à l'avenir aucune commiffion pour y procéder en premiète inftance en
matière d'eaux & forêts, pêche, Chaffe, à peine
de cent livres d'amende, &c. (*).

_____

(*) *Comme cet arrêt a été rendu en forme de règlement,
nous allons le rapporter:*

Sur la requête préfentée au roi en fon confeil par fon
procureur en la maîtrife particulière des eaux & forêts
de Paris, contenant, que quoique la connoiffance de
tous délits & abus, concernant les eaux & forêts, pêches & Chaffes, foit attribuée aux officiers de maîtrifes
des eaux & forêts, par l'ordonnance du mois d'aout 1669
articles 7 & 14 du titre de la juridiction; & qu'il foit
fait défenfes à tous juges d'en connoître en premiète inftance, même aux cours de parlement, ce qui a été confirmé par plufieurs arrêts & règlemens du confeil, & notamment par celui du 14 juin 1729, intervenu fur la
requête du procureur du roi de la maîtrife de faint Germain en Laye, par lequel fa majefté pour les caufes y
contenues, a caffé & annullé la procédure faite en première inftance au fiège de la table de marbre du palais à
Paris, & fait défenfes tant aux officiers dudit fiège qu'aux
juges en dernier reffort, de connoître en premiète inftance
des matières d'eaux & forêts, pêches & Chaffes, & aux
procureurs de fe pourvoir pour raifon de ce, ailleurs que
pardevant les officiers des maîtrifes, à peine de nullité de
procédures & de cent livres d'amende contre chacun des

Par un autre arrêt du 23 février 1745, le con-

---

procureurs qui se trouveront avoir occupé dans de semblables instances, conformément à l'édit du mois de mai
1708 : que ces défenses sont encore renouvelées par l'arrêt rendu au conseil le 16 février 1737, sur la requête
du procureur du roi de la maîtrise de Caen ; & que sa
majesté a en outre fait défenses par cet arrêt, aux officiers
de la table de marbre de Rouen, de recevoir aucun garde
des eaux & forêts, pêches & Chasses, si ce n'étoit dans
le cas que les officiers des maîtrises eussent refusé de procéder à la reception desdits gardes ; qu'au préjudice des
dispositions de ces différens réglemens, il est néanmoins arrivé
que le sieur Merault conseiller au grand-conseil, seigneur
de Villeron, s'est pourvu par le ministère de Nicolas
Orry le jeune, procureur au parlement, pour fait de
Chasse en première instance, pardevant les officiers de la
table de marbre du palais à Paris, où il a surpris une
commission en forme de plainte, le 4 septembre audit an
1737, en vertu de laquelle le sieur lieutenant général
dudit siège a procédé en l'information dudit fait de Chasse
sur lesquelles plaintes & information, les officiers dudit
siége ont décrété d'ajournement personnel, les nommés
Brineur & Coiffé gardes de la l'abbaye de Chaallis, Vail-
lan, domestique du garde de Mery, la Fleur garde de là
Victoire, & Parvi demeurant à la chapelle les Chaallis ;
lequel décret a été signifié à ces particuliers, le 24 dudit
mois de septembre, avec assignation, pour comparoître à
quinzaine, pardevant ledit sieur lieutenant général, pour
ester à droit, être ouis & interrogés ; & comme cette procédure est directement contraire à la disposition desdits articles 7 & 14 du titre de la juridiction, de l'ordonnance
du mois de mai 1708, & des arrêts & réglemens du conseil, rendus en conséquence, & notamment des arrêts
des 14 juin 1729, & 26 février 1737, qui tous font
défenses aux officiers des tables de marbre, & à tous juges
de connoître en première instance des matières & affaires
concernant les eaux & forêts, pêches & Chasses & aux
procureurs de se pourvoir ailleurs que pardevant le maître
particulier devant qui elles doivent être portées en pre-

feil a ordonné que fans avoir égard à un arrêt

---

mière inftance , & par appel aux fiéges des tables de marbre , à peine de nullité des procédures qui pourroient être
faites ailleurs , & de cent livres d'amende contre les procureurs pour chaque contravention ; il a été confeillé
d'avoir recours à la majefté , pour lui être fur ce pourvu.
A ces caufes , requéroit le fuppliant qu'il plût à la majefté ordonner l'exécution defdits articles 7 & 14 du titre
de la juridiction de l'ordonnance des eaux & forêts du
mois d'août 1669 , enfemble de l'édit du mois de mai
1708 , & des arrêts & réglemens du confeil intervenus
depuis , & notamment des arrêts des 14 juin 1729, & 26
février 1737; en conféquence faire défenfes aux officiers
de la table de marbre du palais à Paris , & à tous autres
juges , de connoître en première inftance d'aucuns cas
concernant les eaux & forêts, pêches & Chaffes ; & aux
procureurs de fe pourvoir pour raifon defdits cas en première inftance ailleurs que pardevant les maîtres particuliers , à peine de nullité des procédures qui pourroient
être faites au préjudice defdits réglemens , & de cent livres
d'amende contre lefdits procureurs pour chaque contravention , fuivant & ainfi qu'il eft porté par l'édit dudit
mois de mai 1708 , faire en outre très-expreffes inhibitions & défenfes aux greffiers des fiéges des tables de
marbre & des autres juridictions , de figner & délivrer à l'avenir en première inftance aucune commiffion,
décret , fentences & autres actes concernant le fait des
eaux & forêts, pêches & Chaffes , à peine de cent livres
d'amende contre chacun d'eux pour chaque contravention ;
& faute par ledit Nicolas Orry le jeune , procureur au
parlement , de s'être conformé auxdits réglemens , le
condamner pour la contravention par lui commife ; en
cent livres d'amende ; caffer & annuller toute la procédure faite pour raifon de ce dont eft queftion , pardevant
les officiers du fiége de la table de marbre du palais à
Paris , & ordonner que fur le tout les parties procéde-
ront en première inftance pardevant les officiers de ladite
maîtrife de Paris , jufqu'à fentence définitive incluſivement,
fauf l'appel en la manière accoutumée. Vu ladite requête ,
les articles 7 & 14 du titre de la juridiction de l'ordon-

du parlement de Paris, une demande tendante

---

nance des eaux & forêts du mois d'août 1669, l'édit du
mois de mai 1708, & les arrêts & règlemens ci-deſſus
mentionnés, & autres pièces y jointes; enſemble le décret
d'ajournement perſonnel, décerné le 18 ſeptembre 1737,
par les officiers dudit ſiége de la table de marbre du palais
à Paris; ledit décret ſignifié le 24 du même mois, & le
dire de l'un des inſpecteurs généraux du domaine du 3
décembre audit an 1737, &c. LE ROI EN SON CONSEIL,
ayant égard à la requête, ſans s'arrêter au décret d'ajournement perſonnel décerné par les officiers de la table de
marbre du palais à Paris, contre les nommés Brimeur,
Coiffé, Vaillant, la Fleur, & Parvi, ni à tout ce qui
peut s'en être enſuivi, que ſa majeſté a caſſé & annullé,
a ordonné & ordonne, que les articles 7 & 14 du titre
de la juridiction de l'ordonnance des eaux & forêts du
mois d'août 1669 enſemble l'édit du mois de mai 1708,
& les arrêts du conſeil des 14 juin 1729 & 26 février
1737, ſeront exécutés ſelon leur forme & teneur; en
conſéquence que pour raiſon du fait dont eſt queſtion,
les parties ſeront tenues de ſe pouvoir par-devant les officiers de la maîtriſe particulière des eaux & forêts de Paris,
pour y procéder ſur les conteſtations, juſqu'à ſentence définitive incluſivement, ſauf l'appel en la manière accoutumée; leur fait ſa majeſté défenſes de procéder & ſe
pourvoir ailleurs, pour raiſon de ce qu'en ladite maitriſe,
à peine de mille livre d'amende; & aux greffiers de ladite
table de marbre d'expédier à l'avenir aucunes commiſſions
pour y procéder en première inſtance, en matière d'eaux
& forêts, pêches & Chaſſes, à peine de cent livres d'a-
mende & d'interdiction contre chacun des contrevenans;
& pour la contravention à l'édit dudit mois de mai 1708,
commiſe par le nommé Nicolas Orry le jeune, procureur
au parlement, ſa majeſté l'a condamné & condamne en
cent livres d'amende, au payement de laquelle il ſera
contraint par les voyes ordinaires & accoutumées, comme pour les propres deniers & affaires de ſa majeſté, lui
enjoint très-expreſſément ſa majeſté & aux autres procureurs, de ſe conformer à l'avenir audit édit, ſous
pareille peine de cent livres d'amende pour chaque con-

à la deſtruction d'une garenne, avec dommages
& intérêts pour les dégâts que les lapins avoient
occaſionnés, ſeroit portée à la maîtriſe de Paris,
pour y être jugée, ſauf l'appel à la table de
marbre, & a fait défenſe aux parties de procéder ailleurs à cet égard, à peine de nullité,
de caſſation des procédures, de mille livres d'a-
mende & de tous dépens, dommages & intérêts.

Obſervez ſur cette matière que la compétence
des officiers des eaux & forêts ſe règle non par
le domicile du défendeur, mais par la ſituation
du lieu où le délit a été commis, & que leurs
ſentences doivent être exécutées contre les délinquans en quelque lieu qu'ils aillent s'établir.
C'eſt ce qui réſulte tant de l'article 9 du titre
premier de l'ordonnance des eaux & forêt, que
d'un arrêt du conſeil du 30 juin 1691.

Le juge gruyer d'un ſeigneur peut connoître
des faits de Chaſſe ſur ſon territoire, & les officiers des eaux & forêts ne peuvent le prévenir
que quand ils en ont été requis par l'une ou
par l'autre des parties : mais ſi le ſeigneur n'a au
lieu d'un gruyer, qu'un juge ordinaire, les officiers des eaux & forêts ont la prévention & la

_____

travention, qui demeurera contre eux encouruc par le
ſeul fait d'inexécution de leur part dudit édit, & ſera le
préſent arrêt ſignifié à la communauté deſdits procureurs
& à tous ceux qu'il appartiendra ; lu, publié, & affiché
où beſoin ſera, & exécuté nonobſtant oppoſitions ou
autres empêchemens généralement quelconques, dont ſi
quelques uns interviennent, ſa majeſté s'en eſt à ſon conſeil
réſervé la connoiſſance & icelle interdite à toutes ſes cours
& autres juges. Fait au conſeil d'état du roi, tenu à Verſailles,
le 31 décembre 1737. Collationné, ſigné, Eynard.

concurrence, quand même ils n'auroient pas été requis. C'eft ce qui réfulte des articles 11 & 12 du titre premier qu'on vient de citer.

Et fuivant l'article 13, s'il s'agit de délits commis par le feigneur, les officiers des eaux & forêts ont droit d'en connoître fans en être requis & fans qu'ils aient prévenu, foit qu'il y ait dans la feigneurie un juge gruyer, ou qu'il n'y ait qu'un juge ordinaire. C'eft auffi ce qu'a réglé la déclaration du 8 janvier 1715.

Il n'y a d'ailleurs que les officiers du roi qui foient compétens pour connoître de la Chaffe du cerf & de la biche. Les anciennes ordonnances & particulièrement celle du mois de juin 1601, confirmées en général par l'article premier du titre 30 de l'ordonnance de 1669, le portent expreffément (*).

Le droit de *committimus* n'a pas lieu quand il s'agit de la police de la Chaffe ; c'eft ce qui réfulte tant de l'article 9 du titre premier de l'ordonnance des eaux & forêts, que de divers arrêts du confeil. Cette décifion s'applique même à ceux qui ont obtenu une évocation générale de leurs caufes dans un tribunal particulier, foit

---

(*) *Il eft dit dans l'article 27,* » N'entendons toute-» fois, par ce que deffus, préjudicier à la jurifdiction de » nos fujets, ayant haute, moyenne & baffe juftice, en » forte qu'en leurdite juftice le procès ne puiffe être fait » & parfait à ceux qui contreviendront à la préfente or-» donnance, pour les crimes & délits commis en leurs » terres, fors & excepté pour ce qui concerne le cerf & la » biche, dont pour ce regard feulement nous avons attri-» bué & attribuons la connoiffance à nos officiers, comme » deffus privativement à tous autres juges «.

au parlement ou ailleurs. C'eſt ce que le conſeil a décidé par arrêt du 30 ſeptembre 1686, contre madame la princeſſe de Carignan.

Au reſte, la déciſion intervenue dans l'eſpèce ſuivante, ne peut laiſſer aucun doute ſur le principe qu'on vient d'établir.

M. Dupin, préſident à la cour des aides de Bordeaux, ayant été décrété d'aſſigné pour être oui au ſujet d'un fait de Chaſſe, à la requête de M. Ragueau, conſeiller au parlement de la même ville, ſubit interrogatoire le 31 décembre 1750, pardevant les officiers de la maîtriſe qui avoient décerné le décret: le procureur général de la cour des aides ayant regardé ce décret comme attentatoire aux privilèges des membres de ce tribunal, préſenta un requiſitoire ſur lequel intervint le 12 janvier 1751, un arrêt qui caſſa le décret, & décréta d'ajournement perſonnel le lieutenant de la maîtriſe, ainſi que M. Ragueau.

. Les officiers de la maîtriſe s'étant pourvus contre cet arrêt, il fut caſſé le 15 du même mois, par un autre arrêt que rendit au ſouverain la table de marbre de Bordeaux. L'affaire ayant enſuite été portée au conſeil, il y intervint arrêt le 6 avril ſuivant, qui caſſa l'arrêt de la cour des aides & ordonna que les articles 9 & 14 du titre premier, & l'article 11 du titre 24 de l'ordonnance des eaux & forêts, l'article 6 du titre 4 de l'ordonnance des *commitimus*, & l'article 27 du titre des évocations de l'ordonnance du mois d'août 1737, ſeroient exécutés; en conſéquence, que la procédure commencée au ſiège de la maîtriſe particulière de Bordeaux ſeroit continuée juſqu'à ſentence définitive, ſauf l'appel au fiége de la table de marbre de la même ville de Bordeaux.

Les condamnations pour faits de Chaffe qui n'excèdent pas la fomme de foixante livres pour toute reftitution & réparation, fans autre peine, doivent être exécutées par provifion & fans préjudice de l'appel. C'eft ce que porte l'article 37 du titre des Chaffes.

Et l'article 38 veut que s'il y a appel d'un jugement rendu pour fait de Chaffe, & que la condamnation ne foit que d'une amende pécunière pour laquelle l'appelant fe trouve emprifonné, il ne puiffe obtenir fa liberté durant l'appel, qu'en confignant l'amende.

Le parlement d'Aix ayant été faifi d'une conteftation dont l'objet étoit de faire déclarer nulles des pourfuites faites à la requête du feigneur, au fujet d'un délit de Chaffe, fous prétexte que ces pourfuites auroient du être faites à la requête du procureur fifcal, cette cour rendit un arrêt le 22 mars 1730, qui déclara la procédure valable.

Le parlement de Paris a une jurifprudence contraire. On y juge que le fait de Chaffe eft un délit qui, donnant lieu à une condamnation d'amende, ne peut être pourfuivi qu'à la requête du procureur fifcal (*). Les nommés Dujon

---

(*) On trouve au journal des audiences un arrêt du 13 feptembre 1706 par lequel il a été jugé qu'un feigneur ne pouvoit, pour fait de Chaffe, faire informer à fa requête devant fon juge.

Il y a dans le même recueil, un arrêt de règlement qui confirme cette jurifprudence, & que le parlement de Paris a rendu le 8 août 1712 pour la juftice de Lenty en Champagne. En voici les termes :

ayant été condamnés pour fait de Chasse, à la requête de la dame d'Abancourt par le juge de Bernapré, où la haute-justice appartenoit à cette dame, ils interjetèrent appel de la sentence sur le fondement que le juge d'un seigneur ne peut connoître d'une action où le seigneur est intéressé, & que dans le cas particulier, les poursuites auroient dû être dirigées au nom du procureur fiscal : la table de marbre du palais à Paris adopta ces moyens, & par jugement du 10 avril 1767, elle infirma la sentence dont étoit appel.

Les appellations des jugemens rendus en fait de Chasse, doivent être relevées dans le mois & jugées dans les trois mois. C'est ce qui résulte tant de l'article 3 du titre 14 de l'ordonnance des eaux & forêts, que de deux arrêts du conseil des 7 janvier 1687, & 28 août 1703.

Les princes apanagistes ont le droit de faire des règlemens sur le fait des Chasses dans leurs do-

---

» Fait défense au sieur de Lenty de former en son nom
» aucune accusation en sa justice, ni d'intenter aucune
» action qui lui soit personnelle, & de les y poursuivre
» comme partie ou intéressé, sous son nom & celui de
» son procureur fiscal, & à ses officiers d'en connoître en
» qualité de juges, à peine de nullité, de tous dépens,
» dommages & intérêts, & de plus grande peine, s'il y
» échoit, sans préjudice auxdits officiers de prendre con-
» noissance de ce qui concerne le domaine, droits &
» revenus casuels de la terre de Lenty, tant en fief que
» roture, pourvu que le fond du droit ne soit point con-
» testé, même des baux, sous-baux & jouissances, cir-
» constances & dépendances, soit que l'affaire fût pour-
» suivie sous le nom du sieur de Lenty ou du procureur
» fiscal «.

maines. C'eſt ce que prouvent tant le règlement
. fait par MONSIEUR, le 15 janvier 1774, que les
lettres patentes du 17 juin ſuivant, par leſquelles
il a été confirmé (*).

―――――――――

(*) *Voici les lettres-patentes* & *le règlement cités :*
" Louis, par la grace de Dieu, roi de France & de Navarre : a tous ceux qui ces préſentes lettres verront ;
Salut. Notre très-cher & très-amé frère Louis-Staniſlas-
Xavier, fils de France, nous a fait repréſenter qu'en
vertu du droit inhérent à la propriété de ſon apanage, &
à l'exemple des princes apanagiſtes, il a deſiré faire conſerver la Chaſſe dans les forêts & les domaines qui lui
appartiennent ; qu'en conſéquence il auroit fait en ſon
conſeil, le 15 janvier dernier, un règlement pour déterminer les fonctions des conſervateurs généraux & particuliers qu'il ſe propoſoit d'établir : mais que l'exécution de
ce réglement, quoique conforme aux ordonnances, &
néceſſaire pour régler la manière dont notredit frere vouloit uſer de ſa propriété, avoit éprouvé des difficultés de
la part des grands maîtres & des officiers des eaux & forêts de ſon apanage ; que leurs prétentions à cet égard
étant abſolument ſans fondement, il avoit cru devoir recourir à notre autorité pour faire reſpecter la ſienne &
pour le faire jouir du droit commun à tous les ſeigneurs,
de diſpoſer comme bon lui ſemble de ſon droit de Chaſſe
dans ſes domaines & forêts ; & qu'au ſurplus ſon intention
n'étant de gener en aucune façon la liberté & les droits
des ſeigneurs hauts juſticiers & des ſeigneurs de fiefs, il
nous prioit de renouveler à ce ſujet les diſpoſitions de
l'ordonnance du mois d'août 1669. Et déſirant donner à
cet égard à notredit frère la ſatisfaction qu'il a droit d'attendre de notre juſtice & de notre tendreſſe, & faire
rentrer les grands-maîtres & les officiers des eaux & forêts dans la ſoumiſſion qu'ils lui doivent. A ces cauſes,
& autres à ce nous mouvant, de l'avis de notre conſeil,
qui a vu le reglement fait par notredit frere en ſon conſeil
le 15 janvier dernier, ci-attaché ſous le contre ſcel de
notre chancellerie, & de notre certaine ſcience, pleine

SEPTIÈME PARTIE.

De la Chasse du loup. La Chasse du loup est
si importante pour la conservation des personnes

puissance & autorité royale, & sans préjudice des droits
de notredit frere, nous avons ordonné en tant que de
besoin ; & par ces présentes signées de notre main, nous
ordonnons que ledit règlement sera exécuté selon sa forme
& teneur. Voulons qu'en conséquence les commissions de
conservateurs généraux ou particuliers qui seront données
par notredit frere, & les commissions des gardes-Chasse,
qui seront données par lesdits conservateurs généraux,
soient enregistrées dans les maîtrises, & que lesdits conservateurs, ainsi que les gardes, puissent y être reçus sans
être tenus de prendre l'attache des grands-maîtres des eaux
& forêts, conformément au réglement du 8 mai 1750,
concernant les Chasses de la province de Normandie, &
à l'article IX de celui du 16 septembre 1770 concernant
les Chasses de la province de Champagne. Pourront lesdits conservateurs généraux & particuliers veiller à la conservation des Chasses, ainsi qu'il est permis par les ordonnances, sans qu'ils puissent empêcher les seigneurs hauts-
justiciers, ou les seigneurs de fiefs ayant censives & vassaux, de chasser, eux & leurs enfans ou amis, dans l'é-
tendue de leurs hautes justices ou fiefs ; & les seigueurs
ecclésiastiques de la qualité susdite, de commettre une personne, telle qu'ils aviseront, pour chasser, à condition
que celui qui sera par eux commis sera tenu de faire enregistrer sa commission au greffe de la maîtrise des eaux &
forêts, ni pareillement empêcher les particuliers d'arracher
les mauvaises herbes, de faucher leurs foins & de mois-
sonner quand bon leur semblera, ni les obliger à mettre
des épines dans leurs héritages, d'attacher des landons au
col de leurs chiens, ni de leur imposer aucune sujetions
conformément aux ordonnances, & notamment à celle
du mois d'août 1669. Si donnons en mandement à nos
amés & féaux conseillers les gens tenans notre cour de
parlement, &c.

&

& du bétail qu'elle a mérité de nos rois une

Règlement fait par monseigneur LOUIS-STANISLAS-XAVIER, fils de France, duc d'Anjou, comte du Maine, du Perche & de Senonche, concernant les Chaffes de fon apanage.

Extrait des regiftres du confeil de monfeigneur le comte de Provence.

Sur ce qui a été repréfenté à MONSEIGNEUR en fon confeil, que la confervation de la Chaffe dans les forêts & les domaines de fon apanage, & l'exécution des ordonnances rendues en différens temps, fur le fait des Chaffes, étoient néceffaires pour maitenir l'ordre & la fureté publiques, & empêcher que les artifans & les laboureurs n'abandonnent leurs occupations pour fe livrer à un exetcice qui leur eft interdit; & que c'eft par ces motifs que les princes apanagiftes ont toujours fait des règlemens fur le fait des Chaffes dans leurs domaines, parce qu'il n'appartient qu'à eux de difpofer de leur droit, de commettre telles perfonnes qu'ils jugeront à propos, pour en uler & pour veiller à fa confervation, & de faire à ce fujet telles autres difpofitions qu'ils jugeront néceffaires; fur quoi voulant faire connoître fes intentions. Oui le rapport du fieur Geoffroy de Limon, confeiller de Monfeigneur en fes confeils, intendant de fes maifons, domaines & finances, monfeigneur le comte de Provence en fon confeil a ordonné & ordonne ce qui fuit :

ARTICLE PREMIER.

Il fera expédié en la chancellerie de l'apanage une commiffion de confervateur général de la Chaffe dans les forêts dudit apanage; & une pareille commiffion de confervateur général des plaines & domaines pour les lieux où monfeigneur a le droit de Chaffe, lefquelles commiffions feront enregiftrées dans tous les fièges des eaux & forêts, & ne pourront s'exercer dans les domaines qui feroient érigés actuellement ou à l'avenir, en capitaineries royales ou non royales.

II. Il fera pareillement établi des perfonnes ayant titre

attention particulière. En effet cet animal éga-

de capitaines ou conſervateurs particuliers des Chaſſes, pour veiller à la conſervation des Chaſſes dans les lieux où monſeigneur le jugera néceſſaire, d'après le rapport qui lui en ſera fait en ſon conſeil, & ceux deſdits conſervateurs généraux & particuliers qui ont pu être nommés ci-devant par monſeigneur, continueront à en faire les fonctions en ſe conformant au preſent règlement, ſans qu'il ſoit beſoin de nouvelles lettres ou brevets.

III. Leſdits capitaines ou conſervateurs particuliers & leurs lieutenans, ſeront nommés par monſeigneur, ſur la préſentation des conſervateurs généraux; ſçavoir, les conſervateurs particuliers des forêts ſur la préſentation du conſervateur général d'icelles, & les capitaines ou conſervateurs particuliers de la plaine & des domaines, ſur la préſentation du conſervateur général d'iceux, en ſe concertant néanmoins avec M le ſur-intendant des finances de monſeigneur, qui viſera leurs commiſſions ou brevets, afin que du choix des officiers des Chaſſes, il ne réſulte aucun inconvénient relatif à la conſervation des bois.

IV. Les conſervateurs particuliers & leurs lieutenans, ſeront tenus avant d'exercer leurs fonctions, de faire enregiſtrer leurs commiſſions ou brevets dans les ſiéges des eaux & forêts de leur arrondiſſement, & de rendre compte tous les mois aux conſervateurs généraux, chacun pour ce qui le concerne, de ce qui ſe paſſera dans l'étendue de leur conſervation particulière.

Permet au ſurplus monſeigneur auxdits capitaines & conſervateurs particuliers & leurs lieutenans de porter l'habit uniforme de ſes Chaſſes.

V. Ne pourront leſdits conſervateurs & leurs lieutenans, prétendre en vertu de leurs commiſſions, exercer aucun acte de juridiction ſous quelque prétexte que ce ſoit; mais ſeront tenus de ſe retirer pardevant les officiers des eaux & forêts, pour par eux faire ordonner ſur le fait de la Chaſſe, ce qui ſera conforme aux réglemens & ordonnances, & leſdits officiers ſeront obligés de faire droit ſur leurs repréſentations, ſous les peines au cas appartenant.

VI. Les gardes-Chaſſe ſeront nommés par les conſer-

lement féroce & carnacier, est non-seulement

---

vateurs généraux, chacun pour ce qui le concerne sur la présentation des conservateurs particuliers ; ils seront reçus par les officiers des eaux & forêts, & ils prêteront serment pardevant eux, conformément aux ordonnances ; & ne pourront être destitués ou interdits par lesdits officiers, que pour les cas prévus & dans la forme prescrite par les réglemens.

VII. Les conservateurs ou leurs lieutenans, pourront chasser dans l'étendue de leur conservation, avec leur compagnie, toutesfois & quantes il leur plaira : mais lorsqu'ils ne chasseront point personnellement, ils ne pourront faire chasser que par les gardes-Chasse qui seront entièrement à leurs ordres, & qu'ils auront droit de destituer.

VIII. Nulles personnes, de quelque qualité & condition qu'elles soient, ne pourront chasser dans les domaines de monseigneur, sans la permission ou de monseigneur, ou du conservateur général des Chasses, ou des conservateurs particuliers ; & ne seront lesdites permissions accordées qu'à des personnes de la qualité requise par les ordonnances & pour un temps limité, à peine de nullité.

IX. Les susdites permissions seront données par écrit, & ceux qui les auront obtenues n'en pourront faire usage que pour eux personnellement, & après les avoir fait enregistrer au greffe de la maîtrise ou grucrie.

X. Lorsque monseigneur ou le conservateur général donnera des brevets de permissions de Chasse, ceux à qui ils seront accordés, seront tenus de prendre le *visa* du conservateur particulier, lequel ne pourra le refuser sous aucun prétexte ; & ne pourront être lesdits brevets de permission enregistrés au greffe des sièges des eaux & forêts, qu'après qu'il aura apparu aux officiers desdits sièges que les impétrans auront rempli cette formalité, ou que le refus du conservateur particulier ne soit constaté par le témoignage de deux personnes dignes de foi.

XI. Les procès-verbaux pour délits de Chasses seront jugés aux sièges des eaux & forêts, à la requête du procureur du roi & de monseigneur, sans que ledit conservateur puisse arrêter le cours de la justice pendant l'instruc-

le plus rusé des animaux, il est encore un des

---

tion, ou retarder la condamnation, & encore moins faire remise ou modération des amendes qui auront été prononcées contre les délinquans.

XII. Le procureur du roi & de monseigneur, dans les sièges des eaux & forêts, pourra poursuivre à sa requête, & intenter toutes actions pour le fait de Chasse, indépendamment & sans le concours du conservateur, par la voie de l'information, ou autrement, sans que les conservateurs puissent, de leur autorité, faire cesser la procédure, & soustraire les déliquans aux peines qu'ils auroient encourues par les ordonnances.

XIII. Défend, monseigneur, aux officiers des maîtrises particulières & grueries de son apanage, de chasser ni de faire chasser dans ses forêts & domaines, sans avoir préalablement obtenu la permission, soit de monseigneur, soit du conservateur général ou du conservateur particulier.

XIV. Les officiers des eaux & forêts seront tenus de prononcer, suivant la rigueur des ordonnances, les condamnations contre les délinquans sur le fait de la Chasse; & principalement contre ceux qui, par les règlemens, sont exclus du droit de porter les armes, sans qu'ils puissent modérer les amendes, sous les peines portées par les ordonnances.

XV. Les gardes des forêts ne pourront être distraits du service de leur gardes par les conservateurs; si cependant dans le cours de leurs fonctions, ils trouvoient quelqu'un qui chassât sans permission, monseigneur leur ordonne d'en dresser leurs procès-verbaux, d'en donner avis au conservateur particulier; & d'en faire leurs rapport à la maîtrise pour les délinquans être poursuivis; ainsi qu'il appartiendra.

XVI. Monseigneur défend très-expressément aux gardes de ses bois de chasser; & si quelque garde-bois contrevenoit au présent article, il sera pour la première fois privé d'une année de ses gages, & en cas de récidive, il sera révoqué.

XVIII. Enjoint, monseigneur, à ses intendans des finances, chacun dans son département, de tenir la main

plus féconds : aussi y avoit-il autrefois tant de loups dans le royaume, qu'on fut obligé de lever une espèce de taille pour en faire la Chasse. Charles V exempta de ces impositions en 1377 les habitans de Fontenai près du bois Vincennes.

L'article 19 de l'ordonnance du mois de janvier 1583, enjoint aux grands maîtres, à leurs lieutenans, aux maîtres particuliers & autres, de faire assembler un homme par feu dans chaque paroisse de leur ressort avec des armes & des chiens propres pour faire la Chasse du loup trois fois l'année aux temps les plus commodes.

. L'article 37 de l'ordonnance du mois de mai 1597 reprend vivement les sergens louvetiers de leur négligence à chasser les loups, & leur ordonne expressément de faire de trois mois en trois mois devant les maîtres particuliers & les gruyers, les rapports des prises qu'ils auront faites, à peine de privation des droits & privilèges attribués à leurs offices pour la première fois qu'ils y auront manqué, & de privation de leurs offices en cas de récidive : la même loi défend aux officiers des maîtrises ou gruries de délivrer à ces sergens louvetiers aucun bois pour la confection des engins propres à prendre les loups, avant que les rapports dont il s'agit n'aient été faits (*).

à l'exécution du présent réglement, dont il sera envoyé une expédition dans chaque siège de maîtrise & gruerie pour y être enregistré, afin que personne n'en puisse prétendre cause d'ignorance.

Fait au conseil de monseigneur, comte de Provence, tenu pour ses finances. A Versailles, le quinzième jour de janvier mil sept cent soixante-quatorze. *Signé*, de Bard.

(*) Ces dispositions sont renouvelées & même étendues

L'article 6 de l'ordonnance du mois de juin 1601, exhorte tous les feigneurs hauts-jufticiers & les feigneurs de fief à faire affembler de trois mois en trois mois les habitans de leurs terres avec des fufils & d'autres armes, pour détruire dans les campagnes les loups, les renards, les blaireaux & les autres animaux nuifibles (*). Et comme l'article premier du titre 30 de l'ordonnance de 1669, ordonne l'exécution de l'ordonnance de 1601, il faut en con-

---

par l'ordonnance de 1601 qui enjoint aux maîtres particuliers des eaux & forêts & aux capitaines des Chaffes, de conttaindre les fergens louvetiers par amende, fufpenfion & privation de leurs charges à chaffer aux loups & aux renards, & de faire devant ces officiers de quinzaine en quinzaine ou de mois en mois pour le moins le rapport du fervice & des prifes qu'ils auront faits.

(*) *Cet article eft ainfi conçu :*

Et d'autant que depuis les guerres dernières le nombre des loups eft tellement accru & augmenté en ce royaume, qu'il apporte beaucoup de perte & de dommage à tous nos pauvres fujets ; nous admoneftons tous feigneurs hauts jufticiers & feigneurs de fief, de faire affembler de trois en trois mois ou plus fouvent encore, felon le befoin qu'il en fera, aux temps & jours plus propres & commodes, leurs payfans & rentiers, & chaffer au-dedans de leurs terres, bois & buiffons, avec chiens, arquebufes & autres armes, aux loups, renards, blaireaux, loutres & autres bêtes nuifibles, & de prendre actes & atteftations du devoir qu'ils en auront fait pardevant leurs officiers ou autres perfonnes publiques, & iceux envoyer incontinent après aux greffes des maîtrifes particulières des eaux & forêts du reffort où ils feront demeurans : révoquant par ce moyen toutes les permiffions particulières que nous pourrions, par importunité ou autrement, avoir accordées & fait dépêcher, de tirer de l'arquebufe à qui que ce foit, s'il n'eft de ladite qualité, & en fon fief, & fur les marais & terres qui en dépendent feulement.

clure que ce qui eſt preſcrit par celle-ci ſur la
Chaſſe au loup, doit être obſervé.

Ainſi il eſt du devoir des ſeigneurs hauts-
juſticiers de faire la Chaſſe aux loups tous les
trois mois, ou du moins de la faire ordonner
par leurs officiers. Ils ne doivent pas attendre
que les habitans ſe plaignent des dégats que
font les loups : c'eſt pourquoi le procureur fiſcal ſe conformeroit aux ordonnances de 1601
& de 1669, ſi à l'audience qui précéde les trois
mois, il requéroit une Chaſſe au loup, qu'on
appelle communément *battue* ou *huée*. Le juge
en cas pareil ordonne la *battue* ou *huée*, & enjoint aux habitans de s'aſſembler pour cet effet,
ſous peine d'une certaine amende. Les jours
qu'on a coutume d'indiquer pour cette Chaſſe,
ſont les fêtes & les dimanches après le ſervice
divin, afin que les habitans ne ſoient pas diſ-
traits des travaux de la campagne.

Par arrêt du parlement d'Aix du 16 ſeptembre 1675, il a été ordonné que le procureur
fiſcal ou un autre officier de la juſtice nommé
par le juge aſſiſteroit à la Chaſſe, laquelle ſeroit
commandée par le ſeigneur de la paroiſſe s'il
étoit ſur les lieux & s'il le pouvoit, ou en ſon
abſence, par un gentilhomme s'il s'en trouvoit
ſur les lieux, ſinon par telle perſonne expéri-
mentée qui ſeroit nommée par le procureur fiſcal ou l'officier préſent.

Lorſque les habitans ſont au rendez-vous le
garde de la terre doit en faire l'appel, & marquer ſur ſon rôle les abſens. Le commandant
doit enſuite ſéparer en deux bandes ceux qui
ſont préſens, les batteurs d'un côté & les tireurs de l'autre : on envoie les batteurs avec la

garde, qui les place autour du bois de diftance en diftance. Après cela le commandant tire un coup de fufil ou de piftolet pour avertir les batteurs d'entrer dans l'enceinte, & les tireurs de fe tenir fur leurs gardes : il eft important pour la réuffite de la Chaffe, que les batteurs aient autant qu'il eft poffible le vent au dos.

. Le commandant doit marcher à la tête des tireurs & les placer de diftance en diftance à l'oppofition des batteurs, en obfervant de mettre les meilleurs tireurs dans les fonds & les ravines, parce que ce font les paffages ordinaires des loups.

Lorfque les batteurs font parvenus jufqu'aux tireurs, & que la battue eft faite, on doit raffembler les chaffeurs, & le garde fait un fecond appel, pour reconnoître fi pendant la Chaffe perfonne ne s'eft en allé : fi quelqu'un s'eft abfenté, il doit être condamné à l'amende.

Il faut obferver que les grands maîtres des eaux & forêts ont fur la Chaffe aux loups, à l'exclufion des autres officiers, la même juridiction que fur toutes les autres Chaffes. Le grand maître du département de Berry ayant été commis par arrêt du confeil du 25 février 1697 pour faire des battues dans cette province, auxquelles les habitans des villes & villages devoient affifter fous peine de dix livres d'amende, M. de Seraucourt qui étoit intendant de la province prétendit que conformément aux arrêts du confeil des 3 juin 1671 & 16 janvier 1677, (*) c'étoit à lui

---

(*) Ces arrêts, pour prévenir les abus que les officiers de louveterie pourroient commettre dans l'exercice de leurs charges, ont défendu expreffément à tout lieutenant de

à ordonner ces Chasses. En conséquence il rendit son ordonnance ; mais elle fut cassée par arrêt du conseil du 14 janvier 1698, & la commission du grand maître fut confirmée. Cet arrêt prononce, 1°. la compétence de la juridiction des grands maîtres sur la Chasse aux loups, a l'exclusion de tout autre officier. 2°. que les arrêts du conseil de 1671 & 1677 n'étoient intervenus que pour réprimer les abus que commettoient les officiers de louveterie dans l'exercice de leurs fonctions, en assemblant les habitans des paroisses de leur autorité privée, & en levant sur eux des droits qui ne leur étoient point attribués par les réglemens (*).

---

louveterie de faire aucune publication de Chasse aux loups que du consentement de deux gentilshommes du département nommés par l'intendant de la province, lesquels avant de consentir à la publication, doivent reconnoître si les habitans des lieux peuvent assister à la Chasse sans quitter leur labeur : les mêmes arrêts portent que quand les lieutenans de louveterie auront tué quelques loups, ils seront tenus de les représenter aux gentilshommes nommés qui leur délivreront leur certificat, sur lequel l'intendant fera la taxe des frais pour la prise des loups, &c.

(*) *Une ordonnance du 22 janvier 1746, rendue par le grand maître des eaux & forêts de Paris contre les entreprises d'un lieutenant de louveterie, au préjudice de la juridiction des eaux & forêts, est ainsi que le requisitoire sur lequel elle est intervenue, fort instructive sur la matière dont il s'agit, c'est pourquoi nous allons rapporter ici l'un & l'autre.*

Louis-François du Vaucel, chevalier, maître d'hôtel du roi, conseiller en ses conseils, grand-maître enquêteur & général, réformateur des eaux & forêts de France au département de Paris & Isle de France.

Sur ce qui nous a été remontré par le procureur du roi en la maîtrise des eaux & forêts de Sens, que quoique la

Le parlement de Befançon a rendu le 20 dé-

Chaffe ait été de tout tems une des principales matières fou-
mifes à la juridiction des eaux & forêts, fait qui ne peut
être contefté, puifqu'à remonter jufqu'au dixième fiècle,
tems où les loix du royaume ont recommencé de prendre
vigueur, cette portion de juridiction nous avoit été réfervée,
& aux officiers des maîtrifes, à l'exclufion de tous autres
juges, fans que jufqu'à préfent rien y ait donné atteinte;
que l'établiffement des capitaineries royales, dont la juridiction, tant en caufe principale que d'appel, a été pofitivement établie par déclaration du roi du 9 mai 1656, &
confirmée par édit du mois de mai 1689, qui aux termes
de la déclaration du roi du 12 octobre 1699, enregiftrée
par-tout où befoin a été, nous ne puiffions connoître d'autres juges fur le fait des Chaffes, que ceux des capitaineries de la varenne du Louvre, bois de Boulogne, Vincennes, Saint-Germain-en-Laye, Livry, Fontainebleau,
Monçeaux, Compiegne, Chambort, bois Halatte, Cor-
beil & Limours, lefquels dans l'étendue de leur reffort
connoiffent chacun en droit foi de toutes les contraventions qui fe commettent, tant pour raifon du port d'armes
que pour fait des Chaffes par les perfonnes prohibées, &
ce de la même maniere qu'en connoiffoient les grands-maîtres & officiers des maîtrifes avant l'établiffement defdites
capitaineries, & qu'ils ont le droit exclufif d'en connoître
dans l'étendue de leurs départemens ès-endroits où il n'y
a point de capitainerie établie; que même dans ces capitaineries, les amendes devant s'y recevoir par le fergent collecteur des maîtrifes, nous y confervions par là une efpèce
de juridiction, d'autant plus qu'aux termes de l'article 40,
du titre 30 de l'ordonnance de 1669, nous allouions dans
le compte des amendes aux officiers des capitaineries une
fomme de 300 livres pour les frais qu'ils pourroient avoir
faits; que quoique la Chaffe foit de toute ancienneté prohibée aux perfonnes dénommées en l'article 28 du titre
30 de l'ordonnance de 1669, & fous les peines y portées,
néanmoins il a appris avec une furprife extrême qu'il fe
faifoit des attroupemens & port d'armes dans le pays de
Langres; que s'étant fait informer du fait, pour prendre

cembre 1685 un arrêt dont l'exécution produi-

---

telles conclusions qu'il aviseroit bon être, les habitans de
la communauté de Selles lui ont remis une requête en
forme de plainte des vexations du nommé Briard & du
nommé Benoît le jeune son préposé; que ces vexations se
trouvent prouvées par un placard imprimé, conçu en ces
termes : « De par le roi, nous Jean Claude Briard, de-
» meurant à Riviere-le-Bois, élection de Langres, lieute-
» nant de la louveterie en ladite élection, suivant nos
» lettres de provision du 30 août 1730; ordonnance de
» monseigneur l'intendant, en date du 12 juin 1733; ré-
» ception à la table de marbre à Paris, en date du 13
» septembre 1730; sentence du grand-maître enquêteur
» général, réformateur des eaux & forêts de France, qui
» condamne les habitans & communautés de l'élection de
» Langres, de payer les droits attribués par chacune année
» audit Briard; & en conséquence fait savoir aux habitans
» de Selles & dépendances de se trouver au lieu d'Endilly,
» & d'envoyer un homme par feu, entre huit & neuf heures
» du matin, capable d'y faire la Chasse du loup, à peine de
» trois livres d'amende, le jeudi dix-huitième du présent
» mois de novembre; enjoignons à tous les fusiliers de se
» fournir de poudre & de plomb sur les mêmes peines d'a-
» mende : il est aussi enjoint au syndic en charge d'apporter
» un rôle des noms, surnoms de tous les habitans sans en
» omettre aucun, aussi sur les mêmes peines d'amende; les
» syndics des communautés aussi en charge, sont aussi tenus
» de nous apporter pour les frais de ladite Chasse après icelle
» faite, deux sous parisis, lequel veut bien se restraindre à
» cette somme, sans qu'il soit besoin que ledit sieur louvetier
» ou ses sous-lieutenans soient tenus de parcourir de porte
» en porte, comme il a été fait ci-devant, à peine de dé-
» sobéissance par ledit sieur syndic, & dix livres d'amende
» qui seront encourues contre lui suivant les reglemens; les
» syndic & habitans sont tenus de reconnoître & de se sou-
» mettre à M. Jean-Benoît le Jeune notre sous-lieutenant,
» & de lui obéir comme à nous-même, à peine aussi d'a-
» mende arbitraire. Fait à Chaumont ce onxième novembre
» présent mois mil sept cens quarante-cinq, *signé* Briard :

roit peut-être autant d'effet que des battues pour

» Et plus bas est écrit à la main, les habitans dudit lieu
» sont avertis de remettre au sieur syndic chacun deux sous,
» & ce par feu, pour après ladite Chasse nous être remis,
» à peine d'y être contraints suivant les ordonnances, *signé*
» Benoît, louvetier, pour Bricard ». Que le ton décisif
avec lequel ce particulier s'explime pour attrouper avec
armes, poudre & plomb les habitans de ladite communauté
& dépendances, au jour & lieu qu'il indique, à la charge
de payer les droits attribués, dit il, par sentence du grand-
maître enquêteur & général réformateur des eaux & forêts
de France, sous peine de trois livres d'amende, avec injonction au syndic aussi sous les mêmes peines d'apporter
un rôle des noms & surnoms de tous les habitans sans en
omettre aucun ; & en outre pour les frais de ladite Chasse,
& après icelle faite, deux sous parisis par feu, somme à laquelle il veut bien se restraindre, sans qu'il soit besoin que
lui ou ses sous lieutenans soient tenus de parcourir de porte
en en porte comme il a été fait ci-devant, à peine de désobéissance & de dix livres d'amende, avec ordre aux syndic
& habitans de reconnoître & de se soumettre à Jean Benoît
le Jeune son sous-lieutenant & de lui obéir comme à lui-
même, aussi à peine d'amende arbitraire ; que ces expressions
inouies dans la bouche d'un particulier qui n'est revêtu
d'aucun caractère, qui n'a aucune juridiction, qui par conséquent ne peut infliger de peines comminatoires, encore
moins lever des taxes sur les sujets du roi, sont capables de
persuader tous ceux qui ignorent les ordonnances sur le
fait des Chasses, & particulièrement les habitans de campagne, qui naturellement se prêtent à la fantaisie de quiconque leur présente de la vraisemblance, n'étant pas probable d'imaginer qu'un homme qui a peut-être à peine lui-
même la faculté de porter des armes pour ces sortes de
Chasses seulement, puisse & doive parler avec des termes
si despotiques ; que de ces abus en naissent encore d'autres
plus énormes ; une multitude de chasseurs de cette espèce se
trouvant attroupés, & se croyant à l'abri par leur nombre
des peines portées contre les contrevenans aux ordonnances,
& voulant d'ailleurs s'indemniser de la perte de leurs tems

détruire les loups. Il a ordonné à toutes les com-

& des frais occasionnés par ces prétendus droits de louveterie, tirent sur les gibiers de toute espèce, bêtes fauves, gibiers défendus, les biches mêmes si elles se rencontrent, tout leur est bon, & s'accoutument insensiblement à vivre du produit de la vente de ces bêtes, ou de ces bêtes mêmes ; ils abandonnent bientôt leur métier, & deviennent des sujets fainéans, & peu propres à l'état de leur profession, bienheureux s'ils ne sont point entraînés par l'esprit de fainéantise dans les crimes les plus atroces ; que dans ce placard, ce prétendu lieutenant de louveterie, qui n'oublie rien de ce qui regarde ses intérêts, n'use d'aucune précaution pour empêcher d'autre Chasse que celle du loup ; que même quand il y auroit pourvu, les habitans des communautés qui se sont laissés entraîner par les termes despotiques de son placard, au sujet de la Chasse au loup, eussent peu fait d'attention aux défenses qu'il eût pu faire pour empêcher toute autre espèce de Chasse, ne pouvant ignorer que la connoissance des contrevenans à l'ordonnance sur le fait des Chasses, est attribuée aux officiers des maîtrises des eaux & forêts ; qu'indépendamment de ce que ledit Briard n'étoit point reconnu de notre prédécesseur ni de nous, par lettre d'attache sur les provisions, & que ces provisions ne soient point au greffe de la maîtrise de Sens, c'est que nous ne pourrions le reconnoître ni l'autoriser à de pareilles Chasses sans contrevenir aux ordonnances de 1318, 1485, 1583, 1597, 1600, 1601 & 1607 ; à l'ordonnance de 1669 ; aux déclarations du 12 octobre 1699, & 2 janvier 1606 ; que l'article 41 du titre 30 de l'ordonnance de 1669, ayant supprimé toutes les charges & commissions sur le fait des Chasses, & toute juridiction en étant attribuée aux grands maîtres, capitaines des Chasses & officiers des maîtrises & capitaineries ; il n'y a donc aujourd'hui que ces officiers qui aient droit de connoître du fait des Chasses, de quelque espèce qu'elle soit ; que pour se convaincre de ce droit, il n'y a qu'à lire l'article 19 de l'ordonnance de Henri III, donnée à Paris en janvier 1583 : cet article est spécialement pour la Chasse au loup ; il enjoint aux grands-maîtres réformateurs, leurs lieutenans, maîtres particuliers &

munautés de son ressort de faire dans les endroits

autres de faire assembler un homme par feu de chacune
paroisse de leur ressort, avec armes & chiens propres pour
la Chasse des loups trois fois l'année, au tems le plus
propre & le plus commode qu'ils aviseront pour le mieux;
que cet article, confirmé par l'article 7 de l'ordonnance
de Henri IV donnée à Paris au mois de janvier 1600, ne
souffre aucune équivoque; que ces loix établissent très-
clairement que la Chasse des loups est de la juridiction des
grands-maîtres & sous leur direction & ne regarde en rien
les grands-veneurs ou grands-louvetiers, ni les officiers
de leur équipage; que l'article 37 de l'ordonnance de Henri
IV du mois de mai 1597, est encore une preuve du droit
qu'ont les grands-maîtres de prendre connoissance de ces
sortes de Chasses; il est conçu en ces termes : » & d'autant
» que le nombre des loups est infiniment accru & augmenté à
» l'occasion du peu de devoir que nos sergens-louvetiers de
» nos forêts font d'y chasser, bien qu'ils soient spécialement
» institués pour cet effet, nous leur avons enjoint de faire de
» trois mois en trois mois rapport par-devant les maîtres
» particuliers & gruyers, des prises qu'ils auront faites des
» loups, sous peine de privation des droits & priviléges attri-
» bués à leurs offices pour la premiere fois, de leurdits offi-
» ces pour la seconde, sans que par nosdits officiers leur puisse
» être délivré aucuns bois pour la confection des engins à
» prendre loups, qu'il ne leur soit apparu desdits rapports; »
que cette ordonnance aussi confirmée par les articles 4 de
celles du même roi Henri IV des mois de janvier 1600 &
juin 1601, établissent d'autant plus la juridiction des grands-
maîtres & officiers des maîtrises sur le fait de ces sortes de
Chasses, qu'il faudroit être bien prévenu pour appliquer à
des louvetiers de l'équipage du grand-veneur ou grand-
louvetier la dénomination de sergens-louvetiers, contenus
dans la disposition dudit article 38 de l'ordonnance de
1597, pour conclure que c'est de ces sortes d'officiers dont
elle a entendu parler; que pour être persuadé du contraire
il n'y a qu'à lire les anciennes ordonnances; on y verra des
créations de sergens fieffés, sergens traversiers, maîtres-
gardes, sur-gardes, routiers, sergens dangereux & sergens

les plus commodes & que les loups fréquentent

---

louvetiers; on y verra que tous ces gardes avoient des fonctions distinctes & séparées les unes des autres, que la preuve de ce fait se tire de l'article 2 de l'ordonnance de Philippe V surnommé le Long, en l'année 1318, par laquelle fixant les gages des différens gardes, il dit que nul autre garde ne pourra prendre double gage, excepté nos veneurs, auxquels nous avons donné la garde de nos forêts: il s'ensuit donc que les sergens-louvetiers dont parle cette ordonnance, étoient des gardes entièrement soumis aux ordres des grands maîtres & officiers des maîtrises, tant comme sergens & gardes louvetiers que comme sergens & gardes de bois; que du temps de Henri IV le nombre des loups étoit si considérable en France, qu'indépendamment de la disposition de l'article 38 de son ordonnance du mois de mai 1597, il avoit par ses ordonnances de janvier 1600 & juin 1601 articles 6 & 7, admonesté tous les seigneurs hauts-justiciers, seigneurs de fiefs, de faire assembler de trois mois en trois mois ou plus souvent encore suivant le besoin aux temps & jours plus commodes & plus propres, leurs paysans & rentiers, & chasser au-dedans de leurs terres, bois & buissons, avec chiens, arquebuses & autres armes, aux loups, renards, blaireaux, loutres & autres bêtes nuisibles, & de prendre acte & attestation du devoir qu'ils en auroient fait par-devant leurs officiers & autres personnes publiques, & iceux envoyer incessamment après au greffe des maîtrises particulieres des eaux & forêts du ressort où ils seroient demeurans, révoqua par ce moyen toutes les permissions particulieres qu'il avoit pû par importunité ou autrement avoir accordées & fait dépêcher de tirer de l'arquebuse qui que ce soit s'il n'est de ladite qualité & en son fief & sur les domaines & terres qui en dépendent seulement, & enjoignit aux maîtres particuliers & capitaines des Chasses d'y tenir la main & de contraindre les sergens-louvetiers par condamnation d'amende, suspension & privation de leur état & charge, à chasser & tendre aux loups & renards & faire rapport par-devant eux de quinzaine en quinzaine ou de mois en mois pour le moins, du devoir qu'ils en auroient fait & des prises par eux faites; que ces articles démontrent

le plus ordinairement , des fosses propres à les

---

donc que d'un côté si les seigneurs hauts-justiciers , seigneurs de fiefs ont la permission de chasser pour leurs plaifirs dans leurs terres & fiefs seulement, ils doivent aussi
foulager leurs vassaux par la destruction des bêtes nuisibles ;
que l'acte public que requiert cette ordonnance, est pour
constater qu'il n'a été tiré sur aucun gibier défendu ; que le
dépôt de cet acte , au greffe des maîtrises, avec l'injonction
faite aux officiers des maîtrises & capitaines des Chasses
d'y tenir la main, est une preuve que non-seulement il n'a
point entendu les priver de leur juridiction sur cet article,
mais même qu'ils les y confirme & maintient dans le droit
de connoître seuls & privativement à tous autres juges,
chacun en droit soi, de tous faits concernant la Chasse · &
port d'armes & attroupemens pour fait de Chasse. Qu'enfin ,
pour d'autant mieux établir que la Chasse est prohibée à
toutes personnes, si ce n'est aux seigneurs hauts-justiciers,
seigneurs de fiefs, dans leurs terres & fiefs seulement, &
que les officiers de l'équipage du grand-veneur n'ont pas
droit de provoquer les chasses aux loups ; il n'y a qu'à lire
l'article V de l'ordonnance de Henri IV , donnée à Paris en
juillet 1607. Cette ordonnance donne simplement pouvoir
aux officiers de louveterie de porter l'arquebuse aux assemblées pour la Chasse des loups, par la permission du capitaine des Chasses ; qu'il croit important de rapporter les
dispositions de cet article après les prohibitions du port
d'armes. Le roi Henri IV s'exprime ainsi : n'entendons
comprendre aux rigueurs de notre édit les officiers de
notre louveterie pour le regard du port d'arquebuse aux
assemblées qui se feront pour courre & prendre les loups
en nos forêts , bois & buissons en dépendans avec permission du capitaine des Chasses en icelles , ou leurs
lieutenans , & assistés de l'un des gardes ordinaires desdites Chasses : que cet article prouve bien clairement,
& sans aucune équivoque , que les officiers de louveterie
ne peuvent convoquer aucune assemblée pour la Chasse
aux loups , & qu'il ne peut être regardé que comme
une tolérance d'y pouvoir porter l'arquebuse , & ce néanmoins sous l'inspection d'un, des gardes ; qu'il est bien

prendre,

prendre , en observant néanmoins qu'elles soient

---

différent audit Briard de pouvoir porter l'arquebuse aux
assemblées qui se font pour courre & prendre les loups,
par permission du capitaine des Chasses, ou d'ordonner de
son autorité les assemblées pour ces sortes de Chasses, &
d'exiger en conséquence des droits exorbitans ; que les
officiers de louveterie sont simplement officiers d'equipage ;
que le grand veneur commande, quand il plaît au roi,
de faire chasser le loup en sa présence ; que dans ce cas
seul ils ont le droit d'indiquer & d'inviter les vassaux des
seigneurs & communautés de s'assembler pour faire les
battues & huées nécessaires ; que ce fait ne peut être révoqué en doute, aux termes de l'ordonnance de Charles
VIII, de l'an 1485. Cette ordonnance, en Langue La-
tine, s'exprime en termes bien positifs, & ne peut souffrir
une double explication : *De catero magni venatores regni,*
in nemoribus & dominationibus altorum justiciariorum no-
bilium non venabuntur, neque compellent homines prædic-
torum dominorum ad eos circa venationem hujusmodi ju-
vandum nisi nos propriá personá interfuerimus : qu'il est
donc constant que les officiers de vénerie ou louveterie
sont seulement bornés au simple pouvoir de porter arquebuse aux assemblées des Chasses aux Loups, & qu'ils ne
peuvent chasser comme officiers de louveterie, que quand
ils sont commandés par le grand-veneur ou grand-louvetier,
pour les Chasses que le roi veut faire en personne ; qu'outre ce cas, ils n'ont aucun pouvoir pour ordonner des assemblées, encore moins pour tirer aucun droit : *neque com-*
pellent homines prædictorum dominorum ad eos circa vena-
tionem hujusmodi juvandum nisi nos in propriá personá
interfuerimus ; que c'est dans l'esprit de ces lois que sont
intervenus les arrêts du conseil de 1671 & 1677, par lesquels sa majesté étant informée que dans les provinces de
Picardie & Champagne, quelques particuliers se disant
lieutenans de louveterie commettroient divers abus , en
obligeant les laboureurs, lorsqu'ils sont occupés à la culture des terres, de s'assembler pour chasser aux loups, &
sous ce prétexte exigeoient de grosses amendes de ceux qui
ne s'y trouvoient pas, & que lorsqu'ils avoient tué quel-

écartées des grands chemins & difposées de

ques loups, ils faifoient une impofition fur les villages de
leur département, qui montoit quelquefois à des fommes
confidérables, & que même ils établiffoient des payfans,
auxquels ils permettoient de porter des fufils & de chaffer,
au préjudice des ordonnances, ce qui avoit donné lieu à
diverfes vexations fur les habitans defdits villages, à quoi
ayant jugé néceffaire de pourvoir, il a été fait défenfes à
tous lieutenans de louveteries, & autres qui fe prétendroient officiers d'icelles, de faire aucune publication de
chaffe aux loups, que du confentement de deux gentilshommes de l'étendue du département où ils réfidoient, qui
feroient nommés par les commiffaires départis efdites provinces, lefquels auroient foin de voir fi les habitans des
lieux où lefdits officiers voudroient faire la chaffe, pourroient y affifter fans quitter leur labeur, avant que de confentir à ladite publication, & que lorfque lefdits officiers
auroient tué quelques loups, ils feroient tenus de les repréfenter auxdits gentilshommes, qui leur délivreroient leur
certificat, fur lequel lefdits commiffaires départis feroient
la taxe des frais qu'ils auroient fait pour la prife defdits
loups, laquelle feroit impofée fur les villages des environs
où ils auroient été pris, à raifon de deux fous par paroiffe,
& payés fans aucuns frais; fait en outre défenfes fa majefté
de lever de plus grands droits pour raifon de ce, ni de
donner aucune permiffion pour porter des fufils, à peine de
privation de leurs charges, & d'être procédé contre eux &
contre ceux qui fe trouveroient portant des fufils en vertu de
leur permiffion, fuivant la rigueur des ordonnances, avec injonction auxdits commiffaires départis de tenir la main à l'exécution defdits arrêts; que l'énoncé de ces arrêts prouve fans
contredit que ces prétendus louvetiers ne font pas fuffifans
pour ordonner de leur chef, & fans y être autorifés des affemblées de Chaffe aux loups, & ne dérogent en rien aux
anciennes ordonnances ci deffus citées, & notamment à
celle de juillet 1607 article 5; qu'ils confervent le droit de
porter arquebufe à ces fortes d'affemblées lorfqu'elles font
convoquées par les grands-maîtres & capitaines des Chaffes;
que ces arrêts qui paroiffent en quelque façon altérer la
jurifdiction des grands-maîtres & officiers des maîtrifes fur

façon que les voyageurs n'en puissent recevoir aucun dommage.

la connoissance de cette espèce de Chasse, en l'attribuant aux commissaires départis dans les provinces, n'eussent point eu lieu dans cette forme, si les grands-maîtres & officiers des maîtrises des départemens ci-dessus dénommés fussent intervenus ou y eussent formé opposition ; certainement l'exécution leur en eût été adressée ; qu'outre les termes précis des ordonnances ci dessus citées qui établissent si clairement leur juridiction, & auxquelles ces arrêts ne donnent aucune atteinte, les arrêts de 1697 & 1698, ce dernier rendu contradictoirement entre le sieur de Seraucourt commissaire départi en la généralité de Bourges, & le sieur Begon, grand-maître de ce département, sont une preuve du fait qu'il avance ; que l'arrêt du 26 février 1697, ordonnoit que par le sieur Begon, ou en son absence par les officiers des maîtrises particulières de ladite province de Berry, il seroit fait deshuées & Chasses aux loups ès endroits qui seroient jugés nécessaires, & qu'à cet effet les habitans des villes & villages situés ès environ desdits lieux, seroient tenus d'y assister aux jours & heures qui seroient indiqués par ledit sieur Begon à peine de dix livres d'amende contre chaque défaillant ; que ledit sieur Begon ayant rendu ses ordonnances pour l'exécution dudit arrêt le 19 avril audit an, par lesquelles il commettoit les maîtres particuliers de Bourges, Vierzon & Issoudun, pour faire faire la Chasse aux loups dans l'étendue de leurs maîtrises, suivant & ainsi qu'il étoit porté par lesdits arrêt & ordonnance, le sieur de Seraucourt, commissaire départi en ladite province, rendit aussi une ordonnance, par laquelle il enjoignoit, sous peine de trois livres d'amende, à tous les habitans de la paroisse saint Privé de se trouver le 23 novembre dernier, armés de fusils ou de bâtons, dans les lieux qui leur seroient indiqués par le sieur de Mousoge, qu'il avoit commis pour commander les huées & Chasses aux loups qui seroient faites dans les bois de Couttemoré ; que ledit sieur Begon s'étant pourvu contre l'ordonnance du sieur de Seraucourt, & ce dernier ayant fourni de réponse aux moyens dudit sieur Begon, est intervenu ledit arrêt du 15 janvier 1698, par lequel fa majefté, fans s'arrêter à l'ordonnance rendue par ledit fieur de Seraucourt, a ordonné & ordonne que ledit arrêt du confeil du 25 février dernier, feroit exécuté felon fa forme & teneur; que d'ailleurs par l'article premier du titre 30 de l'ordonnance de 1669, le roi voulant que les ordonnances des rois fes prédéceffeurs fur le fait des Chaffes, & fpécialement celles des mois de juin 1601, & juillet 1607, foient obfervées en toutes leurs difpofitions, auxquelles il n'a point été dérogé, & qui ne contiendront rien de contraire à ces préfentes. C'eft donc aux anciennes ordonnances qu'il faut s'arrêter, puifque par ladite ordonnance de 1669, non-feulement il n'y a point été dérogé, mais encore on ne voit rien qui y foit contraire; que même la déclaration du 12 octobre 1699, en fixant le nombre des capitaineries, a fupprimé généralement toutes les autres qui fubfiftoient alors, leurs officiers & gardes, fous quelque prétexte, noms & qualités qu'ils puiffent avoir été établis ou érigés, foit en vertu de provifions du roi, ou de commiffion du grand veneur ou grand louvetier, ou autrement, fans pouvoir être rétablis, fous quelque prétexte que ce fût, à la réferve de la capitainerie générale des Chaffes de Bourgogne, dont fa majefté a voulu que M. le duc de Bourbon jouit, & de celles de Long-Jumeau & Pierre-Lay, dont M. le marquis Deffiat & préfident de Maifons, quoique fupimés, pourroient faire les fonctions pendant leur vie feulement; enforte qu'au moyen de cette déclararation, la juridiction des Chaffes peut moins que jamais être fufceptible de partage, ni de concurrence, foit pour la police ou autrement, & la manutention générale à l'exécution des ordonnances demeure confervée aux grands-maîtres & officiers d'eaux & forêts par titre & poffeffion depuis que la monarchie fubfifte, à la feule exception des capitaineries réfervées par ladite déclaration, par laquelle fa majefté, en fuivant toujours l'efprit des anciennes ordonnances, fi précifément confirmées par celles de 1669, fait défenfes à tous foi-difans officiers de capitainerie, vènerie & louveterie, autres que ceux reconnus en ladite déclaration, de s'ingérer ci-après dans l'exercice & fonction;

ni d'en prendre la qualité, ainsi qu'aux gouverneurs de provinces, ou de villes & places, de prendre de pareille qualité, s'ingérer de défendre la Chasse dans tout ou partie de leur pouvoir ou gouvernement, ni de donner aucune commission de capitaine, lieutenans ou gardes-Chasses. fait défenses aux officiers des table de marbre, eaux & forêts & à tous autres de les reconnoître en aucune manière. Qu'il s'ensuit donc que s'il est spécialement défendu aux officiers de louveterie, & à toutes personnes de la qualité susdite, de s'ingérer dans aucune fonction de Chasse, & eaux grands-maîtres & capitaines des Chasses, officiers des maîtrises & capitaineries & tables de marbre, de reconoître ces sortes de personnes; qu'à plus forte raison nous ne pouvons connoître un prétendu lieutenant & autres bas officiers de louveterie, dont les charges n'ont d'autre étendue que sur le détail qui les concerne, & l'exercice de leurs équipages, suivant que l'établit la déclaration du 2 janvier 1706, & qui en est le seul & vrai motif, sans que ces charges aient aucun rapport à la connoissance, police & conservation attribuées aux grands-maîtres, maîtrises & capitaineries sur le fait des Chasses, ni que le grand-veneur & grand-louvetier, chacun en ce qui les concerne, puissent y prétendre d'intendance générale ou juridiction particulière en aucune manière, & sous quelque prétexe que ce puisse être. Que c'est donc une entreprise très-condamnable de la part dudit Briard de vouloir par lui ou ses préposés convoquer des Chasses, faire des battues & huées de son autorité, & sans autre pouvoir que de porter l'arquebuse aux assemblées de Chasse au loup, d'exiger des droits excessifs, tandis que les plus forts que les lois aient accordés aux sergens louvetiers sont de deux deniers par loup ou louveteaux, & de quatre deniers par louve. Qu'étant nécessaire de remédier à tant d'abus, il a cru que le dû de sa charge l'obligeoit de se pourvoir. A ces causes, requéroit ledit procureur du roi, qu'il nous plût ordonner que conformément à l'article premier du titre 30 de l'ordonnance des eaux & forêts du mois d'août 1669, celles des rois Philippe V, surnommé le long, de 1318; Charles VIII, de 1485; Henri III, de

le Bret, traité de la souveraineté ; Salvaing, de

1583 ; Henri IV de 1597, 1600, 1601 & 1607 ; aux
articles ci-deſſus rapportés, enſemble les déclarations du 12
octobre 1699, & 2 janvier 1706, ſeront exécutées ſelon
leur forme & teneur, & en conſéquence, ordonner que
lorſque les ſyndics & habitans des communautés du reſſort
de ladite maîtriſe ſe trouveront inquiétés par les loups, renards
& autres bêtes nuiſibles, qu'ils ſeront tenus de ſe retirer
par devers nous, pour y être pourvu dans les formes requiſes par leſdites ordonnances : ce faiſant, faire défenſes
audit Briard, ſe diſant lieutenant de louveterie, à Benoît le
jeune, qu'il qualifie de ſon ſous-lieutenant, & à tous autres
qui ſe prétendent officiers de louveterie, de faire en leurs noms
ou en celui de gens qu'ils voudroient commettre, aucune
publication de Chaſſe aux loups dans l'étendue de leur établiſſement & réſidence, ni d'exiger aucun droit, & aux
habitans des bourgs, villages & hameaux du reſſort de
ladite maîtriſe de Sens, & notamment aux ſyndics & habitans de la communauté de Selles du bailliage de Langres,
ancien reſſort de la maîtriſe de Sens, de s'attrouper avec
armes, poudre & plomb ſous les ordres dudit Briard, &
autres officiers de louveterie, à l'effet de faire des huées &
chaſſes aux loups, ni ſous quelqu'autre prétexte que ce
puiſſe être, à peine d'être procédé contre eux ſuivant la
rigueur des ordonnances ; fait pareillement défenſes audit
Briard, ſes ſous-lieutenans, ſi aucuns il a, & à tous autres
officiers de louveterie, de porter l'arquebuſe dans l'étendue
du reſſort de ladite maîtriſe, s'il n'eſt ſeigneur haut juſticier
ou poſſédant fief, ſi ce n'eſt par notre permiſſion, & en
préſence de tel officier qu'il nous plaira commettre, lorſqu'il ſera, ſuivant l'exigence des cas, néceſſaire de faire des
huées & Chaſſes aux loups, & que pour icelles, l'officier
que nous aurons choiſi, aura fait convoquer & aſſembler à
jour le plus commode qu'il lui plaîra indiquer, & aux endroits qui ſeront par lui jugés les plus propres, les habitans
des paroiſſes où il ſera à propos de faire leſdites Chaſſes
aux loups, auxquelles aſſemblées ſeulement il ſera permis
audit Briard, ſes ſous-lieutenans & autres officiers de louveterie, de porter l'arquebuſe, ſe réſervant ledit procureur
du roi à prendre contre ledit Briard, ſes ſous-lieutenans &

l'ufage des fiefs ; les recueils de Fontanon , de Joly

autres officiers de louveterie , telles autres conclufions qu'il
avifera bon être , tant pour le port d'armes que pour avoir
par abus , différentes fois , attroupé les habitans des villages
du reffort du bailliage de Langres & exigé des droits infolites , & que notre ordonnance fera enregiftrée au greffe de
ladite maîtrife , fignifiée auxdits Briard , & Benoift le jeune ,
au fyndic de la communauté de Selles , & à tous autres qu'il
appartiendra , même publiée & affichée où befoin fera , &
exécutée felon fa forme & teneur. Vû la requête des habitans de ladite communauté de Selles , les ordonnances,
arrêts & réglemens ; & tout confidéré : nous ayant égard à
la remontrance & requifition du procureur du roi , ordonnons que la requête defdits habitans de la communauté
de Selles , & ledit placard imprimé , de nous vifés & paraphés , feront dépofés au greffe de la maîtrife des eaux
& forêts de Sens , pour fervir & valoir ce que de raifon ,
& y avoir recours toutefois & quantes que befoin fera : ordonnons pareillement que , conformément à l'article premier du titre XXX de l'ordonnance des eaux & forêts
du mois d'août 1669 , celles des lois Philippe V furnommé le Long , de 1318 , de Charles VIII , de 1485 ,
de Henri III , de 1583 , de Henri IV , de 1597 , 1600 ,
1601 , & 1607 , rendues pour raifon du fait dont eft
queftion & notamment les difpofitions contenus aux articles ci-deffus rapportés en l'expofé dudit procureur du roi ,
feront exécutés felon leur forme & teneur : ce faifant ,
ordonnons que lorfque les fyndics & habitans des communautés du reffort de ladite maîtrife fe trouveront inquiétés par les loups, renards & autres bêtes nuifibles , qu'ils
feront tenus de fe retirer par devers nous , pour y être par
nous pourvu dans les formes requifes par lefdites ordonnances, arrêts & réglemens ; & en conféquence , avons
fait & faifons très-expreffes inhibitions & défenfes audit
Briard , fe difant lieutenant de louveterie , à Benoit le
jeune, qu'il qualifie de fon fous-lieutenant , & à tous autres qui fe prétendroient officiers de louveterie , de faire
en leurs noms ou par des propofés , de quelque état ,
qualité & condition qu'ils puiffent être , aucune publica-

tion ou convocation de chaffes aux loups dans l'étendue
de leurs établiffemens ou réfidence ni d'exiger aucuns droits,
& aux habitans des bourgs, villages & hameaux du reffort
de ladite maîtrife de Sens , & notamment aux fyndic &
habitans de la communauté de Selles du bailliage de Langres , ancien reffort de la maîtrife de Sens , de s'attrouper avec armes , poudre & plomb, fous les ordres dudit
Briard ou autres officiers de louveterie , à l'effet de faire
des Chaffes aux loups, ni fous quelque prétexte que ce
puiffe être , à peine d'être procédé contre eux fuivant la
rigueur des ordonnances. Faifons pareillement défenfes
audit Briard, fes fous lieutenans, fi aucuns il a , & à tout
autre officier de la louveterie , de porter l'arquebufe
dans l'étendue du reffort de ladite maîtrife , s'il n'eft feigneur haut-jufticier ou poffedant fief , fi ce n'eft par notre permiffion , & en préfence de tel officier qu'il nous
plaira commettre , lorfqu'il fera , fuivant l'exigence des
cas, néceffaire de faire des huées & Chaffes aux loups, &
que pour icelle l'officier que nous aurons choifi aura fait
convoquer les affemblées aux jours les plus commodes qu'il
lui plaira indiquer , & aux endroits qui feront par lui jugés
les plus propres , aux habitans des paroiffes où il fera
à propos de faire lefdites Chaffes aux loups; auxquelles
affemblées feulement avons permis , conformément à
l'article V de l'ordonnance du mois de juillet 1607,
audit Briard , s'il eft lieutenant de louveterie, & autres
officiers de louveterie , de porter l'arquebufe. Enjoignons
au procureur du roi de ladite maîtrife de tenir la main à
l'exécution de ces préfentes, fauf à lui à prendre contre
ledit Briard , fes fous-lieutenans & autres officiers de louveterie, & toutes autres perfonnes à qui le port d'armes
eft prohibé par les ordonnances , telles conclufions qu'il
avifera bon être, tant pour ledit port d'armes , que pour
par ledit Briard avoir par abus différentes fois attroupé
les habitans des villages du reffort du bailliage de Langres, & exigé d'eux des droits infolites : ordonnons en
outre que notre préfente ordonnance fera regiftrée au
greffe de ladite maîtrife , fignifiée audit Briard , Benoît le

de Bourgogne, le traité du droit de Chasse, par Delaunay ; Boutaric, traité des droits seigneuriaux ; l'ordonnance des eaux & forêts du mois d'août 1669; le recueil des édits & règlemens de Lorraine ; la jurisprudence sur le fait des Chasses ; le code rural ; le traité de la police ; le code des Chasses ; les loix forestières ; Chassencuz, sur la coutume de Bourgogne; la coutume de Franchecomté; Chopin, sur la coutume d'Anjou ; Bacquet, des droits de justice ; Charondas en ses réponses ; la Rocheflavin, traité des droits seigneuriaux ; Ferrière sur Guypape ; les centuries de le Prêtre ; le Grand & Pithou, sur la coutume de Troyes ; les arrêts de Papon ; la Lande, sur la coutume d'Orléans ; Perchambaud, institutions au droit françois ; Livonière, traité des fiefs ; les institutions coutumières de Loisel ; le dictionnaire raisonné des eaux & forêts ; la pratique des terriers ; les ordonnances du mois de juin 1601 & du mois de juillet 1607 ; le manuel des Chasses ; Tronçon sur la coutume de Paris ; Gallon, sur l'ordonnance des eaux & forêts ; l'arrêt du conseil du 7 octobre 1707 ; Coquille, sur la coutume de Nivernois ; Guyot, en ses institutions féodales ; les arrêts du conseil des 7 janvier 1687 & 28 août 1703, &c. Voyez aussi les articles CHIENS, GIBIER, CONSERVATION, CAPITAINERIE, GARDE, MAITRISE, ARMES, PÊCHE, GARENNE, FAUCONNERIE, VENERIE, LOUVETERIE, VOL, SEIGNEUR, JUSTICE, DÉLIT, AMENDE, APPELLATION, &c.

---

jeune, syndic de la communauté de Selles, & à tous autres qu'il appartiendra, même publiée & affichée où besoin sera, & exécutée selon sa forme & teneur. Donné en notre hôtel à Paris, ce 22 janvier 1746. Signé, Duvaucel. Par mondit seigneur, Leclopé.

DE LA CHASSE DANS L'ARTOIS, LA FLANDRE, &c.

L'Artois, la Flandre, le Cambresis & le Hainaut ont des loix particulières sur la Chasse. L'ordonnance du mois d'août 1669 y fut envoyée & enregistrée; mais comme l'exécution n'en étoit pas compatible avec les anciens usages maintenus par les capitulations, Louis XIV accorda sur les remontrances des états, une surséance qui dura jusqu'en 1693, époque de l'établissement des maîtrises dans ces provinces. Les officiers qui les composoient ayant prétendu exercer toutes les fonctions & connoître de toutes les affaires que leur attribue cette ordonnance, les états & les principaux corps du pays se pourvurent au conseil d'état, où ils obtinrent en 1701 un arrêt qui ordonna une nouvelle surséance, & renvoya les parties pardevant les intendans, lesquels reçurent ordre de dresser des procès-verbaux de leurs contestations, & de donner à ce sujet leur avis. Cette opération finie, intervint un arrêt contradictoire du 29 juin 1706, qui ordonne entre autres choses que la juridiction concernant la pêche & la Chasse, continuera d'être exercée suivant les usages du pays, & les anciennes ordonnances, par les magistrats, juges des lieux ou des seigneurs, à qui elle est attribuée, ainsi qu'elle l'avoit été avant la publication de l'ordonnance; sauf néanmoins ce qui concerne la Chasse dans les forêts du Roi, à l'égard desquels l'ordonnance doit être exécutée.

Cet arrêt fut revêtu d'une déclaration rendue le 7 novembre suivant, & enregistrée au parlement de Flandres le 23 décembre. Les offi-

ciers des maîtrises en obtinrent la révocation
par un arrêt sur requête du 14 mai 1724, sous
prétexte des dégradations commises par les seigneurs & les communautés dans leurs bois ;
mais sur l'opposition qu'y formèrent les états
des quatre provinces, le conseil ordonna l'exécution de l'arrêt de 1706, par un autre arrêt
du 16 août 1727, lequel fut enregistré au parlement de Flandres avec des lettres-patentes le
12 décembre de la même année.

Depuis ce temps, l'ordonnance des eaux &
forêts, n'a été exécutée en ces provinces qu'à
l'égard des forêts royales. La Chasse sur les terres des particuliers & des communautés est règlée par les placards des anciens souverains du
pays. Pour ne laisser rien à desirer sur cette
matière, nous allons donner une idée de la jurisprudence qu'ils ont établie, sans cependant
nous arrêter à toutes les dispositions qui sont
particulières aux forêts domaniales, parce que
l'ordonnance des eaux & forêts y a pourvu
suffisamment.

Pour éviter la confusion que produiroit l'ordre chronologique des placards & celui des articles qu'ils renferment, nous ne suivrons que
l'ordre des matières. Ainsi nous verrons, 1°. à
qui la Chasse est permise ; 2°. en quelle manière & en quel tems ; 3°. les peines établies
contre les infracteurs des règlemens portés sur
cet objet ; 4°. la procédure qu'il faut observer
pour faire prononcer ces peines.

L'opinion de Fréminville, qui regarde le droit
de Chasse comme un droit purement domanial,
dont les seigneurs n'ont l'usage ou l'exercice
que par concession du prince, est pour les Pays-

bas un principe fondamental que les anciennes ordonnances ont consacré. Les termes en font remaquables. « Nos vaſſaux & ſujets, diſent les » Archiducs Albert & Iſabelle dans l'article 36 » du placard de 1613, ayant privilége de chaſ- » ſer toutes ſortes de ſauvagines & gibiers en » leurs ſeigneuries, en pourront librement uſer » en la ſaiſon, & défendre aux autres qui n'au- » roient ce privilége d'y chaſſer ». Ces expreſ- ſions annoncent plutôt le droit de Chaſſe comme émané de la conceſſion du prince, que com- me inhérent à la ſeigneurie. L'article 37 met encore cette vérité dans un plus grand jour. » N'entendons néanmoins pas-là, *c'en ſont les* » *termes*, préjudicier au droit qui nous com- » pete de pouvoir en perſonne ou par nos *com-* » *mis* (*), chaſſer en telles forêts, garennes & » ſeigneuries, quand bon nous ſemblera ou à » nos *commis* ».

La Chaſſe n'eſt pas permiſe en ces provinces au poſſeſſeur d'un ſimple fief. L'article 36 du placard que l'on vient de citer ne la permet qu'aux ſeigneurs *dans leurs ſeigneuries*. Le pla- card du 28 juin 1575 rendu pour l'Artois, après l'avoir défendue en général, la réſerve *aux nobles gentilshommes poſſédans ſeigneuries ou leurs officiers.*

(*) Ces commis étoient des officiers nommés par le prince pour connoître de tous les délits concernant la Chaſſe dans les forêts domaniales, & même dans les terres des ſei- gneurs par prévention avec les juges de ceux-ci. Voyez *l'article 116 du placard de 1613.* Les officiers des Maîtriſes les ont remplacés, mais leurs droits ne s'étendent pas ſi loin, ils ſont bornés aux forêts du roi.

Il résulte de ces textes, que le droit de Chasse n'appartient qu'à ceux qui possèdent un fief seigneurial, c'est-à-dire, qui a au moins une basse-justice : encore quelques coutumes ont-elles restreint ce droit dans des bornes plus étroites.

En Artois, la Chasse est regardée comme un attribut de la seigneurie vicomtiere ; les seigneurs fonciers ne peuvent y prétendre. Par sentence rendue au conseil provincial d'Artois le 28 juin 1695 entre le comte d'Egmont, baron d'Aubigny, & le prieur du même lieu, il fut défendu à ce dernier de chasser, à moins qu'il ne prouvât qu'il avoit une seigneurie vicomtiere dans l'étendue du terroir. C'est ce que jugea encore le même tribunal par sentence du 25 mai 1716, entre le prince de Hornes & le sieur Deleval, confirmée au parlement de Paris, par arrêt rendu en la première chambre des enquêtes, le 11 août 1718, au rapport de M. Laurenchet. Le sieur Deleval, qui étoit gentilhomme, prétendoit le droit de Chasse sur le terroir de Gauchin-le-Gal, dans lequel il mettoit en fait d'avoir quatre fiefs montant à cens *mencaudées* de terre, un terrage seigneurial sur cent quarante mesures, & des rentes pareillement seigneuriales sur plusieurs héritages. Il offroit la preuve de tous ces points ; mais comme ils ne caractérisoient qu'une seigneurie foncière (*), sa demande fut rejetée,

---

(*) M. Maillart rapporte cet arrêt comme ayant décidé que l'on ne peut Chasser en Artois sans avoir une seigneurie foncière ; nous pouvons assurer qu'il a jugé qu'il en faut une vicomtière. Les circonstances de cette espèce sont telles que nous les rapportons, nous les avons extraites d'une expédition de l'arrêt même.

quoiqu'il fût en possession immémoriale de chasser sur ce terroir.

En Hainaut, la Chasse n'est permise qu'aux seigneurs haut-justiciers ; on peut en juger par ces termes de l'article 23 du chapitre 130 des chartes générales ; « seigneurs hauts-justiciers » pourront comme de tout temps chasser & voler en leurs terres & seigneuries ». Il est clair que cette permission accordée au seigneur haut-justicier emporte une prohibition tacite à l'égard de tout autre, d'autant plus que cet article est placé sous le titre *de la différence d'entre haute-justice, moyenne & basse*. Néanmoins le propriétaire d'un franc-aleu noble peut chasser dans l'étendue de ce bien ; l'article 3 du chapitre 104 des anciennes chartes de cette province, lui en donne la faculté en ces termes : « Nos vassaux sujets pourront avoir le déduit » de la chasserie en leurs franchises, en la ma- » nière que leurs devanciers l'ont anciennement » usé ». On ne trouve rien dans les nouvelles chartes rédigées en 1619 qui déroge à cet ancien droit, au contraire les archiducs Albert & Isabelle ne les ont décretées que sous cette clause : « Le tout sans déroger aux chartes, loix » & ordonnances de nos prédécesseurs, dont » changement ni modération n'a été fait ci- » dessus, lesquelles demeureront en leur force » & vertu, & voulons être entretenues, gar- » dées & observées en la même forme & ma- » nière qu'elles l'ont été jusqu'à maintenant ».

La jurisprudence du parlement de Flandres est conforme à ce que l'on vient de dire. Le seigneur de Trith suscita un procès aux religieux de Vicogne pour avoir fait chasser sur les terres de leur ferme d'Huftebife, qui eft un franc-aleu enclavé dans le territoire de cette feigneurie : mais il fut débouté de fa demande par arrêt du 22 février 1743. La même chofe a encore été jugée en faveur de cette abbaye contre le fieur Bouchelet, feigneur de Neuville : ce dernier vouloit l'empêcher de faire chaffer dans l'étendue de la ferme du Mefnil qui eft auffi un franc-aleu, mais il a échoué également, & l'abbaye a été maintenue dans fa poffeffion. L'arrêt a été rendu le 18 mai 1765, au rapport de M. Hériguer ; & confirmé en révifion le 29 février 1768, au rapport de M. Malotau.

Le placard du 28 juin 1575 permet à tout le monde de tendre & tirer aux oifeaux de paffage, *fi avant toutefois que les feigneurs particuliers ne le veuillent empêcher en leurs feigneuries, ce qu'ils pourront faire.* Le placard de 1613 femble déroger à cette permiffion. Voici ce que porte l'article 71 : « Et comme nous entendons qu'en nos » pays . . . y a aucuns villages où il y a des paf- » fages d'oifeaux . . . . dont nos commis à caufe » des troubles paffés n'ont trop bonne connoif- » fance, nous ordonnons à tous officiers des » franchifes & villages où tels paffages pour- » roient être, de les annoncer chacun à notre » commis ou fon lieutenant en fa province, » pour par nous y être ordonné, comme trou- « verons convenir. Et fi aucuns y prétendent » droit, *ajoûte l'article fuivant,* nous ordonnons » qu'ils auront à exhiber les titres & documens » par lefquels ils voudront vérifier tels droits, » ès mains de notre fecrétaire Charles de la » Faille, & ce en dedans fix femains après la pu-

» blication de cette, à peine d'en être à jamais
» privés & forclos.

Le placard du 28 juin 1575, qui est particulier à l'Artois, autorise tous les gentilshommes « à courre le lievre ou voler, élever ou
» poursuivre leur proie sur quelque seigneurie
» que ce soit, ne fut que les seigneurs sur la
» seigneurie desquels tels nobles & gentilshom-
» mes voudroient élever lievres ou volailles,
» leur en fissent défense »; mais ils ne peuvent
user de cette faculté qu'avec « levriers sur les
» pleins champs, sans entrer ès franches ga-
» rennes, ni ès bois & forêts ès quels qui préten-
» doient entrer auroient droit de Chasse par pri-
» vilège ou ancienne possession ».

Les Brabançons ont un privilège semblable
aux gentilshommes Artésiens, ils peuvent chasser *noblement*, c'est-à-dire, *à force de chiens &
oiseaux;* leur privilège est même plus étendu,
en ce qu'il ne dépend pas des seigneurs de les en
empêcher. On peut voir sur ce point les articles
33 & 34 de la joyeuse entrée.

Il y a dans les Pays-bas plusieurs communautés d'habitans, qui prétendent avoir acquis le
droit de Chasse par une possession immémoriale,
mais c'est mal-à-propos. La simple possession,
quelque longue qu'elle soit, n'est d'aucune considération à cet égard, à moins qu'elle ne soit
accompagnée d'un titre de seigneurie. C'est ce
qui résulte de l'arrêt rendu pour l'Artois en
1718, rapporté ci-dessus.

Ce principe sert à décider une question que
propose Dumées en sa jurisprudence du Hainaut: voici l'espèce: la Princesse Marguerite,
Comtesse de Flandres & du Hainaut, accorda

aux

aux bourgeois d'Avefnes, par charte du premier mars 1247, le droit de Chaffe & de pêche dans toute l'étendue de la terre & pairie. *Poterunt pifcari hamo & rete*, ce font les termes, *venari pilo & plumâ & armaturâ & fute.* Ce privilège fut confirmé par Louis XIV en 1664, & par M. le duc d'Orléans en 1717 après la vérification du titre ; mais on découvrit enfuite que la comteffe Marguerite n'avoit point la feigneurie de cette ville, qui avoit toujours appartenu à Gautier d'Avefnes fon beau-frère. On prit delà occafion de contefter aux bourgeois la validité de leur privilège, & cela faifoit le fujet d'une inftance pendante en la grand'chambre du parlement de Paris, dans le temps où écrivoit Dumées, c'eft-à-dire en 1750. On ignore la décifion de cette affaire ; mais pour peu que l'on remonte aux principes établis fur cette matière, on doit fentir qu'elle n'a pu qu'être défavantageufe aux bourgeois d'Avefnes. On ne voit pas pourquoi l'imprefcriptibilité du droit de Chaffe, qui eft admife dans tout le royaume, n'auroit pas lieu en Hainaut, puifque fuivant l'article 12 du chapitre 107 des chartes générales, les droits feigneuriaux y font imprefcriptibles comme ailleurs.

Dumées prétend le contraire, par l'exemple des biens domaniaux & du champart que les chartes générales foumettent à la prefcription ; mais d'abord quant aux biens domaniaux, ils n'ont aucun rapport avec le droit de Chaffe, & de ce qu'ils font prefcriptibles, il ne s'enfuit pas que ce droit le foit auffi. Quant au champart, on peut à la vérité en acquérir l'exemption par une poffeffion de vingt-un ans ; mais il faut que cette poffeffion foit précédée d'un refus de payer, & fans ce refus, la poffeffion la plus longue eft infuffifante, comme nous le prouverons à l'article *Dîmes*. Ainfi pour qu'il y eût parité de raifon entre la Chaffe & le Champart, il faudroit qu'il y eût de la part du feigneur une défenfe expreffe de chaffer, & de la part des particuliers une poffeffion d'exercer ce droit malgré la défenfe. Encore pourroit-on raifonnablement douter fi la prefcription auroit lieu dans ce cas: outre que la Chaffe eft de droit public, il y a mille inconvéniens à laiffer des armes à feu entre les mains d'une communauté d'habitans.

Par l'article 21 des points propofés à Louis XIV pour la capitulation de Cambrai le 5 avril 1677, on demandoit, « que les habitans de » Cambrai & du Cambrefis, jouiffent de la » liberté de la Chaffe comme ils avoient fait » de toute ancienneté. »

Sa majefté répondit, « qu'elle feroit exami-» ner leurs droits à cet égard & qu'elle y pour-» voiroit enfuite en la plus favorable manière » que la juftice le lui pourroit permettre. »

Il y a apparence que ces droits n'avoient rien de réel, & n'étoient fondés que fur la foibleffe du gouvernement des archevêques de Cambrai: du moins il n'en refte plus aujourd'hui le moindre veftige. Il y a même un arrêt du parlement de Flandres rendu en forme de réglement le 12 août 1760, fur la requête de plufieurs feigneurs du Cambrefis, qui défend la Chaffe à tous ceux qui n'en ont pas le droit, à peine de cent livres d'amende.

Le droit de fuite dans la Chaffe eft établi par

le placard rendu pour l'Artois en 1575, & par l'article 23 du chapitre 130 des chartes générales du Hainaut. Le placard du 31 août 1613 renferme fur cet objet quelques difpofitions remarquables. Voici les termes des articles 34 & 35 : « item, fi quelqu'un avoit lancé quelque
» bête fauvage en lieu permis & non défendu,
» & en la pourchaffant à chaude Chaffe, elle
» gagnât quelque forêt, bois, garenne, ou au-
» tre lieu où ne feroit permis au veneur de
» chaffer, il mettra fa trompe au premier arbre
» qu'il trouvera en tel bois ou lieu, & ce fait,
» pourra librement pourfuivre la proie : finon
» il fourfera foixante royaux (*) d'amende. Mais
» fi ledit veneur & les chiens avoient abandonné
» la bête, encore que le veneur la trouvât par
» après ès lieux fufdits ; il ne la pourra pourfui-
» vre, ni enlever, fous la même peine de
» foixante royaux d'amende, ne fût qu'il puiffe
» fuivre à la route fa dernière brifée. »

Ceux qui ont le droit de Chaffe doivent en régler l'exercice fur les difpofitions des loix. Les légiflateurs ont porté leur attention jufqu'à prefcrire l'efpèce de gibier qu'il leur eft permis de pourfuivre. Le placard rendu pour la Flandre le 5 octobre 1514, défend indiftinctement à toutes fortes de perfonnes de « chaffer aux bêtes
» rouges ou noires, ni de les tirer d'arc à main,
» arbalêtre, ou coulevrine, ou les prendre aux
» filets ou autres inftrumens, à peine de 50
» lyons d'or. » Il permet enfuite la Chaffe aux

(*) Le royal eft évalué par l'article 108 de ce placard à 26 patars & deux tiers, qui font une livre, 13 fous quatre deniers de France.

lievres & lapins aux *Gentils-hommes qui ont ac-*
coutumé de tenir chien de Chasse , lesquels les
pourront chasser en leurs terres & seigneuries & user
comme ils ont fait d'ancienneté , sans excéder.

Le même placard défend ensuite sans distinction de personnes, « de voler, tendre au filet
» à la tonnelle, ni autrement, ni aussi de tirer
» d'arc à main, arbalêtre, crennequins, cou-
» levrines & autres instrumens, lesdits lievres
» & *conins* (lapins), ni les perdrix, faisans,
» hérons, butoirs, oiseaux de rivière & autres
» volailles & sauvagines quelconques. Sauf que
» les gentils-hommes ayant accoutumé de tenir
» oiseaux de poing, pourront voler avec leurs
» oiseaux, (l'ostre réservé) auxdits oiseaux de
» rivière tant seulement. »

Les placards postérieurs ont donné plus d'é-
tendue au droit de Chasse. L'article 4 de celui
qui a été donné pour le Hainaut le 31 juillet
1560, permet à *tous seigneurs & gentils-hommes*
de chasser en leurs terres seulement, toutes bêtes &
volailles. Celui du 28 juin 1575 rendu pour
l'Artois, leur permet la même chose implici-
tement : « défendons à tous, *c'est le législateur qui*
» *parle,* de quelque qualité ou condition qu'ils
» soient, *réservés les nobles gentilshommes possé-*
» *dans seigneuries en notredit pays d'Artois, ou*
» *leurs officiers,* de chasser & vener en notredit
» pays d'Artois, prendre sangliers, cerfs, bi-
» ches, chevreuils, lievres, conins, faisans,
» poules de bris, hérons, perdrix ou autres
» sauvagines ou volatilles quels qu'ils soient. Da-
» vantage avons défendu & interdit, défendons
» & interdisons à tous de quelque état, qualité
» ou condition quils soient, de s'avancer, de

» tonneller, tendre filets, lachies, harnois,
» rêts ou autres inftrumens, engins & artifi-
» ces, foit en terre ou par eau, pour prendre
» aucunes fauvagines, volailles ou oifeaux,
» quelles qu'elles foient, ni pareillement les tirer
» d'albalêtre, arc à la main, arquebufe, ou en
» autre manière que ce puiffe être : *n'eft chacun*
» *ès limites de fa terre & feigneurie.* »

Le placard de 1613 qui eft commun à tous
les Pays-bas, ne déroge pas à la jurifprudence
établie par ces deux derniers : l'article 82 permet à ceux qui ont droit de Chaffe de *prendre*
les cignes fauvages & autres oifeaux ci devant
nommés, qui font les faifans, perdrix, hérons,
bécaffes, pluviers & *autre femblable gibier.*

Il n'étoit pas permis autrefois de chaffer de
la manière qu'on le vouloit. Le placard de 1613
contient fur ce point plufieurs décifions remarquables. « Comme la Chaffe qui eft permife à
» nos vaffaux, dit l'article 29, leur doit feule-
» ment fervir de paffe-temps, fans en abufer,
» notre intention eft qu'ils n'en ufent finon en
» faifon & hors des lieux défendus & avec lé-
» vriers, chiens courans & la grande trompe ;
» & que ce foit au furplus de poil avec poil, &
» de plume avec plume, qu'en aucun lieu on
» appelle Chaffe-noble, fi ce n'eft qu'ils aient
» privilège plus ample & exprès au contraire.

L'article 30 ajoute : « n'entendons tolérer
» ceux qui chaffent avec quelques leffes de lé-
» vriers & une petite trompe en leurs poches,
» ains que ceux qui auront ainfi chaffé foient
» condamnés en 60 royaux d'amende. »

L'article 31 mérite une attention particulière : « & pour mettre ordre au grand dégat

» que font aucuns particuliers, fous ombre que
» la noble-Chaffe par privilège leur feroit per-
» mife, nous ordonnons qu'en chaque village
» ou communauté n'y aura qu'une trompe, la-
» quelle ès feigneuries & villages à nous appar-
» tenans, fera gardée par les commis de notre
» grand-veneur ou fes fubftituts, & ès villages
» de nos vaffaux ayant droit & privilège de
» chaffer, par nofdits vaffaux ou par leurs
» commis, & devra un chacun qui voudra chaf-
» fer, aller fous la conduite de telle trompe,
» à la peine fufdite, ne fût qu'un gentil-homme
» ou autre particulier privilégié entretienne
» une meute de chiens, lequel pourroit auffi
» avoir une trompe pour chaffer ès lieux
» permis. »

L'article 44 ne permet aux feigneurs de prendre les lievres & les lapins en leurs feigneuries
qu'avec filets & furons.

Mais toutes ces modifications ne s'obfervent
plus aujourd'hui. On ne connoît plus la noble-
Chaffe, ni l'ufage de la grande trompe, &c.

Les anciennes loix des Pays-bas ont auffi fixé
le temps de la Chaffe. L'article 28 du chapitre
133 des chartes générales du Hainaut, porte, « encore que les hauts-jufticiers puiffent
» chaffer en leurs feigneuries, felon qu'il eft
» dit ci-deffus, néanmoins ils ne pourront
» chaffer à bêtes rouges, finon en leur faifon ;
» à favoir cerf, dès l'entrée de mai jufqu'à
» l'exaltation de fainte-Croix ; & biche, dès
» le jour de faint Remy jufqu'au commence-
» ment de carême, à peine de fix livres tour-
» nois, outre la perte de la bête ou la va-
» leur d'icelle. »

Le placard de 1613 contient plus de détails
sur cet objet : « & pour autant, dit l'article
» 46, que la saison de la sauvagine se trouve
» plus avancée que par les précédens placards
» il n'est dit, avons ordonné & ordonnons que
» personne ne pourra chasser & mener aucuns
» chiens hors lesse, soit pour chasser ou autre-
» ment, dès le premier jour de mars jusqu'au
» jour de sainte Marie-Magdelaine, le 22 juillet,
» à peine de fourfaire dix royaux d'amende,
» & par-dessus ce, payer le dommage qu'aux
» grains ou autrement il pourroit avoir fait. »
Cet article ne parle pas des volatiles ; voici
ce qu'en dit l'article 78 : « ne sera aussi permis
» à personne de voler les hérons, faisans, per-
» drix ou autre semblable gibier, dès le pre-
» mier jour de mars jusqu'au jour de sainte
» Marie-Magdelaine, à peine de fourfaire soi-
» xante royaux d'amende, avec les oiseaux &
» chiens & de payer le dommage & intérêt
» qu'ils pourroient avoir fait ès grains & autres
» fruits. »

« Quant à la Chasse du renard & du loup,
» dit l'article 58, comme icelle a de tout temps
» été permise, nous la permettons aussi par
» cesdites présentes, tant en hyver sur la neige
» qu'en autre saison, moyennant qu'elle soit
» dressée en présence, ou par consentement de
» nos commis ayant de ce la charge ordinaire,
» ou par ceux de nos vassaux qui ont privi-
» lège & pouvoir de chasser avec meute de
» chiens, trompe & bonne troupe de gens,
» pour faire la huée, & auront les veneurs de
» chacun renard ou loup ainsi pris, le salaire

» de tout temps à ce ftatué (*); à laquelle fin
» les commis ou ayant de ce charge, feront
» annuellement le tour du loup, chacun en fa
» province, & feront tenues les communautés
» & villages leur furnir les dépens de bouche,
» & non plus. »

L'article 36 inflige une amende de foixante
royaux à celui qui chaffe fans en avoir le droit,
pourvu que ce foit avec des armes & des
chiens. L'arrêt de réglement du 12 août 1760,
prononce une amende de 100 livres, ce qui
revient à-peu-près au même. Mais celui qui
prend « lievres ou lapins en battant les haies
» fur la neige, ou avec bourfes, ou les tire fur
» leurs formes, ou autrement, fans meute de
» chiens & trompe, icelui fourfait dix royaux
» d'amende pour chacun lievre ou lapin qu'il
» aura pris ou tiré en la manière fufdite, (ce
font les termes de l'article 41.) & foit qu'il en
» prenne ou non, *ajoute l'article* 42, ou qu'il
» foit trouvé au fait, ou d'icelui convaincu,
» il fourfera femblablement dix royaux d'a-
» mende. »

L'article 83 défend de prendre aucun gibier

(*) Il y avoit autrefois dans le Hainaut un louvetier en titre
d'office : il étoit obligé de raffembler des *braconniers* pour
chaffer les loups ; s'il en tuoit un , il avoit droit de demander au fermier le plus prochain un mouton que ce fermier
pouvoit racheter pour 50 fous. Il étoit encore en droit d'e-
xiger dans le circuit d'une lieue dix patars de chaque fermier ayant des moutons. Il lui étoit expreffément défendu
de rien demander aux autres , foit argent , pain , viande :
fes braconniers ne pouvoient rien exiger de perfonne.
Voyez *le chapitre 132 des chartes du Hainaut.*

à la pipée en quelque lieu que ce soit, sous peine de 4 royaux d'amende.

On n'a rien négligé pour empêcher les contraventions aux réglemens concernant la Chasse. Le port des armes étoit un moyen de les éluder, on le défendit. Un placard du 22 novembre 1539, ordonne que « nul ne s'avance de porter » par ledit pays de Flandres en allant par les » champs, en chemins ou dehors, coulevri- » nes, arquebuses, arbalêtres, ni arcs à main, » sur peine de confiscation d'icelles & de vingt » livres parisis, si avant qu'à notre grand ve- » neur, son lieutenant ou autres nos officiers » & sujets leur mesus sera vérifié, orcs qu'ils » ne soient trouvés, ni saisis desdites coule- » vrines, &c. ni en présent méfait.... de ce » exceptés & réservés ceux qui sont ou seront » actuellement en notre service & à nos gages, » quand ils iront par les champs audit pays de » Flandres, à leur garnison, du congé de leur » capitaine & non autrement. Et bien entendu » que les confrères d'aucunes compagnies d'ar- » balêtriers ou coulevriers privilégiés .... qui » voudront prendre leur passe-temps de leurs » arbalêtres ou coulevrines à la butte, pour ce » faire pourront avec leurs coulevrines ou ar- » balêtres aller de leurs maisons & domiciles » ès lieux où l'on est accoutumé d'en tirer, & » semblablement en retourner, & autrement » non. «

Le placard de 1613 renouvelle quelques-unes de ces dispositions. « item, porte l'article 27, » défendons à tous de porter aux champs arque- » buses ou pistolets chargés de dragée ou se- » mence grande ou petite, à peine de 10 royaux

» d'amende. Bien pourront les paſſagers, con-
» tinue l'article 28, charger leurs arquebuſes
» ou piſtolets d'une balle & non plus, ſans la
» pouvoir fendre en croix ou autrement, ſous
» la même peine. »

L'article 58 rapporté cy-deſſus permet à tout
le monde la Chaſſe aux loups & aux renards
dans les formes qui y ſont preſcrites. Celui qui
néglige ces formes & qui eſt trouvé avec des
armes hors des chemins ordinaires, doit ſubir
l'amende, quoiqu'il prétexte de chaſſer aux
loups ou aux renards. C'eſt la diſpoſition de
l'article 59.

L'article 75 condamne à une amende de 40
royaux · celui qui eſt trouvé avec des filets,
tonnelles & autres inſtrumens propres à prendre des cignes ſauvages, des faiſans, des perdrix & autre ſemblable gibier. L'article 84 ſemble ne pas s'accorder avec cette diſpoſition.
En voici les termes : « pour ce que l'on
» trouve par expérience, que ſous prétexte
» d'aller prendre des cailles, aucuns portent
» avec eux filets excédant la grandeur des filets
» de caille avec leſquels ils prennent lievres &
» lapins, perdrix & ſemblables, nous ordon-
» nons que quiconque ſera trouvé avoir ſem-
» blables filets excédant la grandeur ſuſdite,
» fourfera 60 royaux d'amende avec les filets &
» ce qu'il aura pris & ne pourra jamais plus
» tendre aux cailles, à peine de 60 royaux
» comme devant. » On voit que cet article punit
d'une amende de 60 royaux un délit contre
lequel l'article 75 n'en inflige qu'une de 40.
Mais pour concilier l'un avec l'autre, il faut
dire que l'article 84 s'entend de ceux qui ten-

dent au gibier avec ces filets, & que l'article
75 s'applique à ceux qui n'en font pas un ufage
actuel. Cela eft fi vrai que l'article 74 foumet à
l'amende de 60 royaux ceux qui tirent ou prennent « des cignes fauvages, faifans, perdrix &
» autres femblables avec arc, arquebufes, fi-
»lets, lacs, tiraffes de nuit, chevaux, alliers,
» mordans, tonnelles & autres femblables in-
» ventions. »

Ceux qui détruifent les nids des cignes,
faifans, perdrix ou femblable gibier, encourent l'amende de 60 royaux. C'eft ce que porte l'article 76 : « & qui en la manière fufdite,
» *ajoute l'article 77*, tirera ou prendra un héron,
» ou détruira fon aire, fourfera l'amende de
» 20 royaux. »

Les articles 60 & 61 féviffent contre quelques abus encore affez fréquens en quelques endroits. « Comme nous entendons qu'aucuns s'a-
» vancent de faire aux bois & campagnes grands
» puits, foffés & louvières, qu'ils favent
» dextrement couvrir de feuillages ou autre-
» ment, fous prétexte de s'en fervir à prendre
» loups, èsquels toutefois pourroient auffi tom-
» ber les fauvagines, voire les veneurs & au-
» tres paffans, nous avons expreffémént dé-
» fendu & défendons par cefdites préfentes, à
» qui que ce foit de faire tels puits ou foffés,
» à peine de fourfaire 60 royaux d'amende. »

« Et s'il y en a aux bois ou campagnes pour
» tirer pierres, chaux ou minéraux, ceux qui
» les auront faites, ou bien la commune du vil-
» lage où elles font, les feront environner de
» quelques haies, à peine que nos commis les
» feront faire à leurs dépens, & fourferont en

» outre le double de ce à quoi lesdits dépens
» auront porté. »

L'usage des chiens est aussi un des objets
règlés par les placards des Pays-bas. L'article
41 de celui de 1613 permet *à ceux qui peuvent
& veulent hanter la Chasse, de tenir chiens à ce
servant.* L'article 48 défend « aux paysans &
» tous autres non privilégiés de tenir aucuns tels
» chiens, à peine de fourfaire dix royaux d'amen-
» de pour chaque chien. » L'arrêt de règlement
du 12 août 1760, défend la même chose, « à
» peine de cent livres d'amende & de tous dé-
» pens, dommages & intérêts, peines qui se-
» ront encourues par le seul fait de la recon-
» noissance des chiens à eux appartenans, trou-
» vés chez eux ou sur la campagne chassans,
» ou non-chassans. »

L'article que l'on vient de citer ajoute qu'ils
pourront néanmoins tenir des chiens de Chasse « pour le service de leurs seigneurs ou maî-
» tres, auquel cas ils les devront faire marquer
» de la marque de leurs dits maîtres, & icelle
» marque entretenir, à peine que nos commis
» les confisqueront à leur profit. » Cette disposition déroge à l'article 2 du placard rendu pour
le Hainaut en 1560, lequel défend aux seigneurs
qui ont droit de Chasse de faire tenir leurs
chiens par leurs fermiers, à peine de confiscation & d'amende arbitraire, afin que les fermiers ne puissent s'en servir pour chasser eux
mêmes.

Le placard du 28 juin, pour remédier aux
désordres occasionnés par les chiens couchans
défend indistinctement à toutes personnes noble
ou non nobles d'en tenir ou nourrir. L'article

55 du placard de 1613 renouvelle cette défense & n'en excepte que ceux *qui auront de ce titre privilège ou possession valable.* « Tous chiens cou-
» chans appartenans à autres, ajoute l'article
56, seront par nos commis pris & confisqués,
» afin que le nombre qu'il y en a en nos pays
» soit diminué. »

L'article 57 défend à ceux qui peuvent tenir des chiens couchans de s'en servir depuis le premier de mars, *que les perdrix s'apparient, jusqu'au jour de sainte Marie-Magdelaine, à peine comme dessus,* c'est-à-dire de confiscation & de soixante royaux d'amende, comme il résulte des derniers mots de l'article 55.

Les chiens de Chasse semblent protégés par les loix Flamandes d'une façon particulière ; on peut en juger par les dispositions suivantes qui sont tirées du placard de 1613.

Article 49. « Item, si quelqu'un blessoit un
» chien de Chasse, il sourfera deux royaux d'a-
» mende & sera par-dessus ce tenu de donner
» satisfaction au maître. »

Article 50. « & s'il le tue il en devra ren-
» dre au maître un semblable, ou autrement
» lui donner satisfaction, & sourfera six royaux
» d'amende. »

Article 51. « item, si quelqu'un dérobe un
» chien de Chasse, il le devra rendre en cas
» qu'il soit en vie, & en cas que non, il de-
» vra donner satisfaction au maître, & sour-
» fera aussi six royaux d'amende. »

Article 52. « mais si quelqu'un déroboit un chien de notre venerie ou louverie, il sour-
» fera quarante royaux d'amende & payera la
» valeur du chien. »

Article 53. « item, fi quelqu'un déroboit
» un chien mâtin il le devra rendre & donner
» fatisfaction au maître & payer trois royaux
» d'amende. »

Article 54. « item, comme par plufieurs
» fois nous a été remontré que divers bou-
» chers, tanneurs, & autres fujets inhabitans de
» nos pays de par de-çà, tiennent dogues &
» chiens de femblable grandeur, lefquels ils
» laiffent courir de jour parmi les rues, par
» où fouvente fois il advient qu'ils mordent nos
» chiens courans & autres de notre Chaffe &
» de nos bons fujets; nons ordonnons & fta-
» tuons que perfonne, de quelle qualité ou con-
» dition qu'elle foit, ne pourra tenir tels do-
» gues ou grands chiens mordans, ne foit que
» de jour elle les tienne enfermés, liés ou
» enchaînés, à peine de fourfaire chaque fois
» douze royaux d'amende & de payer la valeur
» des chiens bleffés ou affolés, & en cas que
» quelqu'un de nos fujets fût bleffé, le maître
» de tel chien payera le chirurgien & les dé-
» pens néceffaires, & au bleffé le double pour
» fa bleffure, ou lui donnera telle autre fatis-
» faction plus grande, que felon l'exigence du
» cas lui fera trouvé apparaenir. »

Le placard du 5 octobre 1514, rendu pour
la Flandres, porte, « que tous payfans tenant
» mâtins ou autres chiens pour la garde de leurs
» beftiaux, maifons & autrement, feront tenus
» pendre au col d'iceux chiens un bâton de trois
» pieds de long, fur & à peine de dix livres
» parifis ». Le placard du 31 juillet 1560, particulier au Hainaut, ordonne la même chofe,
excepté qu'il n'exige dans le bâton que la lon-

gueur d'un pié & demi & qu'il ne prononce contre les infracteurs qu'une amende de *deux Carolus pour chacun chien & chacune fois que tels chiens feront trouvés en nos bois ou foréts fans lefdits billots* ou bâtons. Le Carolus vaut 55 fous. Le placard du 14 décembre 1661 rendu pour la même province, enjoint aux payfans de « contenir leurs chiens, foit aux champs ou » ailleurs, fi bien qu'ils ne pourfuivent aucun » gibier, ni rompent les Chaffes, fous peine » arbitraire. »

Toutes ces amendes n'ont lieu que pour le premier délit. Le fecond ou troifième doit être puni plus févèrement à l'arbitrage du juge, fuivant les articles 102 & 103 du placard de 1613. L'article 104 déclare que ceux qui chaffent en troupe, ne font pas quittes en payant une feule amende, comme s'ils n'étoient qu'un feul, mais qu'ils en doivent autant qu'ils font de délinquans.

L'article 109 ordonne aux juges de condamner les délinquans infolvables à quelque peine corporelle, telle que la prifon au pain & à l'eau, le banniffement, la fuftigation ou autre femblable, fuivant la nature & les circonftances du délit,

. L'article 110 rend les pères & les maîtres refponfables des contraventions commifes par leurs enfans & leurs domeftiques, lorfqu'ils les fouffrent & les diffimulent.

Les articles 113 & 114 foumettent les gens de guerre & les écoliers des univerfités aux difpofitions du placard & les affujettiffent à la jurifdiction des tribunaux qui en doivent connoître.

: La procédure en matière de Chaffe doit être

fommaire, fuivant le placard du 5 octobre 1514;
qui ordonne aux accufés de configner les amendes pour lefquelles ils font pourfuivis, avant
de pouvoir s'oppofer. L'article 107 du placard
de 1613 déclare les fentences exécutoires par
provifion, nonobftant l'appel & fans y préjudicier : l'article 111 oblige l'accufé d'avouer ou
de nier le fait dès qu'il a entendu les conclufions prifes contre lui ; & fi après l'avoir nié,
il en eft convaincu, il doit être condamné à
une amende arbitraire, outre celle qui eft prononcée par les placards & aux dépens occa-
fionnés par la preuve.

La difficulté de convaincre les délinquans
difpenfe des preuves ordinaires. L'article 112
porte que les officiers de juftice « qui auront
» trouvé tels délinquans fur le fait, en feront
» crus par ferment ès cas qui n'excéderont
» point quinze florins une fois ; mais en ceux
» de fommes plus grandes, fera befoin qu'ils
» foient affiftés d'un contre-témoin non re-
» prochable ; » l'arrêt de règlement du 12 aoît
1760, après avoir fixé à cent livres les amendes contre ceux qui chaffent ou tiennent des
chiens de Chaffe fans en avoir le droit, ajoute
que « les gardes & fergens dont la commiffion
» & l'acte de preftation de ferment feront en-
» regiftrés au greffe des feigneurs hauts-jufti-
» ciers feront crus fur leurs rapports, en 'es
» affirmant dans la huitaine. »

Le placard du 28 juin 1575 permet à tout
particulier de « faire appréhenfion en préfent
» méfait de ceux qui contreviendront à cette in-
» hibition & défenfe, à charge toutefois de
                              » incontinent

» incontinent les préfenter à la juftice compé-
» tente. »

· Nous avons déjà dit que les officiers des maîtrifes connoiffent privativement des contraventions aux règlemens fur la Chaffe commifes
dans les bois du roi & fur les lizières. Pour celles
qui fe commettent ailleurs, c'eft aux juges des
feigneurs du lieu à en connoître, & ils peuvent
le faire même dans le cas où l'accufé ne demeure pas fous leur juridiction : telle eft du moins
la jurifprudence du parlement de Flandres : M.
Pollet en rapporte un arrêt du 13 novembre
1699.

La prévention eft cependant admife entre le
juge royal & les officiers du feigneur, parce
que la Chaffe eft un droit domanial dans
l'origine, & feigneurial dans l'exercice. Dumées qui n'a qu'ébauché cette matière en fon
traité des droits féodaux, fonde cette prévention fur l'article 116 du placard de 1613 ; mais
c'eft fans raifon. Cet article attribue fimplement aux *commis* du prince dont nous avons
parlé ci-deffus, la connoiffance exclufive de
tous les délits concernant la Chaffe, foit dans
les forêts du roi, foit ailleurs, fi ce n'eft dans
les endroits où les juges ordinaires royaux &
autres font en poffeffion de connoître des délits
commis dans les terres des feigneurs particuliers : cas auquel l'article cité leur donne auffi
le droit d'en connoître *par prévention de tous nos
autres officiers*, dit le légiflateur, *& de ceux de
nofdits vaffaux & fujets*. On voit que Dumées
confond mal-à-propos les *commis* du roi avec
les juges royaux : au refte ce qu'il dit eft tou-

Tome X.   H

jours vrai, la raison feule qu'il en donne eſt fauſſe.

L'amende appartient au fermier du domaine, à moins que le ſeigneur n'ait *franche forêt ou garenne* ; car en ce cas elle lui appartiendroit, ſoit qu'elle eût été prononcée par le juge royal, ou par celui de la ſeigneurie. Dumées dit que dans le premier de ces deux derniers cas, elle appartient indiſtinctement au roi : & dans le ſecond, indiſtinctement au ſeigneur ; mais c'eſt encore une erreur. L'article 36 du placard de 1613 autoriſe les ſeigneurs à défendre la Chaſſe dans l'étendue de leurs ſeigneuries à ceux qui n'en ont pas le droit, *à peine de ſoixante royaux d'amende, qui ſe payera à nos commis, & ſi noſdits vaſſaux ont franches forêts ou garennes, ladite amende ſera à leur profit :* diſpoſition qui fait bien voir que ce n'eſt point la qualité du juge qui détermine à qui doit appartenir l'amende, puiſque dans le cas même où le ſeigneur qui n'a pas de franche garenne, défend la Chaſſe à ceux qui n'en ont pas le droit, c'eſt-à-dire, les fait pourſuivre par ſes officiers, l'amende eſt au profit du roi.

Il faut cependant obſerver que le fermier du domaine n'en peut prétendre qu'un tiers, parce qu'il y en a un pour le dénonciateur, & un pour le ſergent qui en fait l'exécution. C'eſt ce qui réſulte des placards des 5 octobre 1514, 23 février 1528, 22 novembre 1529, 22 novembre 1539, 28 juin 1575. L'article 105 de celui de 1613 attribue aux *commis* du roi le tiers que les autres adjugent aux ſergens ; mais cette diſpoſition a ceſſé avec l'exiſtence de ces *commis.*

Voyez *les placards de Flandres, d'Artois &*
du Hainaut, &c. Voyez auſſi *les articles* GIBIER,
GARENNE, OISEAUX DE PROIE, &c. (*Tout*
ce qu'on vient de lire ſur ce qui concerne la Chaſſe
dans les provinces d'Artois, de Flandres, de
Cambreſis & de Hainaut, appartient à M.
MERLIN avocat au parlement de Flandres.)

CHASSI-POLERIE. Revel ſur les ſtatuts
de Breſſe, aux additions ſur la remarque 55,
parle du droit de Chaſſi-Polerie, qu'il dit être
un droit de conciergerie & de garde de château.
Il y a apparence que les hommes & notamment
les taillables des ſeigneurs, ſe ſoumettoient à
payer quelque modique redevance aux concierges des châteaux ou des maiſons fortes pour
avoir le droit de s'y retirer, eux, leurs meubles & leurs beſtiaux lorſque leur ſûreté étoit
menacée ; ce qui arrivoit très-fréquemment dans
les ſiecles de l'anarchie féodale. Voilà très-vrai-
ſemblablement l'origine de ce droit.

Chaſſi-pol en Breſſe ſignifie *concierge.* Ce droit
n'eſt autre choſe que ce que nous appellons
droit *de guet & de garde.* Ce droit ſe règle par
les mêmes principes. *Voyez ce mot.* (*Article de*
M. H..... Avocat au Parlement.)

CHÂTEAU. C'eſt en matière féodale le principal manoir du fief. Ce titre ne convient toutefois exactement qu'aux maiſons des ſeigneurs
châtelains, c'eſt-à-dire, de ceux qui ont juſtice
avec titre de châtellenie, ou au moins de ceux
qui ont droit de juſtice, ou qui ont une maiſon
forte entourée de foſſés.

Suivant Brodeau, ce qui forme le Château
ou maiſon forte eſt une baſſe-cour avec des foſ-

fés, un pont-levis, une groſſe tour quarrée &
un moulin à bras au-dedans.

Le ſeigneur châtelain qui n'a point de Château peut quand bon lui ſemble en faire conſtruire un ſans que ſes ſujets puiſſent l'en empêcher.

En ſucceſſion de fief, le Château appartient
par préciput à l'aîné mâle. Tel eſt le droit commun du pays coutumier.

Il n'y avoit anciennement que les grands vaſſaux de la couronne qui euſſent droit de bâtir
des Châteaux ou maiſons fortes : ils communiquèrent enſuite ce droit à leurs vaſſaux, &
ceux-ci le communiquèrent aux arrière-vaſ-
ſaux.

Suivant la diſpoſition des coutumes & la juriſprudence des arrêts, perſonne ne peut bâtir un
Château ou maiſon forte dans la ſeigneurie d'un
ſeigneur châtelain ou d'un autre ſeigneur ſupérieur ſans ſon conſentement ; & il faut en outre
aujourd'hui la permiſſion du roi.

Quoique les ſeigneurs de fief ne puiſſent conſtruire de Château fort dans la ſeigneurie du ſeigneur châtelain, on ne peut néanmoins les empêcher de faire revêtir leurs maiſons ſeigneuriales
de murailles avec des créneaux, qui ſont une des
marques extérieures du fief, même d'y faire
conſtruire des tourelles, pavillons & autres ſemblables édifices, pourvu que ce ne ſoit pas en
forme de Château dominant ; mais ſeulement
pour la ſûreté & décoration de leur maiſon.

Dans certains endroits les vaſſaux doivent au
ſeigneur un droit de guet & de garde, qui vient
de ce qu'anciennement ils étoient obligés de
faire le guet la nuit, & de monter la garde le

jour dans le Château. Dans la suite, cette prestation personnelle a été convertie en une redevance annuelle en argent ou en grains; ce qui dépend des titres & des coutumes.

Au surplus, le seigneur qui a un Château fort peut en temps de guerre & quand le cas le requiert, obliger les vassaux à faire le guet & à monter la garde sans qu'il lui faille d'autre titre que la nécessité publique : il convient néanmoins en cas pareil de faire ordonner ce service par le juge, & même d'obtenir préalablement une permission du roi pour rassembler & armer ceux qui doivent garder le Château, parce que toute assemblée avec port d'armes est en général défendue par les ordonnances.

Au reste, le roi rend ordinairement la garde dont il s'agit inutile, en donnant les ordres nécessaires pour la sûreté publique.

Voyez *le glossaire de Lauriere; le code des seigneurs; Brodeau, sur la coutume du Maine; la Roche-Flavin, traité des droits seigneuriaux; Vigier, sur la coutume d'Angoumois; le code rural; Despeisses, traité des droits seigneuriaux; Boucheul, sur la coutume du Poitou; la pratique des terriers, &c.* Voyez aussi les articles AÎNÉ, SUCCESSION, FIEF, PRÉCIPUT, CHATELAIN, GUET, GARDE, &c.

CHÂTELAIN. On appelle seigneur Châtelain celui qui a droit d'avoir un château ou une maison forte entourée de fossés, & qui a une justice appellée châtellenie.

On appelle aussi *Châtelain* le juge de cette justice.

On rapporte l'origine des Châtelains à ce que les ducs & les comtes qui avoient à gouverner un territoire étendu, établirent pour rendre la justice sous eux dans les principales bourgades de leur département, des officiers qu'on appela *Castellani*, parce que ces bourgades étoient autant de forteresses appellées en latin *castella*.

En quelques provinces on donne le nom de *Châtelain* aux juges des villes, soit parce qu'ils étoient capitaines des châteaux, ou parce qu'ils rendoient la justice à la porte ou dans la basse-cour du château. Ces Châtelains étoient les juges ordinaires de ces villes, & avoient la moyenne justice comme les vicomtes, prévôts ou viguiers des autres villes. Il y avoit même plusieurs grandes villes où ils avoient la haute justice.

Les Châtelains des villages ayant le commandement des armes, & se trouvant éloignés de leurs supérieurs, usurpèrent dans des temps de trouble la propriété de leur charge & la seigneurie de leur département; ensorte qu'aujourd'hui le titre de Châtelain est un titre de seigneurie & non d'un simple office, si ce n'est en Auvergne, en Poitou, en Dauphiné, en Forez & dans les coutumes d'Orléans, de Tours, de Senlis, de Nivernois, de Bretagne & de Bourgogne, où les Châtelains sont encore de simples officiers.

Les Châtelains considérés comme juges se divisent en Châtelains royaux & en Châtelains seigneuriaux: les premiers sont ceux des terres qui dépendent du domaine du roi; les autres sont ceux des terres qui appartiennent à des seigneurs particuliers.

Les Châtelains, soit royaux ou seigneuriaux, connoissent dans l'étendue de leurs justices de toutes sortes d'actions tant en matière civile que criminelle, à l'exception des cas qui font spécialement attribués à d'autres juges ; c'eſt-à-dire, qu'ils ont la même juridiction que les prévôts ; & ce que nous diſons de ces derniers doit s'appliquer aux autres. Ainſi voyez l'article PRÉVÔT.

Les ſeigneurs Châtelains ſont inférieurs aux barons ; auſſi y a-t-il des Châtelains qui relèvent des barons, & Balde obſerve que dans certains pays les barons ſont appelés grands Châtelains.

Mais ſi les Châtelains ſont inférieurs aux barons, ils ſont au-deſſus des ſeigneurs hauts-juſciers. Le ſeigneur Châtelain a droit d'avoir un château, une juſtice à trois piliers, des foires & marchés, & d'autres droits ſpécifiés par Coquille, dans ſes inſtitutions, au titre *des ducs, comtes, barons & Châtelains ;* & par Rageau, dans ſon indice des *droits royaux & ſeigneuriaux.*

Les coutumes de Tours & de Loudun attribuent au ſeigneur Châtelain le droit d'avoir *litre, armes & timbres* au-dedans & au-dehors de l'égliſe : elles accordent le même droit à ſon vaſſal, pourvu qu'il ſoit ſeigneur & patron, & que l'égliſe ne ſoit pas la principale égliſe paroiſſiale de la Châtellenie, c'eſt-à-dire celle du ſeigneur châtelain : dans ce cas-ci, le vaſſal ſeigneur & patron ne peut avoir *litre & armes* qu'au-dedans, & celles du ſeigneur Châtelain doivent être miſes au-deſſus.

Dans les autres coutumes, & même dans le pays de droit écrit, le patron a droit de litre au-dedans & au-dehors de l'égliſe, à l'excluſion du ſeigneur Châtelain, à moins que celui-ci ne se soit réservé les honneurs de l'église lorsqu'il a permis qu'on la bâtît sur sa seigneurie.

Voyez *Loyseau, traité des seigneuries ; le glossaire de Lauriere ; les arrêts de Papon ; les œuvres de Henrys ; le glossaire de Ducange ; les plaidoyers d'Expilly ; Coquille, en ses institutions ; les coutumes d'Orléans, de Senlis, de Nivernois, de Bretagne, de Bourgogne, de Tours & de Loudun ; le traité des droits honorifiques,* &c. Voyez aussi les articles Chateau, Noblesse, Prévôt, Patron, Litre, &c.

CHÂTELET. C'est le nom que porte la justice royale ordinaire de la capitale du royaume. On lui a donné le titre de Châtelet, parce que l'auditoire de cette juridiction est établi dans l'endroit où subsiste encore partie d'une ancienne forteresse appelée le grand Châtelet, que Jules César fit construire lorsqu'il eût fait la conquête des Gaules. Il établit à Paris le conseil souverain des Gaules, qui devoit s'assembler tous les ans ; & l'on tient que le proconsul gouverneur général des Gaules, qui présidoit à ce conseil, demeuroit à Paris.

L'antiquité de la grosse tour du Châtelet, le nom de chambre de César, qui est demeuré par tradition jusqu'à présent à l'une des chambres de cette tour ; l'ancien écriteau qui se voyoit encore en 1736, sur une pierre de marbre au-dessus de l'ouverture d'un bureau sous l'arcade de cette forteresse, contenant ces mots, *tributum Cæsaris,* où l'on dit que se faisoit la recette des tributs de tout le pays, confirment que cette forteresse fut bâtie par ordre de Jules César, & qu'il y avoit demeuré. On trouve au livre noir neuf du Châtelet un arrêt du consei de 1586 , qui fait mention des *droits domaniaux accoutumés être payés au treillis du Châtelet*, qui étoit probablement le même bureau que celui où se payoit le tribut de Céfar.

Julien , furnommé depuis l'apoftat , étant nommé proconful des Gaules, vint s'établir à Paris en 358.

Ce proconful avoit fous lui des préfets dans les villes pour y rendre la juftice.

Sous l'empire d'Aurélien, le premier magif-trat de Paris étoit appellé *præfectus urbis*; il por-toit encore ce titre fous le regne de Chilpéric en 588, & fous Clotaire III en 665 ; l'année fuivante il prit le titre de comte de Paris.

En 884, le comté de Paris fut inféodé par Charles-le-Simple à Hugues-le-Grand : il fut réuni à la couronne en 987, par Hugues Capet lors de fon avénement au trône de France. Ce comté fut de nouveau inféodé par Hugues Capet à Odon fon frere, à la charge de réverfion par le défaut d'hoirs mâles ; ce qui arriva en 1032.

Les comtes de Paris avoient fous eux un pré-vôt pour rendre la juftice ; ils fous-inféoderent une partie de leur comté à d'autres feigneurs, qu'on appella vicomtes, & leur abandonnerent le reffort fur les juftices enclavées dans la vi-comté, & qui reffortiffoient auparavant à la prévôté. Les vicomtes avoient auffi leur prévôt pour rendre la juftice dans la vicomté ; mais dans la fuite , la vicomté fut réunie à la pré-vôté.

Le Châtelet fut la demeure des comtes, & enfuite des prévôts de Paris ; c'eft encore le prin-cipal manoir d'où relèvent les fiefs de la prévôté & vicomté.

Plusieurs de nos rois y alloient rendre la justice en personne, & entr'autres saint Louis : c'est de-là qu'il y a toujours un dais subsistant, prérogative qui n'appartient qu'à ce tribunal.

Vers le commencement du treizième siècle, tous les offices du Châtelet se donnoient à ferme, comme cela se pratiquoit aussi dans les provinces ; ce qui causoit un grand désordre, lequel ne dura à Paris qu'environ trente années. Vers l'an 1254, saint Louis commença la réformation de cet abus par le Châtelet, & institua un prévôt de Paris en titre. Alors on vit la juridiction du Châtelet changer totalement de face.

Le prévôt de Paris avoit dès-lors des conseillers, du nombre desquels il y en avoit deux appelés auditeurs ; il nommoit lui-même ces conseillers. Il commit aussi des enquêteurs-examinateurs, des lieutenans & divers autres officiers, tels que des greffiers, huissiers, sergens, procureurs, notaires, &c.

La prévôté des marchands qui avoit été démembrée de celle de Paris, y fut réunie depuis 1382 jusqu'en 1388, qu'on désunit ces deux prévôtés.

Le bailliage de Paris, ou conservation, fut créé en 1522, pour la conservation des priviléges royaux de l'université, & réunie à la prévôté en 1526.

La partie du grand Châtelet du côté du pont fut rebâtie par les soins de Jacques Aubriot, prévôt de Paris sous Charles V, & le corps du bâtiment qui borde le quai fut rebâti en 1660.

Le Châtelet fut érigé en présidial en 1551.

En 1674, le roi fupprima le bailliage du palais, à l'exception de l'enclos, & la plupart des juftices feigneuriales qui étoient dans Paris, & réunit le tout au Châtelet, qu'il divifa en deux fiéges, qu'on appela l'ancien & le nouveau Châtelet. Il créa pour le nouveau Châtelet le même nombre d'officiers qu'il y avoit pour l'ancien.

Au mois de feptembre 1684, le nouveau Châtelet fut réuni à l'ancien.

Ainfi le Châtelet comprend préfentement plufieurs juridictions qui y font réunies ; fçavoir, la prévôté & la vicomté, le bailliage ou confervation, & le préfidial.

Par édit du mois de mai 1771 ; le feu roi fupprima les deux offices de lieutenans particuliers, les cinquante-fix offices de confeillers & les quatre offices d'avocats du roi créés précédemment pour adminiftrer la juftice au Châtelet de Paris : fa majefté créa en même-temps un office de lieutenant particulier, trente-deux offices de confeillers & trois offices d'avocats du roi, & y attribua les rangs, priviléges, honneurs & prérogatives dont avoient joui ou dû jouir les fujets pourvus des offices fupprimés.

Mais par un autre édit du mois de Décembre 1774, le roi régnant a révoqué l'édit du mois de mai 1771, & a rétabli dans l'exercice de leurs charges les officiers qui en étoient pourvus avant cet édit.

Par la même loi, fa majefté a créé huit nouveaux offices de confeillers au Châtelet de la même qualité que les autres. Ainfi ce tribunal eft aujourd'hui compofé d'un prévôt, d'un lieutenant civil, d'un lieutenant général de police,

d'un lieutenant criminel, d'un lieutenant criminel de robe-courte, de deux lieutenans particuliers, de foixante-quatre confeillers, d'un juge.
auditeur, d'un procureur du roi, de quatre avo
cats du roi & de huit fubftituts.

Il y a auffi un chevalier d'honneur qui y a
été créé par l'édit du mois de mars 1591.

Les autres officiers du Châtelet font un greffier en chef, dont l'office eft divifé en trois.

Quatre offices de greffiers de l'audience, deux
de l'ancien & deux du nouveau Châtelet : ces
quatre offices font poffédés par deux officiers.

Deux greffiers des défauts aux ordonnances,
un de l'ancien, l'autre du nouveau Châtelet.

Quatre greffiers des dépôts ou de la chambre
du confeil, deux de l'ancien & deux du nouveau Châtelet.

Deux offices de greffiers, un de l'ancien, un
du nouveau Châtelet : ces deux offices font poffédés par un feul officier.

Huit greffiers de chambre civile, police &
jurandes, dont quatre de l'ancien & quatre du
nouveau Châtelet : il y en a un qui a deux
offices.

Quatre greffiers de la chambre criminelle,
dont deux de l'ancien & deux du nouveau Châtelet.

Six greffiers pour l'expédition des fentences
fur productions, dont trois de l'ancien & trois
du nouveau Châtelet : il y en a deux qui ont
deux offices.

Trente greffiers à la peau, dont quinze de
l'ancien & quinze du nouveau Châlelet : quelques-uns d'eux réuniffent deux offices, un de
l'ancien, l'autre du nouveau Châtelet.

Deux certificateurs de criées.

Un garde des décrets & immatricules, & *ita eft.*

Un fcelleur des fentences & décrets.

Un commiffaire aux faifies-réelles, qui l'eft auffi du parlement & des autres juridiftions.

Un receveur des confignations, qui l'eft auffi du parlement & des autres juridiftions, à l'exception des requêtes du palais, qui en ont un particulier.

Un receveur des amendes.

Deux médecins, l'un de l'ancien, l'autre du nouveau Châtelet.

Quatre chirurgiens, deux de l'ancien & deux du nouveau Châtelet.

Quatre matrones ou fages-femmes.

Un concierge-buvetier-garde-clefs.

Trois geoliers ou concierges des prifons du grand & du petit Châtelet, & du fort-l'évêque.

Trois greffiers de ces prifons.

Un greffier du juge-auditeur.

Un greffier des infinuations.

Cent-treize notaires-gardes-notes & gardes-fcel.

Quarante-huit commiffaires-enquêteurs-examinateurs.

Deux cens trente-fix procureurs.

Vingt huiffiers-audienciers, dont deux appelés premiers, & dix-huit ordinaires.

Cent-vingt huiffiers-commiffaires-prifeurs vendeurs de biens-meubles, dont fix font appelés huiffiers-fieffés, & douze font appelés de la douzaine, fervant de garde à M. le prévôt de Paris, & font pourvus par le roi fur fa nomination.

Un grand nombre d'huissiers à cheval réfidant à Paris & dans tout le royaume. On prétend que c'étoit anciennement la garde à cheval de saint Louis lorsqu'il étoit à Paris.

. Un grand nombre d'huissiers à verge réfidant à Paris & dans tout le royaume. On prétend que c'étoit la garde de pied de saint Louis quand il étoit à Paris.

Un juré-crieur pour les annonces & cris publics, & quatre trompettes.

Outre ces officiers, il y en a d'autres que l'on peut regarder comme officiers du Châtelet, parce qu'ils prêtent ferment devant le lieutenant civil ; tels font,

Les vingt avocats au parlement, banquiers-expéditionnaires en cour de Rome & des légations.

Les quarante agens de change, banque & finances.

Les foixante experts, dont trente bourgeois & trente entrepreneurs.

Les feize greffiers des bâtimens, autrement dits greffiers de l'écritoire.

Enfin il y a les quatre compagnies du prévôt de l'ifle, du lieutenant criminel de robe-courte, du guet à cheval & du guet à pied. Ces deux dernières n'en font qu'une, qui eft commandée par le même officier.

Il y a eu anciennement un office de receveur des épices qui a été fupprimé.

Il y a eu auffi un office de garde des regiftres des barrières du Châtelet, lequel fut créé par un édit de janvier 1707, & fupprimé par un autre édit du mois d'août 1716.

Il y a pareillement eu un greffier des infinuations laïques, lequel a été fupprimé par édit du mois d'octobre 1704.

Il y a encore eu autrefois quatre fecrétaires gardes-minutes du Châtelet, créés par édit du 21 mars 1690, & fupprimés par un autre édit de janvier 1716 ; deux confeillers-rapporteurs-vérificateurs des défauts aux ordonnances ; & un greffier-garde-confervateur des regiftres des baptêmes, mariages & fépultures, lequel fut créé par édit du mois d'octobre 1691, & fupprimé par un autre édit du mois de janvier 1707.

Enfin il y a eu trois offices de payeurs des gages, l'ancien, l'alternatif & le triennnal : l'ancien avoit été créé en 1555, l'alternatif en 1580 & le triennal en 1597. Ces offices qui étoient exercés par le même officier, ont été fupprimés par une déclaration du roi du 8 avril 1775.

Suivant cette loi, les gages des officiers du Châtelet doivent être payés à l'avenir par le receveur général des finances en exercice dans la généralité de Paris.

Les chambres dans lefquelles la juftice s'adminiftre au Châtelet font la prévôté, qu'on nomme plus communément le parc-civil, le préfidial, la chambre du confeil, les forains, la chambre civile, la chambre criminelle, la chambre de police, la chambre des auditeurs, la chambre de M. le procureur du roi, la chambre de M. le prévôt de l'Ifle de France, celle de M. le lieutenant criminel de robe-courte, & le parquet de MM. les gens roi.

M. le lieutenant civil tient le fiége au parc civil, avec une colonne des confeillers ; & ce tribunal entre tous les jours, excepté le lundi

& les jours de vacances ordinaires : on y fait les publications des ordonnances, édits, déclarations & règlemens ; on y lit les fubftitutions & tous les actes qui doivent être publiés ; on y fait auffi les certifications de criées, & l'on y vient requérir & accepter les gardes nobles & les gardes bourgeoifes ; on y plaide les caufes où il s'agit de matières bénéficiales & eccléfiaftiques dont les juges laïcs ont droit de connoître ; celles où il s'agit de l'état des perfonnes, des qualités d'héritiers ; de féparations entre mari & femme ; de lettres de répit, de ceffion de biens ; d'interdiction des perfonnes, de fervitudes, de conteftations relatives aux appofitions & levées des fcellés, & confections d'inventaires ; les conteftations qui s'élèvent entre certains officiers pour la préféance & les fonctions de leurs offices ; celles où il s'agit de pourfuite de criées, de décret & d'ordre ; de vente par licitation, de teftamens, de partages de fucceffions, comptes de tutelle & de communauté, & autres affaires civiles, dont la connoiffance appartient au Châtelet, & qui ne font pas attribuées à une autre chambre, par l'édit de 1685. Les caufes s'y appellent fur placets préfentés à M. le lieutenant civil ; & cette audience eft très-chargée d'affaires.

A la levée du parc-civil, un de MM. les lieutenans particuliers, ou l'un des confeillers, tient l'audience appellée ordinaire, où l'on juge ce qui a rapport à l'inftruction des affaires, les communications & remifes de pieces. On peut auffi demander à cette audience la reconnoiffance d'écritures privées, & c'eft devant le juge qui tient l'audience de l'ordinaire, que fe font

Les

les affirmations ordonnées au parc-civil & au préfidial.

Un des lieutenans particuliers & une colonne de conseillers tiennent l'audience du préfidial. On y plaide les appellations verbales des ordonnances & jugemens rendus dans les juridictions du reffort du Châtelet, de quelque nature qu'ils foient; on y plaide auffi les caufes d'appel qui font aux deux chefs de l'édit des préfidiaux; toutes celles où il s'agit de matières perfonnelles, réelles & mixtes, dont les demandes, tant principales qu'incidentes, n'ont pour objet qu'une condamnation de douze cens livres & au-deffous, & qui ne font pas de la nature de celles qu'on a attribuées au parc-civil; enfin on y plaide toutes les caufes dont M. le lieutenant civil s'abftient pour parenté, récufation & autres empêchemens légitimes.

Les appellations verbales fe plaident les jeudis à tour de rôle; & les autres caufes, même celles où il s'agit de l'exécution provifoire de fentences dont eft appel, fe plaident les mardis, vendredis & famedis, fur placets préfentés au lieutenant particulier qui y préfide. L'article 3 de l'édit du mois de janvier 1685, porte cependant, qu'il fera fait un rôle des caufes où il ne s'agit que de douze cens livres ou d'une fomme moindre, pour être plaidées les mardis; mais cela ne s'exécute point: on ne ne fait des rôles que pour les caufes d'appel, qui fe plaident les jeudis.

Un autre lieutenant particulier préfide à la chambre du confeil, où eft auffi une des quatre colonnes de confeillers. On juge dans cette chambre toutes les affaires mifes en délibéré,

tant au parc-civil qu'au préfidial ; les appointemens à mettre & en droit prononcés dans ces
deux chambres ; on y rend les jugemens de
compétence en matière criminelle ; les conſeil-
lers & les avocats du roi du fiége y expliquent
la loi, & y ſubiſſent l'examen avant leur réception au parc-civil : enfin c'eſt-là où ſont reçus
les commiſſaires, les procureurs & les notaires
du châtelet, après y avoir été examinés & interrogés par les juges.

M. le lieutenant civil, & en ſon abſence un
des lieutenans particuliers, tient ſeul, ſans l'aſ-
ſiſtance d'aucun conſeiller, l'audience de la
chambre civile les mercredis & ſamedis, & les
jours de ſéance après-midi. Il connoît dans cette
chambre du payement des loyers dûs en conſéquence de location verbale, de la validité des
congés des lieux loués ſans bail, & de tout ce
que l'ordonnance de 1667 appelle matières ſom-
maires & proviſoires qui n'excèdent point mille
livres.

C'eſt à la chambre civile que ſe tient l'audience appelée des forains. On n'appelle même
les cauſes de la chambre civile qu'après que
celles des forains ſont vidées : celles-ci s'appellent ſans placet, au-lieu que celles de la chambre
civile ne s'appellent que ſur des placets préſentés à M. le lieutenant civil.

L'audience des criées ſe tient les mercredis
& ſamedis au parc-civil, après l'audience de
l'ordinaire : c'eſt un des lieutenans particuliers
qui tient cette audience. On y fait les adjudications par décret, les baux judiciaires, les adjudications par licitation, & celles des biens des
mineurs ; mais on n'y juge aucune conteſtation

sélative à ces adjudications : s'il en survient, elles sont renvoyées au parc-civil.

M. le lieutenant criminel tient seul l'audience de la chambre criminelle ; où l'on porte toutes les causes où il n'est question que d'injures & de ce qu'on appelle petit criminel ; mais les affaires de grand criminel, c'est-à-dire, celles qui sont réglées à l'extraordinaire, & qui ne sont pas du nombre de celles que les ordonnances ont attribuées à M. le lieutenant de police, se décident à huis-clos par M. le lieutenant criminel & la colonne des conseillers qui est de service au criminel.

M. le lieutenant général de police tient seul l'audience de police les vendredis de chaque sémaine, & même quelquefois les mardis, depuis trois heures jusqu'à six de relevée. On porte à cette audience toutes les causes concernant les droits des corps & communautés des marchands & artisans de Paris, le péril des bâtimens, la police & la propreté des rues, le nettoyement des voieries & le payement des nourrices.

C'est à la chambre de l'audience de police que se font les rapports des commissaires sur les contraventions aux ordonnances & règlemens de police.

Divers règlemens attribuent aussi à M. le lieutenant général de police la connoissance de quelques crimes particuliers, tels que les enrôlemens forcés, la prostitution, &c. Quand les procédures sont réglées à l'extraordinaire, elles se jugent en la chambre du conseil, & alors c'est M. le lieutenant général de police qui préside.

Le juge auditeur connoît en première inftance des caufes purement perfonnelles dont la valeur n'excede point cinquante livres. Il juge feul, & tient l'audience à midi tous les jours qu'on entre au Châtelet. Les appels de fes fentences reffortiffent au préfidial.

Le prévôt de l'ifle connoît des crimes dont la connoiffance eft attribuée aux prévôts des maréchaux de France ; fur quoi on peut confulter la déclaration du 5 février 1731.

Le lieutenant criminel de robe-courte connoît, concurremment & par prévention, des crimes commis dans la villé & les fauxbourgs de Paris, déclarés cas prévôtaux par l'article 5 de la déclaration du 5 Février 1731 , &c.

M. le procureur du roi reçoit à l'audience de la chambre qui porte fon nom les maîtres gagnant maîtrife à l'hôpital de la Trinité , & y décide les conteftations relatives à ces réceptions.

Il y donne auffi fes avis fur les demandes & conteftations qui font de nature à être portées à la chambre de police.

L'édit du mois de janvier 1685 , portant règlement pour l'adminiftration de la juftice au Châtelet, porte que le plus ancien en réception des quatre avocats du roi, tiendra toujours la première place à l'audience de la prévôté, & affiftera aux audiences de la chambre civile & de la grande police ; que les trois autres, à commencer par le plus ancien d'entr'eux, affifteront fucceffivement, chacun durant un mois, à l'audience de la prévôté, à la feconde place ; que les deux qui ne feront point de fervice à l'audience de la prévôté, affifteront à celle du Pré-

fidial ; que celui qui fervira dans la feconde
place à l'audience de la prévôté , fervira durant
le même temps aux audiences de la petite police;
& que celui qui fervira dans la feconde place à
l'audience du préfidial , affiftera à celles qui fe
tiendront pour les matières criminelles.

Ce même règlement porte que le plus ancien
des avocats du roi réfoudra , en l'abfence ou
autre empêchement du procureur du roi , toutes
les conclufions préparatoires & définitives fur
les informations & procès criminels , & fur les
procès civils qui ont accoutumé d'être communiqués, au procureur du roi , & qu'elles feront
fignées par le plus ancien de fes fubftituts , ou
autre qui fera par lui commis en la manière accoutumée , fans que ce fubftitut puiffe délibérer.

Les avocats du roi du Châtelet portent la
robe rouge dans les cérémonies. Le jour de la
fête du faint-facrement ils font chacun de leur
côté une vifite dans les rues de Paris, pour voir
fi l'on ne contrevient point aux règlemens de
police ; & en cas de contravention, ils condamnent à l'amende payable fans déport.

Le Châtelet a des attributions & des priviléges que n'ont pas les autres bailliages. Ces priviléges confiftent ; 1°. dans l'attribution attachée au fceau de ce tribunal, & dont nous parlons à l'article SCEAU.

2°. Dans le droit de fuite, c'eft-à-dire, dans
le pouvoir qu'ont les officiers du Châtelet, de
continuer dans toute l'étendue du royaume les
affaires commencées au Châtelet.

Ainfi en conféquence du droit de fuite, les
commiffaires peuvent fe tranfporter dans les
châteaux, maifons de campagne, & autres ha-

bitations des perfonnes qui ont un domicile à Paris, pour y appofer & lever les fcellés, même faire l'inventaire, dans la forme & de la même manière qu'on y procéde à Paris.

Le parlement a toujours maintenu les officiers du Châtelet dans l'exercice de ce droit.

On a jugé de même au confeil contre les juges des autres provinces & particuliérement contre les préfidiaux de Bretagne & contre le parlement de Normandie, par arrêts des 15 mars 1680, & 30 janvier 1708.

3°. Dans la confervation des priviléges royaux de l'univerfité de Paris.

En vertu de cette attribution le Châtelet connoît des conteftations où les membres & les fuppôts de l'univerfité ont intérêt.

4°. Dans le droit de connoître des faifies faites par les bourgeois de Paris fur leurs débiteurs forains.

Les bourgeois de Paris ont le privilége de faire arrêter les biens de leurs débiteurs forains trouvés à Paris, quoiqu'ils n'aient d'eux ni obligation ni promeffe; il n'y a que le Châtelet qui connoiffe de ces faifies.

La juridiction du Châtelet a la prévention fur les juftices feigneuriales de la ville & fauxbourgs de Paris; elle y a été maintenue par arrêts des 7 mars 1725, contre l'abbaye de Sainte-Genevieve, & 16 janvier 1739 contre l'abbaye de Saint-Germain-des-Prés.

La chancellerie préfidiale qui fubfiftoit anciennement au Châtelet, a été éteinte & fupprimée par un édit du mois d'avril 1685, regiftré au parlement le 8 mai fuivant.

De temps immémorial le Châtelet a affifté aux cérémonies & affemblées publiques auxquelles les cours affiftent d'ordinaire, & il y a rang après les cours fupérieures, & avant toutes les autres compagnies.

A l'entrée de Charles VII, le 12 novembre 1437, le Châtelet marchoit après la ville & avant le parlement : on fait que dans ces fortes de marches le dernier rang eft le plus honorable.

En 1460, à l'entrée que fit la reine Merguerite, femme de Henri VI, roi d'Angleterre, le roi envoya au devant d'elle le parlement, le Châtelet, le corps de ville, l'univerfité, l'évêque de Paris.

Philippe, archiduc d'Autriche, & Jeanne de Caftille fa femme, paffant à Paris, pour aller en Efpagne, le parlement n'alla point au devant d'eux ; il n'y eut que le Châtelet & le corps de ville : le Châtelet marchoit après le corps de ville, & immédiatement avant les cours, le 25 novembre 1501.

A la feconde entrée d'Anne de Bretagne, femme de Louis XII, le 20 novembre 1504, le Châtelet marchoit dans le même ordre.

Un édit de Henri II, du mois d'avril 1557, regiftré au parlement le 11 mai fuivant, qui règle le rang des cours pour les actes & affemblées publiques, fixe celui du Châtelet après la chambre des monnoies & avant la ville.

Le Châtelet affifta dans ce même rang à l'entrée de Charles IX le 6 mars 1571, & au fouper royal qui fe fit le même jour dans la grand'falle du palais.

Le 4 août 1660 il alla complimenter le roi, la reine & la reine mère, à l'occafion du mariage du roi ; il fut même auffi le 21 complimenter le cardinal Mazarin, le roi l'ayant ainfi ordonné.

Le 31 juillet 1667 le Châtelet fut par ordre du roi le complimenter fur la paix.

Le 6 feptembre 1679 les officiers de l'ancien & du nouveau Châtelet s'étant mêlés fans diftinction, furent par ordre du roi faluer la reine d'Efpagne, Marie-Louife d'Orléans, mariée nouvellement.

Lorfqu'on rédigea l'ancienne & la nouvelle coutume de Paris, les officiers du Châtelet affiftèrent à l'affemblée & y eurent une féance honorable : les gens du roi de ce tribunal y firent les fonctions de partie publique.

De lettres - patentes du roi en forme d'édit, du mois d'août 1768, enregiftrées au parlement le 17 du même mois ont accordé la nobleffe aux officiers du Châtelet, après un certain temps d'exercice.

Il convient de rapporter ici cette loi, qui en récompenfant les fervices de ces magiftrats, rend auffi témoignage de l'importance de leurs fonctions.

« Louis, par la grace de dieu, roi de France
» & de Navarre, à tous préfens & à venir; falut.
» Rien ne pouvant être plus convenable au bien
» de notre fervice en notre Châtelet de Paris,
» que d'y conferver un nombre d'anciens officiers
» capables de maintenir une faine jurifprudence
» & de former de jeunes officiers, il nous a
» paru qu'un des meilleurs moyens d'y parvenir
» étoit d'accorder la nobleffe à ceux des officiers
» dudit fiége, qu'un long exercice de leurs fonc-
» tions rendroit fufceptible de cette faveur. Une
» telle diftinction, fans être à charge à nos autres
» fujets, attachera de plus en plus lefdits officiers
» à leur fiége, & encouragera les autres à fuivre

» leurs exemples, par l'affurance qu'ils auront
» d'obtenir la nobleffe perfonnelle après un temps
» fixe, & de parvenir à la nobleffe héréditaire
» en perfévérant dans l'exercice des mêmes
» fonctions. Nous donnerons en même-temps
» aux principaux & aux anciens officiers de notre
» Châtelet une jufte récompenfe de leurs fer-
» vices, & au principal fiége de juftice d'entre
» nos bailliages, au tribunal ordinaire de notre
» capitale, un témoignage autentique de notre
» fingulière protection. A ces caufes, & autres
» à ce nous mouvant, de l'avis de notre confeil,
» & de notre certaine fcience, pleine puiffance
» & autorité royale, nous avons dit, déclaré
» & ordonné, difons, déclarons & ordonnons
» par ces préfentes fignées de notre main, vou-
» lons & nous plaît ce qui fuit.

» A R T I C L E   P R E M I E R.

» Nos lieutenans généraux, civil, de police
» & criminel, & nos lieutenans particuliers,
» qui ne feroient iffus de race noble, feront à
» l'avénir réputés nobles, & les tenons pour
» tels. Voulons en conféquence que tant qu'ils
» rempliront les fonctions de leurs offices, eux,
» leurs femmes, & leurs enfans nés & à naître
» en légitime mariage, jouiffent de tous les droits,
» priviléges, franchifes, immunités, rangs,
» féances & préminences dont jouiffent les autres
» nobles de notre royaume. Voulons pareillement
» que leurs veuves demeurantes en viduité, &
» leurs defcendans, jouiffent des mêmes privi-
» léges & prérogatives lorfque nofdits lieutenans
» auront rempli les fonctions defdits offices pen-
» dant vingt années entières & confécutives,

» ou qu'ils feront décédés revêtus de leurs offices.

» II. Nos conseillers & nos avocats & pro-
» cureur en notredit Châtelet actuellement en
» charges, & leurs successeurs auxdits offices,
» qui ne seroient issus de race noble, & qui ont
» ou auront dix années entières & consécutives
» de service dans leurs offices, jouiront, ainsi
» que leurs femmes & leurs enfans, de tous les-
» dits droits & priviléges attachés à la noblesse,
» & ce seulement tant qu'ils demeureront pourvus
» de leurs offices.

» III. Ceux de nosdits conseillers & de nos
» avocats & procureur qui ne seroient issus de race
» noble, & qui ont ou auront rempli les fonctions
» de leursdits offices pendant quarante années en-
» tiéres & consécutives, comme aussi leurs
» veuves demeurantes en viduité, & leurs en-
» fans nés & à naître en légitime mariage, feront
» réputés nobles, & dès-à-présent les tenons
» pour tels & ils jouiront de tous lesdits droits
» & priviléges de la noblesse.

» IV. Voulons néanmoins que, lorsque lesdits
» officiers auront servi pendant vingt années en-
» tières & consécutives, s'ils viennent à décéder
» revêtus de leurs offices, après l'expiration
» desdites vingt années ; & avant que lesdites
» quarante années portées par l'article précédent
» soient accomplies, leurs veuves demeurantes
» en viduité, & leurs descendans nés en légitime
» mariage, soient & demeurent réputés nobles,
» de même que si lesdits officiers avoient servi
» pendant lesdites quarante années.

» V. Et où lesdits conseillers, & nosdits avo-
» cats & procureur viendroient à quitter leurs
» offices par vente, démission ou autrement,

» avant d'avoir rempli lesdites quarante années
» de service, ils demeureront ainsi que leursdites
» femmes, enfans & descendans, déchus de tous
» droits & privilèges de noblesse, encore que
» lesdits officiers eussent exercé leurs offices pen-
» dant plus desdites vingt années portées en l'ar-
» ticle IV de notre présent édit.

» VI. Ceux qui prétendront jouir de la noblesse
» & des exemptions accordées par notre présent
» édit, seront tenus de représenter les provi-
» sions de l'officier, ou une copie collationnée
» d'icelles, l'arrêt ou la sentence de réception, &
» une attestation des officiers de notre Châtelet,
» portant que l'officier a rempli les conditions
» ci-dessus prescrites ; & sera ladite attestation
» signée de l'un des lieutenans, de dix conseil-
» lers au moins, & de l'un de nos avocats &
» procureur, & du greffier dudit siége. Si donnons
» en mandement à nos amés & féaux conseillers,
» les gens tenant notre cour de parlement à
» Paris, &c ».

Suivant l'arrêt du conseil du 9 février 1776,
les sujets non nobles qui se font pourvoir des
offices de lieutenans généraux, civil, de police
& criminel, & de lieutenans particuliers au
Châtelet de Paris, doivent payer le droit de marc
d'or de noblesse tel qu'il est fixé par l'édit du mois
de décembre 1770 (*) pour les offices donnant la

(*) L'article 8 de cet édit porte que ceux qui se feront pourvoir d'offices donnant la noblesse, seront tenus
de payer outre les droits de marc d'or ordinaires, un
second droit pareil à celui qui doit être payé pour des
lettres de noblesse. Suivant le tarif annexé à l'édit dont
il s'agit, ce second droit est de deux mille livres.

nobleffe , avec les huit fous pour livre en fus ;
tant que cette impofition fubfiftera en fus des
droits du roi.

Quant aux fujets non nobles qui fe font pourvoir des offices de confeillers , d'avocats du
roi & de procureur du roi au Châtelet, comme
ils ne peuvent acquérir la nobleffe que fous certaines conditions , il a été réglé qu'ils participeroient à la modération accordée par la déclaration du 5 mars 1773 , fuivant laquelle les titulaires
d'offices qui ne donnent pas la nobleffe au premier degré , ne doivent que moitié du droit du
marc d'or de nobleffe fixé par l'édit du mois de
décembre 1770.

Les fujets nobles qui fe font pourvoir d'offices
au Châtelet, doivent fuivant le même arrêt,
être exempts du marc d'or de nobleffe.

Le titre de Châtelet appartient auffi à quelques
autres juridictions. Il y a le Châtelet d'Orléans &
celui de Montpellier qui ont auffi chacun un
fceau attributif de juridiction.

Voyez *le recueil des ordonnances du Louvre ;
traité de la police, par de la Mare ; le ftile du
Châtelet ; les ordonnances de Néron ; le traité des
offices par Joly ; le recueil de Fontanon ; Ferrières
fur la coutume de Paris ; Bacquet , des droits de
juftice ; Brodeau fur la coutume de Paris ; les édits
de feptembre 1684 , & de janvier 1685 ; le grand
vocabulaire françois ; le dictionnaire des fciences
les actes de notoriété du Châtelet de Paris , &c.*
Voyez auffi les articles Prévot, Lieutenant
Sceau, Auditeur, Commissaire, Notaire
Procureur, Huissier, Garde Gardienne
Greffe, Inventaire, Université
Criees, &c.

CHÂTELLENIE. Ce mot signifie tout à la fois la seigneurie d'un seigneur châtelain, & l'étendue de la juridiction d'un juge châtelain. *Voyez* CHATELAIN.

CHÂTRERIE. C'est le nom qu'on donne en Lorraine à une ferme du domaine dont l'adjudicataire a seul le droit de faire châtrer certains animaux dans cette province.

Les divers arrêts & règlemens des ducs de Lorraine au sujet de la ferme des droits de Châtrerie, ont été réunis sous le règne du feu roi Staniflas, dernier duc de Lorraine, dans l'arrêt rendu par son conseil royal des finances & commerce, le 22 avril 1752, & l'on y a ajouté de nouvelles dispositions pour faire cesser certains inconvéniens qui n'avoient point été prévus précédemment. Cet arrêt qui a été révêtu de lettres-patentes, & enregistré à la chambre des comptes de Lorraine le 6 mai suivant, contient les douze articles suivans :

» ARTICLE PREMIER.

» L'adjudicataire de la ferme des Châtreurs
» aura seul, à l'exclusion de tous les autres, le
» droit de châtrer tous les animaux énoncés au
» tarif ci-après, dans toutes les villes, bourgs,
» villages & hameaux, & dépendances des états
» de sa majesté ; & pour cet effet il sera tenu
» de préposer & fournir un nombre suffisant de
» Châtreurs, pour que les opérations soient
» faites dans les temps & saisons convenables ;
» lesquels Châtreurs seront par lui distribués
» dans lesdits états par départemens séparés,
» dans tous les lieux desquels ils feront chaque
» année au moins deuxtournées, chacun à leur

» égard, l'une au printems; & l'autre en automne,
» à peine de tous dépens , dommages & intérêts
» envers ceux qui pourroient souffrir de leur re-
» tard & négligence.

» II. Tous les sous-fermiers desdits droits de
» Châtrerie , commis ou préposés du fermier
» principal, qui feront les fonctions de Châtreurs,
» feront tenus d'en prendre des commissions
» signées dudit fermier principal , pour être par
» eux représentées dans tous les lieux où ils
» voudront exercer lesdites fonctions , aux syn-
» dics de chacun desdits lieux, & en son absence
» à un autre officier ou notable habitant, pour
» être par eux visées & contre-signées gratis.

» III. Ledit fermier principal ne pourra com-
» mettre , soit à titre de sous-fermier ou autre-
» ment, pour travailler du métier de Châtreurs,
» que ceux qui après avoir avoir été examinés,
» jugés capables & reçus par le maître dudit mé-
» tier , & les deux échevins , en auront obtenu
» les lettres de han nécessaires , prêté par-
» devant eux le serment au cas requis , & payé
» pour tous droits de réception la somme de
» six livres outre l'expédition du greffier.

» IV. Fait sa majesté très-expresses défenses
» auxdits Châtreurs de sortir des départemens &
» districts qui feront compris dans leurs baux
» ou commissions, pour aller travailler dans ceux
» des autres, sans leur permission, à peine de
» cent livres d'amende applicables pour un tiers
» au dénonciateur , un autre tiers audit fermier
» principal , & le surplus au domaine de sa ma-
» jesté, & en outre de pareille somme de cent
» livres pour dommages & intérêts envers le
» sous-fermier du département dans lequel la

» contravention aura été commise, & du double
» tant de ladite amende que desdits dommages
» & intérêts dans le cas de récidive.

» V. Seront lesdits sous-fermiers Châtreurs,
» leurs commis & préposés, solidairement res-
» ponsables de la perte des animaux qu'ils auront
» coupés, s'ils viennent à périr par leur faute
» ou impéritie, & obligés dans ce cas d'en payer
» le prix aux propriétaires, à dire d'experts,
» après néanmoins qu'il aura été constaté par
» un rapport fait juridiquement par gens experts
» à ce connoissans, que lesdits animaux sont ef-
» fectivement péris par la faute ou impéritie
» desdits sous-fermiers Châtreurs, leurs commis
» ou préposés ; & pour cet effet ils seront tenus
» de faire, à leur première arrivée dans chacun
» des lieux de leurs départemens & districts,
» élection de domicile dans ledit lieu sur le ré-
» gistre du greffe, laquelle élection de domicile
» une fois faite sera pour la durée de leur bail ou
» commission, à moins qu'ils ne jugent à propos
» de la changer pendant le cours d'icelui.

» VI. Fait aussi sa majesté très-expresses dé-
» fenses à toutes personnes, de quelque qualité
» & condition qu'elles puissent être, autres que
» lesdits sous-fermiers Châtreurs, commis ou
» préposés dans leurs départemens & districts ;
» d'y châtrer ou faire châtrer aucun animal,
» même ceux à eux appartenans, à peine de dix
» livres d'amende par chacune contravention, de
» pareille somme pour dommages & intérêts en-
» vers lesdits sous-fermiers Châtreurs, chacun
» à leur égard, dans leurs départemens & districts
» aussi par chaque contravention, & du double
» dans le cas de récidive, tant de ladite amende
» que desdits dommages & intérêts.

.. » VII. Pourront néanmoins tous particuliers
» châtrer ou faire châtrer par leurs domestiques
» & bergers, leurs moutons, brebis & agneaux.

, » VIII. S'il arrivoit que des étrangers, forains
» ou autres vinssent châtrer dans lesdits départe-
» mens, enjoint sa majesté aux syndics, maires
» & gens de justice des lieux de les faire arrêter,
» & leur fait défenses de leur donner la liberté
» que lorsqu'ils auront payé les amendes, dom-
» mages & intérêts édictés par l'article 4, avec
» les frais ; à peine par lesdits syndics, maires &
» gens de justice, d'en répondre en leurs propres
» & privés noms.

- » IX. Lesdits sous-fermiers Châtreurs, leurs
» commis ou préposés, seront tenus d'avertir
» les syndics, & en cas d'absence où autre em-
» pêchement, les autres principaux officiers ou
» notables habitans de chaque lieu, du moment
» de leur arrivée, & qu'ils entendent faire &
» parachever leurs visites & fonctions le len-
» demain ; sur quoi lesdits syndics, autres offi-
» ciers ou notables, seront aussi tenus de leur
» part d'avertir les habitans de l'arrivée desdits
» sous-fermiers Châtreurs, commis ou préposés,
» & de leur délivrer à chaque fois gratis un cer-
» tificat portant qu'ils se sont présentés pour faire
» leurs tournées, visites & fonctions de Châtreurs,
» leurs commis ou préposés, aux peines portées
» en l'article premier du présent arrêt, & contre
» lesdits syndics autres officiers ou notables, de
» dix livres d'amende & de tous dépens dom-
» mages & intérêts des parties à ce intéressées.

, » X. Fait défenses sa majesté à toutes per-
» sonnes de quelque qualité & condition qu'elles
» puissent être, desdits lieux où lesdits sous-fer-

. . . . . » miers

» miers Châtreurs, leurs commis ou préposés,
» se présenteront pour faire leurs visites & fonc-
» tions, de sortir ou faire sortir de leurs écuries,
» dans la journée du lendemain de leur arrivée,
» aucuns bestiaux pour être envoyés à la campa-
» gne ou ailleurs, après qu'ils auront été avertis de
» ladite arrivée, à peine d'être poursuivis comme
» fraudeurs des droits d ela Châtrerie, & comme
» tels condamnés aux amendes, dommages &
» intérêts portés au présent arrêt.

» X I. Les amendes, dommages & intérêts
» ci-dessus édictés, ne pourront être remis ni
» modérés, sous quelque prétexte que ce puisse
» être, à peine de nullité & cassation de tous
» jugemens & arrêts.

» XII. Toutes les actions, difficultés & con-
» testations qui surviendront au sujet des fonc-
» tions & salaires desdits sous-fermiers Châtreurs,
» leurs commis ou préposés, & les contraven-
» tions au présent règlement seront portées en
» première instance pardevant les juges des bail-
» lages dans l'étendue desquels elles auront été
» commises, sauf l'appel en la chambre des com-
» tes de Lorraine ; & dans le Barrois & Bassigny
» mouvant pardevant les juges qui en doivent
» connoître ».

Il a été joint à l'arrêt qu'on vient de lire un
tarif où sont énocés les animaux assujettis aux
droits de Châtrerie, & les sommes que les maîtres châtreurs peuvent percevoir pour leurs salaires.

Suivant ce tarif il est du pour la coupe d'un
cheval de prix, cinq livres.

Pour un cheval de laboureur, trois livres.

Pour un poulain d'un ou deux ans, deux livres.

Pour une jument au lait, trois livres.

Pour un taureau de quatre à cinq ans, une livre dix fous.

Pour un taureau de deux à trois ans, une livre.

Pour un taureau au lait ou d'un an, quinze fous.

Pour un gros porc mâle, deux livres.

Pour une groffe truie, une livre.

Pour une truie au lait, dix fous.

Pour un cochon au lait, cinq fous.

Pour un chevreau, quatre fous.

Pour un bouc, dix fous.

Pour un chien, une livre.

Et pour une chienne, une livre dix fous.

CHAUFFAGE. C'eft le droit de couper dans une forêt une certaine quantité de bois pour fe chauffer.

On ftipule quelquefois dans un contrat de mariage, que la femme en cas de viduité, aura fon habitation dans un château du mari & fon Chauffage dans les bois qui en dépendent. On peut léguer auffi à d'autres perfonnes leur Chauffage.

Différens feigneurs, corps, officiers & autres particuliers ont un droit de Chauffage dans les forêts du roi.

Ce droit à donné lieu à un grand nombre de lois, qui toutes ont eu pour objet d'empêcher le dommage que l'ufager pourroit caufer au propriétaire.

On a d'abord établi que celui qui avoit droit de Chauffage devoit en ufer perfonnellement fans pouvoir le céder à un autre. C'eft d'après ce principe qu'une ordonnance de Chauffage ne peut jamais être expédiée que fous le nom du propriétaire de la chose à laquelle le Chauffage est attaché, & non sous celui du receveur ou fermier de ce propriétaire.

C'est d'après le même principe que par arrêt du 27 août 1548, rendu par les juges de la réformation des eaux & forêts de normandie, il fut fait défense à un verdier de la forêt de Lyon, de vendre son bois de Chauffage.

L'ordonnance du mois de janvier 1578, défendit pareillement de vendre, donner, aliéner ou autrement transporter les bois de Chauffage.

Par arrêt du 17 mars 1579, la chambre de réformation de Normandie condamna le nommé Perrier, pour avoir vendu son bois de Chauffage & réitéra les défenses faites à ce sujet.

Les mêmes défenses furent encore réitérées par l'ordonnance de 1581, & par le règlement de Dreux de 1587.

Par arrêt du 19 février 1554, il fut jugé contre les habitans de gros Rouvre que dans chaque maison usagère, il n'y avoit qu'un seul ménage qui pût jouir du droit de Chauffage.

La même chose fut décidée par le règlement rendu pour la forêt de Montfort le 20 janvier 1556.

Il avoit été pareillement jugé en 1501, contre les habitans de la forêt d'Eu, qu'un usager, dans plusieurs lieux, n'auroit néanmoins qu'un Chauffage.

Un autre principe est que celui qui a droit de Chauffage, soit dans les bois du roi, ou ailleurs, ne peut exercer son droit sans la permission des officiers, du propriétaire ou du seigneur. C'est ce que porte particulièrement l'ordonnance du mois de janvier 1583.

L'efprit des lois a toujours été que le droi
des ufagers fût fubordonné à ce que les forêt
pouvoient fournir, & qu'il ne fût point exerc
fans néceffité.

Par arrêt du 19 février 1542, concernant le
habitans de Chenoife, ufagers dans la forêt d
Jouy, il fut ordonné *qu'au cas de furcharge de
forêts*, il feroit furfis aux délivrances des Chauf
fages & autres bois d'ufage.

L'ordonnance du mois de janvier 1583, or
donna que les ufages pour bois à bâtir & pou
bois de Chauffage, feroient reftreints felon c
que produifoient les forêts.

L'ordonnance de 1584 révoqua tous le
Chauffages nouveaux que le duc d'Anjou avoi
accordés dans les bois de fon apanage.

Enfin l'ordonnance des eaux & forêts du moi
d'août 1669, contient différentes difpofition
qui forment fur le droit de Chauffage le dernier
état de la jurifprudence.

L'article premier du titre 20, a fupprimé tou
les droits de Chauffage dont les forêts du roi
étoient chargées.

Mais par l'article 2 le légiflateur a déclaré
vouloir que ceux qui poffédoient des droits de
cette nature pour caufe d'échange ou d'indemnité, & qui juftifieroient d'une poffeffion anté-
rieure à l'année 1560, ou autrement, à titre
onéreux, fuffent dédommagés fuivant l'évaluation que le confeil feroit à ce fujet, & que
jufqu'à ce que le dédommagement eût été effec-
tué, ils fuffent payés annuellement fur le prix
des ventes, de la valeur de leurs Chauffages.

Ainfi l'ordonance a diftingué les Chauffages
qui fe délivroient à titre gratuit, d'avec ceux

qui avoient été établis à titre onéreux : elle a
supprimé les premiers & n'a fait que changer la
forme des seconds, en réglant qu'ils seroient
appréciés & payés en argent au-lieu d'être délivrés en nature.

Par l'article 3, il a été ordonné que les Chauffages attribués aux officiers des eaux & forêts à
cause des finances qu'ils avoient payés, seroient
évalués pour la valeur être remboursée, ou
être acquittée annuellement sur le prix des ventes suivant l'état qui en seroit arrêté au conseil (*).

Avant cette loi, les grands maîtres & les officiers des eaux & forêts avoient des Chauffages
en nature, & il en étoit résulté divers inconvéniens. Il avoit fallu faire quelquefois des ventes
extraordinaires pour fournir ces Chauffages :
ensuite on avoit réglé qu'ils seroient fournis par
les marchands adjudicataires sur les ventes ordinaires. Mais cette dernière disposition faisoit
que les adjudicataires n'offroient qu'un prix fort
au-dessous de la valeur des bois à vendre : c'étoit
d'ailleurs souvent l'occasion d'une sorte de connivence des officiers qui favorisoient les marchands adjudicataires pour en recevoir des
Chauffages plus considérables.

(*) En exécution de cet article, le roi a fait évaluer en
argent les chauffages des officiers, & l'emploi s'en fait
sur les états ordinaires.

Un arrêt du conseil du 28 octobre 1727 a converti
en argent le chauffage du lieutenant particulier de la table
de marbre de Paris, qui étoit encore en nature.

Par un autre arrêt du 13 juin 1716, les sommes
allouées pour les chauffages des officiers, ont été déclarées
exemptes de la retenue du dixième.

Par l'article 4, les communautés & les particuliers qui étoient affujettis à des redevances, corvées ou autres charges pour raifon du droit de Chauffage qu'on leur avoit accordé, ont été déchargés de ces obligations. Cette difpofition est un acte de juftice. En fupprimant le droit de Chauffage il convenoit d'éteindre auffi les charges auxquelles il avoit donné lieu.

A l'égard des Chauffages accordés par nos rois pour caufe de fondation, ou de dotations faites à des églifes, chapitres, abbayes, monaftères, hôpitaux, maladreries & autres communautés eccléfiaftiques, féculières ou régulières, il a été décidé par l'article 5 que ces Chauffages continueroient d'être délivrés en efpèces conformément aux états qui en feroient arrêtés au confeil, relativement à ce que pourroient fournir les forêts. La même loi a réglé que dans le cas où les forêts fe trouveroient dégradées & ruinées de manière à ne pouvoir fupporter la délivrance des Chauffages ordonnés en efpèce, fans qu'i en réfultât un préjudice notable au roi, la valeur de ces Chauffages feroit liquidée au confeil fur les avis des grands maîtres & employée dans les états de fa majefté, pour être annuellement payée en argent fur le prix des ventes, fans diminution ni retranchement (*).

_____

(*) Les chauffages convertis en argent par les arrêtés du confeil ont été fixés à fix livres la corde. C'étoit alors le prix. Le bois ayant depuis augmenté de valeur, plufieurs de ceux dont les chauffages avoient été convertis en argent, obtinrent des arrêts & des lettres patentes pour jouir de leur droit de chauffage en efpèce; mais toutes ces graces ont été révoquées par l'arrêt du confeil que nous allons rapporter:

L'article 6 a fait une diſtinction entre ce qui étoit dotation & ce qui n'étoit qu'aumône : il a en conſéquence ordonné que les religieux, hôpitaux ou communautés qui avoient dans les forêts leur Chauffage par aumône de nos rois, n'en auroient à l'avenir la délivrance qu'en deniers, dont le fonds ſeroit fait dans les états de ſa majeſté au chapitre des fiefs & aumônes.

L'article 7 a ordonné 1°. qu'il ſeroit fait au conſeil un état général de tous les Chauffages en eſpèce ou en argent, contenant le nom des uſagers, le nombre & la qualité des bois & dans quelles forêts ils devoient être fournis : 2°. qu'il ſeroit envoyé des expéditions de cet état à la chambre des comptes & aux grands maîtres qui

---

» Le roi étant informé qu'au préjudice de l'ordonnance
» du mois d'août 1669, pluſieurs communautés & autres
» particuliers ont obtenu des arrêts & lettres patentes
» pour jouir de leurs droits de chauffage en eſpèce, quoi-
» que ſuivant ladite ordonnance & les états arrêtés enſuite
» au conſeil, leſdits chauffages ſoient réduits & réglés en
» argent, ce qui double ſouvent la valeur deſdits chauffages,
» à quoi ſa majeſté voulant pourvoir : oui le rapport du ſieur
» le Peletier, conſeiller ordinaire au conſeil royal, & con-
» trôleur général des finances : ſa majeſté en ſon conſeil,
» a ordonné & ordonne que conformément à ladite ordon-
» nance & aux états des chauffages arrêtés en ſon conſeil, tou-
» tes les communautés & autres pariculiers qui ont droit de
» chauffage réduit & réglé en argent, en ſeront payés à
» l'avenir ſuivant leſdits états, nonobſtant & ſans s'arrêter
» aux lettres patentes & arrêts par eux obtenus. Enjoint ſa
» majeſté aux grands-maîtres des eaux & forêts de France
» de tenir la main à l'exécution du préſent arrêt, à peine
» d'en répondre en leur noms. Fait au conſeil d'état du
» roi tenu à Verſailles le dixième jour de juin mil ſix cens
» quatre-vingt-quatre. *Signé*, Coquille ».

K iv

feroient tenus d'en faire mettre des extraits aux greffes des maîtrifes particulières où les forêts chargées feroient fituées, afin que les Chauffages fuffent délivrés conformément à cet état, fans pouvoir être augmentés; à peine contre les officiers qui auroient ordonné l'augmentation, de privation de leurs charges, & de reftitution du quadruple contre ceux qui auroient reçu l'augmentation (*).

L'article 8 a ordonné au grand maître de punir fuivant la rigueur des ordonnances les offi-

_____

(*) Cet article, ou l'opération qui a été faite en conféquence, n'a été que le renouvellement de ce qui s'eft fait fouvent pour fupprimer les multiplications abufives; les articles XXVI, & XXX des ordonnances de juillet & de feptembre 1376, & l'article XXIX de celle de 1388, ordonnoient, que *les titres des ufagers feroient diligemment examinés, & qu'il feroit enquis de leur poffeffion & manière d'ufer.*

L'ordonnance du mois de mars 1533 pour la réformation des forêts de Normandie, *fit commandement à tous ufagers coutumiers & prétendans droit fur lefdites forêts, d'apporter, montrer & communiquer leurs droits, titres, chartes & enfeignemens, pour y garder l'intérêt du roi.*

La même chofe fut ordonnée pour tout le royaume par un arrêt du confeil du 12 juin 1641.

Par une autre arrêt du 18 décembre de la même année, il fut encore accordé aux ufagers un délai de fix mois pour produire leurs titres, à défaut de quoi, ils refteroient privés de leur ufage.

On a auffi ordonné différentes fois entre particuliers, qu'ils produiroient leurs titres pardevant le grand maître. Un arrêt du confeil du fept juillet 1734 ordonna a ceux qui prétendoient un droit d'ufage dans les bois appartenans à mademoifelle de Charolois dans la terre de faint Amand en Berry, de repréfenter leurs titres pardevant le fieur de Grandbourg, grand maître du département.

ciers des eaux & forêts qui seroient convaincus d'avoir reçu ou exigé des marchands, de leurs facteurs & commis quelque bois sous prétexte de Chauffage ou autrement, au préjudice des défenses du roi.

Il a été réglé par l'article 9, que les officiers des eaux & forêts ne pourroient être payés des sommes qu'on leur a attribuées pour leur Chauffage, s'ils ne faisoient un service actuel, ce qu'ils seroient tenus de justifier en représentant aux receveurs les certificats & attestations des grands maîtres.

Et enfin l'article 11 a ordonné qu'il ne seroit fait à l'avenir aucun don ni attribution de Chauffage pour quelque cause que ce fût : la même loi a défendu aux cours de parlement, aux chambres des comptes, aux grands maîtres & à tout autre officier, d'avoir égard aux lettres ou brevets obtenus par importunité ou autrement, & par lesquels il seroit accordé des droits de Chauffage à quelque personne que ce fût.

Voyez *l'ordonnance du mois de janvier 1578 ; les lois Forestières ; la conférence des eaux & forêts ; l'ordonnance du mois de janvier 1583 ; le dictionnaire des sciences ; l'ordonnance des eaux & forêts du mois d'août 1669, & les commentateurs,* &c. Voyez aussi les articles Bois, Maitrise, Usage, Certificat, Prescription, &c.

CHAUFFE-CIRE. C'est un officier de chancellerie dont la fonction est de chauffer, amolir & préparer la cire pour la rendre propre à sceller. On l'appelle aussi *scelleur*, parce que c'est lui qui applique le sceau ; dans les anciens états il est nommé *varlet Chauffe-Cire*. L'institution de cet officier eſt fort ancienne ; il n'y en avoit d'abord qu'un ſeul à la grande chancellerie ; enſuite on en mit deux, puis ils furent augmentés juſqu'à quatre qui devoient ſervir par quartier & être continuellement à la ſuite de M. le chancelier ; & lorſqu'il avoit ſon logement chez le roi, ils avoient leur habitation auprès de lui. Il eſt même à remarquer que le plat attribué à M. le chancelier eſt pour les maîtres des requêtes, l'audiencier, le contrôleur & le Chauffe-Cire de la chancellerie ; de ſorte qu'ils ſont vraiment commenſaux du roi, & en effet ils en ont les privilèges. Ces offices n'étoient d'abord que par commiſſion ; on tient qu'ils furent faits héréditaires, au moyen de ce qu'ayant vaqué par forfaiture lors du ſyndicat ou recherche générale qui fut faite des officiers de France du temps de ſaint Louis, il les donna héréditairement en récompenſe à ſa nourrice, qui en fit pourvoir quatre enfans qu'elle avoit ; & depuis par ſucceſſion ou vente, ces offices ſe perpétuèrent ſur le même pied. Il n'y a pas cependant toujours eu quatre Chauffe-Cire à la chancelierie ; on voit par les comptes rendus en 1394, qu'il n'y en avoit alors que deux qui avoient chacun douze deniers par jour : depuis, leurs émolumens ont été réglés différement, à proportion des lettres qu'ils ſcellent. Il y avoit autrefois deux ſortes de Chauffe-Cire ; ſavoir les Chauffe-Cire ſcelleurs & les *valets Chauffe-Cire* ſubordonnés aux premiers ; mais par un arrêt du conſeil du 31 octobre 1739, il a été ordonné que les offices de Chauffe-Cire ſcelleurs de la grande chancellerie de France, & des chancelleries près les cours & ſièges préſidiaux du royaume, feroient à l'avenir remplis & poffédés fous le feul titre de fcelleurs, & ceux de *valets Chauffe-Cire* fous le titre de *Chauffe-Cire* feulement.

Les Chauffe-Cire de la grande chancellerie fervent auffi à la chancellerie du palais.

Par l'article 8 du règlement général des tailles du mois de janvier 1534, les Chauffe-Cire de la grande chancellerie de France font déclarés exempts de taille. Et par l'article 21, la même exemption eft attribuée à leurs veuves.

Il y a auffi des Chauffe-Cire dans les chancelleries établies près des parlemens & des autres cours du royaume.

Il y a pareillement un Chauffe-Cire dans la chancellerie de la reine, & dans la chancellerie des princes qui en ont une pour leur apanage.

Voyez *l'hiftoire de la chancellerie par Teffereau; les traités des offices de Joly, Loyfeau & Chenu; le code des tailles & celui des commenfaux*, &c. Voyez auffi les articles CHANCELLERIE, COMMENSAUX, TAILLE, &c.

CHAUME. C'eft la tige de paille qui refte attachée à la terre après la moiffon. Le Chaume fe nomme auffi *éteule* ou *eftcuble.*

Communément on laiffe le Chaume dans les champs pour l'ufage des pauvres habitans de la campagne qui l'emploient à nourrir leurs beftiaux ou à couvrir leurs habitations.

Chaque particulier peut néanmoins faire ufage de fon propre Chaume, fi ce n'eft dans quelques endroits où l'on doit en laiffer les deux tiers aux pauvres.

Les juges ne permettent ordinairement d'enlever le Chaume qu'au 5 du mois de feptembre ou même plus tard, & cela pour laiſſer le temps aux glaneurs de glaner & pour conſerver le gibier qui eſt encore foible (*).

. Les coutumes d'Amiens, de Ponthieu, d'Artois & pluſieurs autres défendent ſous peine d'amende, de mener paître les beſtiaux dans les nouveaux Chaumes avant qu'il ſe ſoit écoulé trois jours depuis l'inſtant où les javelles ont été liées. Quelques-unes étendent la défenſe juſqu'à ce que le propriétaire ait eu un temps ſuffiſant pour enlever ſon Chaume.

Sur cette matière, c'eſt l'uſage des lieux qui doit ſervir de règle.

Voyez *les coutumes d'Orléans, d'Amiens, de Ponthieu, d'Artois & de Boulonois; le code rural; l'arrêt de règlement du 4 juillet 1750; le règlement du 23 ſeptembre 1762, & celui du 4 mai 1703; le code des chaſſes,* &c. Voyez auſſi les articles CHASSE, GIBIER, &c.

CHAUMONT. Ville capitale du Baſſigny en Champagne & chef-lieu d'un bailliage & d'une élection.

Cette ville n'étoit autrefois qu'une bourgade avec un château nommé Hautefeuille dont les comtes de Champagne faiſoient hommage à l'évêque de Langres. Elle fait partie aujourd'hui du domaine du roi, & environ dix huit cens fiefs relèvent du château où l'on rend la juſtice.

(*) L'article 6 du réglement des chaſſes fait pour la capitainerie de Vincennes le 23 ſeptembre 1762 défend de couper & d'arracher le Chaume avant le premier octobre.

Un règlement du 4 mai 1703 a défendu, ſous peine de 20 livres d'amende, de faire brûler les Chaumes qui reſtent ſur les terres dans les chaſſes & plaiſirs du roi.

C'eſt dans le bailliage & à quatre lieues de Chaumont, qu'eſt ſituée la petite ville de Châteu-Vilain : elle étoit anciennement un comté qui fut érigé en duché-pairie vers le milieu du dernier ſiècle, en faveur du marquis de l'Hôpital-Vitry, & en 1703 pour le comte de Touloue qui l'a tranſmis au duc de Penthièvre ſon fils.

La partie du diocèſe de Toul qui eſt renfermée dans le Baſſigny, contient la prévôté de Vaucouleurs ; elle étoit autrefois une ſouveraineté que le roi Philippe-de-Valois acquit en 1335 de Jean Sire de Joinville : elle eſt compoſée de vingt-deux paroiſſes qui jouiſſent de différens privilèges à cauſe de la naiſſance de la Pucelle d'Orléans dans le village de Dom Remi près de Vaucouleurs.

Le bailliage de Chaumont eſt régi par une coutume particulière qui fut rédigée en 1494 en vertu de lettres-patentes de Charles VIII, & publiée en 1509 par Thibault Baillet préſident, & Roger Barme, avocat général au parlement de Paris.

Pour expoſer les principales diſpoſitions de cette coutume avec quelque méthode, il eſt néceſſaire de les diſtribuer ſous différens paragraphes.

Il ſera queſtion 1°. de la condition des perſonnes ; 2°. de la communauté des biens entre le mari & la femme ; 3°. des ſucceſſions ; 4°. de la garde-noble ; 5°. du douaire ; 6°. des teſtamens & des donations ; 7°. des droits de haute-juſtice ; 8°. des droits ſeigneuriaux ; 9°. du retrait lignager ; 10°. des eaux & forêts & du pâturage ; 11°. enfin de quelques diſpoſitions en matières perſonnelles ou mobilières.

§. I. *De la condition des personnes.*

Il y a dans le bailliage de Chaumont trois sortes de personnes, savoir les nobles, les francs & les serfs.

Les femmes nobles avoient autrefois dans ce bailliage, ainsi que dans quelques autres endroits de la Champagne, le privilège de conférer la noblesse à leurs enfans : mais le différend qui survint à ce sujet entre les nobles & les gens du tiers-état lors de la publication de la coutume, détermina les commissaires du roi à ordonner que la disposition relative *à la noblesse de ventre* demeureroit en suspens jusqu'à ce que le parlement eût donné sa décision.

Quoique les choses soient restées en cet état, l'ancien usage ne laisse pas de produire encore aujourd'hui quelqu'effet ; car les lieux (*) où *le fruit suit le ventre*, les enfans qui naissent de deux personnes dont l'une est franche & l'autre serve, peuvent choisir entre les deux états ; mais ils ne succédent point à celui dont ils abandonnent la condition.

Une femme de corps peut aussi se marier dans le même canton avec un noble ou un franc, sans subir la peine de *for-mariage* : elle seroit sujette par-tout ailleurs à une amende envers le seigneur, & elle ne pourroit s'en exempter qu'en lui demandant la permission de se marier avec un homme d'une autre condition que la sienne : mais dans ce cas même, elle devroit une indem-

----

(*) Ces lieux sont compris entre la rivière de Seine & celles d'Aube & d'Yonne.

nité qui, fur une enquête par turbe, a été fixée au tiers des biens.

Ainfi il exifte encore en France de ces hommès malheureux qui n'ont pas même la propriété de leur perfonne : on veut parler des ferfs ou mortaillables ; les efpèces en font très-multi-pliées dans le bailliage de Chaumont.

Les uns font fujets *à la taille à volonté raifon-nable*, les autres à une *taille abonnée ;* d'autres font mortaillables pour leurs meubles ou pour leurs héritages, ou pour les uns & les autres en même temps. Dans ce pays les fervitudes per-fonnelles varient d'une feigneurie à l'autre ; mais elles diffèrent peu relativement à la *pourfuite* (*) & au *formariage* auxquels elles font la plupart fujettes.

On peut juger du fort des ferfs en général par ceux qui le font *à taille raifonnable* : le feigneur de Boufancour n'avoit pas *taillé raifonnablement* fes vaffaux : ils en portèrent des plaintes ; ce qui donna lieu à un arrêt qui permit aux feigneurs de *tailler une fois l'an la cinquième partie des meu-bles de leurs ferfs.*

L'inftitution des bourgeoifies royales a beau-coup diminué le nombre des mortaillables : mais il en refte encore beaucoup.

§. II. *De la communauté des biens entre le mari & la femme.*

Autrefois lorfqu'un mari ou une femme venoit à décéder dans le bailliage de Chaumont, il n'y

(*) Le droit de *pourfuite* confifte en ce que le feigneur peut réclamer les ferfs fugitifs quelque part qu'ils aillent.

avoit point de règle générale pour le partage de la communauté entre le furvivant & les héritiers du défunt. Dans quelques endroits la femme avoit le tiers des meubles & des conquêts. Dans d'autres le furvivant, foit le mari ou la femme, emportoit tous les meubles & la moitié des conquêts s'il n'y avoit point d'enfans ; & lorfqu'il y en avoit, ils partageoient par moitié avec le furvivant les biens de la communauté, de quelque nature qu'ils fuffent. Ailleurs le furvivant avoit la moitié des meubles & des conquêts, foit qu'il y eût des enfans ou non.

La diverfité de ces ufages ne pouvoit qu'occafionner des procès fans nombre, & ce fut pour les éviter que lors de la publication de la coutume, les états affemblés réglèrent d'une voix unanime qu'il y auroit communauté (*) entre le mari & la femme pour les meubles & les conquêts, & qu'en cas de décès de l'un d'eux, le furvivant partageroit par moitié avec les héritiers du décédé & payeroit la moitié des dettes, foit qu'il y eût des enfans ou non.

Le même partage a lieu entre le furvivant de deux conjoints nobles & fes enfans ; mais s'il n'a point d'enfans, il prend tous les meubles & la moitié des conquêts, à la charge d'acquitter les dettes, les legs & les obfèques.

(*) L'article 75 de la coutume de Chaumont, fait mention d'un autre efpèce de communauté : voici comme il s'exprime : *Perfonnes ufans de leurs droits, qui vivent enfemble à un commun pot, fel & dépenfe ; après an & jour, ils font réputés communs en biens meubles & conquêts immeubles faits depuis la fociété contractée.*

§. III. *Des*

§. III. *Des successions.*

La règle *le mort saisit le vif* (*), a lieu dans le bailliage de Chaumont ainsi que dans les autres pays coutumiers.

Le franc & le serf n'y succèdent point l'un à l'autre.

Le seigneur recueille les biens de son homme de main-morte, s'il décéde sans héritier en *celle* (**) : mais il suffit que l'un de ses enfans soit dans ce cas pour rendre les autres habiles à succéder.

- La représentation n'avoit pas lieu autrefois dans le bailliage de Chaumont, & ce n'est que depuis la rédaction de la coutume que le fils, ou le fils du fils, peut y représenter son pere ou son aïeul, même pour le droit d'aînesse ; la représentation a également lieu en faveur des enfans des freres. Mais la fille ne peut représenter son pere pour le droit d'aînesse, elle a seulement en ce cas une part égale à celle d'un fils puîné.

Les meubles & les acquets du frère se partagent également entre son frère de père & son frère de mère : mais le frère de père & de mère a la préférence pour les mêmes biens sur celui qui n'a que l'un ou l'autre de ces liens. Quant aux héritages propres, ils suivent la règle *paterna paternis, materna maternis ;* & les dettes sont

_____

(*) Un arrêt du 9 avril 1596 a décidé en conséquence de cette loi qu'un héritier ne pouvoit pas renoncer à une succession au préjudice de ses creanciers.

(**) C'est-à-dire, sans enfans qui soient toujours restés dans la maison de leur pere : le mot *celle* signifie maison ; & c'est delà vraisemblablement que vient celui de cellule.

ſupportées par les uns & par les autres, pro-portionnément à la quotité des biens dont ils ont hérité.

Le fils ainé noble a *hors part* dans le partage des fiefs, le château, la baſſe-cour, la clôture, les foſſés & les terres qui s'étendent à l'entour dans la largeur d'un arpent.

S'il y avoit un four ou un moulin non banal ſitué dans ces terres, il a été décidé par un arrêt du 5 août 1550, qu'il appartiendroit à l'aîné.

Il a auſſi le nom, le cri & les armes du ſei-gneur, ainſi que les droits de ſeigneurie ou de cenſive ſur une partie de chaque eſpèce des dé-pendances du château, tels qu'un arpent de bois, un arpent de terre, un étang, une cenſive ou une main-morte.

Le ſurplus des fiefs ſe partage entre le fils aîné, ſes cadets & les filles, de manière cependant que la part d'un garçon eſt égale à celle de deux filles.

Quant aux héritages tenus en franc-aleu ou en cenſive, ils ſe diviſent par portions égales entre les frères & les ſœurs, ainſi que les meubles & les dettes actives.

S'il n'y avoit que des filles, elles auroient chacune une portion égale dans les fiefs & les cenſives, & l'aînée n'auroit d'autre prérogative que le nom & les armes.

Dans les ſucceſſions qui échoient en ligne col-latérale, les héritages féodaux ſe partagent éga-lement entre les mâles à l'excluſion des femmes, quoiqu'elles ſoient parentes du défunt au même degré qu'eux; mais ſi elles ſont dans un degré plus prochain, elles concourent avec eux par égales portions.

Conformément à cette dernière difposition, il intervint un arrêt le dernier décembre 1604 en la troifième chambre des enquêtes du parlement de Paris, par lequel il fut décidé que des héritages féodaux fitués dans la coutume de Chaumont devoient être partagés également entre la tante & fes neveux comme repréfentant leur père.

§. IV. *De la garde-noble.*

Le père ou la mère, l'aïeul ou l'aïeule ont la garde-noble ; mais ils ne gagnent point les fruits & doivent en rendre compte à leurs mineurs lorfque la garde finit ; favoir, à l'âge de quatorze ans pour les garçons, & à douze pour les filles.

§. V. *Du Douaire.*

La coutume a fixé le douaire à la moitié des héritages que le mari poffédoit lors du mariage & à la moitié de ceux qui lui font échus depuis en ligne directe : ceux qui procédent de la ligne collatérale font exceptés.

Une femme qui a un douaire conventionnel peut préférer le coutumier fi elle le veut. Mais en cas qu'elle s'en tienne au premier, elle doit le déclarer dans quarante jours après le décès de fon mari, les arrérages de fon douaire n'ayant cours qu'à compter du jour de cette déclaration.

§. VI. *Des teftamens & des donations.*

Les feules formalités requifes par la coutume de Chaumont pour qu'un teftament foit valable, eft qu'il foit écrit & figné de la main du teftateur, ou qu'il foit paffé devant deux notaires, ou devant un notaire & le curé, ou devant le curé ou un notaire & deux témoins, ou en préfence de quatre témoins : mais il eft néceffaire qu'ils ne foient pas légataires.

La coutume ne fixe point l'âge néceffaire pour tefter : mais il a été fuppléé à fon filence par un arrêt de la troifième chambre des enquêtes du 5 juillet 1636, confirmatif d'une fentence du bailli de Chaumont du 25 octobre de l'année précédente : il a été décidé qu'un teftament fait à dix-huit ans étoit nul, & qu'il en falloit vingt-cinq pour difpofer de fes *propres*.

Un teftateur peut difpofer de tous fes meubles, dettes actives & acquêts, & du tiers de fes propres au préjudice de fes enfans & de fes autres héritiers, pourvu qu'il leur laiffe les deux autres tiers exempts de toutes dettes lorfque les meubles & les acquêts peuvent y fatisfaire : autrement les héritiers doivent y contribuer avec le légataire au *proratâ* de ce qui eft échu à chacun d'eux.

Tout avantage direct ou indirect eft défendu entre le mari & la femme, foit par donation entrevifs, foit par teftament : mais la donation mutuelle de l'ufufruit des meubles, des conquêts & autres biens de communauté eft permife, à la charge d'en faire l'inventaire & l'eftimation, & de donner caution pour affurer le retour de la moitié qui doit revenir lors de la mort du furvivant aux héritiers du prédécedé.

Il faut cependant remarquer que cette donation feroit fans effet fi elle avoit été faite par force ou par crainte, ou dans un temps de maladie ; fi le mari ou la femme avoient des enfans, ou s'ils étoient de condition fervile.

Le mari peut comme administrateur de la communauté, vendre les meubles & les conquêts ; mais il ne peut non plus que sa femme, disposer par testament de la portion de ces biens qui leur appartient réciproquement.

On peut donner la propriété d'un héritage en retenant l'usufruit ; mais pour que cette donation soit valable, il faut que le donataire ait rendu foi & hommage pour les fiefs, qu'il ait été ensaisiné des censives, & qu'il ait pris possession des terres allodiales.

§. VII. *Des droits de haute-justice.*

Les biens vacans faute d'héritiers, & les héritages qni n'ont pas été occupés pendant trente ans consécutifs, appartiennent au seigneur haut-justicier.

Il en est de même des épaves, & quiconque en trouve doit les remettre dans vingt-quatre heures au seigneur haut-justicier ou à ses officiers, à peine de soixante sous tournois d'amende : mais le seigneur ne peut se les attribuer que lorsqu'il ne se présente personne pour les réclamer & après avoir fait faire trois publications de huitaine en huitaine.

On tient pour maxime dans le bailliage de Chaumont, que qui confisque le corps confisque les biens : cette confiscation a lieu au profit du haut justicier, à moins qu'il ne s'agisse des crimes de lèze-majesté ou de fausse monnoie.

Un créancier qui fait faire une saisie nulle, & un débiteur qui forme opposition à une saisie régulière, doivent également cinq sous tournois d'amende.

Le haut-justicier a droit de signes patibulaires

& pilori. S'ils tombent, il peut les faire relever dans l'année, mais après ce délai il est obligé d'en demander la permission au roi.

Il s'éleva lors de la publication de la coutume une contestation entre les états du baillage sur le point de savoir si les appels des juridictions inférieures pouvoient être relevés au choix des parties au siège des hautes justices, ou au bailliage de Chaumont auquel elles ressortissent. Les commissaires du roi jugèrent à propos de renvoyer ce différend au parlement ; & quoique cette cour n'ait pas donné sa décision à ce sujet, il paroît par le témoignage des annotateurs du nouveau coutumier général, que les vassaux relèvent indifféremment leurs appels devant le bailli de Chaumont ou au siège des hautes justices, à moins que le seigneur haut-justicier n'ait fait publier son assise, auquel cas on est obligé de s'y pourvoir, à peine de désertion.

§. VIII. *Des droits seigneuriaux.*

Un seigneur peut saisir le fief de son vassal après son décès pour défaut d'hommage., & les fruits qu'il perçoit pendant la main-mise après le délai de quarante jours lui appartiennent jusqu'à ce que l'hommage lui ait été rendu ou offert.

Il n'est dû que l'hommage lorsque le fief échoit en ligne directe ; mais si c'est en ligne collatérale, l'héritier doit de plus le rachat.

La coutume fixe ce droit à une année sur trois du revenu au choix du seigneur ; mais si dans l'année qu'il choisit il y a des étangs en pêche & des forêts en coupe, il ne peut prétendre que le tiers du produit, tous les frais d'exploitation déduits.

Il a été décidé en faveur des seigneurs de Châteauvilain contre la reine d'Ecosse dont ils étoient vassaux, que le relief ou rachat ne s'étendoit point à un revenu extraordinaire tel que celui d'une forge nouvellement construite.

. La donation d'un héritage féodal faite par le père à son fils, ou par le fils à son père, ne donne point d'ouverture au rachat, mais seulement à la foi & hommage, & cette règle a lieu pour toutes les donations de fiefs qui ont été faites sous la réserve d'une pension viagère lors même que le donateur & le donataire ne sont pas parens.

. Un mari ne doit point de rachat pour les fiefs que sa femme lui a apportés en dot ; & s'il vient à mourir, elle n'en doit point elle-même pour ceux qu'elle possède comme douairière, comme commune en biens, ou comme ayant la charge de ses enfans ; mais si elle se remarie, le rachat a lieu, parce *qu'elle donne un nouvel homme :* ce qui paroît peu juste à Dumoulin qui croit avec raison que l'usufruit d'une douairière est inséparable de sa personne.

Le même jurisconsulte ne trouve pas moins injuste que la coutume accorde au seigneur le quint des fiefs vendus dans sa mouvance avec le retrait féodal, attendu que l'exercice de ce retrait subroge le seigneur à l'acquéreur & doit le faire considérer comme tel : l'observation de Dumoulin paroît fondée, mais la disposition de la coutume est formelle.

La prévôté de Vaucouleurs est le seul endroit du bailliage de Chaumont où il y ait des fiefs de danger : un vassal ne peut s'y mettre en possession d'un fief sans encourir la commise, à moins qu'il n'ait rendu préalablement la foi & hommage, ou qu'il n'ait obtenu congé ou permiſſion du Seigneur. Si cependant le fief procède de père ou de mère, le vaſſal peut s'en mettre en poſſeſſion ſans autre perte que celle des fruits perçus, juſqu'à ce qu'il ait rendu foi & hommage.

Mais dans tout le bailliage une terre eſt cenſée allodiale ſi le ſeigneur ne prouve le contraire.

Quant aux héritages en cenſive, leur vente donne lieu à des droits qui ne ſont pas les mêmes dans les différentes ſeigneuries : dans les unes il eſt dû des lods, ventes & amendes, & dans d'autres des lods & ventes ſeulement. Ces droits ſont plus ou moins forts ſuivant l'uſage particulier des lieux ; & pour obliger le propriétaire à les payer, le ſeigneur eſt autoriſé par la coutume à ſaiſir l'héritage ; il peut même le réunir à ſon domaine ſi le détenteur laiſſe paſſer trois ans ſans payer les droits de cens ou d'emphythéote dont il eſt tenu. Au ſurplus, le ſeigneur cenſier qui plaide pour ſes droits a la proviſion ſoit en demandant ou en défendant.

§. IX. *Du retrait lignager.*

Tout héritage propre vendu par acte volontaire ou par décret, & même à condition de réméré, peut être retiré par le parent du vendeur lorſqu'il eſt lignager du côté d'où procède l'héritage.

Les rentes foncières, les cenſives & les héritages donnés à titre d'emphytéoſe ſont également ſujets au retrait.

Mais il eſt néceſſaire que celui qui veut l'exercer forme ſa demande dans l'an & jour de l'enregiſtrement ſi c'eſt une cenſive, de la réception en foi & hommage ſi c'eſt un fief, & de la poſſeſſion réelle ſi c'eſt une terre allodiale.

Il doit auſſi rembourſer dans l'an & jour le prix & les frais de la vente : ſi l'acquéreur ne veut pas le recevoir, & que ſon refus ſoit ſuivi d'un procès, la ſomme doit être conſignée juſqu'au jugement définitif.

Si deux lignagers concourent pour le retrait, le plus proche a la préférence, & s'ils ſont au même degré, ils peuvent partager l'héritage.

Cependant un héritage vendu à un lignager ne peut être retiré par un lignager plus proche.

Comme ces diſpoſitions ſont de droit, la coutume défend toutes les conventions qui pourroient y être contraires.

§. X. *Des eaux & forêts & du pâturage.*

Les accrues de bois dans les haute-juſtices des ſeigneurs, ſont de la même nature que les forêts dont elles dépendent lorſqu'elles n'en ſont pas ſéparées par des foſſés ou par des bornes.

On ne peut prétendre le droit d'uſage dans les bois & forêts des haut-juſticiers, à moins qu'on n'ait un titre ou une poſſeſſion immémoriale ou qu'on n'ait payé au ſeigneur une redevance pendant trente ans.

Les chevaux ou autres bêtes de ceux qui ne ſont pas uſagers, peuvent paſſer par les bois & forêts des ſeigneurs ſans s'y arrêter & ſans y cauſer de dommage : mais ſi on les y trouve paiſſant, ils doivent être confiſqués avec les harnois : il n'y auroit lieu qu'à la réparation des dommages ſi les bêtes étoient accompagnées d'un garde & qu'elles ne fuſſent entrées dans le bois qué *par échapée.*

Les porcs de ceux qui n'ont pas droit d'ufage font auffi dans le cas de la confifcation s'ils font furpris dans les bois d'ufage après la fête de faint André & fans le confentement du feigneur. Mais fi les bois ne font pas fujets au droit d'ufage, ceux à qui ces porcs appartiennent doivent être condamnés à la réparation du dommage, en quelque temps qu'il ait été fait, à une amende de foixante fous tournois & aux frais.

Pour donner au jeune bois le temps de croître, on ne doit mener les bêtes dans les forêts que cinq ans après qu'elles ont été coupées, à peine de foixante fous tournois d'amende : mais la condamnation ne feroit que de cinq fous avec la réparation du dommage, fi les bêtes étoient en-trées *par échapée*.

La coutume prononce les mêmes peines contre les propriétaires des beftiaux qui caufent du dommage à d'autres perfonnes que les feigneurs: mais elle permet le *vain pâturage* dans les terres & les prés dépouillés & en tout autre héritage fans clôture. Les habitans des villes ou villages dont les territoires font limitrophes, peuvent conduire leur gros & menu bétail fur les terres les uns des autres jufqu'aux clochers de leurs paroiffes refpectives. Mais fi les troupeaux paf-fent au-delà, le garde de la communauté à qui appartient le troupeau doit payer une amende de foixante fous tournois & réparer le dommage. Si les bêtes appartiennent à quelque particulier, l'amende doit être proportionnée à leur nombre.

Les bêtes blanches font exceptées de ces dif-pofitions pourvu qu'elles retournent de jour à leur étable : la coutume n'a fans doute ufé d'in-dulgence à leur égard que pour en propager l'ef-pèce.

La même loi accorde au feigneur haut-jufticier le droit exclufif de pêche dans les rivières. Si quelqu'un y pêchoit fans fa permiffion ou celle de fon fermier, il feroit condamné à foixante fous tournois d'amende & à la reftitution du poiffon qu'il auroit pris. La même amende auroit lieu avec la confifcation du bateau, des filets & engins dans le cas du flagrant délit ; & s'il étoit furpris pêchant de nuit au feu, dans des étangs ou des foffés défendus par des clôtures, l'amende feroit arbitraire, de même que s'il chaffoit en garenne.

Au refte la coutume permet au feigneur haut-jufticier de former de nouveaux étangs à poiffon dans fa juftice, pourvu qu'il établiffe la chauffée fur fon fonds : il peut étendre les eaux fur le fonds d'autrui, mais en dédommageant préalablement les propriétaires ou tout autre à qui il cauferoit du préjudice.

§. XI. *De quelques difpofitions en matieres perfonnelles ou mobilières.*

Les meubles n'ont point de fuite par hypothèque dans le bailliage de Chaumont lorfqu'ils font fortis fans fraude de la poffeffion du débiteur.

Quoiqu'un héritage ou une rente foncière vendus à condition de rachat foient immobiliers entre les mains de l'acquéreur ; le prix rembourfé par le vendeur pour l'exercice du rachat eft de nature mobilière.

Les laboureurs, les charpentiers, les maçons & autres manouvriers n'ont que deux ans pour former leur demande en juftice pour raifon du prix de leurs fervices.

Mais l'action des orfèvres, des apothicaires & autres marchands en détail, s'étend à quatre ans.

On juge bien que ces prescriptions n'auroient pas lieu si les créances des marchands & des manouvriers étoient justifiées par un compte arrêté ou par une reconnoissance, ou si les marchandises avoient été vendues & livrées de marchand à marchand & pour raison de leur commerce. Telle est en effet la disposition formelle de la coutume.

Voyez *la géographie de Dom Vaissette; le dictionnaire de la France ancienne & nouvelle; la coutume de Chaumont; les annotations sur le nouveau coutumier général*, & *l'article* CHAMPAGNE. (*Cet article est de M.* GILBERT DE MARETTE, *avocat au parlement de Bretagne*).

CHAUSSÉE. *Voyez* CHEMIN.

CHAUSSON. Sorte de chaussure.

Les Chaussons de fil ne sont pas tariffés, c'est pourquoi ceux qui viennent de l'étranger doivent à l'entrée des cinq grosses fermes cinq pour cent de la valeur, conformément à l'article FINAL du tarif de 1664.

Les Chaussons de fil des fabriques de Bretagne entrant dans les cinq grosses fermes, devoient payer suivant un arrêt du conseil du 17 janvier 1708, sept sous six deniers par douzaine, mais un autre arrêt du 17 février 1739, en a fixé les droits d'entrée à vingt livres par cent pesant.

Suivant le tarif de 1664, les Chaussons de laine ou d'estame doivent à l'entrée des cinq grosses fermes quinze sous par douzaine de paires mais ce droit n'a lieu que pour les Chaussons venant des provinces réputées étrangères : car ceux qui viennent des pays étrangers doivent à l'entrée du royaume , comme ouvrages de bonneterie , vingt livres par cent pesant , conformément au tarif de 1667 & à l'arrêt du 3 mai 1720. Ils ne peuvent d'ailleurs entrer que par Calais & Saint-Vallery.

Lorsque les Chauffons soit de fil , soit de laine , viennent d'Angleterre & des pays en dépendans , ou sur des vaisseaux Anglois , ils sont prohibés à l'entrée du royaume , suivant l'arrêt du 6 septembre 1701.

Les Chauffons soit de laine , soit de fil , doivent les droits de sortie des cinq grosses fermes comme mercerie , lorsqu'ils sont destinés pour les provinces réputées étrangères : mais lorsqu'ils ont été fabriqués dans les manufactures du royaume & qu'ils sont envoyés directement à l'étranger , ils jouissent de l'exemption de tout droit de sortie.

Voyez *les lois citées*; *les observations sur le tarif de 1664*, & les articles ENTRÉE, SORTIE, MARCHANDISE, MERCERIE, SOU POUR LIVRE, &c.

CHAUX. Pierre calcinée par le feu & qui sert à faire le mortier qu'on emploie à bâtir.

L'article 12 du titre 27 de l'ordonnance des eaux & forêts , défend à toutes sortes de personnes de faire faire de la Chaux dans les lieux qui ne sont pas éloignés de plus de cent perches des forêts du roi , à moins que sa majesté n'ait accordé une permission expresse pour cet effet. Les contrevenans doivent être condamnés à cinq cens livres d'amende , outre la confiscation des chevaux & harnois. La même loi veut que dans le cas où les officiers souffriroient qu'on y contrevînt, ils soient condamnés à une pareille amende de cinq cens livres.

Suivant le tarif de 1664, la Chaux doit à l'entrée des cinq grosses fermes dix sous par tonneau contenant deux queues, & huit sous à la sortie.

Il faut observer qu'un arrêt du conseil du 24 avril 1736, a défendu de faire sortir de la Chaux pour l'étranger par les provinces de Normandie & de Bretagne, à peine de confiscation & de trois mille livres d'amende.

Voyez *les lois citées*, & les articles ENTRÉE, SORTIE, MARCHANDISE, SOU POUR LIVRE, &c.

CHEF-CENS. Il y a, comme nous l'avons dit au mot CENS, plusieurs espèces de cens ; le cens proprement dit ou *Chef-Cens*, le sur-cens, Croix-de-cens (*) &c. comme le chef-cens, est le seul qui jouisse de l'imprescriptibilité & autres prérogatives attachées aux droits recognitifs de la directe, il est essentiel de le bien distinguer: c'est ce qu'a fait Dumoulin avec sa sagacité ordinaire. Voici le précis des règles qu'il nous a données sur ce point intéressant.

Lorsqu'un héritage est grevé par un seul & même titre de deux ou plusieurs prestations,

_____

(*) *Verbum* Croix, *antiquitus usitatum, non significat incrementum census, prout non nulli argutè putant, sed incautè, quia illud verbum, etiam unico denario census, à veteribus frequenter addebatur : sed denotat prestationem census in certa pecunia numerata consistere quæ alterâ parte cruce signata sit.* Dumoulin sur l'art. 5 de l'ancienne cout. de Paris, gl. 1, n. 17.

favoir de dix fous & de dix livres de cens & rente, l'identité du titre emporte-t-elle l'identité des redevances, enforte que la rente doive toujours être confidérée comme faifant partie du cens?

L'identité du titre ne fait rien pour l'identité des redevances; on peut fort bien conftituer différentes natures de preftations par un même titre, comme on peut augmenter par un fecond titre une redevance conftituée par un premier, auquel cas il y aura deux titres, & il n'y aura qu'une même nature de redevances : c'eft la qualité des redevances qu'il faut confidérer par elles-mêmes pour favoir fi elles font prefcriptibles, &c. Il ne faut pas confidérer fi elles font portées par un feul titre ou par plufieurs; l'identité du titre ne fait rien à cet égard.

Dumoulin fur le § 51 de l'ancienne coutume de Paris, qui eft le 73ᵉ de la novelle, nᵒ. 15, n'a aucun égard à l'identité du titre, il confidère feulement de quelle manière les redevances font conftituées; car felon lui, deux parties d'une même redevance peuvent être établies par deux titres différens; de même que deux preftations de différentes natures peuvent être portées par le même titre. Cet auteur diftingue d'abord le Chef-Cens du fur-cens (*); il explique enfuite comment le cens peut être porté par deux titres, & auquel cas ce fur-cens fe confond avec le cens (**). L'héritage, par exem-

_____

(*) *Quem autem vocant capitalem cenfum verus eft cenfus & duobus modis dicitur primo ad differentiam fuper cenfus vel fecundi cenfus.*

(**) *Aut enim hoc fecundum onus eft appofitum in au-*

ple, a été donné à cinq fous de cens par le tuteur, voilà un premier titre ; le mineur devenu majeur augmente le cens par un fecond titre, il y a deux titres & il n'y a qu'une redevance.

Mais, ajoute notre auteur, comme une feule redevance peut être portée par deux titres, de même un feul titre peut contenir deux redevances (*).

Dans l'exemple de Dumoulin, le denier de cens & les dix deniers de fur-cens étoient portés par le même titre ; mais *fecundum onus erat feparatum per fe*, c'eft pourquoi cet auteur n'attribue pas à ce fur-cens les lods & ventes, défauts & amendes, &c.

Tout fe réduit donc à bien diftinguer le cas où la feconde redevance eft *onus feparatum per fe* ; on le peut connoître par la différence qu'il y a entre la charge féparée & celle qui eft unie ; & comme le même Dumoulin explique celle qui eft unie, il eft aifé d'en tirer la connoiffance de celle qui eft féparée.

C'eft fur le même §, n°. 17, *fi conceffio ad cenfum vel reditum indifcriminatim facta fit puta*

----

gmentum primi, & utrumque eft unus & idem cenfus, velut cenfus duplicatus, & ex juftâ caufa fieri poteft, ut fi major factus ratam habet conceffionem in cenfum factam ab adminiftratore fuo cenfum augendo.

(*) *Aut verò fecundum onus eft appofitum tanquam feparatum per fe, & tunc vere non eft cenfus, fed reditus fundiarius, &c. & plus bas, cum unam jugerum terræ conceditur ad unum denarium capitalis aut minuti cenfus, & ad decem folidos gravis, aut fecundi cenfus, denarius eft verus, proprius cenfus ; fed decem folidi non funt nifi reditus fundarius, & jus reale in genere, non autem jus dominicum pariens jurâ laudimiorum, inveftiturarum, prehenfiones & effectus, quale jus eft obligatio dicti denarii.*

ad

ad decem solidos census & reditus, &c. Quand il
est porté par le titre dix sous de cens & rente
foncière, alors comme on ne sçait quelle quotité de la somme de dix sous s'applique au cens,
& quelle quotité il reste pour la rente, la confusion de la somme emporte l'identité de la redevance; mais il n'en est pas de même quand
chaque somme est appliquée à chaque redevance,
par exemple, quand le titre porte dix sous de
cens & dix livres de rente foncière; en ce cas,
onera sunt separata per se.

La maxime que l'identité du titre est indiffé-
rente pour l'identité des redevances a été jugée
par un arrêt du 24 mars 1677 rapporté dans le
journal des audiences, tome 3, livre 11, chapitre 34. Cet arrêt a été rendu au rapport de
M. Gaudard. Le contrat de concession de la maison dont il s'agissoit, portoit dix sous de cens
& six livres de rente; c'étoit un seul & même
titre; le seigneur prétendoit par cette raison que
la rente de six livres étoit seigneuriale, directe, de
la même qualité que le cens; cependant le contraire fut jugé par l'arrêt. En voici l'espèce telle
qu'elle est rapportée au journal des audiences,
tome 3, page 286.

» Le 14 mars 1677, intervint arrêt au rapport
» de M. Gaudard, en la première chambre des
» enquêtes, confirmatif d'une sentence du Châte-
» let, qui avoit débouté Archier, receveur de la
» commanderie du Temple, de l'opposition par lui
» formée au décret volontaire que Marguerite
» Bourgeois, marchande lingère de cette ville de
» Paris, faisoit sur elle pour une maison par elle
» acquise au lieu de la Courtille, & de la de-
» mande de vingt-neuf années d'arrérages de la

» rente de fix livres due à la commanderie du
» Temple fur cette maifon, purgée par deux de-
» crets précédens, l'un de 1635, au châtelet, &
» l'autre de 1640, paffé en la cour par les auteurs
» de la dame Bourgeois.

» Archier prétendoit que cette rente ayant été
» réfervée en 1609 par le commandeur du Temple
» dans le contrat de conceffion des héritages fur
» lefquels la maifon avoit été depuis bâtie, avec
» dix fous de cens, elle étoit feigneuriale, di-
» recte & de la même qualité que le cens; ainfi
» qu'elle n'avoit pu être purgée, non plus qu'elle
» ne pouvoit être prefcrite. Néanmoins jugé au
» contraire par cet arrêt, que c'étoit un fur-cens
» différent du cens, quoique porté par le même
» contrat de conceffion. » (*Article de M. H.....*
avocat au parlement).

CHEFCIER. C'eft le nom d'une dignité
qui exifte dans quelques chapitres d'églifes collégiales.

Les canoniftes ne font pas d'accord fur l'origine de cette dignité. Les uns la confondent
avec celle de primicier; d'autres prétendent que
le Chefcier étoit anciennement celui des membres du Chapitre qui avoit foin des ornemens &
des habits facerdotaux des miniftres des autels.
C'eft le fentiment des bénédictins.

Aujourd'hui le Chefcier eft la première dignité de quelques églifes collégiales. Saint Gré-
goire-le-Grand attribue à cette dignité des droits
de juridiction dans le chœur pour veiller à ce
que le fervice divin foit fait décemment. Le
Chefcier a auffi le droit d'infliger des peines aux
clercs qu'il trouve en faute; & s'ils ne changent
point de conduite, il les dénonce à l'évêque.

Comme c'eft par l'ufage particulier de chaque

chapitre que les droits des dignitaires se règlent, on ne peut marquer d'une manière précise les différens priviléges dont les Chefciers jouissent dans les églises où ils existent.

Plusieurs canonistes assurent que les fonctions du Chefcier consistoient autrefois à lever la capitation ; mais ces fonctions ne sont plus aujourd'hui attachées à cette dignité.

La dignité de Chefcier de l'église de Poitiers a été réunie au chapitre ; & à ce titre, les curés des diocèses de Luçon & de Maillezais sont obligés de lui payer une redevance annuelle pour le luminaire de l'église. Ces curés ont dans différens temps refusé de payer cette redevance ; mais ils ont été condamnés à la continuer par plusieurs arrêts ; entr'autres par ceux des 14 & 19 mai 1408, 3 & 7 mai 1415, & 12 juin 1422.

Les marguilliers clecs de l'église d'Orléans sont vassaux du Chefcier. Vers la fin du quatorzième siècle, ils ont voulu s'affranchir de cette servitude ; mais par arrêt du parlement de Paris du 18 avril 1377, le Chefcier a été maintenu dans ce privilége.

Voyez *la bibliothèque de Bouchel.* Voyez aussi les articles CHAPITRE, EGLISE COLLÉGIALE, PRIMICIER, &c. (*Cet article est de M. DESESSARTS, avocat au parlement*).

CHEF-D'ESCADRE. C'est un officier général de la marine qui commande une escadre ou une division dans une armée navale (*).

_____

(*) *Provisions de Chef d'Escadre des armées navales.*
Louis par la grace de Dieu, roi de France & de Navarre, à tous ceux qui ces présentes lettres verront, salut. Voulant pourvoir à l'une des charges de Chef-d'Escadre de nos armées navales, nous avons jeté les

Le rang de Chef-d'Escadre suit immédiatemen

yeux pour la remplir sur l'un des plus dignes & des plu anciens capitaines de nos vaisseaux qui aient servi dai la marine, & qui aient donné des preuves de leur va leur, capacité & expérience consommée au fait de l guerre & de la navigation, & étant informés que c bonnes qualités se rencontrent en la personne de not cher & très-amé le sieur de la Borde Noguez, l'un de plus anciens capitaines de nos vaisseaux ; & voulant l donner des marques de la satisfaction que nous avons de services importans qu'il nous a rendus en diverses rencor ties depuis plusieurs années : à ces causes, & autres à c nous mouvans, nous avons icelui sieur de la Borde No guez, commis, ordonné & établi, & par ces présentes signées de notre main, commettrons & ordonnons, & éta blissons Chef-d'Escadre de nos armées navales pour sou l'autorité de notre très-cher & très-amé cousin le duc d Penthievre amiral de France & des vice-amiraux lieutenan généraux de nos armées navales, faire toutes les fonction qui en dépendent & avoir son rang en ladite qualité d jour & date des présentes, & à cet effet commander tou capitaines, lieutenans & enseignes, officiers, mariniers, sol dats & matelots servant sur les escadres de nos vaisseau de guerre qu'il commandera ci-après en vertu de nos or dres, faire exécuter ponctuellement les ordonnances d marine, maintenir le bon ordre & la discipline parmi le officiers & les équipages, empêcher les dissentions qui pour roient survenir entre eux, & en faire punir les auteurs ; donner tous les ordres nécessaires pour les actions d guerre, la gloire & avantage de nos armes & générale lement faire toutes les fonctions de ladite charge aux mê mes honneurs, pouvoirs, autorités, prérogatives, prémi nences, gages, & appointemens dont jouissent les autres Chefs-d'Escadre, de ce faire lui donnons pouvoir & man dement spécial par cesdites présentes : mandons à notr cousin le duc de Penthievre & auxdits vice-amiraux & lieu tenans généraux de faire reconnoître ledit sieur de la Borde Noguez en ladite qualité de Chef-d'Escadre, & obéi & entendre de tous les officiers de marine qu'il appar tiendra ès choses concernant notre service, & aux tréso riers généraux de la marine, chacun en l'année de sou

celui de lieutenant général des armées navales.

Le Chef-d'Escadre, soit qu'il commande en chef une escadre ou qu'il soit employe dans une armée sous un officier général d'un grade supérieur, doit porter un pavillon carré blanc au mât d'artimon. Cela est ainsi réglé par l'article 5 de l'ordonnance du 19 novembre 1776.

Le titre 5 du livre premier de l'ordonnance de la marine du 15 avril 1689 a réglé que quand le Chef-d'Escadre se trouveroit commandant en l'absence du lieutenant général, il auroit les mêmes fonctions que celui-ci dans les ports & à la mer.

Le titre de Chef-d'Escadre répond à celui de maréchal-de-camp dans les armées de terre : aussi la déclaration du roi du 10 novembre 1697 a-t-elle ordonné que les Chefs-d'Escadre auroient rang avec les maréchaux-de-camp qui seroient sur terre.

Lorsque le Chef-d'Escadre commande dans un port, & qu'il vient à passer, la sentinelle avertit & les soldats doivent prendre leurs armes & se mettre en haie. C'est ce qui résulte de l'article 3 du titre 2 du livre 2, de l'ordonnance de la marine du 15 avril 1689.

---

exercice de lui payer ses gages, appointemens & pensions qui seront employés dans nos états & ordonnances sur ses simples quittances, rapportant lesquelles avec copie des présentes collationnées pour une fois seulement, nous voulons que les sommes qui lui seront ainsi payées soient passées & allouées en la dépense de leurs comptes par nos amés & féaux les gens de nos comptes à Paris, auxquels mandons ainsi le faire sans difficulté. Car tel est notre plaisir, en témoin de quoi nous avons fait mettre notre sceau à cesdites présentes. Donné à Fontainebleau le quinzième jour du mois de novembre, l'an de grace mil sept cent soixante onze, &c.

L'article 5 du même titre porte que quand le Chef-d'Escadre commandera en chef, & qu'il entrera dans un des vaisseaux qui seront en rade ou à la mer, on battra aux champs & les soldats prendront les armes & se mettront en haie sur le pont.

Et suivant l'article 6, lorsqu'il vient à passer auprès des vaisseaux de l'armée ou de l'escadre qu'il commande en chef, tout l'équipage doit le saluer par trois cris de *vive le roi.*

Il peut alors faire rendre le salut, mais d'un seul cri seulement, par l'équipage de sa chaloupe. C'est ce qui résulte de l'article 9.

Au surplus, l'ordonnance veut que les honneurs dont on vient de parler ne soient rendus au Chef-d'Escadre que quand il commande en chef dans le port ou à la mer.

Le Chef-d'Escadre doit avoir séance après l'intendant des armées navales dans les conseils de guerre qui se tiennent pour les expéditions militaires. C'est ce qui résulte de l'article 2 du titre premier du livre second de l'ordonnance citée.

Mais l'article 4 veut que si le Chef-d'Ecadre commande, soit dans le port, soit à la mer, il préside dans les conseils de guerre, & que l'intendant des armées navales n'ait séance qu'après lui.

A l'égard des conseils assemblés pour justice, police, finances, constructions, réceptions de marchandises ou autres de cette nature, l'intendant, ou en son absence, le commissaire général, y précèdent le Chef-d'Escadre; & il doit en être de même dans les cérémonies à terre, où il ne s'agit point de fonction militaire. Cela est ainsi réglé par l'article 5.

L'ordonnance du 11 janvier 1762 a fixé les appointemens d'un Chef-d'Escadre à 6000 livres par an.

Le règlement du 25 mars 1765 a en outre attribué à cet officier lorsqu'il commande une escadre en mer, trois cens livres par mois pour supplément d'appointemens, & cinquante livres par jour, tant pour les gages & subsistance de ses valets, que pour l'indemnité des meubles, ustensiles, &c. dont il est tenu de se fournir conformément à l'article 749 de l'ordonnance du même jour.

Voyez *les lois citées*, & les articles VAISSEAU, SALUT, AMIRAL, CONSEIL DE GUERRE, &c.

CHEF-D'ORDRE. On appelle ainsi les maisons & abbayes régulières qui ont été le berceau de plusieurs couvens & monastères qui en dépendent.

Les abbayes Chefs-d'Ordres exercent une certaine autorité sur les maisons qui se sont formées dans leur sein. Il y a en France plusieurs abbayes qui ont ce privilége & qui portent ce nom, telles que Cîteaux, Cluni, &c.

Les abbés titulaires de ces abbayes prennent aussi le nom de Chefs-d'Ordres; ils jouissent en cette qualité de plusieurs priviléges. Leurs monastères sont exempts des visites de l'évêque du diocèse; & par une disposition du concordat, ils sont affranchis de la nomination du roi pour les bénéfices qui sont à leur collation. Quant à l'exemption des visites de l'ordinaire, elle leur a été accordée par l'article 11 de l'ordonnance d'Orléans.

C'est encore une prérogative attachée aux abbés Chefs-d'Ordres d'avoir droit de juridiction sur leurs religieux. Ils conservent sur eux un pouvoir si étendu, qu'ils ont le privilége de donner des vicariats à des conseillers-clercs des cours souveraines pour faire leur procès.

Les Chefs-d'Ordres ont le droit de visite & de correction dans tous les monastères qui sont soumis à leur empire.

« Les indults, dit d'Héricourt, qui suspen
» doient les priviléges pour l'élection en faveur
» de la nomination royale, exceptoient les ab
» bayes Chefs-d'Ordres auxquelles l'élection
» étoit conservée. On a suivi la même règle,
» continue cet auteur, depuis que cette suspen
» sion est devenue un droit commun. On a en
» même-temps conservé la prérogative singu
» lière de l'élection aux quatre premières filles
» de Cîteaux, parce que ces abbayes, quoique
» soumises au Chef-d'Ordre, ont beaucoup d'au
» torité sur les monastères de leur filiation (*) ».

. Voyez *les mémoires du clergé ; d'Héricourt ; les maximes du droit canonique de France, par M. Dubois.* Voyez aussi les articles ABBÉ, NoMINATION, JURIDICTION QUASI EPISCOPALE, RELIGIEUX, VISITE, &c. (*Article de M. DESSESSARTS, avocat au parlement*).

CHEF-LIEU. C'est en matière féodale le

_____

(*) On trouve les noms de toutes les abbayes Chefs-d'Ordres du royaume dans l'article 3 de l'ordonnance de Blois. Il
est conçu en ces termes : « Pour établir, conserver & entre
» tenir l'état régulier & discipline monastique, voulons
» qu'avenant vacations des abbayes & monastères qui sont
» Chefs-d'Ordre, comme Cluni, Cîteaux, Prémontré, Gra
» mont, le Val-des-Ecoliers, saint Antoine de Viennois, la
» Trinité dite les Mathurins, le Val-des-Choux, & ceux
» auxquels le droit & privilége d'élection a été conservé ;
» & semblablement ès abbayes & monastères de saint Edme
» de Pontigny, la Ferté, Clairveaux & Morimond, appe
» lés les quatre premières filles de Cîteaux, il y soit pourvu
» par élection de religieux profès desdites abbayes, sui
» vant la forme des saints décrets & constitutions canoni
» ques. »

principal lieu d'une feigneurie, celui où les vaffaux font obigés d'aller rendre la foi & hommage & de porter leur aveu & dénombrement.

Le Chef-Lieu eft communément le château de
la feigneurie ; mais dans les endroits où il n'y a
point de château, c'eft quelquefois une ferme
qui eft le Chef-Lieu ; quelquefois c'eft feulement
une vieille tour ruinée : dans quelques feigneuries où il n'y a aucun château ni principal manoir, le Chef-Lieu eft feulement une pièce de
terre choifie à cet effet, fur laquelle les vaffaux
font obligés de fe tranfporter pour faire la foi
& hommage. Le Chef-Lieu appartient à l'aîné
par préciput, comme tenant lieu du château &
du principal manoir. Tel eft le droit commun.

Par arrêt du confeil du 14 août 1736, il a
été jugé que le Chef-Lieu d'un fief ne réuniffoit
pas la totalité des droits utiles, & que les droits
de rachat d'une terre de la mouvance du roi
étoient partageables entre les différens fermiers
à proportion de la valeur des biens fitués dans
différentes généralités (*).

_____

(*) *Comme cette importante queftion eft très-bien dif-
cutee dans le vu de l'arrêt cité, nous allons le rapporter.*
Vu au confeil d'état du roi les mémoires refpective-
ment préfentés en icelui, par les fermiers du domaine de
la généralité d'Orléans, de l'ancien bail, fous le nom
de Davit, d'une part, & par les fermiers du domaine de
la généralité de Bourges, aufli de l'ancien bail, fous le
nom de Courtin, d'autre part ; fur la queftion de favoir,
fi les fermiers de la généralité d'Orléans doivent, comme le prétendent ceux de Bourges, leur remettre la part
& portion, qui leur revient dans le droit de la terre de
Sully qu'ils ont perçu ; & ce fuivant la ventilation qui fera
faire des dépendances du duché de Sully, qui fe trouvent
fituées dans la généralité de Bourges ; ou fi, comme le
foutiennent les fermiers d'Orléans, le droit leur appartiens

, Dans la coutume du comté de Hainault, la

---

en entier, attendu que le Chef-Lieu de ce duché, eſt ſitué
dans la généralité d'Orléans. Les mémoires des fermiers
de la généralité d'Orléans, contenant qu'un fief doit être
regardé comme un corps indiviſible qui n'a d'autre véritable ſituation, que celle du Chef-Lieu auquel ſe rapportent toutes les parties qui le compoſent, en quelque
lieu qu'elles ſe trouvent; qu'en effet, quoiqu'un fief ſoit
ſitué dans le reſſort de deux bureaux des finances, ou de
deux chambres des comptes, il n'eſt dû néanmoins qu'un
ſeul acte de foi & hommage, & qu'un ſeul aveu & dénombrement, parce que la foi & le fief ſont indiviſibles;
on les reporte au bureau des finances, ou à la chambre
des comptes, dans le reſſort de laquelle le Chef-Lieu ſe
trouve ſitué : & ce ſeroit-là où devroit auſſi ſe porter le
ſervice militaire, ſi le roi l'exigeoit, encore que les droits
utiles ſont une ſuite de la mouvance, & doivent être portés dans le même lieu ou ſont les droits honorifiques dont
ils ſont inſéparables; que c'eſt par cette raiſon que quand
il ſurvient quelque conteſtation ſur la mouvance d'un
pareil fief, elle doit être portée au bureau des finances,
dans le reſſort duquel eſt le Chef-Lieu; qu'il n'y a que
le receveur général de la généralité où le Chef-Lieu eſt
ſitué, qui ſoit autoriſé à pourſuivre le payement des droits
dûs au roi, & à les recevoir ; & dans l'eſpèce préſente,
c'eſt le receveur général d'Orléans qui a fait liquider le
rachat de la terre de Sully, & qui la reçu ſeul, ſans
que le receveur général de Berry ait prétendu être en
droit de recevoir une partie pour les dépendances de ce
duché, qui ſe trouvent dans la généralité; il y eut été
en effet bien mal fondé, puiſque le ſeul bureau des finances d'Orléans étoit compétent pour connoître cette affaire,
& que chaque receveur général n'a le droit de pourſuivre
les redevables qu'au bureau des finances de la généralité
à laquelle il eſt attaché : qu'il s'enſuit cependant par une
juſte conſéquence, que les ſix ſous pour livre attribués
au receveur général, & aux autres officiers du domaine,
ont appartenu en entier aux officiers du domaine de la généralité d'Orléans, ſans que ceux de la généralité de
Bourges ayent eu aucun prétexte pour y rien prétendre ;
qu'il n'y a pas de raiſon de prétendre que le droit ſe doit

ville de Mons, qui en eſt la capitale, eſt appelée le Chef-Lieu.

---

partager entre les différens fermiers des deux généralités, pour ce qui revient aux fermiers, autrement qu'entre les officiers du domaine, pour ce qui leur eſt attribué. Que comme les fermiers du Berry ont leur part dans ce que le rece-veur général de Bourges touche des droits dûs au roi, les fermiers de l'Orléanois ſeuls, peuvent prétendre à ce qui eſt récouvré par le receveur général d'Orléans, puiſque la foi, les droits honorifiques du fief, la portion des droits utiles attribués aux officiers du domaine ſuivent en entier la ſituation du Chef-Lieu, la portion qui appartient aux fermiers, doit être déterminée par cette même ſituation. Qu'il y a une différence ſenſible entre ces droits ſeigneu-riaux, & celui du centième denier; les premiers ſont attachés au fief dont ils ſont une dépendance; le droit de centième denier au contraire eſt dû par tout nouveau propriétaire de fonds dans le royaume, ſans diſtinction de fiefs ou de ro-ture; qu'on ne conſidere par rapport à ce droit, que les hérita-ges en eux-mêmes, & le lieu de leur ſituation; qu'on ne les regarde plus comme réunis ſous un point indiviſible par le lieu de la mouvance féodale, mais qu'on les prend détachés, tels qu'ils ſont par la nature, & que leur ſitua-tion règle le lieu où l'inſinuation doit être faite, & où le droit eſt dû au fermier: qu'ainſi c'eſt avec raiſon que le fermier du Berry a été payé du droit de centième denier des immeubles dépendans du duché de Sully, qui ſont ſitués dans la généralité, ſans que cela doive influer ſur le droit de rachat. Pourquoi requeroient qu'il plût à ſa ma-jeſté débouter les fermiers de la généralité de Bourges de leurs prétentions, afin d'être payés de la portion de rachat qu'ils prétendent leur appartenir pour ce qui ſe trouve ſitué dans la généralité de Bourges. Les mémoires préſentés par les fermiers de la généralité de Bourges, contenant au contraire qu'il faut diſtinguer entre les droits honorifiques des fiefs tels que ſont la foi & hommage, l'aveu & dénombrement, le ſervice militaire, qui par leur nature ne ſont pas ſuſceptibles de partage, & les droits utiles qui ne doivent appartenir qu'à ceux à qui le roi les a cédés, & qui doivent ſe partager entre les diffé-

* + A Valenciennes & dans quelques autres cou-

---

rens fermiers & les officiers , fuivant les différens titres
que le roi en a donnés ; qu'à l'égard des droits honorifiques du duché de Sully , il feroit faux de dire qu'ils duffent être rapportés à Orléans plutôt qu'à Bourges ; que
c'eſt une mouvance immédiate de la couronne , dépen-
dante de la tour du Louvre feule , & pour lequel l'hommage fe rend entre les mains de M. le chancelier ; qu'ainſi
fi les droits utiles doivent fuivre les droits honorifiques ,
les fermiers d'Orléans n'y pouvoient pas plus prétendre
que ceux de Berry ; qu'il a été pareillement néceſſaire d'é-
tablir une compétence certaine pour les tribunaux qui doivent connoître de ces fortes de mouvances , & comme
c'eſt un point qui n'eſt pas fuſceptible de partage , on s'eſt
déterminé en faveur de celui dans le reſſort de qui fe trouve
le Chef-Lieu , fans que cela doive influer fur les droits
utiles , qui par leurs nature font capables d'être partagés ;
que c'eſt par une fuite du reſſort du bureau des finances ,
que le receveur général d'Orléans fe trouve feul autoriſé
à faire le recouvrement des droits qui font dus au roi fur
la terre entière , parce que l'on a voulu éviter avec raiſon
que les redevables ne puiſſent être pourfuivis par deux
différens officiers, en deux différens tribunaux , & que comme les fix fous pour livre que perçoivent les officiers du
domaine , ne font que pour leur tenir lieu de taxations , il
étoit juſte que ceux qui étoient chargés de faire le recouvrement , euſſeut auffi les taxations fur ce qu'ils faifoient
payer. Mais que ce qui s'obferve à cet égard entre les
officiers du domaine des différentes généralités , n'eſt point
une règle pour les fermiers ; que , puiſque les droits utiles
font fuſceptibles d'être divifés , ils doivent l'être entre tou
ceux auxquels le roi les attribue ; que c'eſt donc la lettre
des baux des fermes qui doit décider de ce qui appartient
à chacun ; que fuivant les baux , chaque fermier l'eſt d'un
terrein circonfcrit , & de tous les droits qui peuvent être
dus par les héritages fitués dans fes limites ; que les droits
qui appartiennent au roi pour raiſon de fa couronne , ne
font pas moins cédés au fermier que ceux qui lui appartiennent comme duc de Berry ; que ce n'eſt pas le titre
en vertu duquel ils font dus au roi, mais la fituation de

tumes des Pays-Bas, le terme de *Chef-Lieu* se prend pour la banlieue.

---

biens qui les doivent, qui décide des droits respectifs des fermiers entr'eux ; que le droit de rachat, est le droit qu'a le seigneur de jouir pendant une année, du fief de son vassal ; que si le roi eût joui des fruits du duché de Sully, on n'auroit pu admettre le fermier de l'Orléanois à faire la récolte de ceux qui auroient été à recueillir dans le Berry, que chaque fermier eut dû percevoir les fruits appartenans au roi dans l'étendue des limites qui lui sont marquées, & que comme le prix fixé pour le rachat, représente les fruits, il doit se partager dans la même portion entre les fermiers des deux généralités. Pourquoi requeroit qu'il plût à sa majesté condamner les fermiers du domaine de la généralité d'Orléans à leur remettre la part & portion qui leur revient dans le droit de rachat de la terre de Sully. Vû aussi un état produit par les fermiers du domaine de la généralité d'Orléans par lequel il paroît que la déclaration faite par le procureur fiscal, & receveur du sieur comte d'Orval, pour le centième denier des biens du duché de Sully, situés en Berry, a monté à la somme de quatre - vingt - six mille huit cens soixante - huit livres, & que la déclaration faite des biens dudit duché, situés dans la généralité d'Orléans, a monté à la somme de trois cens vingt trois mille trois cens trente trois livres, ce qui forme un capital de quatre cens dix mille cent soixante onze livres, lequel ayant produit quatorze mille cinq cens livres de profit, il reviendroit, savoir, au fermier de l'ordre militaire de saint Louis, sept mille deux cens cinquante livres ; aux fermiers des domaines d'Orléans, cinq mille sept cens quatorze livres onze sous, & aux fermiers des domaines de Bourges, quinze cens trente-cinq livres neuf sols, & autres pièces. Oui le rapport, &c. Le roi en son conseil condamne les fermiers du domaine de la généralité d'Orléans à payer aux fermiers des domaines de la généralité de Bourges, la somme de quinze cens trente-cinq livres neuf sous, pour la part & portion qui leur revient dans le droit de rachat du duché de Sully, à cause des dépendances dudit duché, qui se trouvent situées dans la géné-

En matière bénéficiale, on appelle *Chef-Lieu* l'endroit où le bénéficier est obligé de remplir les fonctions de son ministère.

La loi par laquelle le Chef-Lieu se régit règle aussi la manière & le droit de conférer les bénéfices qui en dépendent.

On appelle encore *Chef-Lieu* la principale maison d'un ordre régulier ou hospitalier, ou autre ordre composé de plusieurs maisons : par exemple, la commanderie magistrale de Boigny, près d'Orléans, est Chef-Lieu de l'ordre royal, militaire & hospitalier de Saint-Lazare.

Voyez *les coutumes de Hainault & d'Artois, d'Outreman, en son histoire de Valenciennes; le code de Louis XV, &c.* Voyez aussi les articles AÎNÉ, PRÉCIPUT, FOI ET HOMMAGE, BÉNÉFICE, PATRON, GRADUÉ, DÉCIMES, SAISIE, &c.

CHEF-SEIGNEUR. Ce terme a différentes significations selon les coutumes : dans quelques-unes il signifie le seigneur suzerain; dans d'autres il signifie tout seigneur féodal, soit suzerain ou simple seigneur censier ou foncier. Par l'article 166 de la coutume de Normandie, le Chef-Seigneur est celui seulement qui possède par foi & par hommage, & qui à cause du fief tombe en garde; & comme tout fief noble est tenu par foi & hommage & tombe en garde, il s'ensuit que quiconque possède un fief noble est Chef-Seigneur, à l'exception des gens d'é-

_____

ralité de Bourges; à ce faire lesdits fermiers du domaine de la généralité d'Orléans seront contraints par toutes voies, moyennant quoi ils seront bien & valablement quittes & déchargés. Fait au conseil d'état du roi, tenu à Compiegne le 14 août 1736. Collationné. *Signé*, Guyot.

glife, parce qu'ils ne tombent point en garde à caufe de leurs fiefs nobles. Il fuit auffi de cet article, que tout Chef-Seigneur ne relève pas immédiatement du roi, parce que cet article ne demande pas que le poffeffeur de fief tombe en garde royale, mais feulement en garde ; ce qui peut convenir à la garde feigneuriale comme à la garde royale.

· Voyez *les coutumes de Ponthieu*, *d'Anjou*, *du Maine & de Normandie* ; *le gloffaire de Lauriere* ; *Galland, du franc-aleu*, &c. Voyez auffi les articles FIEF, FOI ET HOMMAGE, GARDE, &c.

CHEMAGE. C'eft une forte de droit de péage qui fe paye à Sens pour paffer dans certains chemins.

Par arrêt du 18 avril 1387, l'abbaye de faint Pierre-le-vif de Sens a été exemptée de ce droit.

Voyez *le traité des droits feigneuriaux par Boutaric*.

CHEMIER. Dans les coutumes de Poitou & de Saint-Jean d'Angely, on donne ce nom à l'aîné mâle des co-héritiers ou à celui qui le repréfente, foit fils ou fille. Les puînés font fes parageurs. L'aîné eft appelé Chemier, comme étant le chef de la fucceffion en matière de fiefs : c'eft pourquoi on devroit écrire comme autrefois *chefmier*, qui fignifie *chef du mier* ou maifon, *caput manfi*.

· La qualité de Chemier vient de *lignage*, fuivant la coutume de Poitou, article 125 : elle s'acquiert néanmoins encore de deux manières.

L'une eft lorfque plufieurs co-acquéreurs d'un même fief conviennent entr'eux que l'un d'eux fera la foi & hommage pour tous ; celui-là eft nommé Chemier entre *part-prenant*, *part-met-tant*, ou *tenant engariment*, c'eſt-à-dire, en garantie ſous la foi & hommage du Chemier.

. L'autre voie par laquelle on devient Chemier, eſt lorſque celui qui aliene une partie de ſon fief y retient le devoir ſeigneurial, au moyen de quoi il devient le Chemier, étant chargé de porter la foi pour tout le fief.

Le Chemier ou aîné a les qualités du fief & la garde des titres; il reçoit les hommages dûs à la ſucceſſion indiviſe, tant pour lui que pour ſes puînés; l'exhibition qui lui eſt faite ſuffit pour tous, & ſa quittance libère l'acquéreur envers tous les parageurs.

Il fait auſſi la foi & hommage tant pour lui que pour ſes puînés ou parageurs, & les en garantit envers le ſeigneur; & lorſqu'il fait la foi, il doit nommer dans l'acte ſes puînés.

Tant que le parage dure, les puînés ne doivent aucun hommage à leur Chemier ou aîné, ſi ce n'eſt en Bretagne, ſuivant l'article 336, qui veut que le puîné faſſe la foi à l'aîné, à l'exception de la ſœur de l'aîné, qui n'en doit point pendant ſa vie; mais ſes hoirs en doivent.

· Si l'aîné renonce, le puîné devient Chemier, & fait hommage pour tous.

Il n'y a point de Chemier entre puînés auxquels un fief entier eſt échu en partage, à moins que ce ne ſoit par convention.

· Tant que le parage dure, les puînés poſſèdent auſſi noblement que le Chemier.

· Après le partage, l'aîné ceſſe d'être Chemier, des fiefs ſéparés donnés aux puînés.

Mais l'aîné qui donne une portion de ſon fief à ſes puînés demeure toujours chemier & chef

d'hommage,

d'hommage, quand même il lui resteroit moins que le tiers du fief.

On peut convenir entre co-héritiers que l'aîné ne sera pas Chemier, & reconnoître pour Chemier un puîné.

En Poitou, l'acquéreur du Chemier a droit de recevoir la foi & hommage des parageurs ; mais cela n'a pas lieu dans les autres coutumes ; en ce cas le parage y finit.

En chaque partage & subdivision il y a un Chemier particulier.

Le mari & ses héritiers sont Chemiers, & font la foi pour la totalité des fiefs acquis pendant la communauté.

Le Chemier n'est pas plus tenu des charges personnelles du fief que ses co-héritiers.

Les parageurs ont chacun dans leurs portions le même droit de justice que le puîné a dans la sienne.

Il n'a aucune juridiction sur ses parageurs & part-prenans pendant le parage, si ce n'est en cas de défaut de payement des devoirs du fief de la part des parageurs, ou d'aveu non fourni, ou quand un parageur vend sa portion.

Quand le Chemier acquiert la portion de ses parageurs ou part-prenans, même avant le partage, il n'en doit point de ventes au seigneur suzerain, & lorsque le parageur vend sa portion, le Chemier en a seul les ventes.

Voyez *le cartulaire de l'église d'Amiens ; la dissertation de Ducange sur Joinville ; les coutumes de Poitou & de Saint-Jean d'Angéli, avec les commentaires ; la dissertation de Guyot sur le parage, &c.* Voyez aussi les articles AÎNÉ, PARAGE, FOI ET HOMMAGE, SUCCESSION, FIEF, &c. (*Cet*

Tome X. N

article appartient à M. BOUCHER D'ARGIS,
ancien conseiller au conseil souverain de Dombes.

CHEMIN. Voie, route, espace par où l'on va d'un lieu à un autre.

Il est probable qu'aussitôt que les hommes furent en assez grand nombre pour se distribuer en différentes sociétés séparées par des distances, il y eut des grands Chemins & quelques règles de police pour les entrenir ; mais il ne nous en reste aucun vestige. Cet objet ne paroît avoir été traité comme étant de quelque conséquence, que pendant les beaux jours de la Grece : le sénat d'Athenes y veilloit ; Lacédémone, Thebes & d'autres états en avoient confié le soin aux hommes les plus importans ; ils étoient aidés dans cette inspection par des officiers subalternes. Il ne paroît cependant pas que cette ostentation de police eût produit de grands effets en Grèce. S'il est vrai que les routes ne fussent pas même alors pavées, de bonnes pierres bien dures & bien assises auroient mieux valu que tous les dieux tutélaires qu'on y plaçoit ; ou plutôt ce sont-là vraiment les dieux tutélaires des grands chemins. Il étoit réservé à un peuple commerçant de sentir l'avantage de la facilité des voyages & des transports ; aussi attribue-t-on le pavé des premières voies aux Carthaginois. Les Romains ne négligèrent pas cet exemple, & cette partie de leurs travaux n'est pas une des moins glorieuses pour ce peuple, & ne sera pas une des moins durables. Le premier chemin qu'ils aient construit, passe pour le plus beau qu'ils aient eu. C'est la voie Appienne, ainsi appelée d'Appius - Claudius. Deux chariots pouvoient aisément y passer de front; la pierre apportée de carrières fort éloignées, fut débitée en pavés de trois, quatre & cinq pieds de surface. Ces pavés furent assemblés aussi exactement que les pierres qui forment les murs de nos maisons. Le Chemin alloit de Rome à Capoue; le pays au-delà n'appartenoit pas encore aux Romains. La voie Aurélienne est la plus ancienne après celle d'Appius; Caius-Aurelius-Cotta la fit construire l'an 512 de Rome : elle commençoit à la porte Aurélienne, & s'étendoit le long de la mer Tyrrhene jusqu'au *forum Aurelii*. La voie Flaminienne est la troisième dont il soit fait mention : on croit qu'elle fut commencée par C. Flaminius, tué dans la seconde guerre punique, & continuée par son fils : elle conduisoit jusqu'à Rimini. Le peuple & le sénat prirent tant de goût pour ces travaux, que sous Jules César les principales villes de l'Italie communiquoient toutes avec la capitale par des chemins pavés. Ces routes commencèrent même dès-lors à s'étendre dans les provinces conquises. Pendant la dernière guere d'Afrique, on construisit un chemin de cailloux taillés en quarré, de l'Espagne, dans la Gaule, jusqu'aux Alpes. Domitius Œnobarbus pava la voie Domitia qui conduisoit dans la Savoie, le Dauphiné & la Provence. Les Romains firent en Allemagne une autre voie Domitienne, moins ancienne que la précédente. Auguste, maître de l'Empire, regarda les ouvrages des grands Chemins d'un œil plus attentif qu'il ne l'avoit fait pendant son consulat. Il fit percer des grands Chemins dans les Alpes; son dessein étoit de les continuer jusqu'aux extrémités orientales & occidentales de l'Europe. Il en ordonna une infinité d'autres dans l'Espagne; il fit élargir & continuer celui de Medina jusqu'à Gades. Dans le même-temps & par les mêmes montagnes, on ouvrit deux Chemins vers Lyon; l'un traversa la Tarentaise & l'autre fut pratiqué dans l'Appennin. Agrippa seconda bien Auguste dans cette partie de l'administration. Ce fut à Lyon qu'il commença la distribution des grands Chemins dans toute la Gaule. Il y en eut quatre particulièrement remarquables par leur longueur & la difficulté des lieux; l'un traversoit les montagnes de l'Auvergne, & pénétroit jusqu'au fond de l'Aquitaine; un autre fut poussé jusqu'au Rhin & à l'embouchure de la Meuse, suivit pour ainsi dire le fleuve, & finit à la mer d'Allemagne; un troisième conduisoit à travers la Bourgogne, la Champagne & la Picardie, & s'arrêtoit à Boulogne-sur-mer; un quatrième s'étendoit le long du Rhône, entroit dans le bas Languedoc, & finissoit à Marseille sur la Méditerranée. De ces Chemins principaux, il en partoit une infinité d'autres qui se rendoient aux différentes villes voisines des lieux où ils passoient, & de ces villes à d'autres villes, entre lesquelles on distingue Treves, d'où les Chemins se distribuèrent fort au loin dans plusieurs provinces. L'un de ces Chemins entr'autres, alloit à Strasbourg, & de Strasbourg à Belgrade; un second conduisoit par la Baviere jusqu'à Sirmisch, à une distance de quatre cens vingt-cinq de nos lieues.

Il y avoit aussi des Chemins de communication de l'Italie aux provinces orientales de l'Europe par les Alpes & la mer de Venise. Aquilée étoit la dernière ville de ce côté: c'étoit le centre de plusieurs grands Chemins; dont le principal conduisoit à Constantinople; d'autres moins importans se répandoient en Dalmatie, dans la Croatie, la Hongrie, la Macédoine, les Mésies. L'un de ces Chemins s'étendoit jusqu'aux bouches du Danube, arrivoit à Tomes, & ne finissoit qu'où la terre ne paroissoit plus habitable.

Les grands Chemins étoient construits selon la diversité des lieux; ici ils s'avançoient de niveau avec les terres; là ils s'enfonçoient dans les vallons; ailleurs ils s'élevoient à une grande hauteur; par tout on les commençoit par deux sillons tracés au cordeau; ces paralleles fixoient la largeur du Chemin; on creusoit l'intervalle de ces paralleles; c'étoit dans cette profondeur qu'on étendoit les couches des matériaux du Chemin. C'etoit d'abord un ciment de chaux & de sable de l'épaisseur d'un pouce; sur ce ciment, pour première couche, des pierres larges & plates de dix pouces de hauteur, assises les unes sur les autres, & liées par un mortier des plus durs; pour seconde couche, une épaisseur de huit pouces de petites pierres rondes plus tendres que le caillou, avec des tuiles, des moilons, des platras & autres décombres d'édifice, le tout battu dans un ciment d'alliage; pour la troisième couche, un pied d'épaisseur d'un ciment fait d'une terre grasse mêlée avec de la chaux. Ces matières intérieures formoient depuis trois pieds jusqu'à trois pieds & demi d'épaisseur. La surface étoit de gravois liés par un ciment mêlé de chaux; & cette croûte a pû résister jusqu'à présent en plusieurs endroits de l'Europe. Cette façon de paver avec le gravois

étoit ſi ſolide, qu'on l'avoit pratiquée par-tout
excepté à quelques grandes voies où l'on avoit
employé de grandes pierres, mais ſeulement
juſqu'à cinquante lieues de diſtance des portes
de Rome. On employoit les troupes de l'état à
ces ouvrages qui endurciſſoient ainſi à la fatigue
les peuples conquis, dont ces occupations pré-
venoient les révoltes; on y employoit auſſi les
malfaiteurs, & on leur faiſoit ainſi expier utilement leurs crimes.

La police des grands Chemins ſubſiſta chez
les Romains avec plus ou moins de vigueur,
ſelon que l'état fut plus ou moins floriſſant. Elle
ſuivit toutes les révolutions du gouvernement
& de l'empire, & s'éteignit avec celui-ci. Des
peuples ennemis les uns des autres, indiſcipli-
nés, mal affermis dans leurs conquêtes, ne ſon-
gèrent guere aux routes publiques, & l'indiffé-
rence ſur cet objet dura en France juſqu'au règne de Charlemagne. Cette commodité étoit
trop eſſentielle à la conſervation des conquêtes,
pour que ce monarque ne s'en apperçût pas;
auſſi eſt-il le premier de nos rois qui ait fait
travailler aux Chemins publics. Il releva d'a-
bord les voies militaires des romains; il em-
ploya à ce travail & ſes troupes & ſes ſujets.

Louis le Débonnaire & quelques-uns de ſes
ſucceſſeurs firent auſſi quelques ordonnances ſur
cette matière; mais les troubles des dixième
& onzième ſiècles firent perdre de vue la police des Chemins; on n'entretenoit alors que les
plus néceſſaires, comme les chauſſées qui faci-
litoient l'entrée des ponts ou des grandes villes, & le paſſage des endroits marécageux.

Ce ne fut que ſous Philippe Auguſte, qui fit

paver la capitale pour la première fois en 1184, que la police des grands Chemins commença de fe rétablir.

Sous ce prince, l'infpection des grands Chemins fut confiée, comme du temps de Charlemagne & de Louis le Débonnaire, à des envoyés ou commiffaires généraux appelés *miffi*, qui étoient nommés par le roi & départis dans les provinces ; ils avoient feuls la police des Chemins, & n'étoient comptables de leurs fonctions qu'au roi.

Ces commiffaires s'étant rendus à charge au public, ils furent rappelés au commencement du quatorzième fiécle, & la police des Chemins fut laiffée aux juges ordinaires des lieux.

Les chofes reftèrent en cet état jufqu'en 1508, que l'on donna aux tréforiers de France quelque part dans la grande voirie. Henti II, par édit de février 1552, autorifa les élus à faire faire les réparations qui n'excéderoient pas vingt livres. Henri III, en 1583, leur affocia les officiers des eaux & forêts, enforte qu'il y avoit alors quatre fortes de juridictions qui étoient en droit de connoître de ces matières.

Henri IV ayant reconnu la confufion que caufoit cette concurrence, créa en 1599 un office de grand voyer, auquel il attribua la furintendance des grands Chemins, & le pouvoir de commettre des lieutenans dans les provinces.

Cet arrangement n'ayant pas eu tout le fuccès que l'on en attendoit, Louis XIII, par édit de février 1626, fupprima le titre de grand voyer, & attribua la juridiction fur les grands Chemins aux tréforiers de France, lefquels étant répandus dans les différentes provinces du royaume, font plus à portée de vaquer à cet exercice; mais le roi ayant bientôt reconnu l'importance de fe réferver la furintendance de la grande voirie, a établi un directeur général des ponts & chauffées, qui a fous lui plufieurs infpecteurs & ingénieurs; & fur le rapport du directeur général, le roi ordonne chaque année par arrêt de fon confeil les travaux & réparations qu'il veut être faits aux Chemins; l'adjudication au rabais de ces ouvrages fe fait à Paris par les tréforiers de France, & dans les provinces par les intendans qui veillent auffi fur grands les Chemins, fuivant les ordres qui leur font envoyés.

Les pays d'états veillent eux-mêmes dans leur territoire à l'entretien des ponts & chauffées (*).

(*) Les anciens fouverains des Pays-Bas n'ont rien négligé pour faire tenir les Chemins en bon état. Un placard du premier mars 1505 ordonne que les Chemins royaux foient réparés par les propriétaires des terres adjacentes, à peine d'être condamnés à des amendes arbitraires & au double des frais qu'employeront les officiers des lieu pour fuppléer à leur défaut : que les communautés fe chargent des réparations trop difpendieufes ; que tous les an vers le milieu du mois de mars on avertiffe les habitans d fe mettre en règle à cet égard, fous les peines ci-deff fpécifiées (c'eft ce qu'on appelle *publier les bans de mars*) que la vifite des Chemins foit faite tous les ans en temp convenable, c'eft-à-dire quinze jours au moins après l publication des bans de mars, & jamais après la faint Jear que ceux qui lèvent des péages fur les ponts & les chauf fées, foient chargés feuls de les réparer : que les Chemin dont la réparation eft impoffible foient abandonnés, & qu'on en faffe de nouveaux à travers les champs voifins après en avoir oui les propriétaires, auxquels on caufera l mois de tort qu'il fera poffible.

La largeur des grands Chemins a varié felon

Le placard du 17 mars 1507, renouvelé par ceux des 24 avril 1510, 17 mai 1536 & 15 juin 1555, ordonne que les Chemins foient réparés avant la mi-mai, & qu'auffi-tôt après ce terme les officiers des lieux en faffent la vifite, prononcent les amendes, & faffent faire les réparations : que l'on borde de pieux les rivières qui cotoient les Chemins, & que l'on muniffe les ponts de barrières : que le procureur général tienne la main à l'exécution de cet édit, & veille à ce que les officiers des lieux ne le laiffent point enfreindre impunément : que l'on en faffe tous les ans la publication dans chaque paroiffe, le premier dimanche de mars : que celui qui fera pourfuivi pour une amende ne puiffe propofer fes défenfes qu'après avoir configné l'argent.

Le 7 avril 1535, Charles-Quint rendit un placard pour la chatellenie de Lille, portant, «Que toutes perfonnes » ayant & occupant héritages abordant tant aux grands » Chemins, qu'autres Chemins & voyes publiques, & » communes, de quelque vacation que les héritiers ou oc- » cupeurs defdits héritages foient, tant eccléfiaftiques que » féculiers ; & auffi de qui les héritages foient tenus & » mouvans, ni de quelque exemption qu'ils fe puiffent » aider, tiennent & entretiennent iceux Chemins de telle » largeur qu'ils doivent être & ont été d'ancienneté, & fi » aucune chofe y eft comprife que à l'endroit contre leurs- » dits héritages, ils le remettent tantôt & fans délai à fon » premier état & dû, & qu'en dedans quinze jours après » la publication de cette, ils réparent & faffent réparer » bien & fuffifamment lefdits Chemins & mauvais trous » y étans, tellement que les chartons, voituriers & autres » puiffent facilement paffer...... & que lefdits héritiers » ou occupeurs faffent fur leurs héritages, fi avant qu'ils » abordent auxdits Chemins, foffés contre lefdits Chemins » de cinq pieds de large par haut, pied & demi par le bas, » & cinq pieds de profond, & faffent ruer toute la terre », en procédant fur lefdits Chemins, & l'épandre au milieu » d'iceux à denivel, tellement que l'eau puiffe defcendre, » & ainfi les entretiennent d'an en an après la publication » des bans de mars..... jaçoit qu'il n'y ait apparence d'y

les temps & les coutumes. Suivant une transac-

» avoir fossé le temps passé, comme ce a autrefois été or-
» donné par nos lettres patentes en l'an 1500.

‘ » Même si aucune montagne de terre est èsdits Che-
» mins à l'endroit de leursdits héritages, fassent icelle
» épandre au mieux qu'il est possible en la vallée & ès lieux
» plus nécessaires d'icelle. Aussi que tous ceux ayans hé-
» ritages tenans & contigus aux lieux & places où les
» eaux desdits Chemins doivent avoir leur cours & issue,
» ayent en dedans ledit temps à relever, à desnivel desdits
» cours d'eaux, desorte qu'iceux cours d'eaux puissent
» avoir leur plein cours ès rivières ou becques où ils doi-
» vent avoir leur issue, & ainsi les entretiennent d'an en an
» après ladite publication des bans de mars.

» Et en outre que tous ceux qui doivent l'entretene-
» ment des ports soit de pierre ou de bois, & des chauf-
» sées & passages étant èsdits Chemins fassent iceux bien
» & duement réparer, & ainsi les entretiennent, le tout sur
» la peine & amende de soixante sous parisis, monnoie de
» Flandres.

» Et afin que notredite ordonnance puisse sortir & être
» entretenue, nous voulons que vous (*c'est aux officiers*
» *du bailliage de Lille que parle Charles V*) ensemble les
» baillis ou lieutenans, ou autres officiers des seigneuries
» étans en votre bailliage, tant en tenues & dépendantes
» que autres y enclavées, que lesdits quinze jours passés
» après la publication de cettes pour cette année, & pour
» les années à venir, quarante jours expirés après la pu-
» blication des bans de mars au siége de notredit bailliage,
» vous & chacun d'eux en droit soi en ses mêtes, & si
» avant qu'il a droit & accoutumé de visiter Chemins,
» accompagnés de leurs hommes de fiefs, échevins, ou
» juges en nombre de loi, faites & fassent visitation desdits
» Chemins, cours & issues d'eaux. Et où faute sera trou-
» vée, faites & fassent faire lesdits fossés & autres ouvrages
» nécessaires pour la réparation, aux dépens desdits héri-
» tiers ou occupeurs, en les contraindant réellement & de
» fait sommairement, de plein & sans figure de procès, au
» plein payement de ladite amende, & du coût desdits ou-

tion de l'an 1222, appellée *charta pacis*, le

» vrages & réparations, à la taxation defdits hommes de
» fief, échevins, ou juges ; nonobftant oppofitions ou ap-
» pellations faites ou à faire, & fans préjudice d'icelles.

» Bien entendu toutefois que fi aucuns mauvais trous
» étoient à l'encontre des terres de petite valeur, non
» fuffifante, ni vaillables pour fupporter à la dépenfe de la
» réfaction & entretenement, que la réparation fe feia aux
» dépens communs de la paroiffe du lieu où lefdits trous
» feront, & lefquels pour le furniffement feront contrain-
» dables.

» Et fi en faifant lefdites vifitations, ceux defdites juftices
» trouvent aucuns arbres montans, ou autre plantin fur
» lefdits Chemins, ou au bout des héritages contigus, qui
» caufent empirement ou intérêt auxdits Chemins, ils faffent
» iceux arbres & plantins abattre, & d'iceux réparer lefdits
» Chemins.

» Même en cas que ceux des juftices defdites feigneuries
» dépendans de notredit bailliage, ou autres y enclavées,
» foient ci-après délayans de faire lefdites vifitations en
» leurs feigneuries & limites, & laiffent, le temps de vifi-
» ter venu, un mois paffer & expirer : nous vous mandons
» qu'avec vos gens de loi, faites efdites feigneuries & en-
» clavemens les vifitations defdits Chemins & cours d'eaux,
» & y faites faire les réparations néceffaires, en contraignant
» les défaillans au furniffement des amendes & coût des ré-
» parations, felon & ainfi que deffus : nonobftant quelque
» exception ou exemption dont ils fe voudroient aider, &
» fans préjudice d'icelles en autre cas.

» Et outre vous défendons, & à tous autres officiers &
» jufticiers faifant lefdites vifitations, de non prendre, re-
» cevoir, ni quitter aucune chofe des amendes qui feroient
» encourues pour aucune defdites fautes, ni prendre des dé-
» linquans pour ce aucun gratuit, ni autrement, ains faire
» réparer lefdits Chemins, fans port, faveur, ou diffimula-
» tion quelconque ».

Le 17 avril 1556 parut un autre placard, par lequel il
fut ordonné que les Chemins qui fe trouveroient encore
inondés au milieu du mois de mars, fuffent réparés dès

Chemin royal n'avoit alors que dix-hui[t]

que l'écoulement des eaux le permettroit ; & que le procureur général paſſât au rabais l'entrepriſe des réparation[s]
des Chemins publics, aux frais de ceux qu'il appartiendroit[,]
ſans charge du domaine.

A ces s placards ſuccédèrent ceux des 3 février 1570, 1[4]
décembre 1588 & 6 mais 1610.

Comme la plupart de ces lois ſont en langue Flamande[,]
& que les diſpoſitions qu'elles renferment ſont variées, l[e]
conſeil ſouverain de Tournai rendit le 8 août 1671, u[n]
arrêt de réglement qui établit ſur cette matière une juriſ[-]
prudence intelligible & uniforme, dans tout le reſſort [d]
ce tribunal. Il eſt copié preſque tout entier, d'après le pla[-]
card du 7 avril 1535 rapporté ci-deſſus. Seulement il ajou[t]
après avoir pailé des foſſés, que dans les endroits « o[ù]
» leſdits Chemins ſeroient ſi bas & profonds qu'il ſero[it]
» mal aiſé d'y faire des foſſés, la terre ſera priſe à chacu[n]
» côté ſur les héritages contigus, portée & menée ſur le[s]
» dits Chemins, tant qu'ils ſoient réduits à hauteur com[-]
» pétente ».

Le même arrêt défend aux gens de loi d'exiger aucu[ne]
amende avant d'avoir fait faire les réparations aux frais d[es]
défaillans, à peine de reſtitution du quadruple.

Cet arrêt ne fixe point la quotité des amendes que doi[-]
vent ſubir ceux qui négligent les réparations auxquelles [ils]
ſont tenus : il faut s'en rapporter là-deſſus aux coutumes d[es]
lieux & aux bans de mars.

Par arrêt du 20 décembre 1763, le parlement de Fla[n-]
dres ordonna que le réglement dont on vient de parle[r]
fût exécuté ſelon ſa forme & teneur, & en conſéquen[ce]
lû & publié à l'audience, & envoyé à tous les baillages[,]
ſiéges inférieurs du reſſort.

Le conſeil provincial d'Artois fit auſſi le 14 août 175[6]
un réglement qui rappelle & interprète les placards rend[us]
pour cette province. En voici les diſpoſitions.

« 1°. Tous les Chemins autres que les Chemins roya[ux]
» devront être mis en état dans ſix moix, à compter [du]
» jour de la publication du préſent réglement.

« 2°. Les Riverains ſeront tenus faire à leurs frais [

pieds. La coutume du .duché de Bourgogne ,

» réparations des Chemins , quand elles n'exigeront pas
» plus d'une journée de travail, ce qui fera arbitré par les
» gens de loi.

» 3°. Quand les réparations feront plus confidérables,
» elles feront faites par les communautés par corvées de
» bras & de chevaux , dans leurs territoires, fuivant l'éten-
» due du vain pâturage.

» 4°. Le lieutenant & les deux plus anciens officiers de
» la principale feigneurie indiqueront par affiches & publi-
» cations à l'iffue de la meffe paroiffiale des jours de fête
» & dimanche, les lieux à réparer, ainfi que les jours &
» heures de travail.

» 5°. Il y aura une perfonne exempte dans chaque mai-
» fon, outre les enfans au-deffous de douze ans.

» 6°. Ceux qui prétendront avoir une excufe feront te-
» nus, avant le jour indiqué pour le travail, la propofer
» auxdits officiers, qui jugeront fi elle eft légitime, & qui
» en ce cas donneront une difpenfe par écrit.

» 7°. Les refufans ou défaillans encourront de plein
» droit au profit des communautés, une amende, favoir
» de vingt fous pour chaque corvée de bras, de quarante
» fous pour une charette, de quatre livres pour un cha-
» riot.

» 8°. Le lieutenant & les deux principaux officiers dref-
» feront chaque fois un état contenant les noms & furnoms
» des défaillans, & les efpèces de corvées auxquelles ils au-
» ront manqué.

» 9°. L'état fera lu, publié & affiché au portail de l'é-
» glife à l'iffue de la meffe paroiffiale du dimanche ou fête
» qui fuivra.

» 10°. Les amendes feront payées dans la huitaine fui-
» vante, ès mains du collecteur de la communauté.

» 11°. La huitaine expirée, l'état de ceux qui n'auront
» pas payé l'amende, fera envoyé à la partie publique du
» bailliage, ou fénéchauffée dont ils dépendent, lorfqu'ils
» feront dans la diftance de trois lieues ; finon il fera en-
» voyé à la partie publique du bailliage ou fénéchauffée le
» plus voifin, fans préjudice aux droits de juridiction, ref-
» fort & mouvance en autres cas.

chapitre des mesures , ne donne que trente

» 12°. La contrainte par corps sera décernée contre eux
» sans frais, par les officiers des bailliages ou sénéchaussées,
» sur le requisitoire de la partie publique, par une seule &
» même commission qui contiendra les noms des contreve-
» nans & l'importance des amendes pour lesquelles ils seront
» contraints, & la commission sera exécutoire par provision,
» nonobstant oppositions ou appellations quelconques, &
» sans préjudice d'icelles.

» 13°. Les archers employés pour la capture seront
» payés chacun à raison de trois livres par jour , & ils se
» retireront vers les collecteurs , qui les payeront sur
» l'arrêté qui en sera fait par les parties publiques èsdits
» siéges.

» 14°. Il en sera usé de même pour les frais de gîte &
» geolage.

» 15°. Aucune opposition ne sera reçue, qu'en justi-
» fiant du payement de l'amende & des frais par forme de
» consignation; auquel effet les quittances des collecteurs
» seront jointes aux actes d'opposition.

» 16°. Les oppositions seront portées aux bailliages ou
» sénéchaussées, pour y être jugées sommairement.

» 17°. Les procureurs fiscaux ou d'office des lieux seront
» assignés sur lesdites oppositions,& ils renverront leurs assi-
» gnations avec un mémoire instructif aux parties publiques
» desdits Bailliages ou sénéchaussées.

» 18°. Les appellations seront portées directement au
» conseil provincial d'Artois, pour y être jugées aussi som-
» mairement avec le procureur général.

» 19°. Les communautés , pour ce qui aura été payé
» par les collecteurs , auront leur recours contre ceux
» qui auront encouru l'amende, auquel effet exécutoire
» leur sera délivré sur les quittances ; & en cas d'insolva-
» bilité, lesdits frais seront employés dans la première as-
» siette, comme il s'observe pour celles des faux-frais, faite
» ensuite de mandement des états de la province.

» 20°. Si après six moix expirés, à compter du jour de
» la publication des présentes, il se trouvoit encore de
» Chemins en mauvais état , sur la dénonciation qui en

pieds de largeur au grand Chemin, qui eſt le

―――――――

» ſera faite par écrit aux parties publiques des bailliages
» ou ſénéchauſſées, & ſur leur requiſitoire, le lieutenant
» & les deux plus anciens hommes de fief ou échevins de
» la principale ſeigneurie des lieux, ſeront condamnés ſo-
» lidairement en leurs propres & privés noms, & ſans ré-
» pétition contre la communauté, en l'amende de cent
» livres, applicable au profit de la même communauté, ſur
» laquelle ſomme ſera prélevée celle de ſoixante ſous pa-
» riſis au profit du ſeigneur, & les condamnations ſeront
» exécutées par proviſion.

» 21°. La rigueur des diſpoſitions portées au préſent
» réglement n'aura pas lieu pour le pays de Lallœu, celui
» de Langres, ou autres pays bas & marécageux, pendant
» ſix mois, à compter du premier de novembre ».

Le 16 janvier 1760, le même ſiége corrigea l'article 11
de ce réglement, & ordonna qu'il fût conçu en ces termes
ſeulement : « La huitaine expirée, l'état de ceux qui n'au-
» ront pas payé l'amende, ſera envoyé à la partie pu-
» blique du bailliage ou ſénéchauſſée dont ils dépen-
» dent ».

La raiſon pour laquelle l'article premier de ce réglement excepte les Chemins royaux, eſt qu'en Artois ils ne
ſont plus à la charge des riverains, mais des états, ſuivant
la réponſe faite par Louis XIV le 6 mars 1692, au douzième article du cahier des états d'Artois, à laquelle eſt
conforme l'article 4 des bans politiques du cambréſis imprimé à Cambrai en 1722.

L'arrêt de réglement du conſeil ſouverain de Tournai
renouvelé par le parlement de Flandres, oblige les riverains à réparer *tant les grands Chemins qu'autres Chemins
& voies publiques:* d'où il réſulte qu'il en eſt autrement
en Hainaut & en Flandres qu'en Artois & en Cambréſis ;
c'eſt-à-dire que les mêmes réparations des chauſſées royales
ſont à la charge des occupeurs adjacens; car pour les réparations qui demandent des frais & des travaux plus conſidérables, on ne peut les en charger, ſuivant ce qui a été
dit ci-deſſus.

Les états de Lille, Douai & Orchies qui dans les der-

Chemin royal. Celle de Normandie, article

niers fiécles avoient fait pratiquer des chauffées dans l'é-
tendue de ces deux chatellenies & même au déhors, obtinrent dans le mois de mai 1688, des lettres-patentes du
roi qui furent enregiftrées au parlement de Tournai le 15
juillet fuivant, par lefquelles fa majefté leur accorda le
pouvoir de faire, « pour la confervation defdites chauffées,
» épaulemens & foffés qui feroient pour ce néceffaires, tels
» ftatuts & ordonnances qu'ils trouveroient à propos, vou-
» lant qu'ils puffent les faire exécuter par eux-mêmes &
» par leurs huiffiers dans toute l'étendue du reffort du par-
» lement de Tournai & de celui du confeil provincial d'Ar-
» tois, auffi avant que ces chauffées s'étendoient & s'éten-
» droient; fans *pareatis* ni permiffion des juges des lieux,
» leur attribuant à cet effet toute cour, juridiction & con-
» noiffance, avec pouvoir de faire les vifites néceffaires
» pour la confervation defdites chauffées, épaulemens &
» foffés, & d'en ordonner s'il y échéoit les réparations à
» la charge des propriétaires & occupeurs des fonds y abou-
» dans, & autres qu'il appartiendroit, & ce conjointement
» avec les états d'Artois, dans les lieux où ces chauffées
» avoient été faites à frais communs ».

Suivant un édit du 20 décembre 1682 porté pour l'Artois,
la Flandres & le Hainault, les particuliers font obligés à
planter des ormes fur la crête des foffés & lifières de leurs
terres contiguës aux grands Chemins, en tous les endroits
où il n'y a point d'autres arbres déja plantés; ces ormes
doivent être à une diftance égale les uns des autres, de
huit toifes en huit toifes au plus, armés d'épines & butés
par le pied. Les particuliers qui les ont fait planter peuvent
les émonder dans le temps propre à cette opération, & s'en
approprier les épinçures. *Sa majefté leur défendant de tou-*
cher au corps defdits arbres, lefquels elle veut être con-
fervés pour pouvoir fervir aux affuts & rouages d'artillerie.
Le droit de planter dans les Chemins feigneuriaux n'est
point particulier aux feigneurs hauts-jufticiers, les feigneurs
vicomtiers en jouiffent également. Il ne faut pas confondre
ces derniers avec les moyens-jufticiers, leurs droits font
plus étendus, & on les appelle ainfi non parce qu'ils rien-

623, dit qu'il ne doit pas avoir moins de qua-

---

nent la place des comtes, mais parce que la justice des Chemins leur appartient : *rectiùs autem ac veriùs appellatur* vicomtier *à vico*, dit Gosson sur l'article 4 de la coutume d'Artois.

On demande si des particuliers peuvent acquérir par prescription le droit de planter dans un Chemin vicomtier, à l'endroit de leurs héritages? L'affirmative de cette question fut prononcée par arrêt du conseil de Brabant du 12 décembre 1647, en faveur de l'hôpital de Terbenck contre le seigneur de Tildouck. La possession de l'hôpital étoit plus que centenaire.

Cette question s'est élevée plusieurs fois dans la coutume de la chatellenie de Lille, & elle a été décidée de même par arrêts rendus au parlement de Flandres les 24 décembre 1760 & 28 février 1763. Dans l'espèce du premier, le collége royal de Lille étoit en possession depuis trente ans de planter à l'endroit de ses propres héritages sur des Chemins appartenans à l'abbaye de Phalempin. Dans l'espéce du second, plusieurs habitans d'Herlier se prevaloient également d'une possession de trente ans ou environ contre le comte de Fletres; & dans l'un & l'autre cas le système de la prescriptibilité a été admis.

Des préjugés si puissans n'ont pas empêché le comte de Berlaymont de soutenir l'imprescriptibilité de ce droit contre le marquis de Vignacourt : les parties ne convenoient pas du temps qu'avoit duré leur possession : l'un prétendoit qu'elle étoit immémoriale, l'autre le nioit, mais il paroissoit assez qu'elle étoit au moins de trente ans. Aussi par arrêt rendu au mois de juin 1776, au rapport de M. de Castéele, le marquis de Vignacourt a-t-il été maintenu dans le droit de planter : on a jugé qu'il avoit prescrit valablement.

L'auteur de la collection de jurisprudence rapporte un arrêt du 25 avril 1704, qui a jugé le contraire pour l'Artois. Cette différence vient de ce que la coutume de cette province attribue absolument & sans restriction au seigneur vicomtier le droit de planter dans les Chemins de sa seigneurie, & que d'ailleurs elle rejette formellement toute prescription entre le seigneur & le vassal. Au lieu que

tre toifes. Celle de Senlis & celle de Valois
veulent que les grands Chemins aient au moins
quarante pieds de large dans les bois & forêts,
& trente pour le moins dans les terres hors des
forêts. Celles d'Amiens, de Boulenois & de
Saint-Omer, veulent que tous les Chemins
royaux aient foixante pieds de large. Celle de
Clermont en Beauvoifis donne au Chemin proprement dit trente-deux pieds, & au grand
Chemin royal foixante-quatre pieds de largeur.

Suivant l'article 3 du titre 28 de l'ordonnance des eaux & forêts du mois d'août 1669, les
grands Chemins dirigés à travers les bois doivent avoir foixante pieds de largeur pour la fureté des voyageurs.

La largeur des autres Chemins royaux hors
des forêts avoit été règlée différemment par divers arrêts & lettres-patentes, jufqu'à l'arrêt du
confeil du 3 mai 1720, qui fixa la largeur des
grands Chemins à foixante pieds, & celle des
autres Chemins à trente-fix pieds. Cette règle

la coutume de la chatellenie de Lille en déclarant les feigneurs vicomtiers propriétaires des arbres qui croiffent fur
les Chemins, ajoute, s'il n'appert du contraire ; & d'ailleurs elle admet la preferition du vaffal contre fon feigneur, quoiqu'elle profcrive celle du feigneur contre fon
vaffal.

La claufe, s'il n'apert du contraire, fe trouve auffi
dans la coutume de la gouvernance de Douai ; & même
celle-ci accorde à tout propriétaire le droit de planter fur
les Chemins qui bordent fes héritages, par prévention avec
le feigneur haut-jufticier ou vicomtier.

Voyez la coutume de la chatellenie de Lille, titre premier,
article 17 & 75, & celle de la gouvernance de Douai,
chapitre premier, articles 6 & 9. (Note de M. MERLIN,
avocat au parlement de Flandres).

s'eſt obſervée auſſi exactement qu'il a été poſſible, juſqu'en 1776, que le roi a cru devoir diminuer cette largeur pour laiſſer plus de terrein
à l'agriculture. En conſéquence il a été rendu
au conſeil le 6 février de cette année, un arrêt (*) ſuivant l'article premier duquel les
routes que l'on conſtruira à l'avenir par ordre
du roi, pour ſervir de communication entre les
provinces & les villes ou bourgs, doivent être
diſtinguées en quatre claſſes ou ordres différens.
La première claſſe doit comprendre les gran-

(*) *Voici le préambule de cet arrêt :*

Le roi s'étant fait repréſenter l'arrêt du conſeil du 3 mai
1710, qui fixe à ſoixante pieds la largeur des Chemins
royaux ; ſa majeſté a reconnu que ſi la vue de procurer un
accès facile aux denrées néceſſaires pour la conſommation
de la capitale, & d'ouvrir des débouchés ſuffiſans aux villes
d'un grand commerce, avoit pu engager à preſcrire une
largeur auſſi conſidérable aux grandes routes, cette largeur, néceſſaire ſeulement auprès de ces villes, ne faiſoit
dans le reſte du royaume qu'ôter des terreins à l'agriculture,
ſans qu'il en réſultât aucun avantage pour le commerce.
Elle a cru qu'après avoir, par la ſuppreſſion des corvées &
celle des convois militaires, rendu aux hommes qui s'occupent de la culture des terres la libre diſpoſition de leurs
bras & de leurs temps ſans qu'aucune contrainte puiſſe déformais les enlever à leurs travaux, il étoit de ſa juſtice &
de ſa bonté pour ſes peuples de laiſſer à l'induſtrie des Cultivateurs, devenue libre, & à la reproduction des denrées
tout ce qu'il ne ſeroit pas abſolument néceſſaire de deſtiner
aux Chemins, pour faciliter le commerce. Elle s'eſt déterminée en conſéquence à fixer aux grandes routes une largeur moindre que celle qui leur étoit précédemment aſſignée, en réglant celle des différentes routes ſuivant l'ordre
de leur importance pour le commerce général du royaume,
pour le commerce particulier des provinces entr'elles, enfin
pour la ſimple communication d'une ville à une autre ville.

des routes qui traverſent la totalité du royaume, ou qui conduiſent de la capitale dans les
principales villes, ports ou entrepôts de commerce.

La ſeconde, les routes par leſquelles les provinces & les principales villes du royaume com-
muniquent entre elles, ou qui conduiſent de
Paris à des villes conſidérables, mais moins
importantes que celles dont on vient de parler.

La troiſième, les routes qui ont pour objet la
communication entre les villes principales d'une
même province ou de provinces voiſines.

Et la quatrième, les Chemins particuliers
deſtinés à la communication des petites villes
ou bourgs.

Les grandes routes de la première claſſe doivent être déſormais ouvertes ſur la largeur de qua-
rante-deux pieds; les routes de la ſeconde claſſe ſont fixées à la largeur de trente-ſix pieds;
celles de la troiſième claſſe, à trente pieds, &
la largeur des Chemins particuliers de la quatrième claſſe, ne doit être que de vingt-quatre
pieds. Au reſte on ne doit comprendre dans
les largeurs qu'on vient de ſpécifier, ni les foſſés, ni les empattemens des talus ou glacis.
Telles ſont les diſpoſitions des articles 2 & 3.

Par l'article 4, le roi s'eſt réſervé de déterminer, d'après le compte qui lui ſera rendu de
l'importance des différentes routes, dans quelle
claſſe chacune de ces routes doit être rangée,
& quelle doit en être la largeur en conſéquence
des règles qu'on vient de rapporter.

Suivant l'article 5, ces règles ne doivent
point être appliquées aux Chemins royaux dirigés à travers les bois; la largeur de ces Che-

mins doit continuer d'être de soixante pieds,
conformément à ce que l'ordonnance des eaux
& forêts a prescrit à cet égard pour la sureté
des voyageurs.

Comme il y a des pays, tels que ceux de
montagnes, où la construction des Chemins
présente des difficultés extraordinaires, & entraîne des dépenses très-fortes, l'intention du roi
est qu'on puisse donner à ces Chemins une largeur
moindre que celle qui est prescrite en général,
pourvu toutefois qu'on prenne le précautions
nécessaires pour prévenir tous les accidens.
Dans ce cas, la largeur doit être fixée par le
conseil d'après ce que les circonstances locales
pourront exiger, & d'après le compte que les
intendans des provinces auront rendu à cet
égard. C'est ce qui résulte de l'article 6.

Il convenoit aussi de prévoir le cas où l'af-
fluence des voitures aux abords de la capitale &
de quelques autres villes où il se fait un commerce considérable, peut occasionner des embarras ou accidens; & c'est ce qu'a fait l'article 7: il porte que le roi s'est réservé d'augmenter aux abords de ces villes par des arrêts
particuliers, la largeur prescrite, sans néanmoins qu'elle puisse jamais être étendue au-delà
de soixante pieds.

Suivant l'article 8, les routes ne doivent
être bordées de fossés que dans le cas où ils auront été jugés nécessaires pour qu'elles soient
garanties de l'empiétement des riverains, ou
pour écouler les eaux: les motifs qui peuvent
donner lieu à faire ouvrir des fossés, doivent
être énoncés dans les projets des différentes par-

ties de route envoyés au conseil pour être approuvés.

L'article 9 porte que les bords des routes seront plantés d'arbres propres au terrein, lorsque la situation & la disposition des routes auront fait juger convenable cette plantation, d'après les mémoires qui auront été envoyés au conseil à cet égard.

Par l'article 10 le roi a suspendu relativement aux routes précédemment construites, l'effet des dispositions qu'on vient de rapporter : il ne doit être fait aucun changement, ni réduction à ces routes sans l'ordre exprès de sa majesté.

Et l'article 11 ordonne l'exécution de l'arrêt du 3 mai 1720 (*), en ce qu'il n'y est pas dérogé par celui que nous venons d'analyser.

____

(*) Cet arrêt a deux objets principaux : le premier, la largeur des Chemins, & le second, la plantation des arbres sur les bords des grands Chemins. Voici comme il est conçu :

Le roi étant informé de la nécessité qu'il y a de repeupler le royaume d'ormes, hesties, chataigniers, arbres fruitiers & autres, dont l'espèce est considérablement diminuée, sa majesté a jugé qu'il n'y avoit point de plus sûrs moyens pour y parvenir, que de renouveler les dispositions de l'ordonnance des rois prédécesseurs, par laquelle il a été enjoint à tous les propriétaires des terres aboutissantes aux grands Chemins, d'en planter les bords de ces différens arbres suivant la nature du terrein; & d'autant que ces dispositions ne peuvent être exécutées, que la longueur des Chemins ne soit réglée & terminée par des fossés qui puissent empêcher les propriétaires des héritages y aboutissans, d'anticiper à l'avenir sur lesdits Chemins; à quoi voulant pourvoir: Ouï le rapport du sieur Law, conseiller du roi en tous ses conseils, contrôleur général des finances : sa majesté étant en son conseil, de l'avis de M. le duc d'Orléans, régent, a ordonné & ordonne ce qui suit :

Il est défendu aux propriétaires, fermiers ou

ARTICLE PREMIER. L'article III du titre des Chemins royaux, de l'ordonnance des eaux & forêts du mois d'août 1669, sera exécuté selon sa forme & teneur; en conséquence tous les bois, épines & broussailles qui se trouveront dans l'espace de soixante pieds ès grands Chemins servant au passage des coches, carrosses publics, messagers, voituriers de ville à autre, tant des forêts de sa majesté que de celles des ecclésiastiques, communautés, seigneurs & particuliers, seront essartés & coupés aux frais de sa majesté, tant dans les forêts de son domaine que des ecclésiastiques, communautés, seigneurs & particuliers, si mieux n'aiment lesdits ecclésiastiques, communautés, seigneurs & particuliers faire eux-mêmes lesdits essartemens à leurs frais.

II. Veut sa majesté que la même disposition ait lieu pour les grands Chemins royaux hors les forêts, lesquels seront élargis jusques à soixante pieds, & bordés hors ledit espace de fossés dont la largeur sera au moins de six pieds dans le haut, de trois pieds dans le bas; & la profondeur de trois pieds en observant les pentes nécessaires pour l'écoulement des eaux desdits fossés.

III. Veut pareillement sa majesté que les autres grands Chemins servant de passage aux coches, carrosses, messagers, voituriers & rouliers de ville à autre, aient au moins trente-six pieds de largeur entre les fossés, lesquels fossés auront les largeur & profondeur marquées au précédent article; & seront tous lesdits fossés faits aux dépens de sa majesté, ensemble l'essartement des haies, comblement d'anciens fossés & redressement du terrein qui se trouveront à faire dans les largeurs de soixante & trente-six pieds desdits chemins, si mieux n'aiment lesdits propriétaires les faire à leurs frais.

IV. Ordonne sa majesté que les nouveaux fossés seront entretenus & curés par les propriétaires des terres y aboutissantes, toutes & quantes fois qu'il sera jugé nécessaire par les inspecteurs & ingénieurs des ponts & chaussées, sur les procès-verbaux desquels les intendans des provinces & généralités ordonneront ledit curage, & seront tenus lesdits

locataires riverains des Chemins, d'y faire au-

---

propriétaires de faire jeter fur leurs héritages ce qui pro-
viendra dudit curage.

V. Excepte fa majefté de la préfente difpofition, les
Chemins qui fe trouveront entre les montagnes & dont la
fituation ne permet pas qu'ils foient élargis ; defquels Chemins feront dreffés procès verbaux par lefdits fieurs intendans, pour fur iceux & leurs avis envoyés au confeil, être
par fa majefté ordonné ce qu'il appartiendra.

VI. Tous les propriétaires d'héritages tenans & aboutif-
fans aux grands chemins & branches d'iceux, feront tenus
de les planter d'ormes, heftres, chataigniers, aibres fruitiers ou autres arbres fuivant la nature du terrein, à la diftance de ttente pieds l'un de l'autre, & à une toife au moins
du bord extérieur des foffés defdits grands Chemins & de les
armer d'épines, & ce depuis le mois de novembre prochain
jufques au mois de mars inclufivement ; & où aucuns defdits aibres pétiroient, ils feront tenus d'en replanter d'autres dans l'année.

VII. Faute par lefdits propriétaires de planter defdits ar-
bies, pourront les feigneurs auxquels appartient le droit de
voieiie en planter à leurs fiais dans l'étendue de leurs voieries ; & en ce cas les arbres par eux plantés & les fruits
d'iceux appartiendront auxdits feigneurs voyeis.

*Cet article n'ayant fixé aucun délai pour mettre les pro-
priétaires en demeure, les feigneurs voyers s'empreffoient
de faire eux-mêmes les plantations à mefure que l'on tra-
çoit les Chemins, ce qui privoit les propriétaires de la récolte des fruits des arbres plantés fur leur terrein ; mais
comme le droit attribué aux feigneurs voyers ne doit naturellement être exercé que pour punir la négligence des propriétaires, le roi a rendu en fon confeil, le 17 avril 1776,
un arrêt par lequel il a ordonné qu'à l'avenir les feigneurs
voyers ne pourroient planter d'arbres les Chemins dans l'é-
tendue de leurs feigneuries, qu'à défaut par les propriétaires d'avoir fait les plantations dans un an, à compter du
jour où les Chemins auroient été entièrement tracés & les
foffés ouverts.*

VIII. Défendons à toutes perfonnes de rompre, couper

cune entreprife, telle que de combler les foffés, d'abattre les berges qui bordent la largeur de ces Chemins, & d'anticiper fur cette largeur en labourant ou autrement : il eft pareillement défendu à toutes fortes de perfonnes & même aux feigneurs de faire fous prétexte du droit de juftice ou de voirie, aucune tranflation de Chemin, finon en vertu d'une ordonnance rendue en conféquence d'un procès-verbal qui conftate l'utilité ou les inconvéniens de cette tranflation, fous peine de réparation des dommages caufés & de cinquante livres d'amende, conformément aux règlemens des 26 mai 1705, 17 juin 1721 & 4 août 1731.

Une ordonnance du 7 mars 1760, rendue par le bureau des finances de la généralité de Paris, a condamné les nommés Antoine Bardou, Charles Cheval, Étienne Moreau & plufieurs autres particuliers à donner au Chemin allant de la grande route de Paris à Senlis,

---

ou abattre lefdits arbres, à peine pour la première fois de foixante livres d'amende applicable, un tiers aux propriétaires, l'autre à l'hôpital plus prochain du lieu où le délit aura été commis, & l'autre tiers au dénonciateur, & pour la récidive à peine de fouet.

IX. Le maître particulier de chaque maîtrife fera tenu de faire mention de l'état où fe trouveront lefdits arbres, dans le procès-verbal de vifite générale qu'il eft obligé de faire tous les fix mois, fuivant l'article VI du titre des maîtres particuliers de l'ordonnance de 1669; enjoint fa majefté aux intendans & aux grands maîtres des eaux & forêts, chacun en droit foi, de tenir la main à l'exécution du préfent arrêt qui fera lu, publié & affiché partout où befoin fera. Fait au confeil d'état du roi, fa majefté y étant, tenu à Paris le troifième jour de mai mil fept cent vingt. *Signé* Phelypeaux.

à la grande route de faint Denis à Goneffe , une largeur de trente pieds au moins entre les foffés , de combler les foffés & d'arracher les haies , ronces , épines , arbres & vignes qui antici-poient fur cette largeur , le tout dans le délai de vingt-quatres heures , à défaut de quoi l'en-trepreneur des ponts & chauffées de la route , pourroit après ce délai faire faire ces ouvrages à leurs frais.

Les Urfulines de Cifteron ayant eu deffein d'agrandir leur enclos , y ajoutèrent un Chemin auquel elles offrirent de fubftituer un autre terrein contigu : ce changement ne paroiffoit pas nuire au public; cependant les Cordeliers fe plaignirent de l'innovation , & comme les Urfulines avoient agi de leur autorité privée , le parlement de Provence ordonna par arrêt du 25 juin 1726 , qu'elles laifferoient l'ancien Chemin libre.

Une ordonnance du 30 avril 1772 rendue par le bureau des finances de la généralité de Paris , a enjoint aux propriétaires des maifons ou hé-ritages de cette généralité de réparer & entre-tenir , chacun en fon endroit , les revers de pavé & les accottemens de chauffée faits entre leurs maifons ou héritages & la chauffée du mi-lieu , & de combler les trous qui s'y trouve-roient , de façon que les eaux n'y puffent fé-journer.

Dans la plûpart des provinces du royaume , les conftructions & réparations des grands Che-mins ont prefque toujours été exécutées par le moyen des corvées. Le roi ayant confidéré que non-feulement ce genre de travail péfoit fur la portion la plus pauvre de fes fujets , mais qu'il en réfultoit encore divers autres inconvéniens, tels, par exemple, que l'ouvrage qui se faisoit de cette manière étoit toujours imparfait, & coutoit au peuple & à l'état en journées d'hommes & de voitures le double & souvent le triple de ce qu'il auroit coûté s'il eût été exécuté à prix d'argent, sa majesté donna un édit au mois de février 1776, par lequel elle supprima les corvées & ordonna la confection des grandes routes à prix d'argent (*).

(*) *Nous allons transcrire cet édit dont le préambule est tout à la fois un monument de l'amour paternel du roi pour ses sujets, & un tableau parfait des inconvéniens & des accidens qui ont toujours été inséparables des travaux exécutés par corvée.*

Louis, par la grace de Dieu, roi de France & de Navarre, à tous présens & à venir ; salut. L'utilité des Chemins destinés à faciliter le transport des denrées, a été reconnue dans tous les temps. Nos prédécesseurs en ont regardé la construction & l'entretien comme un des objets les plus dignes de leur vigilance.

Jamais ces travaux importans n'ont été suivis avec autant d'ardeur que sous le regne du feu roi, notre très-honoré seigreur & aieul, plusieurs provinces en ont recueilli les fruits par l'augmentation rapide de la valeur des terres.

La protection que nous devons à l'agriculture, qui est la véritable base de l'abondance & de la prospérité publique ; & la faveur que nous voulons accorder au commerce, comme au plus sûr encouragement de l'agriculture, nous feront chercher à lier de plus en plus, par des communications faciles, toutes les parties de notre royaume, soit entr'elles, soit avec les pays étrangers.

Desirant procurer ces avantages à nos peuples, par les voies les moins onéreuses pour eux, nous nous sommes fait rendre compte des moyens qui ont été mis en usage pour la construction & l'entretien des Chemins publics.

Nous avons vu avec peine, qu'à l'exception d'un très-

, M. le garde des fceaux, chancelier de France

petit nombre de provinces , les ouvrages de ce genre ont
été , pour la plus grande partie , exécutés au moyen des
corvées exigées de nos fujets , & même de la portion la
plus pauvre , fans qu'il leur ait été payé aucun falaire pour
le temps qu'ils y ont employé. Nous n'avons pu nous empêcher d'être frappés des inconvéniens , attachés à la nature
de cette contribution.

Enlever forcement le cultivateur à fes travaux , c'eſt
toujours lui faire un tort réel , lors même qu'on lui paye
fes journées. En vain l'on croiroit choifir , pour lui demander un travail forcé , des temps où les habitans de
la campagne font moins occupés ; les opérations de la
culture font fi multipliées, fi variées, qu'il n'eſt aucun temps
entièrement fans emploi : ces temps , quand il en exiſteroit,
différeroient dans des lieux très-voifins , & fouvent dans
le même lieu , fuivant la différente nature du fol , ou
les différens genres de culture. Les adminiſtrateurs les plus
attentifs ne peuvent connoître ces variétés dans tout leur
détail ; d'ailleurs la néceſſité de raſſembler fur les atteliers
un nombre fuffifant de travailleurs , exige que les commandemens foient généraux dans un même canton. L'erreur
de l'adminiſtrateur peut faire perdre aux cultivateurs des
journées dont aucun falaire ne pourroit les dédommager.
Prendre le temps du laboureur , même en le payant , feroit
l'équivalent d'un impôt ; prendre fon temps fans le payer,
eſt un double impôt ; & cet impôt eſt hors de toute proportion , lorſqu'il tombe fur le fimple journalier , qui n'a,
pour fubfifter , que le travail de fes bras.

L'homme qui travaille par force & fans récompenfe,
travaille avec langueur & fans intérêt ; il fait dans le
même tems moins d'ouvrage, & fon ouvrage eſt plus mal
fait. Les corvoyeurs , obligés de faire fouvent trois lieues
ou davantage pour fe rendre fur l'attelier , autant pour retourner chez eux , perdent , fans fruit pour l'ouvrage , une
grande partie du temps exigé d'eux. Les appels multipliés,
l'embarras de tracer l'ouvrage , de le diſtribuer , de le faire
exécuter à une multitude d'hommes raſſemblés au hafard,
la plupart fans intelligence , comme fans volonté , con-

en furvivance, annonça cette loi au lit de juf-

---

fomme encore une partie du temps qui refte. Ainfi l'ouvrage qui fe fait, coute au peuple & à l'état, en journées
d'hommes & de voitures, deux fois, & fouvent trois fois
plus qu'il ne couteroit, s'il s'exécutoit à prix d'argent.

Ce peu d'ouvrage exécuté fi cherement, eft toujours
mal fait. L'art de conftruire des chauffées d'empierrement
quoiqu'affez fimple, a cependant des principes & des règles
qui déterminent la manière de former l'encaiffement, de
choifir & de pofer les bordures, de placer les pierres fuivant leur groffeur & leur dureté ; fuivant la nature de
leur compofition, qui les rend plus ou moins fufceptibles
de réfifter au poids des voitures ou aux injures de l'air.
De l'obfervation attentive de ces règles, dépend la foli-
dité des chauffées & leur durée ; & cette attention ne peut
être attendue, ni même exigée des hommes qu'on commande à la corvée, qui tous ont un métier différent, &
qui ne travaillent aux chemins qu'un petit nombre de jours
chaque année. Dans les travaux payés à prix d'argent,
l'on prefcrit aux entrepreneurs tous les détails qui tendent
à la perfection de l'ouvrage. Les ouvriers qu'ils choififfent, qu'ils inftruifent & qu'ils furveillent, font de la
conftruction des Chemins, leur métier habituel, & le
favent. L'ouvrage eft bien fait, parce que s'il l'étoit mal,
l'entrepreneur fait qu'on l'obligeroit à le recommencer à
fes dépens. L'ouvrage fait par la corvée refte mal fait,
parce qu'il feroit trop dur d'exiger des malheureux corvoyeurs
une double tâche pour réparer des imperfections commifes par
ignorance ; il en réfulte que les Chemins font moins folides
& plus difficiles à entretenir.

Il eft encore une autre caufe qui rend les travaux d'entretien, faits par corvée, beaucoup plus difpendieux.

Dans les lieux où les travaux fe font à prix d'argent,
l'entrepreneur, chargé d'entretenir une partie de route,
veille continuellement fur les dégradations les plus légeres ;
il les repare à peu de frais au moment qu'elles fe forment, & avant qu'elles aient pu s'augmenter ; enforte que
la route eft toujours roulante, & n'exige jamais de réparations couteufes.

tice du 12 mars 1776, dans les termes fuivans

Les routes, au contraire, qui font entretenues par corvée, ne font réparées que lorfque les dégradations font affú fenfibles, pour que les perfonnes chargées de donner des ordres en foient averties. De-là il arrive que ces routes formées communément de pierres groffièrement caffées, étant d'abord très-rudes, les voitures y fuivent toujours la même trace, & forment des ornières qui coupent fouvent la chauffée dans toute fa profondeur.

L'impoffibilité de multiplier à tout moment les commandemens de corvée, fait que, dans la plus grande partie des provinces, les réparations d'entretien fe font deux foi l'année, avant & après l'hiver, & qu'aux époques de ce deux réparations, les routes fe trouvent très-dégradées On eft obligé de les recouvrir de nouveau de pierres dans leur totalité; ce qui, outre l'inconvénient de rendre à chaque fois la chauffée auffi rude que dans fa nouveauté, entraîne une dépenfe annuelle en journées d'hommes & de voitures, fouvent très-approchante de la première conftruction.

Tout ouvrage qui exige quelque inftruction, quelque induftrie particulière, eft impoffible à exécuter par corvée C'eft par cette raifon que dans la confection des routes entreprifes par cette méthode, l'on eft obligé de fe borner à des chauffées d'empierrement groffièrement conftruites, fans pouvoir y fubftituer des chauffées de pavé; lorfque la nature des pierres l'éxigeroit, ou lorfque leur rareté & l'éloignement de la carrière rendroient la conftruction en pavé incomparablement moins chère que celle des chauffées d'empierrement, qui confomment une bien plus grande quantité de pierres. Cette différence de prix, fouvent très grande, au défavantage des chauffées d'empierrement, eft une augmentation de dépenfe réelle & de fardeau pour le peuple, qui réfulte de l'ufage des corvées.

Il faut y ajouter une foule d'accidens; la perte des beftiaux qui arrivant fur les atteliers déjà excédés par une longue route, fuccombent aux fatigues qu'on exige d'eux; la perte même des hommes, des chefs de famille bleffés, eftropiés, emportés par des maladies qu'occafionne l'in-

« La confection des grandes routes eſt indiſ-

---

tempérie des ſaiſons, ou la ſeule fatiguë; perte ſi doulou-
reuſe, quand celui qui périt ſuccombe à un riſque forcé,
& qui n'a été compenſé par aucun ſalaire.

Il faut ajouter encore les fiais, les contraintes, les
amendes, les punitions de toute eſpèce que néceſſite la ré-
ſiſtance à une loi trop dure, pour pouvoir être exécutée
ſans réclamation. Peut-être auſſi les vexations ſecretes,
que la plus grande vigilance des perſonnes chargée de l'exécution de nos ordres, ne peut entièrement empêcher dans
une adminiſtration auſſi étendue, auſſi compliquée que
celle de la corvée, où la juſtice diſtributive s'égare dans
une multitude du détails, ou l'autorité ſubdiviſée, pour
ainſi dire à l'infini, eſt répandue dans un ſi grand nombre
de mains, & confiée dans les dernières branches à des employés ſubalternes, qu'il eſt preſqu'impoſſible de choiſir
avec certitude, & très-difficile de ſurveiller.

Nous croyons impoſſible d'apprécier tout ce que la
corvée coûte au Peuple.

En ſubſtituant à un ſyſtème auſſi onéreux dans ſes effets,
auſſi défectueux dans ſes moyens, l'uſage de faire conſtruire les routes à prix d'argent nous aurons l'avantage de
ſavoir préciſément la charge qui en réſultera pour nos
peuples, l'avantage de tarir à la fois la ſource des vexations & celle des déſobéiſſances, celui de n'avoir plus
à punir, plus à commander pour cet objet, & d'économiſer
l'uſage d'autorité qu'il eſt ſi fâcheux d'avoir à prodiguer.
Ces différens motifs ſuffiroient pour nous faire préférer, à
l'uſage des corvées, le moyen plus doux & moins diſ-
pendieux de faire les Chemins à prix d'argent. Mais un
motif plus puiſſant & plus déciſif encore nous détermine;
c'eſt l'injuſtice inſéparable de l'uſage des corvées.

Tout le poids de cette charge retombe, & ne peut
retomber que ſur la partie la plus pauvre de nos ſujets, ſur
ceux qui n'ont de propriété que leurs bras & leur induſtrie, ſur les cultivateurs & ſur les fermiers. Les propriétaires, preſque tous privilégiés, en ſont exempts, ou n'y
contribuent que très-peu.

Cependant c'eſt aux propriétaires que les Chemins pu-

» pensable pour faciliter le transport des mar-

blics sont utiles, par la valeur que des communications multipliées donnent aux productions de leurs terres. Ce ne sont ni les cultivateurs actuels, ni les journaliers qu'on y fait travailler qui en profiteront; les successeurs des fermiers actuels payeront aux propriétaires cette augmentation de valeur en accroissement de loyers. La classe des journaliers y gagnera peut-être un jour une augmentation de salaires proportionnée à la plus grande valeur des denrées; elle y gagnera de participer à l'augmentation générale de l'aisance publique; mais la seule classe des propriétaires recevra une augmentation de richesses prompte & immédiate; & cette richesse nouvelle ne se répandra dans le peuple qu'autant que ce peuple l'achetera encore par un nouveau travail.

C'est donc la classe des propriétaires des terres qui recueille le fruit de la confection des Chemins; c'est elle qui devroit seule en faire l'avance, puisqu'elle en retire les intérêts.

Comment pourroit-il être juste d'y faire contribuer ceux qui n'ont rien à eux? de les forcer à donner leur temps & leur travail sans salaire, de leur enlever la seule ressource qu'ils aient contre la misere & la faim, pour les faire travailler au profit de citoyens plus riches qu'eux?

Une erreur toute opposée à souvent engagé l'administration à sacrifier les droits des propriétaires au desir mal entendu de soulager la partie pauvre de nos sujets, en assujettissant par des loix prohibitives les premiers à livrer leurs propres denrées au-dessous de leur véritable valeur.

Ainsi, d'un côté l'on commettoit une injustice contre les propriétaires, pour procurer aux simples manouvriers du pain à bas prix; & de l'autre on enlevoit à ces malheureux, en faveur des propriétaires, le fruit légitime de leurs sueurs & de leur travail.

On craignoit que le prix des subsistances ne montât trop haut pour que leurs salaires pussent y atteindre; &, en exigeant d'eux gratuitement un travail qui leur eût été payé, si ceux qui en profitent en eussent supporté la dé-

» chandises

» chandifes & des denrées, pour favorifer dans

penfe, on leur ôtoit le moyen de concurrence , le plus propre à faire monter ces falaires à leur véritable prix.

C'étoit bleffer également les propriétés & la liberté des différentes claffes de nos fujets; c'étoit les appauvrir les uns & les autres pour les favorifer injuftement tour à tour. C'eft ainfi qu'on s'égare , quand on oublie que la juftice feule peut maintenir l'équilibre entre tous les droits & tous les intérêts. Elle fera dans tous les temps la bafe de notre adminiftration , & c'eft pour la rendre à la partie de nos fujets la plus nombreufe , & fur laquelle le befoin qu'elle a d'être protégée fixera toujours notre attention d'une maniere plus particuliere, que nous nous fommes hâtés de faire ceffer les corvées dans toutes les provinces de notre royaume.

Nous n'avons cependant pas voulu nous livrer à ce premier mouvement de notre cœur, fans avoir examiné & apprécié les motifs qui ont pu engager nos prédéceffeurs à introduire & laiffer fubfifter un ufage dont les inconvéniens font fi évidens.

On a pu penfer que la méthode des corvées permettant de travailler à la fois fur toutes les routes , dans toutes les parties du royaume, les communications feroient plutôt ouvertes , & que l'état jouiroit plus promptement des richeffes dues à l'activité du commerce & à l'augmentation de valeur des productions.

L'expérience n'a pas dû tarder à diffiper cette illufion.

On a bientôt vu que quelques-unes des provinces où la population eft la moins nombreufe , font précifément celles où la confection des Chemins , par la nature du pays & du fol, exige des travaux immenfes , qu'on ne peut fe flatter d'exécuter avec un petit nombre de bras, fans y employer peut-être plus d'un fiécle.

On a vu que dans les provinces mêmes les plus remplies d'habitans , il n'étoit pas poffible, fans accabler les peuples & fans ruiner les campagnes , d'exiger des corvoyeurs un affez grand nombre de journées , pour pouvoir exécuter en peu de temps aucune partie confidérable de Chemin

» l'étendue du royaume une police active, d[

On a éprouvé que les corvoyeurs ne pouvoient donne[
utilement leur temps, fans être conduits par·des employ[
intelligens qu'il falloit payer; que les fournitures d'outils[
leur renouvellement, les frais de magafin entraînoien[
des dépenses confidérables, proportionnées à la quanti[
d'hommes employés annuellement.

On a fenti que fur une longueur déterminée de Chemin[
conftruite par corvée, il devoit fe rencontrer plufieurs ou[
vrages indifpenfables, tels que des ponts, des efcarpemen[
de rochers, des murs de terraffe, qui ne pouvoient êtr[
conftruits que par des hommes d'art à prix d'argent; que pa[
conféquent l'on hâteroit fans fruit la conftruction des ou[
vrages de corvée, fi l'impoffibilité d'avancer en même pro[
portion les ouvrages d'art laiffoit les Chemins interromp[
& inutiles au public.

On s'eft convaincu par là que la quantité d'ouvrag[
faits annuellement par corvée avoit, avec la quantité d'ou[
vrages d'art que permettoit chaque année la difpofition de[
fonds des ponts & chauffées, une proportion néceffair[
qu'il étoit ou impoffible ou inutile de paffer, que dès-lor[
on fe flatteroit vainement de faire à la fois tous les Che[
mins, & que ce prétendu avantage de la corvée fe réduifo[
à pouvoir commencer en même temps un grand nomb[
de routes, fans faire réellement plus d'ouvrage qu'on ne[
feroit par la méthode des conftructions à prix d'argent[
dans laquelle on n'entreprend une partie que lorfqu'une autr[
eft achevée, & que le public peut en jouir.

L'état où font encore les Chemins dans la plus grande par[
tie de nos provinces, & ce qui refte à faire en ce genre, aprè[
tant d'années pendant lefquelles les corvées ont été e[
vigueur, prouve combien il eft faux que ce fyftême puiff[
accélérer la conftruction des Chemins.

On s'eft auffi effrayé de la dépenfe qu'entraîneroit la con[
fection des Chemins à prix d'argent.

On n'a pas cru que le tréfor de l'état, épuifé par le[
guerres & par les profufions de plufieurs règnes, &[
chargé d'une maffe énorme de dettes, pût fournir à cett[
dépenfe.

» laquelle dépend la fûreté des voyageurs ,

On a craint de l'impofer fur les peuples , toujours trop
chargés , & on a préféré de leur demander un travail gratuit , imaginant qu'il valoit mieux exiger des habitans de
la campagne , pendant quelques jours , des bras qu'ils
avoient , que de l'argent qu'ils n'avoient pas.

Ceux qui faifoient ce raifonnement oublioient qu'il ne
faut demander à ceux qui n'ont que des bras , ni l'argent
qu'ils n'ont pas , ni les bras qui font leur unique moyen
pour nourrir eux & leur famille.

Ils oublioient que la charge de la confection des Chemins , doublée & triplée par la lenteur , la perte de temps
& l'imperfection attachée au travail des corvées , eft incomparablement plus onéreufe pour ces malheureux , qui n'ont
que des bras , que ne pouvoir l'être une charge incomparablement moindre , impofée en argent , fur des propriétaires plus en état de payer ; qui , par augmentation de
leur revenu , auroient immédiatement recueilli les fruits de
cette efpèce d'avance ; & dont la contribution , en deve-
nant pour eux une fource de richeffes , eût foulagé dans
l'inftant ces mêmes hommes qui , n'ayant que des bras ,
ne vivent qu'autant que ces bras font employés & payés.

Ils oublioient que fi une impofition employée à des
dépenfes éloignées, dont les peuples ignorent l'emploi, épuife
les provinces & les afflige , une contribution dont le produit , dépenfé fur les lieux mêmes , eft employé fous les
yeux de ceux qui la payent en travaux dont ils recueillent
l'avantage , & foulage les habitans pauvres , en leur pro-
curant des falaires , enrichit au contraire & confole les
Peuples.

Ils oublioient que la corvée eft elle-même une impofition , & une impofition bien plus forte , bien plus inégale-
ment répartie & bien plus accablante que celle qu'ils redou-
toient d'établir.

La facilité avec laquelle les Chemins ont été faits à prix
d'argent dans quelques pays d'états , & le foulagement
qu'ont éprouvé les peuples dans quelques-unes des généralités des pays d'élection , lorfque leurs adminiftrateurs
particuliers y ont fubftitué aux Corvées une contribution

» pour affurer la tranquillité intérieure de l'état

en argent , ont affez fait voir combien cette contribution
étoit préférable aux inconvéniens qui fuivent l'ufage des
corvées.

Une autre raifon plus apparente a fans doute principalement influé fur le parti qu'on a pris d'adopter , pour la
confection des Chemins , la méthode des corvées ; c'eft la
crainte que les befoins renaiffans du tréfor royal n'enga-
geaffent , fur-tout dans les temps de guerre , à détourner
de leur deftination pour les employer à des dépenfes plus
urgentes , les fonds impofés pour la confection des Chemins ; que ces fonds une fois détournés , ne continuaffent
de l'être ; & que les peuples ne fuffent un jour forcés en
même temps , & de payer l'impôt deftiné originairement
pour les Chemins , & de fubvenir d'une autre manière ,
& peut-être par corvée , à leur conftruction.

Les adminiftrateurs fe font craints eux-mêmes : ils ont
voulu fe mettre dans l'impoffibilité de commettre une infidélité , dont trop d'exemples leur faifoient fentir le danger.

Nous louons le motif de leur crainte , & nous fentons
la force de cette confidération ; mais elle ne change pas
la nature des chofes ; elle ne fait pas qu'il foit jufte de
demander un impôt aux pauvres pour en faire profiter les
riches , & de faire fupporter la conftruction des Chemins à
ceux qui n'y ont point d'intérêt.

Tout cede , dans les temps de guerre , au premier de
tous les befoins , la défenfe de l'état. Il eft néceffaire alors,
il eft jufte de fufpendre toutes les dépenfes qui ne font pas
d'une néceffité indifpenfable : celle des Chemins doit être
alors réduite au fimple entretien. L'impofition deftinée à
cette dépenfe , doit être réduite à proportion pour foulager
les peuples chargés de taxes extraordinaires mifes à l'occafion de la guerre.

A la paix , l'intérêt qu'a le fouverain de faire fleurir le
commerce & la culture , & la néceffité des Chemins pour
remplir ce but , doivent raffurer fur la crainte d'en voir
abandonner les travaux , & de n'y pas voir deftiner de
nouveau des fonds proportionnés au befoin par le réta-
bliffement de l'impofition fufpendue à l'occafion de la guerre.

» & les communications nécessaires au com-
» merce. _

Il n'est point à craindre qu'on préfere à ce parti si simple celui de rétablir les corvées, si l'usage en a été abrogé, parce qu'elles ont été reconnues injustes.

A notre égard, l'exposition que nous avons faite des motifs qui nous déterminent à supprimer les corvées; répondent à nos sujets qu'elles ne seront point rétablies pendant notre règne; & peut être le souvenir que nos peuples conserveront de ce témoignage de notre amour pour eux, donnera à notre exemple, auprès de nos successeurs, un poids qui les éloignera d'assujettir leurs sujets au fardeau que nous aurons aboli.

Nous prendrons, au reste, toutes les mesures qui dépendront de nous pour que les fonds provenans de la contribution établie pour la confection des grandes routes, ne puissent être détournés à d'autres usages.

Dans cet esprit, nous n'avons pas voulu que cette contribution pût jamais être regardée comme une imposition ordinaire & fixe pour la quotité, ni qu'elle pût être versée en notre trésor royal. Nous voulons qu'elle soit réglée tous les ans en notre conseil pour chaque généralité; qu'elle n'excède jamais la somme qu'il sera nécessaire d'employer dans l'année pour la construction & entretien des chaussées ou autres ouvrages qui étoient ci-devant faits par corvées, nous réservant de pourvoir à la construction des ponts & autres ouvrages d'art sur les mêmes fonds qui y ont été destinés jusqu'aujourd'hui, & qui sont imposés sur notre royaume à cet effet: Notre intention est que la totalité des fonds provenans de la contribution de chaque Généralité y soit employée; & qu'il ne puisse être imposé aucune somme l'année suivante qu'en conséquence d'un nouvel état arrêté en notre conseil.

Pour que tous nos sujets puissent être instruits des objets auxquels ladite contribution sera employée, nous avons jugé à propos d'ordonner qu'il sera dressé un état arrêté en notre conseil, en la forme ordinaire, du montant de toutes les adjudications des travaux qui devront être entrepris dans l'année; & que cet état sera déposé tant au

» Les ouvrages immenfes que le roi eft obli-

greffe de nos bureaux des finances qui font chargés de
l'exécution des états du roi, qu'à celui de nos cours de
parlement, chambres des comptes & cour des aides, &
que chacun de nos fujets puiffe en prendre communication.

Nous avons auffi voulu que, dans le cas où ces fommes n'auroient pu être employées dans l'année, les fommes reftantes à employer fuffent diftraites de celles à impofer dans l'année fuivante, fans pouvoir être, fous aucun prétexte, confondues avec la maffe de nos finances
& verfées dans notre tréfor royal. Nous avons cru néceffaire auffi de régler, par le préfent édit, la comptabi-
lité des deniers provenans de cette contribution, tant en nos
chambres des comptes qu'en nos bureaux des finances, &
d'intéreffer la fidélité que ces tribunaux nous doivent, à ne
jamais paffer aucun emploi de ces fonds, étranger à l'objet auquel nous les deftinons.

Par le compte que nous nous fommes fait rendre des
routes à conftruire & à entretenir dans nos différentes provinces, nous croyons pouvoir affurer nos fujets qu'en aucune année la dépenfe pour cet objet ne furpaffera la
fomme de dix millions pour la totalité des pays d'élection.

Cette contribution ayant pour objet une dépenfe utile
à tous les propriétaires, nous voulons que tous les propriétaires, privilégiés & non privilégiés, y concourent,
ainfi qu'il eft d'ufage pour toutes les charges locales; &
par cette raifon nous n'entendons pas même que les terres
de notre domaine en foient exemptes, foit qu'elles foient
en nos mains, foit qu'elles en foient forties, à quelque titre
que ce foit. Le même efprit de juftice qui nous engage à
fupprimer la corvée, & à charger de la conftruction des
Chemins les propriétaires qui y ont intérêt, nous détermine
à ftatuer fur l'indemnité legitimement due aux propriétaires
d'héritages qui font privés d'une partie de leur propriété,
foit par l'emplacement même des routes, foit par l'extraction
des matériaux qui doivent y être employés. Si la néceffité
du fervice public les oblige à céder leur propriété, il eft
jufte qu'ils n'en fouffrent aucun dommage & qu'ils reçoivent

» gé d'ordonner pour cet effet feroient bientôt

---

le prix de la portion de leur propriété qu'ils font obligés de céder.

A ces caufes & autres à ce nous mouvant, de l'avis de notre confeil, & de notre certaine fcience, pleine puif-fance & autorité royale, nous avons par le préfent édit. perpétuel & irrévocable, dit, ftatué & ordonné, difons, ftatuons & ordonnons, voulons & nous plaît ce qui fuit:

ARTICLE PREMIER.

Il ne fera plus exigé de nos fujets aucun travail gratuit ni forcé, fous le nom de corvée, ou fous quelqu'autre dénomination que ce puiffe être, foit pour la conftruc-tuftion des Chemins, foit pour tout autre ouvrage public, fi ce n'eft dans les cas où la défenfe du pays, en temps de guerre, exigeroit des travaux extraordinaires, auquel cas il y feroit pourvu en vertu de nos ordres adreffés aux gou-verneurs, commandans, ou autres adminiftrateurs de nos provinces; défendons, en toutes autres circonftances, à tous ceux qui font chargés de l'exécution de nos ordres, d'en commander ou d'en exiger; nous réfervant de faire payer ceux que, dans ce cas, la néceffité des circonftances obligera d'enlever à leurs travaux.

II. Les ouvrages qui étoient faits ci-devant par cor-vées, tels que les conftructions & entretiens des routes & autres ouvrages néceffaires pour la communication des pro-vinces & des villes entre elles, le feront à l'avenir, au moyen d'une contribution de tous les propriétaires de biens-fonds ou de droits réels, fujets aux vingtièmes, fur lef-quels la répartition en fera faite à proportion de leur cotti-fation au rôle de cette impofition, voulons que les fonds: & droits réels de notre domaine y contribuent dans la même proportion.

III. A l'égard des conftructions de ponts, & autres ou-vrages d'art, il continuera d'y être pourvu fur les mêmes fonds. qui y ont été deftinés par le paffé.

IV. Voulons que les propriétaires des héritages & des bâtimens qu'il fera néceffaire de traverfer ou de démolir pour la conftruction des Chemins, ainfi que de ceux qui feront

» en pure perte, si l'on n'apportoit pas le plus
» grand soin à leur entretien.

---

dégradés par l'extraction des matériaux, soient dédommagés
de la valeur desdits héritages bâtimens ou dégradations;
& sera le dédommagement payé sur les fonds provenans de
la contribution ordonnée par l'article I I ci-dessus.

V. Le montant de ladite contribution, dans chaque généralité, sera réglé tous les ans sur le prix des constructions, entretiens & dédommagemens que nous aurons ordonnés dans ladite généralité pendant l'année; à l'effet de
quoi il sera arrêté tous les ans en notre conseil un état particulier pour chaque généralité, qui comprendra toutes lesdites dépenses.

V I. Il sera fait des devis & détails, & passé des adjudications desdits ouvrages, & des baux de leur entretien
dans la forme qui sera par nous prescrite : & l'état arrêté
par nous en notre conseil, mentionné en l'article précédent
sera composé du montant desdites adjudications & baux
nous réservant, comme par le passé, & à notre conseil
la conoissance de la direction des routes, des estimations
adjudications & de toutes les clauses qui pourront y être
contenues, circonstances & dépendances.

V I I. Il nous sera rendu compte en notre conseil, chaque année, de l'emploi desdites sommes provenant de l
contribution ordonnée; & dans le cas où elles n'auroien
pas été consommées en entier, il en sera fait mention dan
l'état de l'année suivante; & la somme qui n'aura pas ét
employée sera retranchée de la contribution de ladite anné
suivante. Dans le cas au contraire où quelque cause impré
vue obligeroit de faire une dépense qui n'auroit pas ét
comprise dans quelques-unes des adjudications, il nous e
sera rendu compte; & si cette dépense est approuvée pa
nous, elle sera comprise dans l'état arrêté pour l'anné
suivante

V I I I. Aussi-tôt que ledit état sera par nous arrêté
il en sera déposé une expédition, pour chaque généralité
l'une au greffe de notre cour de parlement, la seconde
celui de notre chambre des comptes, la troisième à cel
de notre cour des aides & la quatrième à celui du burea

» Il n'eſt donc pas poſſible que le roi néglige
» un objet auſſi intéreſſant ; mais il étoit naturel
» que ſa majeſté choiſît, dans les moyens de le
» remplir, ceux que ſa ſageſſe lui feroit con-
» ſidérer comme les plus conformes à l'eſprit
» d'équité qui règle toutes ſes actions.

» L'on avoit juſqu'à préſent contraint les la-

---

des finances de ladite généralité, à l'effet, par toutes perſonnes, de quelque qualité & condition qu'elles ſoient,
d'en pouvoir prendre communication ſans frais ni dépla-
cement ; & leſdits états ſerviront de baſe à la comp-
tabilité à rendre à la chambre des comptes par nos tréſoriers, ainſi qu'il ſera expliqué par les articles X & XI ci-
après.

IX. Le recouvrement des ſommes provenantes de ladite contribution ordonnée par l'article II du préſent édit,
ſera fait dans la même forme que celui des vingtièmes.

X. Les deniers en provenans ſeront remis aux receveurs
ordinaires des impoſitions, qui ſeront tenus de les verſer
mois par mois, à la déduction de quatre deniers pour
livre pour leurs taxations, entre les mains du commis
que les tréſoriers établis par nous pour les dépenſes des
ponts & chauſſées, tiennent dans chaque généralité ; lequel délivrera leſdits fonds aux adjudicataires des ouvrages
dans la forme qui ſera par nous preſcrite ; ſans que, ſous
aucun prétexte, leſdites ſommes puiſſent être détournées
à d'autres emplois, ni même verſées en notre tréſor
royal.

XI. Ne pourront leſdits tréſoriers être valablement déchargés deſdites ſommes qu'en rapportant les quittances
deſdits adjudicataires ; faiſant très expreſſes inhibitions & défenſes aux commis deſdits tréſoriers de ſe deſſaiſir deſdits
deniers, pour toute autre deſtination que ce puiſſe être,
à peine d'être forcés en recette de la totalité des ſommes
qu'ils auroient payées contre la diſpoſition du préſent article. Enjoignons à nos chambres des comptes & à nos bureaux des finances, chacun en droit ſoi, d'y tenir exactement la main. Si donnons en mandement, &c.

» boureurs de fournir leurs charrois & leurs do-
» mestiques pour les transports des terres & des
» matériaux nécessaires à la confection & à la
» réparation des grandes routes. On avoit aussi
» exigé des habitans des campagnes, qui ne
» subsistent que par le travail de leurs bras, de
» renoncer à une partie des salaires journaliers
» sur lesquels est fondée toute leur subsistance,
» pour donner gratuitement chaque année un
» certain nombre de jours au travail des Che-
» mins.

» Les propriétaires des fonds, dont la plus
» grande partie jouissent des exemptions atta-
» chées à la noblesse & aux offices, ne contri-
» buoient point à cette charge, & cependant
» ce sont eux qui participent le plus à l'avantage
» de la confection des grandes routes, par
» l'augmentation du produit de leurs héritages,
» qui est l'effet naturel des progrès du com-
» merce & de la consommation des denrées.

» La corvée de travail imposoit aux habitans
» de la campagne une espèce de servitude acca-
» blante. Il étoit de la justice & de la bonté du
» roi de les en délivrer par une contribution qui
» ne fût supportée que par ceux qui, jusqu'à
» ce moment, recueilloient seuls le fruit de ce
» travail.

» Telles sont les vues qui ont engagé le roi
» à établir cette contribution, à la régler sur
» la répartition du vingtième & à donner lui-
» même l'exemple à tous les propriétaires de
» son royaume, en ordonnant que ses domai-
» nes y seroient assujettis.

» Sa majesté a pris toutes les précautions pos-
» sibles, pour que les deniers qui en provien-

»dront ne puiſſent jamais être divertis à d'au-
» tres uſages, qu'ils ſoient toujours employés
» dans chacune des généralités où ils auront été
» levés & que la ſomme qui ſera impoſée, n'ex-
» cède jamais la valeur des ouvrages auxquels
» elle ſera deſtinée.

La lecture de l'édit dont il s'agit ayant enſuite été ordonnée & faite par le greffier en chef
du parlement, le miniſtère public adreſſa au
roi le diſcours ſuivant, qui eſt particulièrement
remarquable en ce qu'on y a propoſé l'exemple
des Romains, & d'employer, comme eux, à
l'établiſſement & à l'entretien des Chemins publics les troupes de l'état :

« S I R E ,

» La puiſſance royale ne connoît d'autres bor-
» nes, que celles qu'il lui plaît de ſe donner à
» elle-même. Votre majeſté croit devoir en ce
» moment faire uſage d'une autorité abſolue.
» Quel que puiſſe être l'événement de l'exer-
» cice de ce pouvoir, l'édit dont nous venons
» d'entendre la lecture, n'en ſera pas moins
» aux yeux de votre parlement une nouvelle
» preuve de la bienfaiſance du cœur de votre
» majeſté.

» Du haut de ſon trône, elle a daigné jetter
» un regard favorable ſur toutes les provinces
» de ſon royaume ; avec quelle douleur n'a-t-
» elle pas conſidéré l'affreuſe ſituation des mal-
» heureux qui habitent les campagnes ! réduits
» à ne pouvoir même trouver dans le travail,
» par la cherté des denrées, un ſalaire ſuffiſant
» pour aſſurer leur ſubſiſtance, ils accuſent de
» leur infortune l'avarice de la terre & l'intem-

» périe des saisons. On a proposé à votre ma-
» jesté de venir à leur secours ; on lui a fait en-
» visager les travaux publics auxquels ils étoient
» forcés de sacrifier une partie de leur temps,
» comme une surcharge également injuste dans
» le principe & odieuse dans les effets. La bonté
» de votre cœur s'est émue, votre tendresse
» s'est allarmée , & n'écoutant que la sensibi-
» lité d'une ame paternelle, votre majesté s'est
» empressée de remédier à un abus apparent,
» mais consacré en quelque sorte par son an-
» ciennneté.

» La nation entière applaudira, Sire , aux
» vues de bienfaisance dont vous êtes animé.
» Tous vos sujets partagent vos sentimens, &
» leur amour leur fera supporter avec patience
» la nouvelle charge que vous croyez devoir
» imposer. Mais, Sire , permettez à notre zèle
» de vous représenter très-respectueusement,
» que le même motif qui vous engage à tendre
» une main secourable aux malheureux, doit
» également vous engager à ne pas faire suppor-
» ter tout le poids des impositions aux posses-
» seurs de fonds, dont la propriété sera bientôt
» anéantie par la multiplicité des taxes. Et en
» effet, c'est sur le propriétaire que les impôts
» en tout genre se trouvent accumulés ; c'est le
» propriétaire qui paye la taille de son fermier ;
» c'est le propriétaire qui paye l'industrie ; c'est
» le propriétaire qui paye la capitation de son
» fermier , la sienne & celle de ses domesti-
» ques ; enfin, c'est le propriétaire qui paye les
» vingtièmes. Si votre majesté ajoute à ces diffé-
» rens impôts un nouveau droit pour tenir lieu
» des corvées, que deviendra cette propriété

« morcelée en tant de manières? & pourra-t-
» il trouver dans le peu qui lui reftera, toutes
» charges de l'état déduites, un bénéfice fuffifant
» pour fournir à fa confommation, à celle de fa
» famille, à l'entretien de fes bâtimens & à la
» culture de fon domaine dont il ne fera plus
» que le fermier ?

» C'eft un principe univerfellement reconnu,
» qu'en matière d'impôts, la difficulté de la
» perception abforbe fouvent tout le bénéfice ;
» la multiplicité des taxes fatigue néceffaire-
» ment les contribuables, fans augmenter la
» maffe des tréfors du prince ; enfin, Sire, la
» véritable richeffe d'un roi, c'eft la richeffe de
» fon peuple. Apauvrir les fujets, c'eft ruiner le
» fouverain, parce que toutes les reffources de
» l'état font dans la fortune des particuliers.

» Si de ces confidérations générales, nous
» defcendons dans l'examen de la nouvelle im-
» pofition que votre majefté fe propofe d'éta-
» blir, que de réflexions n'aurions-nous pas à
» vous préfenter, & fur fa nature, qui détruit
» toutes les franchifes de la nobleffe, auffi an-
» ciennes que la monarchie ; & fur fa durée,
» qui n'a point de limite, & fur l'arbitraire de
» la fixation qui s'en fera toutes les années.

» Sous quelque dénomination que l'on envi-
» fage cet impôt, il n'en fera pas moins perpé-
» tuel, il n'aura ni terme, ni mefure ; il dépen-
» dra de l'influence des faifons, de l'activité du
» commerce, de la rapidité des paffages : & il
» n'aura jamais d'autres appréciateurs que les
» commiffaires départis par votre majefté en
» chaque province de fon royaume.

» Cette contribution confondra la nobleffe,

» qui eſt le plus ferme appui du trône, & le cler
» gé, miniſtre ſacré des autels, avec le reſt
» du peuple, qui n'a droit de ſe plaindre de l
» corvée, que parce que chaque jour doit l
» rapporter le fruit de ſon travail pour ſa nour
» riture & celle de ſes enfans.

» Il eſt juſte, ſans doute, d'aſſurer la ſubſi
» tance du payſan que l'on tire de ſes foyers
» il eſt juſte de le dédommager de la perte ¢
» ſes travaux auxquels il eſt arraché : mais
» ſire, ſi l'entretien des Chemins publics eſt in
» diſpenſable, comme perſonne n'en peut dou
» ter, il eſt également vrai qu'ils ſont d'une u
» lité générale à tous les ſujets de votre maje
» té. Cette utilité reconnue, ne doivent-ils p
» y contribuer également, les uns avec de l'ai
» gent, les autres par leur travail ? pourque
» faut-il que le fardeau tout entier ne retomb
» que ſur le propriétaire, comme s'il étoit l
» ſeul qui eût droit d'en profiter ? Nous ne di
» conviendrons pas que le poſſeſſeur d'un do
» maine en tirera un grand avantage pour l'ex
» ploitation de ſes terres & pour la facilité d
» tranſport de ſes denrées ; mais tous les com
» merçans du royaume, autres que ceux qu
» font le trafic des productions de la terre, n
» retireront-ils pas le même avantage de l'en
» tretien de la voie publique ? Le poids de
» marchandiſes étrangères qui ſe tranſporten
» d'une extrémité du royaume à l'autre ; le
» voitures publiques ouvertes à tous les c
» toyens, les rouliers & les voyageurs n'y cau
» ſeront pas moins de dégradations & jouiron
» de la même commodité, ſans être tenus d
» payer pour l'établiſſement ou la réparatio

» des grandes routes. Ne feroit-il pas de la juf-
» tice de votre majefté, de répartir l'impofi-
» tion fur tous ceux qui font ufage de la voie
» publique, en proportion de l'utilité qu'ils en
» retirent? La perception, fans doute, devien-
» droit très-difficile & peut-être impraticable ;
» mais puifque nous avons l'honneur de parler
» à un roi qui ne veut que le bonheur de fon
» peuple, ne nous fera-t-il pas permis de lui
» expofer le moyen de le foulager?

» Les peuples les plus anciens, les nations
» les plus fages, les républiques les mieux po-
» licées ont toujours employé leurs armées à
» l'établiffement & à l'entretien des Chemins pu-
» blics. Les ouvrages faits par les gens de guerre
» ont toujours été les plus folides, & il exifte
» encore en France des Chemins conftruits par
» Céfar lors de la conquête des Gaules.

» Votre majefté pourroit également faire tra-
» vailler fes foldats pendant la paix. Cent mille
» hommes employés pendant un mois, à deux
» reprifes différentes dans l'année, quinze jours
» au printemps, quinze jours en automne,
» acheveroient plus d'ouvrages que toutes les
» paroiffes du royaume. Par cet arrangement
» les Chemins fe trouvèroient toujours en bon
» état & le doublement de la paye tiendroit
» lieu d'indemnité pour ce nouveau travail. Cent
» mille hommes font vingt-cinq mille francs
» par jour: pour un mois ce feroit fept cent
» cinquante mille livres, & en y joignant la mê-
» me fommé pour les voitures à charrois, la
» totalité feroit un objet de quinze cens mille
» livres. Le corps du gènie pourroit remplacer
» l'école des ponts & chauffées, & les fonds

» actuellement destinés à cette école & à ces
» travaux, se trouveroient suffisans sans aucune
» taxe nouvelle. Les soldats y trouveroient un
» bénéfice, & les vues de bienfaisance de votre
» majesté seroient entièrement remplies.

» Voilà, sire, les réfléxions que l'amour du
» bien public nous a suggérées : puissent-elles
» être agrées de votre majesté ! En lui fournis-
» sant le moyen d'épargner un impôt à ses su-
» jets, nous croyons donner à votre majesté
» une nouvelle preuve de notre amour & de
» notre respect. Si elle pouvoit douter des sen-
» timens qui nous animent & que nous parta-
» geons avec tout son parlement, votre majesté
» peut s'assurer par elle-même des véritables
» motifs qui ont dirigé les démarches d'un
» corps si attaché à son souverain ».

Ces représentations n'empêchèrent pas que
l'enregistrement de l'édit ne fût ordonné, mais
elles ne sont pas pour cela demeurées sans effet,
puisque le roi par sa déclaration du 11 août
1776, enregistrée au parlement le 19 du même
mois, a suspendu l'exécution de cet édit & rétabli par provision l'ancien usage observé pour
les réparations des grands chemins. Pour faire
connoître les motifs qui ont déterminé sa majesté,
nous rapporterons ici la déclaration dont on
vient de parler :

» LOUIS, par la grâce de dieu, roi de France
» & de Navarre : à tous ceux qui ces présentes
» lettres verront ; salut. La nécessité de réparer
» avant l'hiver les grandes routes de notre
» royaume, nous a engagé à examiner les
» moyens d'y pourvoir ; & nous avons reconnu
» qu'il étoit impossible de mettre en usage ceux
» qui

» qui font ordonnés par notre édit du mois de
» février dernier ; nous avons cru d'ailleurs de-
» voir donner une attention particulière aux re-
» préfentations de nos cours, fur les inconvé-
» niens qui pourroient réfulter des difpofitions
» de notredit édit, fuivant la réferve que nous
» en avons faite. La réfolution que nous avons
» prife de faire examiner le tout en notre con-
» feil ne nous permettant pas avant le temps
» deftiné aux travaux néceffaires pour les répa-
» rations & l'entretien des chemins, de pouvoir
» prendre un parti définitif fur un objet auffi
» effentiel au bien général de nos fujets ; & con-
» fidérant d'un autre côté combien il importe
» que ces réparations & entretiens, négligés &
» prefqu'entiérement fufpendus depuis près de
» deux ans, ne fouffrent pas un plus long retar-
» dement, nous avons jugé plus convenable de
» rétablir par provifion l'ancien ufage obfervé
» pour les réparations des grands chemins. Nous
» nous y fommes déterminé d'autant plus vo-
» lontiers, qu'occupé du bonheur de nos peu-
» ples, nous nous propofons de porter une at-
» tention particulière à leur procurer des foula-
» gemens réels fur cette partie effentielle du
» fervice public. A ces caufes & autres à ce nous
» mouvant, de l'avis de notre confeil & de notre
» certaine fcience, pleine puiffance & autorité
» royale, nous avons dit, déclaré & ordonné,
» & par ces préfentes fignées de notre main,
» difons, déclarons & ordonnons, voulons & nous
» plaît qu'immédiatement après les récoltes,
» tous travaux & ouvrages néceffaires pour les
» réparations & entretiens des grandes routes,
» continuent d'être faits dans les diverfes pro-

» vince de notre royaume comme avant not:
» édit du mois de février dernier. Si donnons (
» mandement , &c ».

· Il est défendu aux propriétaires dont les hé:
tages sont plus bas que le Chemin & en reço:
vent les eaux, d'en interrompre le cours, so
par l'exhaussement, soit par la clôture de le:
terrein, sauf à eux néanmoins à construire (
entretenir à leurs dépens des aqueducs, ga:
gouilles & fossés propres à les débarrasser d:
eaux, conformément aux dimensions qui le:
auront été données, le tout sous peine de ci:
quante livres d'amende, & d'être employé d:
ouvriers aux frais des mêmes propriétaires
pour la confection des ouvrages auxquels leu:
contraventions auront pu donner lieu. C'est (
qui résulte des ordonnances des 13 février 174
& 22 juin 1751.

Il est aussi défendu aux gravatiers, laboureur:
vignerons, jardiniers, charrons & autres de d:
charger des gravois, terres, fumiers, immon:
dices, pierres, bois, ou autres empêchemens a
passage public, tant sur les chaussées de pavé
accottemens & chemins de terre, que sur le
ponts, aux avenues des ports, & dans les rue
des villes, bourgs & villages où sont les grande
routes, d'y laisser séjourner aucune voiture,
charrette, bois de charronage, meule de foi:
ou de paille, ni quelqu'autre chose que ce soi
qui puisse embarrasser la voie publique. Il y a d:
pareilles défenses de faire des trous ou fouilles :
côté des chaussées ou accottemens, & sur le
glacis, de même que d'y faire aucune culture &
d'y prendre du sable, de la pierre ou d'autre:

matériaux (*). C'eſt ce qui réſulte de différens règlemens & particulièrement de ceux des 26 octobre & 19 novembre 1666, 28 mai 1714, 17 juin 1721, 4 août 1731, 17 mars 1739, 23 août 1743 & 18 juin 1765, leſquels défendent d'ailleurs aux bergers, conducteurs de bœufs, vaches, moutons, chévres & autres animaux,

***

(*) Une ordonnance rendue au bureau des finances de la généralité de Paris le 23 juin 1761, a condamné les nommés Jean Bardou, Jean-Baptiſte Doulainge, Jacques Meunier, Philippe Cottin & pluſieurs autres particuliers à vingt livres d'amende chacun, ſans tirer à conſéquence, pour avoir dépoſé des boues, fumiers & immondices ſur l'accottement de la chauſſée du grand Chemin de Pantin, & dans la demi-lune de l'avenue de ſaint Denis, & il leur a été fait défenſe de récidiver ſous peine d'une amende plus forte.

Par une autre ordonnance du 25 mai 1762, les nommés Adam, Jambon, l'Ecuyer, Sallé & pluſieurs autres ont été condamnés ſolidairement à faire enlever les gravois & immondices qu'ils avoient dépoſés ſur les accottemens de la chauſſée de la montagne de ſaint Germain en Laie, & à vingt livres d'amende chacun.

Par une autre ordonnance du 25 mai 1764, le nommé Pierre, maître charron, a été condamné à une amende de cinquante livres pour avoir embarraſſé la voie publique en y laiſſant ſéjourner des roues, des chariots & d'autres voitures.

Par une autre ordonnance du 18 ſeptembre de la même année, le nommé Taberna, tuillier à Saux-les-Chartreux, a été condamné à cinquante livres d'amende pour avoir fait fouiller & enlever du ſable au haut de la montagne de Longjumeau, ſur la route d'Orléans, près de la berge du Chemin, & à reboucher les trous qu'il avoit faits.

Par une autre ordonnance du 9 août 1765, André Hequin & la veuve Pierre Vaillant, aubergiſtes à Vauderlan, ont été condamnés à cinquante livres d'amende chacun, pour avoir laiſſé ſéjourner ſur la grande route, vis-à-vis de leurs maiſons, quatre chariots & une charrete.

& à toute autre perſonne d'arracher ou d'endommager les arbres ou haies plantés le long des Chemins, le tout ſous peine de cinquante livres d'amende, de confiſcation des beſtiaux, & d'être condamné à réparer le dommage, & même à plus grande peine ſi le cas y échet.

Un arrêt du conſeil du 16 décembre 1759, pareillement fait défenſe aux pâtres & conducteurs de beſtiaux, de les conduire en pâturage ou de les laiſſer répandre ſur les bords des grands Chemins plantés d'arbres & de haies d'épines, à peine de confiſcation des beſtiaux, & de cent livres d'amende, de laquelle les maîtres, les chefs de famille & propriétaires des beſtiaux ont été déclarés civilement reſponſables : la même loi a ordonné que les contrevenans ſeroient pourſuivis aux ſiéges des maîtriſes des eaux & forêts, mais ſeulement pour les parties de grands Chemins, ſituées dans l'intérieur des bois (*).

_____

(*) Comme cet arrêt établit tout à la fois quelle eſt la compétence des maîtriſes dans la matière dont il s'agit, & la forme de procédure qui doit être obſervée contre les contrevenans, il convient de l'inſérer ici :

Le roi étant informé que quelqu'attention que l'on apporte à l'entretien des haies d'epines & autres, plantées au haut des remblais formés pour l'adouciſſement des montagnes, dans les grands Chemins, ces plantations ont rarement le ſuccès que l'on doit en attendre, parce qu'elles ſont abrouties & détruites par le pâturage des beſtiaux : que cet abus a lieu principalement dans les parties de grands Chemins qui ſe trouvent dans l'intérieur des forêts ; les bergers & pâtres n'oſant introduire leurs beſtiaux dans le maſſif des bois, les conduiſent en pâturage le long de ſes routes, ce qui occaſionne la deſtruction des plantations qui y ont été formées : & ſa majeſté voulant prévenir de

semblables dégradations, elle a résolu de faire connoître sur
ce ses intentions : ouï le rapport du sieur Bertin, conseiller
ordinaire au conseil royal, contrôleur général des finances;
le roi étant en son conseil, a ordonné & ordonne que les
réglemens faits pour la plantation des grands Chemins, seront exécutés selon leur forme & teneur; en conséquence,
fait sa majesté très-expresses inhibitions & défenses à tous
pâtres & autres gardes & conducteurs de bestiaux, de les
conduire en pâturage ou de les laisser répandre sur les
bords des grands Chemins plantés, soit d'arbres, soit de
haies d'épines & autres, à peine de confiscation des bestiaux,
& de cent livres d'amende, de laquelle amende les maîtres,
peres, chefs de famille & propriétaires des bestiaux, seront
& demeureront civilement responsables : ordonne sa majesté,
que par les gardes, tant des bois de sa majesté, que de
ceux des ecclésiastiques, communautés & gens de main-
morte, même des propriétaires particuliers, il sera dressé
des procès-verbaux & rapports des contraventions au présent arrêt, pour les parties des grands Chemins seulement
formées dans l'intérieur desdits bois; lesquels rapports &
procès-verbaux seront affirmés dans les vingt-quatre heures
de leur date, par devant le premier Juge sur ce requis, &
ensuite enregistrés & déposés aux greffes des maîtrises particulières des lieux, pour être les contrevenans poursuivis à
la requête des procureurs de sa majesté esdites maîtrises, &
punis conformément au présent arrêt, à l'exécution duquel
sa majesté enjoint aux grands-maîtres des eaux & forêts, &
aux officiers desdites maîtrises, de tenir, chacun en droit
soi, la main; à l'effet de quoi, ordonne sa majesté que ledit
présent arrêt sera enregistré aux greffes desdites maîtrises,
imprimé, lu, publié & affiché partout où besoin sera, &
exécuté nonobstant opposition ou autres empêchemens généralement quelconques, pour lesquels ne sera différé, &
dont, si aucuns interviennent, sa majesté s'en est, & à son
conseil, réservé la connoissance, & icelle interdit à toutes
ses cours & autres juges. Fait au conseil d'état du roi, sa
majesté y étant, tenu à Versailles le seize décembre mil
sept cinquante-neuf. *Signé*, PHÉLYPEAUX.

claration du 14 novembre 1724 (*), enregiftrée

(*) *Voici cette loi* :

Louis, &c. falut : rien n'étant plus avantageux pour le commerce que la libre communication d'une province à l'autre, pour le tranfport des denrées & marchandifes, nous avons employé les moyens les plus fûrs pour faciliter cette communication par des conftructions de nouveaux canaux, & la navigation de plufieurs rivieres, & par les ouvrages confidérables que nous avons fait faire pour les réparations, l'embelliffement & la commodité des grands Chemins; mais quoique nous y employons annuellement des fonds trois fois plus confidérables qu'il n'y en avoit été employé juf- qu'à préfent, une dépenfe auffi forte ne produit pas tout l'effet qu'on en devoit attendre, parce que les Chemins les mieux réparés font peu de temps après rompus par le poids énorme des voitures que les rouliers avides de gagner da- vantage d'argent, chargent de plus du double de ce qu'ils les chargeoient autrefois; l'ufage des charettes à deux roues pratiquées dans une partie des provinces du royaume, eft la principale caufe de ce défordre, parce que le poids n'é- tant pas partagé comme fur les voitures à quatre roues, l'effet en eft quatre fois plus confidérables, & nous voyons même que dans plufieurs provinces où l'ufage des chariots à quatre roues eft établi, les Chemins font infiniment moins rompus, quoique par la nature du terrein & fouvent par la nature du pays couvert de bois, ils duffent l'être infiniment davantage. L'expédient fouvent propofé de régler le poids que pourroit porter chaque voiture, peut être fujet à de grands inconvéniens par le retardement, l'embarras & même le dépériffement de marchandifes que pourroit caufer au voiturier le néceffité de décharger fa voiture, toutes les fois que l'on en voudroit vérifier le poids; la fixation du nom- bre des chevaux paroît l'expédient le plus fimple & le plus aifé; mais fi cette fixation étoit établie pour toutes fortes de voitures fans diftinction, il pourroit fe trouver des incon- véniens pour les rouliers venans de pays éloignés, qui pourroient fe trouver embarraffés dans de certains endroits où les Chemins font plus difficiles, quoique le nombre de chevaux limités leur fût fuffifant pour le refte de la route,

auparlement le 27 janvier 1725, ont défendu aux

---

nous nous fommes déterminés par ces motifs à ne fixer le
nombre de chevaux que pour les charettes à deux roues,
qui feules caufent le plus grand défordre, par l'effet naturel
que produit un poids qui n'eft pas fuffifamment partagé;
nous laifferons la liberté à ceux qui veulent fe fervir des
voitures à quatre roues, d'y atteler le nombre de chevaux
qu'ils jugeront à propos; la liberté du choix laifée au voiturier entre les deux expédiens propofés, le met en état de
prévenir tous les inconvéniens qu'il pourroit appréhender
de ce règlement; & l'ufage que feront plufieurs d'entr'eux
des charettes à quatre roues, leur faifant connoître que l'on
y voiture un plus grand poids avec un moindre nombre de
chevaux, & plus de facilité, ils auront recours à cet expédient pour leur propre commodité; indépendamment de
l'avantage qui en reviendra au public par la confervation
des grands Chemins. A ces caufes, de l'avis de notre confeil, & de notre certaine fcience, pleine puiffance & autorité royale, nous avons dit, déclaré & ordonné, & par ces
préfentes fignées de notre main, difons, déclarons & ordonnons, voulons & nous plaît ce qui fuit.

ARTICLE PREMIER. Voulons qu'à commencer au premier
juillet prochain, tout roulier & voiturier, foit qu'il voiture
pour fon compte particulier ou pour d'autres, ne puiffe avoir à
chaque charette à deux roues que le nombre de chevaux
marqué ci-après; favoir depuis le premier octobre jufqu'au
premier Avril, quatre chevaux, & depuis le premier Avril
jufqu'au premier octobre, trois chevaux, à peine contre
ceux qui auroient excédé le nombre de chevaux ci-deffus
limité, de confifcation des chevaux, charettes & harnois,
& de trois cens livres d'amende.

II. Permettons à ceux qui voudront fe fervir de chariots
à quatre roues, d'y atteler telle quantité de chevaux qu'ils
jugeront à propos.

III. Permettons pareillement pour la facilité de la culture
des terres, à tous fermiers, laboureurs, vignerons & autres, qui tiennent des biens fonds à ferme, ou qui en étant
propriétaires, les font valoir par leurs mains, de mettre
tel nombre de chevaux qu'ils jugeront à propos, aux cha-

Q iv

rouliers ou voituriers , marchands forains , mar·

---

rettes à deux roues dont ils croiront néceſſaire de ſe ſervi
pour les voitures qu'ils feront dans la diſtance de troi
lieues de leur demeure, pour la culture & exploitation deſ
dits fonds.

IV. Attribuons la connoiſſance des contraventions dan
les villes & fauxbourgs où il y a des bureaux des finances,
aux officiers defdits bureaux, enfemble aux officiers de police defdites villes concurremment & par prévention. Et à
l'égard des autres villes où il n'y a point de bureaux de
finances, la connoiſſance en appartiendra aux officiers de
police, dans l'étendue defdites villes & fauxbourgs ; le
tout à la charge de l'appel en nos cours de parlement. Voulons que dans tous les autres lieux, les contraventions foien
portées devant nos juges royaux ou fubalternes, même
devant les juges des ſieurs hauts-juſticiers, à la charge de
l'appel, qui ne pourra être porté que devant les juges fu
périeurs reſſortiſſans nuement en noſdites cours ; enjoignon
aux Huiſſiers, ſergens, & autres officiers defdites juridic
tions de tenir la main à l'exécution des préfentes, & d'arrêtt
les voitures qu'ils trouveront en contravention.

V. Enjoignons pareillement aux prévôts de nos couſin
les maréchaux de France, lieutenans, & autres officiers de
maréchauſſées, de veiller avec attention à ce qu'il ne foi
contrevenu à la préfente déclaration, & de dreſſer leur
procès verbaux des contraventions, leſquels ils feront tenu
de dépoſer au greffe du premier juge trouvé ſur les lieux
foit de nos juſtices ou de celles des ſieurs hauts-juſticiers
d'y faire conduire les voitures, & d'en donner avis à no
procureurs, ou à ceux defdits ſieurs hauts-juſticiers à l'inf
tant, pour y être pourvu par leſdits juges auxquels nous e
attribuons la connoiſſance, quand même ils ne feroient pa
juges du territoire où les voitures auroient été trouvée
en contravention, ſauf l'appel en nos cours de parlement
ſi leſdits juges y reſſortiſſent nuement & fans moyen , finol
aux juges ſupérieurs reſſortiſſans nuement en nos cours.

VI. Pourront les jugemens des contraventions être pro
noncés, tant par nos bureaux des finances que par les autre
juges ci-deſſus nommés, ſur le procès-verbal deſdits offi

chands de Paris & à tout autre fans exception, foit qu'ils voiturent pour leur compte particulier ou pour d'autres, de mettre aux voitures à deux roues plus de trois chevaux depuis le premier avril jufqu'au premier octobre, ni plus de quatre chevaux depuis le premier octobre jufqu'au premier avril, fous peine de confifcation des voitures, chevaux & harnois & de trois cens livres d'amende contre les contrevenans. Ces difpofitions ont été renouvelées par un arrêt du confeil du 7 avril 1772.

Il faut obferver que ces défenfes ne s'étendent pas aux voitures à deux roues dont les fermiers, les laboureurs & autres peuvent faire ufage pour la culture & exploitation des biens fonds qu'ils font valoir : ils ont la liberté d'atteler à ces voitures, le nombre de chevaux qu'ils jugent à propos, pourvu que ce ne foit pas pour aller à plus de trois lieues de leur demeure.

On peut pareillement atteler aux voitures à quatre roues le nombre de chevaux que l'on juge à propos.

Il eft défendu à toutes fortes de perfonnes, fous peine de trois cens livres d'amende, de troubler les paveurs des chemins dans leurs atteliers, d'arracher les pieux mis pour la fûreté

---

ciers de maréchauffée ou autres, fignés de deux témoins au moins, ou fur autres preuves fuffifantes de la contravention, ce que lefdits juges feront tenus de faire à l'audience, fommairement & fans frais, & ce dans les vingt-quatre heures, ou dans les trois jours au plutard, du jour de la capture, & les peines prononcées fur la fimple affignation donnée au voiturier. Si donnons en mandement à nos amés & féaux confeillers les gens tenans notre cour de parlement à Paris, &c.

de leurs ouvrages, les bornes placées pour empêcher le paffage des voitures fur les accottemens de chauffée, celles qui défendent les parapets des ponts, les bornes milliaires, grandes ou petites, & les parapets ou anneaux de fer attachés aux ponts : il eft auffi défendu d'enlever des pavés, du bois, des pierres ou d'autres matériaux deftinés aux ouvrages publics ou mis en œuvre, à peine contre les contrevenans d'être pour la première fois condamnés au carcan, & en cas de récidive aux galères : ile eft d'ailleurs fait défenfe à toute perfonne de quelque qualité & condition qu'elle puiffe être de recevoir ou receler & même d'acheter des pavés ou matériaux volés, à peine de mille livres d'amende. C'eft ce qui réfulte de divers réglemens, & notamment de ceux des 4 août 1731, 19 juillet 1757, 14 novembre 1760 & 30 avril 1772.

Les feigneurs, les propriétaires, ni aucune autre perfonne ne doivent point empêcher les entrépreneurs chargés des conftructions, ou de l'entretien des ponts, grandes routes & autres Chemins royaux de prendre les pierres, les grés, les fables, les terres, & les autres matériaux néceffaires pour ces conftructions ou entretien, dans tous les lieux non clos de murs, qui leur auront été indiqués par les devis & adjudications des ouvrages à faire, fauf aux parties intéreffées à fe pourvoir, le cas échéant, pour les indemnités qu'elles auront à prétendre. Il eft d'ailleurs défendu à tout receveur des droits des fermes & de tout autre droit appartenant au roi ou à fes fujets, à quelque titre que ce foit, d'exiger aucune chofe pour le tranfport des bois, des pierres, du fable, du fer, des outils & équipages que les entrepreneurs font conduire pour exécuter leurs ouvrages ; mais il faut que ces entrepreneurs juftifient de la deftination de ces chofes en repréfentant le certificat de l'ingénieur, vifé par le commiffaire des ponts & chauffées du département. C'eft ce qu'ont prefcrit divers réglemens & particulièrement un arrêt du confeil du 7 feptembre 1755.

Suivant le réglement du 14 mars 1741, les carrières de pierres de taille, moellons, glaifes, marnes & autres matériaux ne peuvent être ouvertes qu'à trente toifes de diftances du pied des arbres plantés le long des grands Chemins, & à trente-deux toifes du bord des Chemins non plantés d'arbres, à moins qu'on n'ait obtenu une permiffion expreffe pour en ouvrir à une moindre diftance : au furplus, les rameaux ou rues des carrières ne peuvent point être pouffés du côté des Chemins; le tout fous peine contre les contrevenans d'une amende de trois cens livres & de confifcation des matériaux, outils & équipages.

Une ordonnance rendue par le bureau des finances de la généralité de Paris, le 16 juillet 1764, a fait défenfe d'établir aucune gouttière faillante fur la voie publique, aux nouveaux édifices à conftruire & aux anciennes maifons dont les toitures fe reconftruiroient dans la ville de Paris, & dans les autres villes, bourgs ou villages de la généralité, le long des routes entretenues par le roi, fous peine d'amende & de démolition & de confifcation de cette forte d'ouvrage (*).

_____

(*) _On va voir dans cette ordonnance même les moyens prefcrits pour en affurer l'exécution._

Sur ce qui nous a été repréfenté par le procureur du

Il eſt fort à deſirer que cette ordonnance s'exé

roi, que malgré notre attention continuelle ſur tous le
objets qui peuvent intéreſſer la ſûreté & la commodité pu
blique, particulièrement dans les rues de la ville de Pari
il y reſte encore une ſource d'inconvéniens, d'incommo
dités & même de périls dans la ſaillie arbitraire des gou
tières de plomb ou autres, appliquées aux toits des édifice
du côté des rues ; que ces gouttières n'ont été juſques i
ſoumiſes à aucun règlement, quoique leur chute ſoit beau
coup plus redoutable que celle des auvens, plafonds, &c
qu'il eſt défendu de couvrir en plomb ; que ſi ces chut
ſont à la vérité très-rares, il n'en eſt pas de même e
celle des plâtres, tuileaux & autres matières ſolides qui ſo
ſouvent retenues dans ces gouttières juſqu'à ce que les eau
les entraînent, & les lancent du haut des toits ſur le
paſſans : que d'ailleurs il réſulte, tant de leur ſaillie ſou
vent exorbitante, que de l'inégalité de leur longueur
l'inconvénient de ne pouvoir éviter, en temps de pluie
les torrens d'eau qu'elles raſſemblent, & qui ſe précipite
du haut des bâtimens, au grand préjudice des grains, de
fourrages, des épiceries & autres denrées, marchandiſe
ou meubles précieux dont il ſe fait un tranſport continu
dans les rues de cette capitale : que ſous ce point de vu
elles ont ſouvent excité des plaintes portées aux magiſtra
chargés de veiller aux approviſionnemens & à la polic
de la ville de Paris, qui lui en ont fait part, en nou
invitant à concourir pour y remédier. Qu'un autre obje
qui doit exciter encore plus particulièrement l'attentio
dn bureau des finances, relativement à ſes fonctions, c
ſont les dégradations continuelles qu'elles occaſionner
au pavé des rues, qui ſe trouve en peu de temps déchauſſ
& ruiné dans tous les endroits qui répondent au-deſſou
de ces gouttières, dont le nombre eſt très-conſidérable, &
qui augmente beaucoup les frais d'entretien du pavé, &
l'embarras que cauſe ſa réparation, indépendamment d
ce que les eaux qui ſéjournent & croupiſſent, faute d'écou
lement, entre les pavés dégradés, rendent les rues moins ſèche
& moins ſaines : que ces eaux pénétrant dans la terre, entre
tiennent l'humidité dans les caves, & doivent dégrader

cute ponctuellement, fur-tout à Paris, où le

à la longue, les fondations des bâtimens : qu'il feroit fans
doute avantageux de fupprimer dès-à-préfent, toutes les
gouttières faillantes fur les rues, fi ce n'étoit, en quelque
façon, mettre une nouvelle charge fur le public, que d'o-
bliger tous les propriétaires de maifons à changer la difpofition de leurs gouttières ; mais qu'on pourroit du moins,
fans préjudicier à perfonne, ordonner ce changement pour
toutes les nouvelles conftructions & reconftructions des
toitures anciennes, en affujettiffant les particuliers à faire
tomber les eaux dans l'intérieur & du côté des cours, lorfqu'elles auront une grandeur fuffifante, ou dans tout autre
cas, à contenir & faire defcendre les eaux du haut des
toits jufque fur le pavé, par des tuyaux de plomb, de bois,
de fer ou de grès appliqués au long des murs, du côté
des rues, & recouverts en plâtre ou autrement : qu'on
pourroit ainfi, fans augmenter la dépenfe des conftructions
nouvelles & reconftruction, délivrer le public de tous les
inconvéniens expofés ci-deffus. Que fur ces confidérations
& autres relatives à fon miniftère, le lieutenant général de
police a defiré de fe concerter avec le bureau des finances,
pour faire concourir enfemble les différentes autorités qui
peuvent opérer ce changement utile, comme elles fe font
déjà réunies avec le plus grand fuccès, pour la fuppreffion
des enfeignes faillantes ; obfervant le procureur du roi que
les gouttières faillantes n'ayant été jufqu'à préfent fujettes
à aucun droit de voirie, il ne feroit pas jufte de faire payer
le droit ordinaire impofé fur les tuyaux de plomb ou autres,
pour ceux qui feront fubftitués auxdites gouttières, c'eft-
à-dire, qui ferviront à conduire les eaux depuis le bas des
toits jufqu'au pavé des rues. A ces caufes, requéroit le procureur du roi, qu'il nous plût ordonner la fuppreffion de
toute gouttière en faillie fur la voie publique, dans toutes
les conftructions nouvelles ou reconftructions de toitures
anciennes, dans l'étendue de la ville & faubourgs de Paris,
& dans toutes les villes, bourgs & villages de la généralité, au long des routes entretenues par fa majefté, & ce,
fans que les particuliers foient affujettis à aucun droit, lorfque lefdits tuyaux ne ferviront qu'à la conduite des eaux

grand nombre des gouttieres faillantes fur les rues incommode extrêmement les paffans.

L'article 2 d'une autre ordonnance rendue par le bureau des finances de la généralité de Paris le 2 août 1774, défend aux blanchiffeurs ou blanchiffeufes, aux jardiniers & à toute autre per-

---

pluviales. Oui le rapport de Me. Mignot de Montigny, tréforier de France en ce bureau, & tout confidéré:

Nous, faifant droit fur le requifitoire du procureur du roi, défendons à tous particuliers qui feront conftruire de nouveaux édifices, ou qui feront reconftruire les toitures des anciennes maifons dans l'étendue de la ville & fauxbourgs de Paris, & dans toutes les villes, bourgs & villages, au long des routes entretenues par fa majefté d'établir aucune gouttière faillante fur la voie publique à peine de démolition, confifcation defdites gouttières d'amende. Leur permettons d'établir au lieu defdites gouttières, par-tout où il feroit néceffaire, des tuyaux plomb, de fer, de bois, de grès ou autre matières, recouverts en plâtre ou autrement, s'il eft befoin, pour l'écoulement des eaux pluviales, depuis le toit jufqu'au bas des maifons, & ce, fans payer aucun droit pour lefdits tuyaux lorfqu'il ne ferviront qu'à la conduite des eaux pluviales, & ne pourront cependant excéder lefdits tuyaux & leur recouvrement, la faillie de quatre pouces hors du nu du mur. Faifons défenfes à tous maçons, charpentiers, plombiers, couvreurs & autres, de prêter la main à la conftruction d'aucune gouttière faillante fur la voie publique, à peine d'amende & de confifcation de leurs outils & matériaux en cas de contravention. Enjoignons aux commiffaires généraux de la voirie, & aux entrepreneurs des routes, de tenir la main à l'exécution de notre préfente ordonnance, qui fera imprimée, publiée & affichée par-tout où befoin fera, fignifiée aux communautés des maçons, charpentiers, couvreurs & plombiers, à ce qu'ils n'en prétendent caufe d'ignorance. Fait & arrêté au bureau des finances de la généralité de Paris, les femeftres affemblés, le lundi feize juillet mil fept cent foixante-quatre.

fonne d'attacher aux arbres plantés le long des grands Chemins aucun cordage, pour faire fécher des linges, des habillemens, des légumes, ou fous quelque prétexte que ce foit, & d'établir ces étalages fur les haies bordant les routes, à peine de cinquante livres d'amende & de confifcation des linges & étalages.

L'article 3 défend aux propriétaires ou adjudicataires d'arbres au long des grands Chemins, de laiffer féjourner fur les routes, non plus que fur les accottemens ou foffés, le bois qui provient de ces arbres lorfqu'on les élague ou qu'on les coupe : il enjoint au contraire à ces propriétaires ou adjudicataires de faire exploiter ces arbres fur le champ où ils font plantés, & hors du Chemin, à peine d'amende tant contre eux que contre les ouvriers, & même de confifcation des bois en cas de récidive.

L'article 4 fait défenfe aux mendians, aux bergers & à tout autre particulier de conftruire ou pratiquer fur les accottemens, berges ou foffés des grands Chemins, aucune cabane ou loge pour s'y retirer dans les mauvais temps, & de féjourner dans les mêmes lieux en y mendiant, fous peine d'amende pour la première fois, & d'emprifonnement en cas de récidive.

L'article 5 ordonne l'exécution des réglémens du confeil des 23 mai 1718, premier avril & 27 juillet 1723 & 8 juin 1727; en conféquence, il défend aux rouliers & voituriers de charger plus de cinq à fix pièces de vin, ou plus de trois milliers pefant de marchandifes fur les voitures à deux roues : il leur défend pareillement de dormir dans leurs voitures, de les abandonner ou de s'en écarter de manière à ne pouvoir y

veiller continuellement , & d'embarrasser la
voie publique en s'arrêtant & assemblant leurs
voitures devant les portes des auberges , le tout
à peine d'amende pour la première fois , & de
confiscation des voitures , chevaux & marchandises en cas de récidive.

L'article 6 défend aux mêmes rouliers ou voituriers & à toute autre personne de déposer ou
laisser séjourner sur les grands Chemins aucun
cheval mort ou d'autres charognes ; & il leur
enjoint de transporter ces sortes de choses à trois
cens toises au moins du Chemin , sous peine
d'une amende de cent livres payable solidairement par les maîtres & par les domestiques.

Les autres dispositions de l'ordonnance dont
il s'agit , sont relatives à des objets dont nous
parlons ailleurs.

Lorsqu'il se commet des contraventions aux
réglémens concernant les grands Chemins , les
contrevenans peuvent être assignés sur le champ
pardevant les trésoriers de France dans la généralité de Paris , & pardevant les commissaires
départis dans les autres généralités , pour être
condamnés à telle amende qui sera jugée convenable : les ordonnances rendues en cas pareil
doivent être exécutées par provision sauf l'appel
au conseil. C'est ce qu'a réglé l'arrêt du conseil
du 17 juin 1721 : suivant la même loi les syndics
des paroisses sont tenus de déclarer lorsqu'ils en
font requis , les noms des contrevenans ou des
propriétaires des héritages rivérains des grands
Chemins , à peine de répondre du délit en leur
propre & privé nom.

L'article 6 du titre 28 de l'ordonnance des
eaux & forêts a chargé les officiers des maîtrises
de

de faire planter dans les angles des places croisées, biviaires ou triviaires, des croix, poteaux ou pyramides pour indiquer le lieu où chaque Chemin conduit. Ces ouvrages doivent se faire aux frais du roi dans les bois qui lui appartiennent, & dans les autres, aux frais des villes intéressées. Il est défendu par le même article de rompre ou emporter ces poteaux & d'effacer les inscriptions qui y sont appliquées, à peine de trois cens livres d'amende & de punition exemplaire.

Lorsqu'un Chemin a été abandonné & qu'il n'est plus d'aucun usage, le seigneur haut-justicier peut en disposer dans sa seigneurie. La table de marbre l'a ainsi décidé par un jugement en dernier ressort du 2 août 1715, rendu en faveur du seigneur de Belleval en Champagne contre les habitans de cette terre. Ce jugement a maintenu ce seigneur dans la propriété & possession d'un Chemin, qui pour n'avoir pas été fréquenté s'étoit couvert de broussailles.

Voyez le recueil des ordonnances de la troisième race ; le traité des loix civiles ; la bibliothèque de Bouchel ; le traité de la police ; Bouthillier, en sa somme rurale ; les coutumes de Bourgogne, de Normandie, de Senlis, de Valois, de Boulonois, d'Amiens, de Saint-Omer & de Clermont en Beauvoisis ; l'ordonnance des eaux & forêts du mois d'août 1669; le Brut, traité de la souveraineté ; le journal des audiences ; Salvaing, de l'usage des fiefs ; l'ordonnance du 23 mai 1718, & celle du 22 mars 1720 ; l'arrêt du conseil du 17 juin 1721 ; le code de la voirie ; &c. Voyez aussi les articles Arbre, Marche-Pied, Bureau des Finances, Ponts et Chaussées, Voirie,

Corvée, Voiturier, Maitrise, Intendant, &c.

CHEMINÉE. C'eſt l'endroit où l'on fai du feu dans une chambre, dans une cuiſine, dans une pièce quelconque d'une maiſon.

Pour mettre le public à l'abri des incendies que pourroient occaſionner les négligences dans la bâtiſſe & l'entretien des Cheminées, la police règle comment on doit les conſtruire, & elle détermine quelles ſont les parties de l'entretien & des réparations des Cheminées qui ſon aux frais des propriétaires & des locataires.

Selon les ordonnances, les Cheminées doivent avoir au moins trois pieds de long ſur di pouces de large en dedans du tuyau ; il fau qu'elles ſoient bâties en briques ou en pierres de taille ou autres matières ſuffiſantes ; & ſi elles ſont appuyées à un mur mitoyen, on doit élever le long de la Cheminée un contremur d'un demi pied d'épaiſſeur, qu'il ne faut pas incorporer au mur mitoyen afin qn'on puiſſe en cas de dégra dation, réparer ce contremur ſans faire aucun arrachement au mur. La coutume de Paris défend de bâtir des tuyaux de Cheminée dans l'é paiſſeur des murs mitoyens. Les coutumes de Melun, de Montargis, & d'autres villes du royaume, permettent à chaque propriétaire de les bâtir en dedans de ces murs, pourvu, dit la coutume d'Orléans, que la muraille ſoit ſuffi ſante pour porter & ſoutenir la Cheminée.

On ne peut adoſſer les Cheminées ni leurs tuyaux contre des cloiſons ou pans de bois de charpenterie, ſoit qu'ils ſoient mitoyens ou non, à moins qu'on ne laiſſe ſix pouces de vide entre les Cheminées & les cloiſons. Selon le règlement de police du 21 du mois de janvier 1672, il faut couper le pan de bois ou la cloison à la place où doit passer la Cheminée & y bâtir un mur de brique ou y faire un chargement de plâtre de six pouces d'épaisseur & plus large de quelques pouces que le tuyau de la Cheminée.

Le même règlement défend non-seulement de traverser le tuyau des Cheminées par des poutres, solives & autres pièces de bois, mais il veut encore que celles de ces fortes de pièces de bois qui passent près des Cheminées en soient séparées par une épaisseur de six pouces de plâtre qu'on soutient sur des barres de fer attachées dans la pièce de bois. A l'égard des pièces de bois des combles qui portent dans les murs à côté desquels il passe des tuyaux de Cheminées, elles doivent être à quatre pouces de la Cheminée.

On doit pratiquer des vides semblables entre toutes les pièces de la charpente qui soutiennent un plancher & qui font près des Cheminées : il est aussi défendu de construire les âtres sur les poutres & solives, quelqu'épaisseur qu'on voulût laisser entre les carreaux de l'âtre & les pièces de bois qu'on placeroit au-dessous.

Les ornemens de Cheminée comme les manteaux & les tablettes, les parties appelées jambages & languettes, doivent être faites & enduites de plâtre pur, & avoir au moins trois pouces d'épaisseur. Le règlement de police du 21 janvier 1672 veut que l'on prononce des amendes contre ceux qui les font avec des lattes de bois.

Si l'on adosse un réchaud de cuisine ou des fourneaux à un mur mitoyen, l'ordonnance n'o-

blige pas d'y faire un contremur, mais elle veu
qu'on en bâtiffe un de fix pouces d'épaiffeur
depuis le plancher jufqu'à la hauteur des re
chauds ou fourneaux, & que la cloifon foit re
couverte de plâtre de l'épaiffeur ordinaire de
recouvremens jufqu'à la hauteur d'environ deu
pieds.

Un propriétaire eft obligé d'élever les Che
minées de fa maifon, quoique baffe, auffi hau
que celles de fon voifin, fi elles appuyent fur u
mur qui ne foit mitoyen que dans la partie qu
regne jufqu'à la hauteur de la maifon baffe, &
il doit alors payer la moitié de la valeur du mu
contre lequel les Cheminées font adoffées, non
feulement dans la largeur occupée par le tuyau
mais encore un pied au-delà de chaque côté fu
toute la hauteur.

Le parlement de Provence a jugé en 1732
que fi un propriétaire en élevant fa maifon plu
haut qu'elle ne l'étoit d'abord, fait fortifier le
mur mitoyen en augmentant fa largeur, pour le
rendre folide à raifon de la plus grande éléva
tion qu'il veut lui donner, le voifin obligé de
rehauffer les Cheminées adoffées contre le mu
mitoyen du propriétaire qui bâtit, ne doit rem
bourfer que la moitié du mur neuf occupé pa
les Cheminées, fur le prix de l'ancienne épaif
feur.

En élevant ainfi une Cheminée contre un mu
non-mitoyen, on peut, felon Defgodets, fermer
les vues de coutume de fon voifin, qui peuven
fe rencontrer dans les endroits du mur ou doi
vent paffer les tuyaux, fi on ne peut reculer la
Cheminée fans gâter l'appartement dans lequel
elle fe trouve : & felon Goupy, le propriétaire

du mur ne peut obliger que l'on dévoie ces Cheminées pour conferver des vues de coutume, de même que le propriétaire des Cheminées ne peut les dévoyer au préjudice des vues de fon voifin.

Si pour élever davantage une maifon baffe, un propriétaire eft obligé de rebâtir le mur mitoyen, il doit faire rebâtir les tuyaux des Cheminées qui y font adoffées, fi ces tuyaux ne font pas trop anciens & adoffés les uns fur les autres.

Si le propriétaire d'un étage a des tuyaux de Cheminées qui paffent à travers un étage fupérieur, il doit, felon les ufages de plufieurs provinces & les décifions d'un grand nombre de tribunaux, les conftruire & entretenir à fes dépens & contribuer pour moitié à la dépenfe qu'a exigée la conftruction de la partie du mur mitoyen contre lequel ces tuyaux font adoffés.

Les réparations des âtres & contre-cœurs de Cheminées font locatives, attendu qu'elles font occafionnées par l'activité du feu & par le choc des bûches qu'on jette fouvent fur les âtres de Cheminées.

Le ramonage des Cheminées eft une réparation locative, & fi le feu prend dans une Cheminée affez fortement pour en faire crever le tuyau, le locataire doit le faire rétablir, pourvu dit Goupy, « qu'il ne s'y trouve aucun bois qui » ait pu être la caufe de l'incendie ».

Defgodets charge auffi les locataires de l'entretien en entier des potagers de cuifine & de leurs réchauds, des fours & fourneaux, & il eft d'ufage que les chambranles, les tablettes & corniches des Cheminées qui viennent à être

R iij

écornés ou caffés, foient à la charge des locataires, parce que ces ornemens étant fragiles exigent des précautions particulières de la part des locataires.

Les maçons ou entrepreneurs chargés de la bâtiffe des Cheminées font garans des incendies que la mauvaife conftruction de leurs ouvrages peut occafionner pendant les dix premières années après la conftruction ; & même fi un maçon avoit conftruit une Cheminée fans obferver les règlemens dont nous venons de préfenter l'analyfe, il feroit garant de fon ouvrage, y eût-il trente ans qu'il fût fait, parce que dit Goupy, le fujet de l'incendie exiftoit dès l'inflant de la conftruction de l'ouvrage.

Voyez *les coutumes de Paris, de Melun, d'Auxerre, de Montargis, d'Etampes, de Nivernois, de Laon, de Châlons, d'Orléans, de Bretagne, de Berry & de Bar ; le code de police de Nancy ; l'ordonnance de police du 21 janvier 1672 ; les lois des bâtimens par Defgodets, & les notes de Goupy ; l'architecture de Bullet, avec les notes d'un anonyme ; la collection de jurifprudence.* Voyez auffi les articles BATIMENS, CONTREMUR, ENTRETIEN, MUR, MAISON, LOCATAIRE, RÉPARATIONS, &c. (*Article de M.* HENRY DE RICHEPREY, *ingénieur & commis des finances*).

CHENELLES. Droit en vertu duquel le feigneur peut exiger fur les bierres marchandes une certaine quantité par tonneau avant que le cabaretier puiffe en vendre. Il s'appelle en plufieurs coutumes *aforage, gambage, patronat.* Celle du Mont-Saint-Eloi en Artois lui donne le nom de *Chenelles* & le fixe à deux lots par chaque braffin.

Voyez les articles AFORAGE, GAMBAGE, PATRONAT, &c. (*Article de M. MERLIN, avocat au parlement de Flandres*).

CHEPTEL ou CHEPTEIL. On appelle ainſi un bail de beſtiaux.

On diſtingue pluſieurs ſortes de Cheptels ; ſavoir, le Cheptel ſimple, le Cheptel à moitié, le Cheptel de fer, & une autre eſpèce de Cheptel qui n'a point de nom particulier.

Nous allons parler ſucceſſivement de ces différens Cheptels.

Du Cheptel ſimple (*).

Le Cheptel ſimple eſt un contrat mixte qui participe de celui de louage & de celui de ſo-

---

(*) *Formule d'un Cheptel ſimple.*

Pardevant les notaires royaux, &c. fut préſent Louis.... demeurant en cette ville, rue.... paroiſſe S.....

Lequel a reconnu avoir baillé, à titre de Cheptel ſimple, pour trois années conſécutives, qui ont commencé le jour d'hier à François.... laboureur à.... à ce préſent & acceptant vingt brebis & quatre beliers appartenans audit bailleur, & qui ſont diſtinguées par (*telle marque*) ; plus ſix vaches laittieres qui lui appartiennent également, dont deux ſous poils rouges, âgées de trois ans chacune, & les quatre autres ſous poil mêlé de noir & de blanc, âgées d'environ quatre ans auſſi chacune ; & en outre un cheval de cinq ans, ſous poil gris avec deux jumens de même poil, agées chacune de quatre ans & demi ; de tous leſquels beſtiaux, que ledit François déclare avoir en ſa poſſeſſion, ledit Louis.... s'oblige de le faire jouir durant le cours du préſent bail, lequel eſt fait aux charges, clauſes & conditions ſuivantes :

1°. Le preneur ſera tenu de nourrir à ſes frais tous leſdits beſtiaux, tant que durera le préſent bail, comme auſſi d'en prendre tout le ſoin qu'un homme vigilant met ordinairement à ſes propres affaires, de les loger, garder, gou-

R iv

ciété. Dans ce contrat le propriétaire de cer-

vetner & héberger, ainsi qu'il appartient ; moyennant quoi il jouira seul des profits de laitages, graisses ou fumiers, ensemble des labeurs de ceux desdits bestiaux qui doivent naturellement servir aux charrois & à la culture des terres.

2°. Le fond du Cheptel est ici estimé par les parties valoir une somme de.... sur laquelle somme elles entendent régler le profit ou la perte qu'il pourra y avoir à l'expiration de la jouissance du preneur.

3°. Pour constater le profit ou la perte qui pourra se trouver sur le fonds du Cheptel, lorsque le preneur cessera d'en jouir, il en sera fait à l'expiration du présent bail une nouvelle prisée par des experts dont les parties conviendront.

4°. Si le Cheptel se trouve valoir alors plus qu'il ne vaut actuellement ; le bailleur ayant une fois prélevé la somme de.... à quoi son Cheptel vient d'être estimé, l'excédent de valeur sera partagé également entre lui & le preneur ; & si au contraire le Cheptel est alors prisé au-dessous de l'estimation ci dessus faite, le preneur sera tenu de faire raison au bailleur de la moitié de ce dont le Cheptel aura diminué de valeur : la convention étant que la perte comme le profit, soient également communs entre eux.

5°. Il est au surplus convenu que par rapport aux croîts, le bailleur & le preneur auront réciproquement la faculté de faire priser le Cheptel & d'exiger le partage desdits croîts, soit à la fin de chaque année, soit même en tout autre temps, & lorsque bon leur semblera ; & qu'il en sera de même à l'égard des laines.

6°. Si cependant quelques-uns des chefs du Cheptel viennent à périr sans qu'il y ait de la faute du preneur, celui-ci devra d'abord les remplacer par les croîts ; & il n'y aura que le surplus desdits croîts qui demeurera sujet à partage entre les parties.

7°. Mais arrivant le cas que lesdits bestiaux périssent ou se perdent en tout ou partie, par la faute & négligence du preneur, il sera tenu de payer sur le champ au bailleur la somme de.... (*s'il s'agit de la totalité*), tant pour lui tenir lieu de son Cheptel, que par forme de dommages-

tains bestiaux les donne à bail. Le bailleur conserve la propriété de ces bestiaux jusqu'à concurrence de l'estimation seulement , & le profit qu'on appelle *le croît*, se partage entre les parties contractantes. Il faut excepter du partage les fumiers, le laitage & le service journalier qu'on peut retirer des animaux donnés à bail : ces objets appartiennent au preneur seul en considération de ce qu'il est chargé de nourrir & de garder ces animaux à ses dépens.

Cette espèce de convention est fort usitée dans plusieurs coutumes , & particulièrement dans celles de Bourbonnois, de Nivernois , de Berry & de Bretagne.

Comme le bailleur doit à la fin du bail pré-

---

intérêts ; & si dans lesdits bestiaux il n'y en a que quelques-uns de péris ou de perdus par la même faute ou négligence, il sera payé par le preneur au bailleur pour chacun desdits bestiaux ; savoir (*telle somme*) par chaque brebis ou belier (*tant*) pour chaque vache (*telle somme*) pour le cheval si c'est lui qui est perdu ou péri , & (*tant*) par chaque jument.

8°. A l'égard des cas fortuits , ou autres circonstances qui pourroient causer la mort ou la perte desdits bestiaux, sans que le preneur fût en faute; il n'en sera tenu que pour la moitié envers le bailleur , lequel de sa part supportera l'autre moitié de ladite perte.

9°. Et attendu que le preneur ayant lui-même intérêt de conserver lesdits bestiaux, ne peut être présumé en faute , quoique leur nombre vienne à diminuer; il est arrêté entre les parties que ce sera le bailleur qui demeurera chargé de la preuve, supposé qu'il pose en fait que ce soit par la faute du preneur qu'il se trouve une diminution dans le nombre desdits bestiaux.

Car ainsi, &c. promettant, &c. obligeant, &c. renonçant, &c. fait & passé à.... en l'étude de M.... l'un des notaires soussignés, le.... & ont signé.

lever avant partage la valeur des beftiaux donnés à Cheptel, il faut les eftimer par le bail.

Cette eftimation peut fe faire à l'amiable entre les parties, ou par des experts qu'elles ont choifis.

Le bail à Cheptel n'eft affujetti à aucune formalité relativement aux parties contractantes; ainfi elles peuvent le paffer fous feing privé, & même verbalement : dans l'un comme dans l'autre cas, elles font obligées de l'exécuter lorfqu'elles conviennent des faits ; mais pour que le bailleur conferve fon privilège dans le cas où l'on faifiroit chez le preneur les beftiaux donnés à Cheptel, foit au fujet du payement de la taille ou des autres deniers royaux dont il pourroit être débiteur, l'édit du mois d'octobre 1713 établi différentes formalités qu'il eft néceffaire de remplir (*).

_____

(*) *Voici ce que portent fur les Cheptels les article* 17, 18, 19, 20, 21, 22, 23 & 24 de cet édit.

Comme la confirmation générale que nous avons accordée par notre édit du mois de janvier dernier, de tous les privilèges des Cheptels, pourroit laiffer quelques doute fur la qualité & l'étendue de ces privilèges, lefquels fe trouvant difperfés dans différens règlemens, ont été tantôt augmentés & tantôt reftreints, & ont même reçu des interprétations différentes, par rapport aux différens ufage des provinces où les Cheptels font ufités ; defirant établi fur une matière fi importante des principes certains & une jurifprudence uniforme, qui puiffent engager les particuliers à donner des beftiaux à Cheptels, nous avons ordonné & ordonnons que conformément au règlement fait en notre cour des aides de Paris le 17 mai 1506, & à l'arrêt de notre confeil du 11 mars 1690, il fera paffé à l'avenir, à commencer du jour de l'enregiftrement du préfent édit des contrats ou baux devant notaires, de tous les beftiaux

Suivant cette loi, il faut 1°. que le bail à
Cheptel soit passé pardevant notaires.

---

qui seront donnés à Cheptel, croît ou autre profit, lesquels
contiendront le nombre, l'âge & le poil desdits bestiaux,
seront signés des parties, si elles savent écrire, sinon,
de deux témoins & du notaire, contrôlés dans la quinzaine, publiés aux prônes des paroisses de la demeure des
preneurs, & régistrés sans frais aux greffes des élections
où elles ressortissent, dans deux mois du jour de leurs
dates.

Faisons défenses à toutes personnes, à peine de confiscation du bétail, & de punition exemplaire, de prêter leurs
noms, ni de passer aucuns baux à Cheptels en fraude, &
aux officiers de nos élections d'avoir aucun égard auxdits
baux, s'ils ne sont passés dans la forme, & revêtus des formalités ci dessus, sans qu'ils puissent admettre à la preuve,
par écritures privées, ni par témoins, à peine de nullité.

Voulons en outre que conformément à l'arrêt de notre
conseil du 5 janvier 1665, & à celui du 11 mars 1690, il
ne puisse être saisi ni vendu qu'un cinquième seulement des
bestiaux qui se trouveront avoir été ci-devant donnés à
Cheptel jusqu'au jour & date du présent édit, que cette
vente ne puisse être faite qu'à la requête des collecteurs &
receveurs des tailles, & pour le payement des taux des
Chepteliers seulement, sans qu'elle puisse l'être pour raison
des solidités jugées, & rejets ordonnés sur les paroisses, ni
à la requête des receveurs des gabelles & collecteurs de
l'impôt du sel, ou pour raison d'autres impositions ou affaires
extraordinaires, à peine de nullité, de cent livres d'amende
& de tous dépens, dommages & intérêts.

Permettons à tous particuliers qui ont ci-devant donné
des bestiaux à Cheptel, & dont les baux subsistent encore,
de les augmenter en donnant à leurs Chepteliers de nouveaux bestiaux qui n'ayent point encore été donnés à
Cheptel, à la charge néanmoins qu'il sera passé acte devant notaires ensuite des anciens baux avec les formalités
ci-dessus, dans lesquels actes qui seront aussi publiés aux
prônes, contrôlés & regîtrés sans frais aux greffes des élections, mention expresse sera faite de la qualité, du nombre,

2°. L'acte doit contenir le nombre, l'âge &
le poil des bestiaux donnés à Cheptel.

---

de l'âge & du poil desdits bestiaux dont l'ancien Chepel
sera augmente.

Leur permettons pareillement, ensemble à tous par-
culiers habitans des villages, bourgeois des villes, ecclésiastiques, gentilshommes, officiers & tous autres, de donner des bestiaux à Cheptel, croît ou autre profit, en vertu
de baux & contrats faits en la forme ci dessus.

Faisons très-expresses inhibitions & défenses, sous les
mêmes peines, à toutes personnes, même aux receveurs &
collecteurs des tailles & de l'impôt du sel, de faire saisir
ni vendre, pendant trois années prochaines & consécutives
à commencer du premier novembre prochain, aucune portion, tant desdits Cheptels qui seront faits par augmentation, que des Cheptels qui seront faits de nouveau,
commencer du jour & date du présent édit, soit pour
taille & clues y jointes, soit pour l'ustensile, la capitation
le dixieme, ni pour quelqu'autre cause ou prétexte que ce
soit: voulons qu'après l'expiration desdites trois années,
cinquieme seulement desdits Cheptels puisse être saisi &
vendu pour le taux desdits Chepteliers seulement, sauf
recours de leurs maîtres pour ce qui se trouvera avoir été
vendu à leur préjudice.

Et pour prévenir l'abus qui pourroit naître, si le maître
du Cheptel, d'intelligence avec son cheptelier, avoient
liberté d'annuller soit par convention, ou par des procédures concertées entr'eux en justice, les baux à Cheptel actuellement subsistans & qui ne sont pas encore expirés, &
ce dans la vue de profiter du privilege que nous accordons
ci-dessus aux nouveaux Chepteliers, nous ordonnons que par
le premier président de chacune des élections des dix-neuf
généralités des pays taillables, il sera incessamment dressé
un état de tous les Cheptels de son ressort, qui ont été enregistrés depuis le premier janvier 1710, jusqu'au jour &
date du présent édit, contenant les noms tant des bailleurs
que des preneurs, le nombre & la qualité des bestiaux dont
ils sont composés, les principales clauses de ces baux, le
tems pour lequel ils ont été faits, & celui qui reste encore

3°. Le bail doit être contrôlé dans la quinzaine : sur quoi il faut remarquer que le droit de contrôle d'un bail à Cheptel est fixé sur le pied du capital du prix des bestiaux, & doit être perçu conformément à l'article 19 du tarif du 19 septembre 1722, qui le règle beaucoup au-dessous de celui des autres baux.

4°. Les baux à Cheptels doivent être publiés aux prônes des paroisses où les preneurs sont domiciliés, ou à la porte de l'église à l'issue de la messe de paroisse, conformément à la déclaration du 16 décembre 1698.

5°. Les baux à Cheptel doivent être enregistrés sans frais au greffe de l'élection dans deux mois, à compter du jour où ils ont été passés.

6°. Il est défendu aux officiers des élections d'avoir aucun égard aux baux à Cheptel qui ne sont pas revêtus des formalités dont on vient de

---

à expirer ; duquel état certifié dudit premier président de l'élection, il sera par lui envoyé, dans le quinzieme Décembre prochain au plus tard, un double au sieur intendant & commissaire départi, & un autre au premier président du bureau des finances, de la généralité à laquelle ressortit ladite élection, lequel en fera tenir un registre par le greffier dudit bureau, élection par élection, pour y avoir recours en cas de besoin.

Voulons que pour assurer d'autant plus la vérité, tant de l'augmentation que nous avons permis par le présent édit, de faire aux Cheptels anciens, que des baux à Cheptels qui seront faits de nouveau, le même ordre y soit observé à l'avenir ; & qu'à cet effet le premier président de chaque élection envoie de six mois en six mois, à commencer du jour de l'enregistrement du présent édit, au premier président dudit bureau des finances & au sieur intendant & commissaire départi, un état de tous les Cheptels qui auront été faits & registrés pendant ledit tems.

parler, & ils ne peuvent, à peine de nullité, e
admettre la preuve par écritures privées ni pa
témoins.

Au reste lorsque la forme prescrite pour la
baux à Cheptel a été observée, le bailleur peu
en représentant son bail, obtenir la main-levé
des saisies des bestiaux sur lesquels il a droit
quand même ces saisies auroient eu pour obje
la taille ou les autres impositions dues pour l
preneur. Il y a néanmoins une restriction au suje
de la taille, qui consiste en ce que le cinquièm
du Cheptel peut être saisi & vendu pour l
taille du preneur, à la requête du receveur o
collecteur de cette imposition : mais ce priv
lège accordé à la taille ne s'étend ni à l'imp
du sel, ni aux autres deniers royaux : il est d
fendu de saisir pour ces objets aucune portio
du Cheptel, à peine de nullité, de cent livr
d'amende, & de tous dépens, dommages & i
térêts.

Les bêtes qu'on est dans l'usage de donner
Cheptel sont les bêtes à laine, les chèvres, le
bœufs, les vaches, les chevaux & les jumen

La Thaumassière prétend que dans la coutum
de Berri un Cheptel de porcs fait à moitié d
profit & de perte seroit usuraire : il cite une
sentence du présidial de Bourges qui l'a ainsi
jugé. La raison en est que la moitié du croît at
tribuée au preneur ne pouvant être considérée
que comme un salaire médiocre des frais de
garde & de nourriture, cette même moitié ne
doit pas en outre tenir lieu du prix des risques
que court le preneur relativement aux cas fortuits qui peuvent lui faire supporter la perte de
la moitié du Cheptel.

L'auteur cité observe néanmoins que si dans un Cheptel de porcs le bailleur se chargeoit de contribuer pour une portion considérable aux frais de la nourriture, il n'y auroit aucune injustice à stipuler que si le Cheptel venoit à périr par cas fortuit, le preneur supporteroit la moitié de la perte. La raison de cette décision est que le preneur n'ayant plus à sa charge qu'une portion de la nourriture, la moitié du croît pourroit alors suffire pour le récompenser tant des frais de cette portion de nourriture que du risque dont il se seroit chargé.

La même décision peut aussi s'appliquer au cas où le preneur fournissant seul la nourriture, le bailleur lui a attribué par cette considération les deux tiers ou les trois quarts du croît.

Il faudroit encore décider de même si le bailleur abandonnoit à la société le fonds du Cheptel & qu'il renonçât au droit d'en prélever la valeur lors du partage à la fin du bail.

La Thaumassière nous dit d'ailleurs avec raison que le Cheptel de porcs à moitié de perte & de profit, ne peut souffrir aucune difficulté dans l'exécution lorsqu'il fait partie des conditions du bail d'une métairie. La raison de cette décision est sensible : le risque dont le fermier se charge alors pour moitié, fait partie du prix de la ferme qui sans cela auroit été plus fort.

M. Pothier, à qui l'on doit beaucoup de solutions ingénieuses sur différens points de jurisprudence, a avancé une erreur grave & manifeste, en disant que quoique le Cheptel soit équitable & permis dans le ressort de plusieurs coutumes, on ne doit pas en conclure qu'il soit également équitable & permis dans les autres provinces : pour appuyer cette fauſſe doƈtrine, voici comme raiſonne le juriſconſulte cité.

« L'équité de ce contrat dépend des diffé-
» rentes circonſtances des lieux : dans les pro-
» vinces abondantes en pâturages, où la nour-
» riture du bétail qu'on dohne au preneur à gar-
» der & à nourrir lui coûte peu, & où il en eſt
» ſuffiſamment payé par les laitages, fumiers
» & labeurs des animaux, on peut licitement
» & ſans bleſſer l'équité, charger le preneur de
» la moitié du riſque de la perte qui peut arri-
» ver par des cas fortuits ſur le Cheptel, en lui
» donnant pour le prix de ce riſque la moitié
» dans les profits que les parties eſpèrent faire,
» tant par les laines, que par les croîts & l'a-
» mélioration des bêtes, dans leſquels profits
» il n'auroit pas droit ſans cela d'avoir aucune
» part.

» Au contraire, dans les provinces où il y a
» peu de pâturages, où la nourriture du bétail
» eſt très-couteuſe au preneur à qui on le don-
» ne à nourrir, & où en conféquence la moitié
» de tous les profits que le preneur perçoit, eſt
» à peine le prix de ſes frais de nourriture & de
» garde, on convient que dans ces provinces,
» la convention par laquelle on le chargeroit
» d'une partie du riſque de la perte qui peut ar-
» river ſur le fond du Cheptel par des cas for-
» tuits, feroit une convention injuſte & illicite,
» parce qu'il ne recevroit rien pour le prix de
» ce riſque dont on le chargeroit ».

Ces raiſons n'ont aucune eſpèce de fondement : il eſt clair pour toute perſonne qui a
quelque idée du commerce, que dans les provinces abondantes en pâturage où la nourriture
du

du bétail coûte peu, les laitages y ont bien moins de valeur que dans celles où il y a peu de pâturages, & où il en coûte par conféquent plus pour nourrir le bétail : fi dans ces dernières la valeur du laitage eft plus confidérable, comme on ne peut pas en douter, la condition du preneur y eft tout auffi bonne que dans les provinces où les pâturages abondent, puifque dans celles-ci le laitage a beaucoup moins de valeur que dans celles-là. Il faut donc conclure que dans les unes comme dans les autres, la recette fe trouve proportionnée à la dépenfe.

On peut ajouter à ce que nous venons de dire que la loi même contient des difpofitions évidemment oppofées à l'opinion de M. Pothier : il n'y a pour s'en convaincre, qu'à jeter les yeux fur l'édit du mois d'octobre 1713 ; on y verra que non-feulement les baux à Cheptel font autorifés dans toutes les provinces du royaume, mais encore que le légiflateur s'eft propofé d'établir à cet égard des règles qui puffent engager les particuliers à donner des beftiaux à Cheptel.

Mais fi nous avons eu à relever une erreur de M. Pothier, il en a, de fon côté, refuté une bien abfurde qu'à publiée l'auteur des conférences de Paris fur l'ufure. Cet auteur, qui n'eft nullement jurifconfulte, a prétendu que le bail à Cheptel fimple dont nous parlons étoit un contrat illicite & ufuraire, contraire au droit naturel & aux coutumes du royaume qui ont traité de cette matière ; mais M. Pothier lui a très-bien démontré que ces affertions hafardées n'étoient appuyées fur aucun moyen. Il lui a fait voir que non-feulement le bail à Cheptel fim-

ple étoit équitable & n'avoit rien de contrair
au droit naturel, mais encore qu'il étoit expreſ
ſément autoriſé par les coutumes qui avoier
traité des Cheptels.

Au ſurplus ces coutumes reprouvent comm
injuſte dans un bail à Cheptel la convention p
laquelle le preneur ſe ſeroit chargé de la tota
lité des riſques de la perte qui peut arriver p
cas fortuit (*).

La convention ſeroit pareillement injuſte ſi l
preneur devoit ſupporter dans la perte une po
tion plus conſidérable que celle qui eſt déter
minée par la coutume, à moins toutefois qu'o
ne lui eût aſſigné dans le profit une part pr
portionnée à celle qu'il ſeroit tenu de ſuppor
dans la perte.

Par exemple, ſi en vous paſſant un bail
Cheptel, je vous charge de ſupporter les de
tiers de la perte quoique vous ne puiſſiez pr
tendre que la moitié dans le profit, la conve
tion ne devra point avoir d'exécution, par
qu'elle ſera uſuraire : mais ſi nous ſtipulons qu
ſupportant les deux tiers dans la perte vous a
rez les deux tiers dans le profit, il faudra q
la convention s'exécute, parce qu'elle ne co
tiendra rien que de légitime.

(*) *Voici ce que porte à ce ſujet l'article* 11 *du chap*
17 *de la coutume de Berry.*

Tous contrats de bail de bêtes à Cheptel ou autreme
duquel le bailleur doit prendre profit & émolument
fruit, s'il eſt dit en iceux que les bêtes ſeront aux péril
fortunes du preneur entiérement, & que le cas fortuit
venant ſur icelles ſera ſoutenu du tout par icelui prene
ſont réputés nuls & de nul effet & valeur, & com
illicites.

Si l'on stipuloit par le bail à Cheptel que le preneur sera tenu de céder sa part dans les toisons au bailleur, pour un prix inférieur à la juste valeur, la clause seroit illicite.

Il en seroit de même de la clause par laquelle on priveroit le preneur d'une partie du laitage, des fumiers & des autres choses que les coutumes lui attribuent pour les frais de garde & de nourriture.

La convention seroit encore illicite si le bailleur se réservoit de prélever à la fin du bail quelque chose de plus que la valeur du Cheptel qu'il a fourni, selon l'estimation qui en a été faite, ou même quelque chose de différent.

C'est pourquoi s'il étoit stipulé qu'à la fin du bail le bailleur pourroit à son choix prélever le montant de l'estimation ou autant de bêtes qu'il en a fournies, sans être tenu de faire raison au preneur de ce qu'elles pourroient valoir au-delà de ce qu'elles valoient au commencement du bail, il est clair qu'une telle convention seroit illégitime : car si les bêtes du Cheptel avoient augmenté de valeur, le bailleur pourroit avoir seul cette augmentation : & si au contraire elles étoient diminuées de prix, le preneur seroit dans le cas de supporter seul cette diminution, puisqu'alors le bailleur pourroit exiger le montant de l'estimation faite du Cheptel au moment du contrat.

Dans cette sorte de convention, le bailleur contracte envers le preneur l'obligation de le faire jouir du Cheptel pendant le temps que doit durer le bail.

Ce temps peut être limité par la convention. S'il n'a pas été déterminé, & que le bail ait été fait par un propriétaire de métairie à fo fermier, le Cheptel eſt cenſé fait pour dure le même temps que doit durer le bail de l métairie.

Quant aux autres baux à Cheptel dont la du rée n'a pas été déterminée par la convention ils ſont cenſés faits pour trois ans, conforme ment à l'article premier du titre 17 de la cou tume de Berry ; & lors qu'après les trois anné révolues, quinze jours ſe-ſont écoulés ſa qu'aucune des parties ait demandé le partage, ſe fait, ſuivant le même article, une tacite r conduction juſqu'à la ſaint Jean ſuivante.

Il faut obſerver que ſi au lieu de jouir en b père de famille, le preneur méſuſoit du Che tel & laiſſoit dépérir les beſtiaux, le bailleu ſeroit fondé à demander non-ſeulement la réſ lution du bail, mais encore des dommages interêts. C'eſt une conſéquence du principe qu tout preneur peut être privé de la jouiſſance la choſe louée lorſqu'il en méſuſe.

De ce que le bailleur doit faire jouir le pr neur pendant toute la durée du bail à Chept lorſqu'il n'en méſuſe pas, dérive l'obligation garantir le même preneur du trouble que d tiers pourroient apporter à ſa jouiſſance.

Ainſi dans le cas où Pierre prenant la qua lité de propriétaire des beſtiaux que je vous donnés à Cheptel intentoit une action cont vous pour que vous euſſiez à lui remettre c beſtiaux, vous ſeriez ſans difficulté en droit demander que j'euſſe à faire ceſſer le trouble ſinon que je fuſſe condamné aux dommages interêts qui pourroient vous réſulter de l'inex cution de la convention.

Pareillement, fi les créanciers du bailleur avoient faifi les beftiaux donnés à Cheptel, le preneur feroit en droit d'agir contre le bailleur pour qu'il eût à lui rapporter main-levée de la faifie.

A ce propos, Coquille a prétendu dans fon commentaire fur la coutume de Nivernois, que le preneur étoit fondé lui-même à former oppofition à la faifie, & à demander que les beftiaux ne puffent être vendus qu'à la charge par l'adjudicataire d'entretenir le bail à Cheptel. Pour appuyer fon opinion, cet auteur dit que les créanciers du bailleur ne peuvent pas avoir plus de droit dans le Cheptel que n'en a le bailleur leur débiteur ; qu'ainfi la faifie du Cheptel faite à leur requête ne doit pas priver le preneur de la jouiffance qui lui a été affurée par la convention.

Mais cette raifon eft bien plus fpécieufe que folide : auffi la Thaumaffière décide t-il au contraire que les créanciers du bailleur peuvent fans attendre la fin du bail faire faifir & vendre les beftiaux du Cheptel qui appartiennent à leur débiteur, fans que le preneur puiffe s'y oppofer, fi ce n'eft pour la part qu'il peut prétendre dans les croîts & profits s'il y en a: au furplus le preneur eft en droit d'exercer contre le bailleur une action en dommages & intérêts pour raifon du défaut de jouiffance.

La raifon fur laquelle la Thaumaffière établit cette doctrine eft que le bailleur étant toujours, nonobftant le bail, propriétaire du Cheptel, l'obligation qu'il contracte d'en faire jouir le preneur, n'eft ainfi que celle qui dérive d'un bail à loyer ou d'un bail à ferme, qu'une obli-

gation perfonnelle , laquelle ne donne au pre
neur envers qui elle eft contractée , qu'un
créance & une action pure perfonnelle contr
le bailleur ou contre fes héritiers , fans attri
buer au preneur aucun droit dans la chofe qu
fait l'objet de l'obligation : or dès que le pre
neur n'a aucun droit dans le Cheptel , il ne pe
être fondé à s'oppofer à la faifie qu'en ont fai
les créanciers du bailleur à qui le Cheptel ap
partient , ni à en empêcher la vente.

M. Pothier qui a adopté la décifion de la Tha
maffière comme étant plus conforme aux vr
principes que l'opinion de Coquille , obfer
fort bien que fi le preneur du Cheptel éroit fe
mier d'une métairie & que le bailleur fût
étranger , le propriétaire de la métairie fer
fondé à s'oppofer à la faifie que les créancie
du bailleur auroient faite des beftiaux donné
Cheptel , & à en demander la main levée :
raifon en eft que ces beftiaux qui garniffent
métairie , devant répondre des obligations
bail de cette métairie & étant d'ailleurs néce
faires pout en cultiver les terres , le propri
taire a droit d'empêcher qu'ils n'en foient d
placés.

Le preneur s'oblige par le bail à Cheptel
nourrir & de garder le bétail qui lui eft confi
comme pourroit faire un bon père de famil
C'eft une difpofition précife de l'article 2 du ch
pitre 21 de la coutume de Nivernois.

Il faut conclure de cette obligation que
quelque bête du Cheptel vient à périr par
faute du preneur ou par celle des gens qui font
fon fervice , il doit répondre du dommage enve
le bailleur. C'eft ce que décide l'article fuivan

Coquille prétend fur cet article que quand la perte du bétail feroit arrivée par cas fortuit, fi la caufe de cette perte a précédé & qu'elle fe trouve être le fait du preneur, il doit pareillement être tenu d'indemnifer le bailleur : il donne pour exemple le cas où une bête qui fe feroit égarée auroit été mangée du loup, faute par le preneur d'avoir fait à temps les recherches néceffaires pour la retrouver.

L'avis de Coquille a été fuivi par les annotateurs du coutumier général.

Le preneur ne doit difpofer d'aucune bête du Cheptel fans le confentement du bailleur : voici ce que porte à ce fujet l'article 7 du titre 17 de la coutume de Berri :

« Les preneurs ne peuvent vendre les bêtes »par eux prifes, foit à Cheptel, moitié ou au-»trement, fi n'eft du vouloir & confentement »exprès du bailleur : & s'ils font le contraire, »font amendables envers juftice à la difcrétion »d'icelle, & font auffi tenus aux maîtres en tous »leurs dommages & intérêts, pour lefquels, »comme procédans de crime, iceux liquidés »& taxés tiendront les preneurs prifon; & s'ils »font coutumiers, l'on pourra procéder ex-»traordinairement contre eux, pour leur im-»pofer telle punition que de raifon ».

Cette défenfe de vendre, concerne non-feulement les jeunes bêtes, mais encore celles qui font vielles & dont l'intérêt des affociés exige la vente & le remplacement: le preneur ne peut faire aucune acte de cette forte que de concert avec le bailleur ; & fi le bailleur refufoit en pareil cas de confentir à la vente, le preneur feroit en droit de l'affigner pour la voir ordonner par le juge ; il pourroit même conclure à des dommages & intérêts contre le bailleur, qui par un refus déraisonnable auroit fait manquer une vente avantageuse à la société.

Observez à ce sujet, d'après M. Pothier, que si le bailleur avoit souffert pendant un temps considérable que le preneur vendît les vieilles bêtes sans le consulter, il seroit censé persévérer dans cette tolérance, jusqu'à ce qu'il le lui eût expressément défendu : c'est pourquoi il seroit non-recevable à demander la résolution du marché que le preneur seul auroit fait.

La Thaumassière nous apprend que quoique l'article de la coutume que nous avons rapporté ne parle que des bêtes *prises à Cheptel*, c'est-à-dire, de celles qui composent le fonds du Cheptel, l'usage a néanmoins étendu aux croîts la défense faite au preneur de vendre sans le consentement du bailleur.

Mais lorsqu'on a tiré des croîts une quantité suffisante de bêtes pour remplacer celles qui manquoient dans le fonds du Cheptel, & que le surplus de ces croîts a été partagé entre les parties intéressées, il n'y a nul doute que le preneur ne puisse alors disposer comme bon lui semble des bêtes qui lui sont échues pour sa part.

Suivant les articles 5 & 6 du même titre 17 de la coutume du Berry (*), il est défendu ex-

_____

(*) *Voici ces articles :*

V. Le preneur de bêtes à Cheptel à moitié ou autrement, ne peut avant le temps qu'elles doivent être tondues en tirer ne prendre aucunement la laine, & attendra que le temps qu'elles doivent être tondues soit venu ; & après qu'elles

preſſément aux preneurs de bêtes à Cheptel de prendre ou tirer de ces bêtes aucune laine avant le temps auquel elles doivent être tondues, à moins toutefois que leur ſanté n'exige qu'avant ce temps on leur ôte une partie de leur laine : dans ce cas, le preneur doit avant l'opération en avertir le bailleur, pour qu'il puiſſe prendre la moitié de cette laine.

Comme ces diſpoſitions de la coutume ne s'obſervoient pas avec exactitude, le roi jugea à-propos de donner au mois d'août 1739, des lettres-patentes pour les confirmer (*) : par

---

feront tondues, partiront le preneur & bailleur toute la laine également ; & s'il eſt trouvé le preneur faire le contraire, il ſera tenu payer pour chacune bête, de laquelle il aura prins la laine devant la ſaiſon, deux ſous tournos pour l'intérêt du maître.

VI. Toutefois s'en autre temps que en la ſaiſon qu'on a accutumé tondre les bêtes, eſtoit beſoin, pour la ſanté & entretenement deſdites bêtes, leur ôter & prendre de la laine en aucuns endroits, les preneurs le pourront faire en le dénonçant au bailleur pour prendre la moitié de la laine : & s'ils font le contraire, payeront deux ſous tournois pour chacune bête, & ce pour l'intérêt du maître comme deſſus.

(*) Ces lettres-patentes qui ont été enregiſtrées au Parlement le 16 ſeptembre 1739, ſont ainſi conçues :

Louis, &c. Salut. Le commerce des laines étant un des principaux avantages de la province de Berry, nous avons cru qu'il étoit néceſſaire d'employer notre autorité pour réprimer un abus pratiqué par les fermiers métayers, cheptelliers, & autres preneurs de bêtes à laine, au ſujet de la tonture deſdites bêtes, quoique la coûtume de cette province, titre 17, article 5, défende expreſſément aux preneurs de bêtes à Cheptel, à moitié ou autrement, de tirer ou prendre deſdites bêtes aucune laine, avant le temps auquel elles doivent être tondues, ſi ce n'eſt qu'avant ledit temps il fût néceſſaire pour leur ſanté, de leur ôter & prendre de la

cette loi , le roi a augmenté les peines pronon-

___

laine , auquel cas fuivant l'article 6 , les preneurs ne peuvent
le faire qu'en le dénonçant au propriétaire ou bailleur , pour
en prendre fa moitié. Nous avons été cependant inftruits
que lefdits preneurs avoient introduit l'ufage de tondre ou
prendre de la laine de la gorge & du ventre des bêtes à
laine avant le temps ordinaire fans en avertir les bailleurs;
que par ce moyen le produit de cette tonte prématurée, à
laquelle ils donnent le nom d'écouailles , tourne entierement
au profit des preneurs , ce qui devient une fraude également
préjudiciable aux propriétaires des bêtes à laine , & au bien
des manufactures qui ne peut être trop féverement répri-
mée. A ces caufes, de l'avis de notre confeil , de notre certaine fcience, pleine puiffance & autorité royale, nous
avons par ces préfentes fignées de notre main , dit , ftatué
& ordonné , difons , ftatuons & ordonnons, voulons &
nous plaît ce qui fuit; que les articles 5 & 6 du titre 17 de
la coutume de Berry , foient exécutés dans toute l'étendue
des lieux régis par ladite coutume, & en conféquence faifons très-expreffes inhibitions & défenfes à tous fermiers,
métayers, Chepteliers & autres preneurs de bêtes à laine,
à moitié ou autrement, de prendre fur lefdites bêtes aucune laine avant le temps auquel elles doivent être tondues
en entier, à peine contre chacun des contrevenans de vingt
livres d'amende & de dix fous de dommages-intérêts envers le
propriétaire pour chaque bête à laine qui auroit été tondue
en contravention des préfentes; leurs faifons pareilles défenfes fous les mêmes peines , de s'attribuer par préciput
aucunes laines fous le nom d'écouailles ou fous quelque dénomination que ce puiffe être, lefquelles feront partagées
entre les preneurs & les bailleurs ainfi que les autres laines,
à proportion de la part que chacun y doit avoir ; défendons
auffi à tous preneurs de bêtes à laine, à moitié ou autrement, même au propriétaire de vendre ou expofer en vente
aux marchés, foires & dans les maifons particulieres aucunes écouailles avant le 10 du mois de juin de chaque année,
à peine de pareille amende que deffus & de confifcation defdites écouailles au profit de l'hôpital le plus voifin , préalablement déduits les frais de faifie , exécution & payemen

cées par la coutume, & a voulu que les contrevenans fussent condamnés chacun à vingt livres d'amende, & à dix sous de dommages & intérêts envers le bailleur pour chaque bête à laine tondue en contravention des règlemens.

Les coutumes ont attribué au bailleur à Cheptel un droit de suite ou de revendication, tant contre ceux qui ont acheté sans son consentement les bêtes du Cheptel, que contre ceux qui s'en trouvent en possession (*).

---

des impositions de celui à qui lesdites écouailles se trouveront appartenir, auxquelles peines voulons pareillement que soient sujets & condamnés les drapiers, bonnetiers, cardeurs & autres fabriquans ou traficans en laine, chez qui sera trouvé des écouailles avant ledit temps, à moins qu'elles ne soient de l'année précédente ou provenues des bêtes dont ils seroient eux-mêmes propriétaires. Ordonnons qu'en cas que pour la santé & entretenement des bêtes à laine, il fût nécessaire de leur ôter de la laine avant le temps ordinaire de la tonte, les preneurs ne puissent le faire qu'en le dénonçant au propriétaire & de son consentement, à l'effet de partager entr'eux lesdites laines tirées avant ledit temps, le tout sous les mêmes peines de vingt livres d'amende, & de dix sous de dommages-intérêts par chaque bête à laine envers le propriétaire d'icelles. Si donnons en mandement, &c.

(*) *Voici ce que porte l'article* 16 *du chapitre* 21 *de la coutume de Nivernois :*

Si avant le Cheptel payé le preneur vend ou aliène, ou souffre vendre ou aliéner par exécution ou autrement par justice ledit bestial sans instance & en advertir le bailleur ou ses ayans cause, ledit bailleur soit après ou avant la délivrance dudit bestial ainsi vendu, le pourra suivre, & icelui faire arrêter ou empêcher pour le vendiquer, qui lui sera rendu en montrant valablement par contrat du bail, ou par témoins qu'il lui appartient, & en montrant promptement dudit contrat de bail en forme probante, sera & devra être ledit bestial baillé audit seigneur bailleur par

Lorfque le bailleur veut ufer de ce droit &
fe faire rendre les beftiaux vendus par le preneur ou faifis chez lui, les coutumes de Nivernois & de Berry exigent qu'il faffe preuve
littérale, ou par témoins que ces mêmes bef-

———————————————————

provifion pendant le débat & procès, en baillant caution
fidéjuffoire pardevant le juge dudit débat ; & au cas que
ledit feigneur bailleur obtienne, il ne fera tenu aux frais
& paftures dudit beftial, que depuis le temps de ladite délivrance jufqu'au temps dudit arrêt ou empêchement, le
recours pour ledit beftial ou prix d'icelui, enfemble des
dépens, dommages-intérêts, frais & paftures dudit beftial,
réfervé audit acheteur contre fon vendeur, foit premier,
fecond ou autre.

*Et les articles 8 & 10 du chapitre 17 de la coutume de
Berry font ainfi conçus :*

VIII. Pourra le bailleur en cas vente, pourfuivre lefdites
bêtes & les faire arrêter fur l'acheteur ; & lui feront délivrées par provifion, en baillant caution, & faifant par
lui fommairement apparoir qu'elles lui appartiennent ; &
néanmoins l'acheteur, s'il eft trouvé qu'il fçut que lefdites
bêtes euffent été baillées à Cheptel à celui qui les lui aura
vendues, fera puni felon droit & raifon.

X. Si avant le Cheptel payé le preneur fouffre que
par exécution ou autrement, l'on vende les bêtes par lui
prinfes, fans en advertir le bailleur, en ce cas le bailleur
a droit de fuite fur lefdites bêtes & les peut vendiquer
comme à lui appartenans, nonobftant ladite vendication
faite par fouffrance du preneur, & en faifant apparoir fommairement qu'elles lui appartiennent lui feront délivrées
par provifion en baillant caution ; fans ce que le bailleur
foit tenu de payer aucuns frais de la nourriture defdites
bêtes, fi n'eft depuis le temps qu'elles auront été nourries
aux dépens de l'acheteur de bonne foi jufqu'au temps qu'elles auront été arrêtées par le bailleur, & fera néanmoins le
preneur qui a fouffert la vente fans en advertir le bailleur,
amendable envers juftice à la difcrétion d'icelle, & condamné ès-dépens, dommages & intérêts du bailleur.

tiaux lui appartiennent ; mais une preuve tes-
timoniale & même un bail sous seing privé seroient aujourd'hui insuffisans pour établir le droit
du bailleur dans le cas de saisie de la part d'un
tiers ; il faut pour cet effet un bail par devant
notaires. C'est ce qui résulte de plusieurs règlemens.

Le droit de suite accordé au bailleur peut
être exercé, non-seulement lorsque le preneur
a vendu les bestiaux du Cheptel à l'insçu du
bailleur & par un acte purement volontaire,
mais encore dans le cas où ces mêmes bestiaux
ont été vendus judiciairement à la requête des
créanciers du preneur. C'est ce que les coutumes de Nivernois & de Berry décident d'une
manière expresse.

Ainsi dans ces coutumes, celui qui s'est rendu, même de bonne foi, adjudicataire des bestiaux du Cheptel & qui s'en trouve évincé par
le bailleur, n'a d'autre voie que celle de se
pourvoir pour se faire remettre le prix de l'adjudication, soit par les créanciers saisissans auxquels il a été délivré, soit par le preneur. Il
faut néanmoins remarquer que le bailleur qui
rentre dans ses droits, est tenu de rembourser
à l'acheteur de bonne-foi les frais qu'il a faits
pour nourrir les bestiaux ; mais si cet acheteur
avoit retiré quelque profit de ces bestiaux, il
faudroit qu'il en fît déduction sur les frais de
nourriture. Et cependant si ce profit excédoit
les frais de nourriture, le bailleur ne pourroit
rien répéter de cet excédent à l'acheteur. La raison en est que le possesseur de bonne-foi ne doit
point être obligé de restituer les fruits : ainsi
le bailleur ne peut prétendre à cet égard que

des dommages & intérêts contre le preneur qui a laissé vendre les bêtes sans l'avertir.

D'un autre côté, si l'acheteur de bonne-foi a été mis en demeure de restituer les bêtes, c'est-à-dire si le bailleur a formé à ce sujet une demande, ou fait une saisie, il n'a nul droit pour répéter les frais de nourriture fournis postérieurement à cette demande ou saisie.

De ce que les coutumes dont il s'agit ont accordé au bailleur le droit de suite des bêtes du Cheptel, même sur ceux qui s'en sont rendus adjudicataires judiciairement sans qu'il soit tenu de leur rendre le prix de l'adjudication, M. Pothier conclut avec la Thaumassière que dans ces coutumes le bailleur doit avoir le même privilège contre les personnes qui ont acheté de bonne-foi les bêtes de son Cheptel exposées en foire.

Cette opinion est particulièrement appuyée sur divers jugemens que rappporte la Thaumassière, lesquels établissent en effet que la jurisprudence constante de la province de Berry, est d'admettre le bailleur à revendiquer les bêtes de son Cheptel contre les acheteurs qui les ont achetées de bonne-foi, même en foire, sans qu'il soit obligé de leur rendre le prix qu'elles leur ont coûté.

On ajoute à cela que le droit de propriété qu'une personne conserve sur les effets qu'on lui a volés, renferme essentiellement le droit de les revendiquer par-tout où elle les trouve, & que la loi naturelle oblige celui qui les possède à les rendre au propriétaire lorsqu'il le connoît : qu'au contraire, on ne peut assigner aucune cause qui puisse obliger le propriétaire à rendre au poffeffeur des effets volés le prix qu'il en a payé en les achetant : il n'eft dit-on, intervenu aucun contrat entre ce proprié-taire & ce poffeffeur d'où puiffe dériver une telle obligation: le payement fait au vendeur par l'acheteur eft un fait qui ne peut nuire au propriétaire, puifqu'il lui eft étranger.

Quelque fpécieux que paroiffent les moyens dont les auteurs cités font ufage pour accréditer leur fentiment, je crois néanmoins que l'opi-nion contraire qu'ont adoptée Coquille, Bro-deau & plufieurs autres, eft mieux fondée. En effet, quoiqu'en général le droit de propriété d'une chofe volée, donne au maître le droit de la revendiquer, il ne faut pas en tirer la con-féquence que dans tous les cas l'acheteur d'une chofe qui n'appartenoit pas au vendeur, foit obligé de la remettre au véritable propriétaire fans que celui-ci foit tenu d'en rembourfer le prix. Il convient de diftinguer à cet égard l'a-chat fait de bonne-foi & en foire d'avec les au-tres achats qui méritent moins de faveur. Et cette diftinction n'eft pas nouvelle : on la trou-ve dans les coûtumes de Beauvoifis que Phi-lippes de Beaumanoir, la lumière de fon fiècle, redigea en 1283 : voici ce qu'on y lit au cha-pitre 25.

« Se chil qui a la chofe l'achete el marchié
» commun ; en cel cas, chil qui pourfuit fa
» chofe que il perdit, ou qui li fut emblée, ne
» la raura pas, fé il ne rend l'argent que li ache-
» teures en paya ; car puifqu'il acheta fans fraude
» & en marchié, il ne doit pas recevoir la perte
» de fon argent pour autrui meffait ; mais s'il
» l'avoit acheté hors du marchié par mendre

» prix que la chofe ne vauroit, le tiers ou la
» moitié, & il ne pouvoit trouver fon garant,
» li demandierres rauroit fa chofe fans l'argent
» de la vente payer, parce que l'en doit avoir
» grand préfomption contre chaus qui ainffint
» achatent ».

Cette jurifprudence eft, ce me femble,
celle qui mérite la préférence. On peut l'oppofer aux jugemens cités par la Thaumaffière &
y ajouter que les coutumes de Touloufe redi-
gées par écrit en 1285 ont une femblable difpofition (*)

Voici d'ailleurs comme Coquille, l'un des
meilleurs interprètes des coutumes qui ont
traité des Cheptels, fait l'application de cette
doctrine aux baux dont il s'agit.

« L'acheteur en foire, dit cet auteur, doit
» être réputé de bonne foi & femble, par ma-
» niére de dire, que la foi publique lui eft garant;
» & ne fe peut dire contre tel acheteur ce que
» l'empereur dit *in l. incivilem & in l. civile. c.*
» *de furt.*, où eft dit que celui qui achete d'un
» paffant, homme non connu, fe rend fufpect
» de mauvaife foi. Pourquoi j'eftime, dit Co-
» quille, qu'avec grande raifon fe peut dire que
» le bétail vendu en foire publique, qui eft
» célébre & renommée, & fi le bétail a demeuré

_____

(*) *Voici ce que porte l'article 3 du titre de emptione
& venditione.*

Eft ufus & confuetudo Tolofæ quod fi aliquis emerit
res mobiles in Tolofa in carreriâ (*carreriâ eft via lata per
quam currus tranfire poffunt*) publicâ vel foro.... quod
emptor debet recuperare pretium ab illo cujus res eft, &
qui petit rem, quamvis res fit furtiva.

» publiquement

» publiquement en foire & a été vendu au
» chaud de la foire , ne peut être évincé
» par le feigneur du Cheptel, ou autre pro-
» priétaire ; car , quant au Cheptel, le bail-
» leur doit être foigneux de la fidéliré du pre-
» neur & doit l'obferver & veiller ; & fi c'eft
» autre propriétaire à qui on ait dérobé du bé-
» tail , il doit être foigneux de fuivre les foi-
» res , pour reconnoître fon bétail. Tout au
» moins femble que tel propriétaire qui recon-
» noit fon bétail ainfi vendu en foire , ne le
» doit recouvrer, finon en payant à l'acheteur
» le prix qu'il lui a couté ; car , fi le bétail n'eût
» été vendu à cette foire, le larron l'eût tiré
» plus loin & eût ôté au propriétaire le moyen
» de le vendiquer, fuivant la raifon de la loi
» *mulier ff. de captivis & de poftliminio* , &c. Ce
» qui ne fe peut dire, finon que l'acheteur en
» foire fut voifin du vendeur , ou vraifembla-
» blement fuivit fa condition , facultés &
» moyens, pour juger que le vendeur ne foit
» en facultés, pour avoir du bétail propre à
» lui ; car, en ce cas, l'acheteur ne fe pourroit
» dire être de bonne-foi ».

. Au refte dans les coutumes qui n'ont pas
comme celles de Berry & de Nivernois une difpofition expreffe qui accorde au bailleur le droit
de fuivre & de revendiquer les bêtes du Cheptel
lorfqu'elles ont été faifies & vendues par les
créanciers du preneur , le bailleur peut bien
jufqu'à la vente s'oppofer à la faifie & obtenir la
récréance de fes bêtes ; mais lorfqu'il n'a point
formé d'oppofition, on ne doit pas l'admettre
après la vente à les fuivre & revendiquer fur

l'adjudicataire. C'eſt l'avis de M. Pothier , qui nous paroît bien fondé.

On a agité une autre queſtion, ſi après que les bêtes du Cheptel ont été vendues à l'inſçu du bailleur & qu'elles n'exiſtent plus , il a encore action contre l'acheteur qui en a profité pour en répéter la valeur. La Thaumaſſière a adopté l'affirmative , & il rapporte à l'appui de ſon opinion un jugement rendu au préſidial de Bourges le 30 juillet 1665 dans l'eſpèce ſuivante :

Un particulier qui tenoit du ſieur de Gamache des beſtiaux à Cheptel vendit à la foire de Raymond, au nommé Couſin, boucher, deux bœufs, pour la ſomme de ſoixante livres qui fut payée au vendeur à la reſerve de quinze livres. Le boucher tua les bœufs & en débita la viande. Trois ou quatre mois après, le ſieur de Gamache fit aſſigner Couſin au préſidial de Bourges pour ſe voir condamner à lui payer en entier le prix des bœufs, attendu qu'un preneur ne peut vendre les bêtes du Cheptel ſans la participation & ſans l'ordre exprès du bailleur.

Couſin offrit de payer au ſieur de Gamache les quinze livres qu'il redevoit encore ſur l'achat; quant aux quarante-cinq livres qu'il avoit payées au vendeur lors de la convention, il ſoutint que le bailleur n'avoit à cet égard aucune action contre lui , attendu que les bœufs ayant été achetés de bonne foi, en pleine foire, & ſe trouvant conſommés ſans fraude , le droit de ſuite attribué par la coutume ne pouvoit être exercé puiſque les bœufs n'exiſtoient plus.

Le ſieur de Gamache répondit que quoique les bœufs euſſent été achetés de bonne foi & qu'ils fuſſent conſommés, Couſin n'étoit pas moins obligé de lui en payer la valeur puifqu'en les débitant, il en avoit profité : il ajouta que le payement fait au preneur ne pouvoit pas préjudicier au bailleur, attendu que la coutume avoit interdit au preneur la faculté de vendre les bêtes du Cheptel ; & enfin il obferva que la bonne foi de Coufin pouvoit bien le mettre à couvert de la pourfuite extraordinaire qu'un bailleur eft en droit d'intenter contre ceux qui achètent des beftiaux qu'ils favent être tenus à Cheptel, mais que cette bonne foi ne pouvoit pas le difpenfer de payer la valeur entière des beftiaux puifqu'il en avoit profité, & que le propriétaire n'en avoit rien reçu.

Le préfidial adopta ces moyens & par jugement en dernier reffort il condamna Coufin à payer le prix entier des beftiaux.

Mais ce jugement fingulier ne doit pas faire loi. Je crois avec M. Pothier qu'un boucher qui a acheté d'un preneur à Cheptel une bête, & qui l'a tuée & débitée, ne doit être condamné à en reftituer le prix au bailleur que dans le cas où il l'auroit achetée de mauvaife foi, c'eft-à-dire, qu'il auroit eu connoiffance que le preneur la vendoit à l'infçu du bailleur. En effet, lorfque l'acheteur a ceffé de poffêder la bête de Cheptel, foit en la revendant foit en la confommant, il ne refte contre lui aucune action au bailleur : ce dernier ne peut pas exercer celle de revendication, puifqu'elle n'a lieu que contre les poffeffeurs ou contre ceux qui par dol ont ceffé de poffêder : or on ne peut pas dire qu'un acheteur de bonne foi ait ceffé par dol de poffêder la bête. Le bailleur ne peut pas non plus exercer d'action perfonnelle contre un tel acheteur pour obtenir la reſtitution du prix de la bête, puiſque les actions perſonnelles dérivent de quelque obligation : or il n'eſt intervenu aucun contrat, ni quaſi contrat, ni délit, ni quaſi délit, d'où puiſſe réſulter une obligation dans la perſonne de l'acheteur dont il s'agit : on ne peut pas d'ailleurs fonder une telle obligation ſur cette règle d'équité naturelle, qui ne permet pas de s'enrichir aux dépens d'autrui, car on ne peut pas dire qu'un acheteur de bonne foi en revendant ou conſommant les bêtes d'un Cheptel dont il ne connoiſſoit pas le propriétaire, ſe ſoit enrichi aux dépens de ce propriétaire, puiſqu'il a payé au vendeur le prix de l'achat.

Par le bail à Cheptel, le bailleur & le preneur contractent des obligations réciproques relativement au partage du Cheptel : le preneur s'oblige à repréſenter lors du partage toutes les bêtes du Cheptel, ſinon à faire état de ce qu'elles vaudroient ſi par ſa faute elles n'étoient pas péries.

Il faut obſerver à ce ſujet que ſi la perte des bêtes a été l'effet de quelque accident ou cas fortuit que le preneur n'a pu prévoir ni empêcher, il ne doit pas répondre de cette perte.

Mais s'il y a conteſtation ſur la cauſe de cette perte, le preneur ſera-t-il tenu de prouver que c'eſt un cas de force majeure ; ou au contraire, ſera-ce au bailleur à juſtifier que le dommage a été l'effet de la négligence du preneur ? La Thaumaſſière prétend que la preuve doit être à la charge du preneur, & que pour être déchargé de ſon obligation il ne ſuffit pas qu'il repréſente les peaux des bêtes.

Il ſuit de cette opinion que ſi une bête du Cheptel vient à être eſtropiée ou à diminuer de prix par quelqu'autre cause, il faudra que le preneur justifie que ce dommage est l'effet d'un cas fortuit ou de force majeure, sinon ce même dommage sera censé une suite de la négligence du preneur, qui en conséquence sera tenu d'en faire raison au bailleur.

Coquille, Verroux & quelques autres ont une opinion conforme à celle de la Thaumassière : mais M. Pothier nous apprend que des magistrats très-éclairés de la province de Berry l'ont instruit que l'usage de cette province étoit que quand le bailleur n'étoit pas en état de prouver la faute ou la négligence du preneur, on présumoit que les bêtes étoient mortes par maladie ou étoient péries par l'accident qu'alléguoit le preneur, lequel en conséquence étoit dispensé d'en faire raison en représentant les peaux. Cet usage me paroît bien plus conforme aux loix de l'équité que l'opinion de la Thaumassière : en effet, la présomption qui tend à décharger le preneur est fondée sur ce que les maladies sont les causes les plus ordinaires de la perte des bestiaux : or le preneur ayant intérêt à conserver les bêtes du Cheptel, tant à cause de la part qu'il a dans le profit que par rapport à celle qu'il doit supporter dans la perte, le cas de négligence qui peut occasionner le dommage doit être bien plus rare que le cas de maladie : celui-ci doit donc être présumé plutôt que celui-là.

Une autre obligation du preneur est de supporter lors du partage la moitié de la perte qui peut se trouver sur le Cheptel (*).

_____

(*) Cette partie de la convention n'a rien que de très-

Réciproquement le bailleur s'oblige à faire

légitime quoiqu'en difent l'auteur des conférences fur l'u-
fure, & Fieminville qui a fuivi fon opinion dans fa pratique des terriers.

Le fyftême de ces écrivains eft d'une inconféquence
extrême. Ils ne condamnent pas la convention qu'on appelle
Cheptel à moitié & dans laquelle le preneur fournit le fond
des beftiaux conjointement avec le bailleur. Ils eftiment que
dans ce cas le preneur doit fupporter la moitié de la perte
qui peut furvenir fur le Cheptell par cas fortuit : mais n'ont-
ils donc pas vu que dans le Cheptel fimple la condition du
preneur étoit beaucoup meilleure que dans le Cheptel à
moitié ? ou eft-ce par cette confidération qu'ils veulent qu'il
foit déchargé des rifques auxquels ils affujetiffent le preneur du Cheptel à moitié ?

Pour appuyer leur abfurde doctrine les auteurs cités ont
ofé employer le texe de plufieurs difpofitions des coutumes
de Berry, de Bourbonnois & de Nivernois ; mais il eft
étrange qu'ils n'aient pas compris le fens de ces difpofitions:
elles établiffent cependant avec la plus grande clarté une
doctrine toute oppofée à la leur : pour s'en convaincre, il
n'y a qu'à les lire : voici comme s'exprime l'article 4 du
titre 17 de la coutume de Berry :

» Si l'appréciation defdites bêtes, eft moindre que le
» Cheptel que doit prendre le bailleur, la perte qui eft
» fur ledit Cheptel doit être divifée par moitié, & de la
» moitié fera tenu le preneur en rembourfer le bailleur:
» & fi par la faute, coulpe & négligence du preneur, ladite
» diminution & détérioration de bêtes font provenues, il
» eft tenu aux dommages & intérêts du bailleur.

Il eft évident que la perte dont cette loi charge en commun le bailleur & le preneur, eft celle qui arrive par cas
fortuit, puifqu'elle charge le preneur de toute celle qui
peut être caufée par fa faute.

Ajoutez à cela que la même loi n'a jamais reçu d'autre
interprétation dans le Berry. La Thaumaffière rapporte
même plufieurs fentences du préfidial de Bourges qui ont
jugé que les preneurs des Cheptels fimples étoient tenus de

participer pour moitié le preneur au profit qu'aura produit le Cheptel lors du partage.

ſupporter la moitié de la perte des beſtiaux pillés par les ennemis dans le temps des guerres civiles.

L'article 554 de la coutume de Bourbonnois décide la queſtion avec la même préciſion que la coutume de Berry : voici comme il eſt conçu :

» Si au temps de la priſée, leſdites bêtes ſont moins pri-
» ſées que du prix pour lequel elles ont été baillées à
» Cheptel & croît, le bailleur prendra icelles bêtes , ou
» la ſomme du prix, entièrement, comme deſſus : & leſdits
» bailleur & preneur ſeront tenus chacun par moitié , de la
» détérioration & perte : de laquelle moitié ledit preneur
» eſt tenu de rembourſer ledit bailleur. Mais ſi ladite deté-
» rioration eſt provenue par dol, fraude, ou malverſation
» dudit preneur, il eſt tenu des dommages & intérêts en-
» vers ledit bailleur.

Il en eſt enfin de la coutume de Nivernois comme des précédentes : voici ce que portent les articles 2 , 3 & 4 du chapitre 21 :

» II. Le contrat de Cheptel eſt de telle nature que le
» baileur baille & fournit le beſtial , & le preneur le prend
» en garde & en ſa charge pour le nourrir, traiter, gar-
» der & gouverner à ſes dépens comme il fait ou devroit
» faire le ſien propre.

» III. Et doit ledit preneur telle garde audit beſtial que
» s'il ſe meurt, perd ou deperit par ſes dol, faute ou coulpe,
» le dommage ſe prend ſur lui : mais ſi c'étoit par fortune
» ou inconvéniens non preveuz qui ne ſe pourroient pre-
» voir, il n'en ſera tenu, mais eſt le peril ou perte com-
» mun.

» IV. Auſſi eſt le péril dudit beſtial, commun regulière-
» ment entre leſdits preneur & bailleur tout ainſi que le croît
» & profit qui en procède , ſauf les graiſſes, labeurs, lai-
» tage de bêtes qui appartiennent aux preneurs, hors mis
» en maitairie, dont ſera uſé comme l'on a accoutumé,
» ou qu'il ſera convenu «.

Qu'on apprécie d'après cela le degré de confiance que

` Ce partage peut être demandé tant par le

méritent des écrivains qui interprêtent les lois comme ont fait ceux dont nous parlons pour établir leurs opinions.

Ils ont joint à leurs fausses & ridicules interprétations un argument qui décele une grande ignorance de la jurisprudence établie & des principes du droit. Ils ont dit que *selon les règles du droit naturel, les choses devoient être aux risques de ceux à qui elles appartenoient ; que la perte lorsqu'elle arrivoit par cas fortuit, en devoit donc être supportée par eux, conformément à la maxime res perit domino, & qu'on ne pouvoit sans injustice la faire supporter par d'autres :* en conséquence ils ont conclu que *dans le Cheptel simple, le bailleur fournissant seul les bestiaux, & en étant seul propriétaire, il devoit en supporter seul la perte.*

Mais abstraction faite de ce qu'on pourroit répondre pour justifier que le preneur est propriétaire comme le bailleur de la moitié du Cheptel, & que celui-ci n'est que le créancier de l'autre pour le prix de cette moitié dont il lui a fait les avances, nous observerons que tout le monde sait que la maxime *res perit domino*, est sujette à plusieurs exceptions. Il est incontestable que le propriétaire d'une chose quelconque peut valablement convenir qu'elle sera aux risques de quelqu'un pendant un certain tems moyennant une somme que l'on proportionne aux risques.

C'est ainsi que tous les jours des compagnies d'assureurs se chargent des risques que peuvent courir les vaisseaux & les marchandises que les négocians envoient dans des pays éloignés. On sait que cette sorte de convention est formellement autorisée par l'ordonnance de la marine. On pourroit pareillement faire assurer un édifice contre le feu, contre une inondation, &c. Pour que la convention soit légitime, il suffit que l'assureur reçoive le prix des risques qu'il court.

Dans le bail à Cheptel simple, le preneur a pour prix des risques qu'il court, la moitié dans le croît des bestiaux.

L'auteur de la collection de jurisprudence qui n'a rien compris à la matière des Cheptels quoiqu'il en ait fait un article dans son ouvrage, paroît par ce qu'il dit au nombre

preneur au bailleur que par le bailleur au preneur, mais il faut que ce soit dans le temps fixé par le bail ou par la coutume, ou qu'il y ait une clause portant que l'une des parties pourra exiger le partage *toutefois & quand elle le jugera à propos*.

Coquille prétend qu'une telle clause n'est valable qu'autant qu'elle est réciproque.

La Thaumassière soutient au contraire qu'on peut valablement stipuler que le bailleur pourra exiger le partage lorsqu'il le jugera à propos, sans que le preneur puisse user de la même faculté. Il observe à ce sujet que de son temps cette stipulation avoit lieu dans la plupart des beaux à Cheptel qui se passoient dans sa province.

La décision de la Thaumassière ne doit, selon la remarque de M. Pothier, souffrir aucune difficulté relativement au Cheptel qui fait partie du bail d'une métairie : mais il pourroit en être différemment si le bail à Cheptel étoit fait à tout autre qu'au fermier du bailleur : je crois que dans ce cas-ci il y auroit lieu d'annuller la clause comme usuraire, si l'avantage qui en résulte au bailleur n'étoit compensé par quelqu'autre avantage fait au preneur. La raison en est que selon l'esprit des coutumes qui ont traité des baux à Cheptel, les avantages & les désavantages doivent dans cette sorte de convention, se diviser en portions égales entre le bailleur & le preneur.

Il faut d'ailleurs observer que la clause en vertu de laquelle le bailleur peut demander le partage

---

10 de cet article, avoir adopté l'opinion ridicule que nous venons de réfuter ; mais cela ne doit pas lui donner plus de crédit.

du Cheptel lorfqu'il le juge à propos, ne doit
pas fe prendre dans un fens trop rigoureux;
ainfi lorfqu'il n'y a point de péril en la demeure,
elle n'autorife point le bailleur à exiger le
partage dans le fort des moiffons ou des travaux de l'agriculture. C'eft ce qu'ont remarqué
Coquille fur la coutume de Nivernois & Auroux
fur celle de Bourbonnois. Ce dernier commen-
tateur cite un arrêt du 7 juillet 1622 qui a jugé
dans la coutume de Bourbonnois, que pour
exiger le partage en vertu de la claufe dont il
s'agit, le bailleur devoit attendre la Saint-Martin
d'hiver.

Les coutumes du Berry, de Nivernois & de
Bourbonnois ont déterminé une forme particulière pour partager le Cheptel : l'article 3 du
titre 17 de celle de Berry eft ainfi conçu :

» En Cheptel, celui qui veut exiger après le
» temps conventionnel ou de la coutume paffé,
» & qui demande partage foit le bailleur ou le
» preneur, doit eftimer & prifer les bêtes ; &
» felon icelle prifée, pourra celui lequel on
» fomme d'exiger, retenir lefdites bêtes, ou
» les laiffer pour ledit prix à celui qui les a
» eftimées, dedans la huitaine en fuivant : lequel
» prifeur, où lefdites bêtes feront laiffées pour
» ledit prix, fera tenu payer comptant ; à favoir
» fi le preneur les a prifes, & lui demeurent,
» de payer ledit droit de Cheptel au bailleur, &
» la moitié de ce que montera ladite prifée outre
» ledit droit de Cheptel ; & fi elles demeurent
» au bailleur, fera tenu icelui bailleur déduire
» fon droit de Cheptel, & s'il y a gain, bailler
» la moitié d'icelui au preneur ».

D'après cette difpofition, fuppofez que le

bailleur ait fourni au preneur une certaine quantité de bêtes qui par l'estimation qu'on en a faite, en passant le bail, ont été évaluées à mille écus : si à la fin du bail l'une des parties, le preneur par exemple, veut qu'il soit procédé au partage du Cheptel, il doit l'estimer & en déterminer la valeur relativement à l'état où il se trouve alors : s'il déclare que le Cheptel vaut cinq mille livres, le bailleur est en droit de le prendre pour cette somme, sinon il reste au preneur pour le même prix : en conséquence celui-ci doit payer comptant au bailleur ; 1°. mille écus faisant l'estimation des bêtes fournies lors de la convention ; 2°. mille livres pour la moitié des deux mille livres à quoi se trouve monter le profit fait durant le bail sur le Cheptel : si au contraire le bailleur prend le Cheptel pour les cinq mille livres auxquelles il a été évalué, il payera mille livres au preneur pour sa moitié dans le profit, en retiendra le surplus tant pour avoir fourni le fonds du Cheptel que pour la moitié qu'il doit percevoir dans le profit.

M. Pothier remarque fort bien que les coutumes en prescrivant cette forme pour parvenir au partage du Cheptel, ont eu pour objet de faire regner entre les contractans l'égalité par une juste estimation : en effet, la partie qui fait l'estimation a intérêt de la faire juste, attendu que si elle étoit trop foible, l'autre partie gagneroit à prendre le Cheptel, & que si elle étoit trop forte, cette autre partie gagneroit encore en le laissant.

Mais l'auteur cité trouve que cette manière de partager, bonne, dit-il, lorsque les parties sont l'une & l'autre en argent comptant, a un grand inconvénient en ce qu'elle donne beaucoup d'avantage à celui qui a de l'argent 'fur la partie qui en eft dépourvue : car, ajoute-t-il, celui qui a de l'argent peut en eftimant le Cheptel au deffous du jufte prix, forcer l'autre partie à le lui laiffer, & à fupporter ainfi une perte plus ou moins confidérable, parce qu'elle n'a pas l'argent qu'il faudroit pour payer le Cheptel : en conféquence M. Pothier conclut que cette manière de procéder au partage du Cheptel ne doit pas être adoptée hors du territoire des coutumes qui l'ont prefcrite. On a même mis en queftion, continue M. Pothier, fi dans la coutume de Berry, la difpofition qui prefcrit cette forme de partage, ne devoit pas fouffrir une exception relativement aux Cheptels de métairie : le bailleur propriétaire de métairie difoit, que fi l'on fuivoit pour le partage de ces Cheptels la forme introduite par la coutume, il arriveroit fouvent que les métairies feroient dégarnies de beftiaux ou que pour les conferver, le propriétaire feroit obligé de les porter à un prix au deffus de leur valeur : car lorfque ce fera le propriétaire qui demandera le partage à la fin du bail, s'il n'eftime le Cheptel qu'à fa jufte valeur, le fermier fortant le prendra dans la vue de dégarnir la métairie : fi au contraire l'eftimation eft faite par le fermier, il la portera à un prix exorbitant ; enforte que le propriétaire intéreffé à conferver les bêtes du Cheptel dans fa métairie, tant pour ne pas la dégarnir qu'à caufe qu'elles y ont été élevées, fe trouvera forcé de les prendre pour ce prix, quelque exceffif qu'il foit.

Nonobftant ces raifons, la Thaumaffière rapporte une fentence rendue à Bourges, par laquelle il a été jugé que la forme de procéder au partage des Cheptels, prescrite par la coutume, devoit avoir lieu pour les Cheptels de métairie comme pour les autres.

Au reste, les parties contractantes peuvent, par le bail, déroger à cette disposition de la coutume & convenir que l'estimation du Cheptel se fera par des experts qu'elles auront nommés. La Thaumassière conseille aux propriétaires de faire insérer cette condition dans leurs baux.

L'article 553 de la coutume de Bourbonnois contient les mêmes dispositions que la coutume de Berry, relativement au partage du Cheptel (*): mais M. Auroux des Pommiers, l'un des interprètes de la coutume de Bourbonnois, nous apprend que cet article n'y est plus suivi, sur-tout pour les Cheptels de métairie. On y est, dit-il, aujourd'hui dans l'usage, lorsqu'on veut partager le Cheptel à la fin du bail, de faire faire par des experts dont les parties conviennent, une nouvelle estimation de chacune des bêtes qui composent le Cheptel : ensuite le bailleur prélève autant de bêtes de chaque espèce qu'il en a fournies pour composer le Cheptel : si par la

_____

(*) *Voici ce que porte cet article :*
Quand les bêtes sont exigées & prisées par le bailleur, le preneur a le choix durant huit jours, après ladite prisée, à lui notifiée & déclarée de retenir lesdites bêtes, ou icelles bêtes délaisser au bailleur, pour le prix que ledit bailleur les aura prisées, en payant, ou baillant par ledit preneur caution fidéjussoire dudit prix ; autrement, sont lesdites bêtes mises en main-tierce, & le semblable est observé quand elles sont prisées par le preneur ; car, en ce cas, le bailleur a le choix de les retenir, ou les délaisser dedans huit jours.

nouvelle eftimation les bêtes fe trouvent valoir
davantage qu'elles ne valoient lorfqu'elles ont
été laiffées à bail, le bailleur doit faire compte
au preneur de la moitié de cette augmentation
de valeur : fi au contraire ces bêtes fe trouvent
valoir moins que quand le preneur les a reçues,
celui-ci doit faire raifon au bailleur de la moirié
de cette diminution de valeur, & le furplus qui
eft le croît du Cheptel fe divife en deux portions
égales, dont une pour le bailleur & l'autre pour
le preneur.

Lorfque le nombre des bêtes d'une efpèce
quelconque fe trouve moindre qu'il n'étoir en
commençant le bail, le preneur doit payer conformément à l'eftimation faite au moment où le
bail a été paffé, la moitié du prix de celles qui
fe trouvent manquer.

Cet ufage qui dans le Bourbonnois autorife le
bailleur à prélever dans le partage du Cheptel,
autant de bêtes de chaque efpèce qu'il en a laiffées
à bail, a été confirmé par un arrêt rendu au
parlement de Paris le 20 août 1716, dans l'efpèce fuivante :

M. Auroux dès Pommiers, le même dont
nous venons de parler, avoit fait bail de fa terre
des Pommiers, aux nommés Aubergers.

Cette terre étoit garnie de plufieurs fortes
de beftiaux que les preneurs avoient reconnu
être en leur poffeffion, & au nombre defquels
il y avoit fept vaches & cent brebis qu'ils
s'étoient obligés de rendre à la fin du bail,
(vache pour vache, brebis pour brebis) fans
qu'il en fût fait aucune eftimation.

Il fut convenu que s'il n'y en avoit plus le
même nombre à la fin du bail, les preneurs

payeroient au bailleur neuf livres pour la moitié du prix de chaque vache, & dix sous pour chaque brebis qui se trouveroient manquer.

Par le même bail les preneurs avoient reconnu que le bailleur leur avoit encore remis à moitié de perte & de profit, six bœufs, six genisses, une jument, & quatre porcs, le tout estimé 350 livres.

Lorsqu'en 1714, le bail fut expiré, les preneurs qui se trouvoient avoir un croît de deux jeunes bœufs & d'une genisse, rendirent au bailleur les vaches & les brebis qu'ils en avoient reçues, à l'exception de quelques brebis qui manquoient, dont ils offrirent de payer la moitié sur le pied qu'elles avoient été estimées par le Cheptel. Il n'y eut à cet égard aucune contestation.

Mais le bailleur ayant voulu reprendre aussi sur le pied de l'estimation, les six bœufs, les six genisses, la jument & les quatre porcs énoncés au bail, & ayant offert pour cet effet aux preneurs de leur payer en argent leur part de l'augmentation de valeur de ces bestiaux; ces preneurs rejetèrent les offres : ils prétendirent que le bailleur ne pouvoit prendre des bestiaux en nature, que jusqu'à concurrence de trois cens cinquante livres à quoi étoient estimés ceux qu'il avoit donnés à Cheptel, & que tous les autres devoient être partagés par moitié.

Le bailleur soutint au contraire qu'ayant donné un nombre fixe de bestiaux destinés pour l'exploitation de sa terre, il falloit lui en rendre autant de chaque espèce sur le pied de l'estimation, aux offres qu'il faisoit de payer en argent aux preneurs leur part du profit ; & qu'il n'y avoit

que les beftiaux de croît qui fuffent fujets à être
partagés.

Sur ce différent, fentence intervint le 29 mar,
1715 au préfidial de Moulins, qui décida la queftion en faveur des preneurs, mais cette fentence
fut infirmée par l'arrêt cité (*).

. Cette décifion paroît d'autant plus jufte qu'elle
eft conforme à la nature du bail à Cheptel,
confidéré dans fes rapports les plus ordinaires
en effet, le bail à Cheptel le plus commun

(*) *Voici le difpofitif de cet arrêt tel que M. Auroux*
le rapporte lui-même à la fin de fon commentaire fur
coutume de Bourbonnois.

Notre dite cour par fon jugement & arrêt faifant droit
fur le tout, fans s'arièter aux requêtes & demandes defdits
Aubergers dont ils font déboutés, ayant aucunement égard
à celles dudit Auroux en tant que touche l'appel defdits
Aubergers, a mis & met l'appellation au néant, les condamne en l'amende ordinaire de douze livres, & fur l'appel dudit Auroux a mis & met l'appellation & fentence à
néant, émendant, ordonne que les beftiaux mentionnés
dans l'obligation de Cheptel du 18 octobre 1707, demeureront & appartiendront audit Auroux, en payant par lui
auxdits Aubergers fuivant fes offres, la fomme de 235 livres pour leur part & portion du profit defdits beftiaux
fuivant & conformément aux eftimations qui en ont été
faites, tant lois de la fortie defdits Aubergers du domaine
dudit Auroux, que par le fieur Quefton, tiers expert, le
19 août 1715; fera le furplus defdits beftiaux, confiftant
en deux jeunes bœufs & une taure, partagé entre le
Auroux & lefdits Aubergers, fi mieux n'aiment à cet égard
lefdits Aubergers laiffer audit Auroux lefdits deux jeunes
bœufs & la taure pour le prix & eftimation qui en a été fait
par ledit Quefton, en payant par ledit Auroux auxdits
Aubergers fuivant fes offres, la fomme de foixante livres
Fait en pailement le 20 août 1716, collationné, *figné*,
Guyon.

est celui par lequel le bailleur fournissant tous les bestiaux, reste seul propriétaire de ceux qui composent le fonds du Cheptel : il n'accorde de part au preneur que dans le croît ou profit du Cheptel : il est par conséquent juste qu'en partageant le Cheptel, le bailleur prélève, ou les bestiaux qu'il a fournis, ou ceux qu'on leur a substitués & qui les représentent, à la charge toutefois de faire raison au preneur de ce que ces bestianx peuvent valoir de plus qu'ils ne valoient lorsqu'il les a reçus.

Quand après un long bail, les bestiaux d'une certaine espèce donnés à Cheptel ne se trouvent plus, & qu'il y en a chez les preneurs un nombre plus considérable de la même espèce que celui qui est énoncé au bail, le bailleur doit sans difficulté prendre parmi ces bestiaux la quantité qu'il en faut pour remplacer ceux qu'il a confiés originairement au preneur : mais pour faire ce remplacement, le bailleur peut-il choisir les meilleurs de ces bestiaux à la charge de payer au preneur la moitié de ce que par la nouvelle estimation ils se trouvent valoir de plus que ce qu'ils ont été estimés au commencement du bail ? M. Pothier décide judicieusement qu'il ne seroit pas juste que le bailleur eût un tel choix : ce jurisconsulte veut que les bestiaux qui doivent être prélevés soient désignés par les experts que les parties ont nommés pour faire l'estimation & le partage du Cheptel, & que ces experts n'attribuent au bailleur ni les meilleurs bestiaux, ni les plus mauvais ; les parties doivent ensuite se faire respectivement raison de ce que les bestiaux assignés pour le remplacement valent de plus ou de moins que ceux que le preneur avoit reçu en commençant le bail.

Observez aussi avec M. Pothier que si durant le bail, le bailleur s'est payé d'une partie du prix de son Cheptel par des prélèvemens faits sur les profits, il ne doit plus prendre de bétail en nature que jusqu'à concurrence de ce qui lui reste du sur la valeur du Cheptel.

Si loin de se payer sur les profits, le bailleur avoit au contraire, augmenté le Cheptel en fournissant de nouveaux bestiaux à ses frais, il seroit juste qu'alors il prélevât dans le partage du Cheptel, non seulement les bestiaux donnés en commençant le bail, mais encore ceux qu'il auroit fournis durant le cours du bail.

M. Pothier observe encore très-bien que la justice de l'usage du Bourbonnois sur la manière de procéder au partage du Cheptel, telle qu'on l'a exposée ci-devant, l'ayant fait prévaloir à une disposition de la coutume de cette province qui prescrit une forme de partager différente, on doit à plus forte raison l'adopter dans les provinces où il n'y a ni loi ni usage bien certain qui y ait établi une différente forme de partage.

Du Cheptel à moitié (*).

Le Cheptel à moitié est une véritable société

(*) *Formule d'un Cheptel à moitié.*

Pardevant les notaires royaux, &c. furent présens Guillaume.... demeurant en cette ville, rue.... paroisse S... d'une part ;

Et Barthelemi.... laboureur à.... & étant actuellement en l'étude de Me.... l'un desdits notaires où il s'est rendu à l'effet des présentes, d'autre part.

Lesquelles parties ont reconnu avoir fait ensemble,

de beſtiaux, dans laquelle chacun des contractans fournit la moitié des beſtiaux, pour être
le profit qui en naîtra partagé par égales portions entre les parties.

Dans cette ſorte de convention, celui qui ſe
charge de garder & de nourrir les beſtiaux de la

---

par forme de ſociété, le contrat de Cheptel à moitié, dont
les conditions ſuivent ; dans lequel contrat ledit Guillaume. . . . procède comme bailleur, & ledit Barthelemi. . . .
comme preneur, encore que la miſe de chacun d'eux ſoit égale.

Le bailleur & le preneur, propriétaires chacun de ſix
chevaux, deux jumens, cinquante moutons, vingt brebis,
ſix chevres, huit vaches & quatre bœufs déſignés diſtincte-
ment dans les deux états ci-joints qui ont été ſignés des
parties, *ne varietur*, ayant deſiré faire ſociété entre eux
de cette quantité de beſtiaux, ledit Barthelemi. . . . a pris
chez lui à titre de Cheptel ceux qui appartiennent audit
Guillaume. . . . pour avec les ſiens propres, ſervir à la
culture, tant des terres de la métairie de la grange, qu'il
tient de M. . . . que des autres héritages qu'il pourra ci-
après prendre à bail, à raiſon duquel contrat de ſociété
chacune des parties ſera tenue envers l'autre de la garantie
de droit.

La jouiſſance que ledit Guillaume. . . . a accordée de ſes
beſtiaux audit Barthelemi. . . . a commencé le premier du
préſent mois ; & il eſt convenu qu'elle durera trois années
conſécutives, à compter dudit jour, à moins que le preneur
ne vienne à meſuſer de ſon droit, auquel cas le bailleur ſera
libre de rompre la ſociété, & d'exiger le partage du Cheptel, ſans être tenu d'attendre l'expiration des trois années.

Le preneur demeurera ſeul chargé de la nourriture, du
logement, de la garde, & du gouvernement des beſtiaux
de la ſociété, pour raiſon de quoi il profitera ſeul des laitages, fumiers & labeurs deſdits beſtiaux.

Quant aux profits des laines & des croîts, ils ſeront partagés également entre l'une & l'autre des parties.

Car ainſi, &c. Fait & paſſé à. . . . en l'étude de Me. . . . .
l'un des notaires ſouſſignés, le. . . . & ont ſigné.

V ij

société se nomme le *preneur* ; l'autre contractant
est appellé *bailleur*.

Il est évident, comme l'observe M. Pothier,
que dans le Cheptel à moitié, le preneur fourni
à la société plus que le bailleur, puisqu'en y
mettant autant de bestiaux que lui, il fournit en
outre ses soins pour les garder, ses écuries pour
les loger & son fourrage pour les nourrir : il est
par conséquent juste de lui assigner un dédommagement relatif à ces charges : aussi le bailleur lui
laisse-t-il à cet effet les fumiers & le laitage que
produisent les bestiaux du Cheptel, & il a d'ailleurs le droit d'employer les bêtes à corne &
les chevaux pour labourer ses terres.

Ainsi tout ce que le bailleur peut prétendre
dans les profits de la société consiste dans la moitié des laines & des croîts.

Observez que si le bailleur d'un Cheptel à
moitié étoit propriétaire d'une métairie & que le
preneur en fût le fermier, les règles de l'équité
ne seroient point blessées en chargeant ce dernier de donner à l'autre une certaine quantité de
beurre ou de fromage pour sa part dans le laitage. La raison en est que le preneur ne mettant
alors dans la société que ses soins pour la garde
du Cheptel commun, ils se trouvent compensés
avec les écuries & les pâturages que fournit le
bailleur pour loger & nourrir les bestiaux.

Quant aux fumiers, comme ils sont employés
à fumer les terres dont les fruits se partagent
entre le bailleur & le preneur, chacun des associés y participe : il faut en dire autant du service
des animaux qui servent à labourer les terres de
la métairie.

Puisque le Cheptel à moitié est une société

dans laquelle le preneur fournit, de même que le bailleur, une portion du bétail, il faut en conclure que chaque affocié eft obligé à la garantie des bêtes qu'il a fournies pour former fa mife dans la chofe commune. Ainfi dans le cas où la fociété viendroit à être privée de quelques-unes de ces bêtes, foit parce qu'elles auroient été légitimement revendiquées par le propriétaire, ou pour quelqu'autre caufe que ce fût, l'affocié dont elles auroient formé la mife, feroit tenu fans difficulté d'y fubftituer d'autres bêtes de même valeur, finon il faudroit qu'il fît raifon de cette valeur & des intérêts à la fociété lors du partage du Cheptel.

Il faut appliquer au Cheptel à moitié ce que nous avons dit du Cheptel fimple, tant au fujet de l'obligation que contracte le preneur de nourir & garder le bétail confié à fes foins, comme feroit un bon père de famille, qu'à l'égard de la défenfe qui lui eft faite de vendre aucune bête du Cheptel fans l'exprès confentement du bailleur.

Pareillement, le bailleur eft affujetti dans le Cheptel à moitié aux règles que nous avons établies dans le Cheptel fimple, relativement à l'obligation de laiffer jouir de tout le Cheptel le preneur pendant le temps que doit durer le bail, à moins toutefois que le bailleur ne juftifie que le preneur méfufe de la chofe commune. Dans ce cas-ci le bailleur peut, comme nous l'avons obfervé à l'égard du Cheptel fimple, demander non-feulement la réfolution du bail, mais encore des dommages & intérêts.

Quant à la durée du Cheptel à moitié, elle eft déterminée par une claufe du bail, ou elle ne

l'eſt pas : ſi elle eſt déterminée par le bail, il
faut attendre que le temps convenu ſoit écoulé
avant qu'aucune des parties ſoit en droit de demander le partage : il n'y a ſur cet objet aucune
différence entre le Cheptel ſimple & le Cheptel
à moitié : mais lorſque le temps n'eſt pas déterminé par le bail, il y a cette différence entre ces
deux ſortes de Cheptel, que ſelon la remarque
que nous en avons faite précédemment, le partage peut être demandé dans le Cheptel ſimple
au bout de trois ans ; & que dans le Cheptel
moitié, ce même partage ne peut être exigé
qu'au bout de cinq ans. C'eſt ce qui réſulte des
articles 1 & 2 du titre 17 de la coutume de
Berry (*).

(*) *Voici ce qu'ils portent :*

ARTICLE PREMIER. En bail de bêtes à Cheptel ne peut
le bailleur ou preneur exiger, c'eſt-à-dire ſoi départir
dudit Cheptel de trois ans entiers, pendant & durant leſquels eſt tenu le preneur nourrir & entretenir les bêtes à lui
baillées à Cheptel, & leſdits trois ans paſſés, peut le preneur exiger & ſoi départir, en requérant & ſommant de
ce faire dans quinzaine après leſdits trois ans paſſés, le
bailleur, & le ſemblable peut faire le bailleur au preneur,
& ſi de dans quinzaine il ne requéroit le bailleur de ce faire
ſera tenu nourrir leſdites bêtes juſques à la S. Jean en ſuivant : après laquelle paſſée, pourra exiguer, c'eſt à ſavoir
faire partage avec le bailleur, s'il n'y a convention au contraire.

II. Et ſi leſdites bêtes ont été baillées à moitié, ſera tenu
le preneur les nourrir & perſévérer audit contrat, ſans pouvoir exiger (c'eſt aſſavoir faire partage) l'eſpace & temps
de cinq ans entiers, leſquels finis pourra exiger & faire
ledit partage, pourvu que dans quinzaine après leſdits cinq
ans finis il ſomme & requiere le bailleur de ce faire, &
autrement, ſera tenu (s'il plaît au bailleur) les nourrir
encore juſqu'à un an le bail fini, s'il n'y a convention au
contraire.

M. Pothier remarque fort bien d'après la Thaumaſſière, que quoique la coutume dans la déſenſe qu'elle fait d'exiger le partage avant l'expiration des cinq ans, ne parle que du preneur, on doit néanmoins étendre cette diſpoſition au bailleur : il eſt juſte pour que l'égalité ſoit conſervée entre les parties, que le bailleur ne puiſſe pas avant la même époque, diſſoudre la ſociété malgré le preneur, ſans une cauſe légitime.

La coutume établit auſſi dans le Cheptel à moitié, une ſorte de renouvellement tacite de la convention pour une année au-delà des cinq qui ſont écoulées, lorſque dans la quinzaine après l'expiration de ces cinq années, le partage n'a pas été demandé. Après cette quinzaine l'un des aſſociés ne peut pas forcer l'autre à partager & à diſſoudre la ſociété avant que l'année de renouvellement tacite ne ſoit expirée.

Cette différence ſur le temps auquel le partage peut être demandé, eſt à-peu-près tout ce qui diſtingue le Cheptel ſimple du Cheptel à moitié, & les règles établies pour celui-là ſont communes à celui-ci.

Du Cheptel de fer (*).

Le Cheptel de fer eſt celui par lequel le pro-

(*). *Formule d'un Cheptel de fer.*
Pardevant les notaires royaux, &c. fut préſent Baltazard. . . . demeurant à. . . . rue. . . . paroiſſe S. . . .
Lequel a reconnu avoir baillé à ferme & prix d'argent pour ſix années & ſix dépouilles conſécutives, à compter du premier novembre de l'année derniere, à Nicolas. . . . laboureur, demeurant à. . . . étant de préſent en cette ville, à ce préſent & acceptant la métairie de. . . . circonſtances & dépendances d'icelle, qu'il ſeroit ſurabondant de

priétaire d'une métairie la donne à ferme avec

---

décrire ici, attendu que ledit preneur a du tout une parfaite
connoissance, & qu'il en jouit par lui-même depuis plusieurs mois.

Ce bail fait moyennant la somme de.... de redevance
annuelle, tant pour les fermages de ladite métairie, que
pour le loyer des bestiaux, dont il sera ci-après parlé,
laquelle redevance de.... sera payable par chaque année
en la demeure dudit Balthazard.... en deux termes & paye-
mens égaux, le premier desquels échéra le premier m...
prochain, pour ensuite continuer ainsi tous les autres paye-
mens de six mois en six mois, tant que le présent bail aura
cours; lequel est fait en outre à condition par le preneur,
1°. de labourer, fumer, cultiver & ensemencer les terres
de ladite métairie, par soles & saisons convenables, sans
les dessoler ni dessaisonner. 2°. De convertir les pailles
en fumiers pour l'engrais desdites terres. 3°. De tenir les
prés nets & en bonne nature de fauche. 4°. De ne pouvoir
céder son droit de jouissance à qui que ce soit, sans le
consentement exprès & par écrit dudit bailleur. 5°. Et de
rendre ladite métairie à l'expiration dudit bail en bon état,
reconnoissant le preneur qu'elle y étoit lorsqu'il est entré
en jouissance d'icelle.

S'il y a quelques clauses particulières, telles que celle
de la contrainte par corps ou autres que les parties desi-
reroient faire insérer dans le bail, on peut les mettre à la
suite de celles qu'on vient de lire.

Et par ces mêmes présentes ledit preneur reconnoît
avoir en sa possession depuis ledit jour premier novembre
de l'année dernière, sous le titre Cheptel de fer, tous les
bestiaux qui garnissoient la métairie d..... dont le
bailleur comme propriétaire d'iceux s'oblige de le faire
jouir jusqu'à l'expiration du bail ci-dessus, l'état desquels
bestiaux est & demeure ci joint à la requisition des parties
après qu'elles l'ont eu signé & paraphé en présence des
notaires soussignés.

Lesdits bestiaux ni aucuns d'eux ne pourront être vendus
par le preneur pour cause de vieillesse, ni sous tel autre
prétexte que ce puisse être, sans le consentement exprès &

les beftiaux qui la garniffent, à la charge qu'à la fin du bail le fermier laiffera des beftiaux d'une valeur égale au prix de l'eftimation de ceux qu'il a reçus en commençant le bail.

Cette forte de Cheptel fe nomme *Cheptel de fer* ou *bêtes de fer*, parce que ces bêtes font en quelque manière attachées à la métairie, attendu l'obligation où eft le preneur d'y en laiffer en fortant pour la valeur de ce qu'il en a reçu lorfqu'il eft entré.

Le fermier doit avoir feul le profit du Cheptel de fer pendant toute la durée du bail.

Le Cheptel de fer s'établit ordinairement par l'acte qui contient le bail de la métairie, à moins qu'elle n'ait été affermée par un acte antérieur.

Comme les bêtes du Cheptel de fer font deftinées à l'exploitation de la métairie, on ne les eftime que pour faire confter de ce qu'elles valoient lorfqu'elles ont été remifes au preneur, & non pour qu'il puiffe les retenir en payant la

---

par écrit dudit bailleur; de plus le preneur ne pourra s'en fervir, les employer, ni fouffrir qu'on s'en ferve à aucun autre ufage qu'à la culture des terres de la métairie appartenante au bailleur.

Il a été convenu à l'amiable entre lefdites parties que les beftiaux compofant le Cheptel de fer dont il s'agit, demeureront fixés & eftimés à une fomme de.... & qu'à la fin de fa jouiffance le preneur fera tenu de laiffer dans ladite métairie une quantité de beftiaux qui égale en valeur le montant de ladite eftimation; bien entendu que le preneur aura feul tous les croîts & profits dudit Cheptel pendant tout le temps que doit durer le préfent bail, cette condition étant de la nature du Cheptel de fer.

Car ainfi, &c. promettant, &c. obligeant, &c. renonçant, &c. Fait & paffé à.... en l'étude de Me.... l'un des notaires fouffignés, & ont figné.

fomme à laquelle monte l'eftimation. On conçoit que fi à la fin du bail le preneur pouvoit emmener les beftiaux en payant la fomme à laquelle ils ont été eftimés, cela feroit contraire à la nature du Cheptel de fer qui n'eft ainfi appelé qu'à caufe qu'il eft pour ainfi dire indivifible de la métairie.

A la fin du bail on doit procéder à une nouvelle eftimation du Cheptel de fer. Si elle fe trouve égale à celle qui a eu lieu en commençant le bail, tout le Cheptel doit refter dans la métairie fans que le preneur en puiffe rien emmener : fi la feconde eftimation fe trouve inférieure à la première, le preneur doit payer en argent ce qui manque de cette première eftimation, quand même la diminution du Cheptel feroit arrivée par des cas fortuits ou de force majeure, attendu que devant avoir tout le profit du Cheptel, lorfqu'il y en a, il eft jufte qu'il en fupporte toute la perte.

Enfin fi la nouvelle eftimation s'élève à une fomme plus forte que la première, le preneur ne fera tenu de laiffer des beftiaux dans la métairie que jufqu'à concurrence du montant de la première eftimation : le furplus étant un profit qui lui appartient, il a droit de l'emmener.

Quelques-uns ont prétendu que fi les créanciers du bailleur venoient à faifir le Cheptel de fer, le preneur feroit fondé à s'oppofer à la faifie & à en demander main-levée, fauf à ces créanciers à faifir les fermages : mais c'eft une erreur que M. Pothier a très-bien réfutée : en effet, le bail à ferme ne donne au preneur qu'une créance perfonnelle contre le bailleur pour qu'il foit tenu de le faire jouir de la chofe louée, & ne lui transfère aucun droit réel dans la chofe : ainſi dans le cas de la ſaiſie du Cheptel, le preneur a ſeulement le droit de demander aux créanciers ſaiſiſſans que ſi le Cheptel ſe vend au-delà de l'eſtimation faite lors du bail, cet excédent de l'eſtimation lui ſoit délivré. Une telle demande eſt légitime, puiſque le bailleur n'a conſervé la propriété du Cheptel que juſqu'à concurrence de la ſomme à laquelle il a été évalué lors du bail : c'eſt pourquoi ce qui excède cette ſomme doit être remis au preneur, ſans qu'on puiſſe le faire contribuer aux frais de ſaiſie ni de vente. La raiſon en eſt qu'un créancier ne pouvant exercer ſes droits que ſur les effets qui appartiennent à ſon débiteur, ce ſont ces effets ſeuls qui doivent répondre des frais.

Puiſque l'augmentation de la valeur du Cheptel de fer appartient au preneur ſeul, il faut en conclure qu'il a droit d'exiger que les créanciers ſaiſiſſans faſſent vendre en détail les bêtes qui le compoſent, & qu'il peut faire ceſſer la vente auſſitôt qu'elle ſe trouve égaler le montant de l'eſtimation.

Le preneur eſt pareillement fondé à demander que les bêtes dont il a particulièrement beſoin, ne ſoient vendues qu'autant que la vente des autres ſeroit inſuffiſante pour repréſenter l'eſtimation originaire du Cheptel.

Au ſurplus lorſque le preneur vient à être privé de la jouiſſance du Cheptel, il peut exercer un recours contre le bailleur & le faire condamner aux dommages & intérêts réſultans de l'inexécution de la convention.

Il nous reſte une obſervation à faire ſur le Cheptel de fer : elle conſiſte en ce que le preneur a le droit de vendre les croîts à fon profit : il fuffit qu'il conferve les bêtes néceffaires pour reprefenter le fonds du Cheptel ; mais s'il lui arrivoit d'en vendre de celles-ci , & que par conféquent il diminuât le fonds du Cheptel , le bailleur pourroit fans difficulté , exercer un droit de fuite & de revendication comme dans les autres efpèces de Cheptels.

D'un Cheptel d'une efpèce particulière.

En Lorraine , dans l'Orléanois , & dans plufieurs autres provinces , on confie fouvent une vache à quelqu'un qui fe charge de la loger & de la nourrir. Le bailleur refte propriétaire de la vache & elle eft à fes rifques : les veaux qu'elle produit lui appartiennent , & il abandonne au preneur le laitage , à l'exception de ce qu'il en faut pour nourrir les veaux jufqu'au moment où ils doivent être fevrés. Le fumier eft pareillement laiffé au preneur en confidération de ce qu'il fournit la litière.

Une telle convention n'eft ni un contrat de louage , ni un contrat de fociété : ce n'eft pas un contrat de louage , puifqu'il eft de l'effence de ce contrat qu'il y ait une chofe louée pour un certain prix , foit en argent , foit en une portion des fruits de la chofe louée , ce qui n'a pas lieu dans l'efpèce de Cheptel dont il s'agit. Ce n'eft pas non plus un contrat de fociété , puifque dans cette forte de contrat les parties font une mife commune dans le deffein de faire un profit commun ; ce qui ne fe rencontre pareillement pas dans notre Cheptel : il faut donc dire avec M. Pothier que ce Cheptel eft un *contrat innommé par lequel le bailleur donne au preneur les*

profits du lait & des fumiers de sa vache pour qu'il
la nourrisse & en prenne soin.

Comme le bailleur s'oblige dans cette convention, à laisser jouir le preneur du lait de la vache, à l'exception de ce qu'il en faut pour allaiter le veau depuis qu'il est né jusqu'au moment où il peut être sevré & vendu, il faut en conclure qu'aussi-tôt que le veau est en état d'être vendu, le bailleur est tenu de le retirer, sinon il doit au preneur une indemnité proporsionnée au lait dont celui-ci aura été privé, depuis l'instant où le veau aura dû être retiré.

Le preneur pour fonder son action doit mettre le bailleur en demeure, & à cet effet le faire assigner pour retirer le veau.

On stipule quelquefois par la convention, que le veau sera allaité pendant cinq ou six semaines : s'il n'y a rien de stipulé à cet égard, l'usage le plus commun est de considérer comme en état d'être vendu tout veau qui a trois ou quatre semaines.

Si par la convention, on a déterminé le temps pendant lequel la vache doit rester chez le preneur, cette clause doit être exécutée, à moins toutefois que le bailleur ne puisse justifier que le preneur mésuse de la vache : dans ce cas-ci le bailleur doit être autorisé à la retirer avant le temps fixé.

Lorsque les parties n'ont fixé aucun temps pour la durée du Cheptel, le bailleur peut retirer la vache quand il le juge à propos, & le preneur la rendre, pourvu que cela se fasse dans un temps convenable. Il ne seroit par exemple pas juste que le bailleur la retirât immédiatement après en avoir reçu le veau. Il doit alors

la laiffer encore pendant un certain temps au preneur afin qu'il puiffe s'indemnifer relativement
au lait dont il a été privé tandis qu'elle nourrif-
foit fon veau.

Par une raifon de réciprocité, le preneur ne
pourroit pas rendre la vache lorfqu'elle eft fur
le point de vêler : il ne feroit pas jufte qu'après
avoir eu le profit du lait, il put fe difpenfer de
la charge de nourrir la vache tandis qu'elle allai-
teroit le veau.

Le bailleur ne pourroit pas non plus retirer
la vache au printemps, s'il l'avoit donnée à
l'entrée de l'hiver précédent. Dans une telle
circonftance, le juge doit déterminer le temps
pendant lequel la vache fera laiffée au preneur
pour le dédommager de ce qu'elle lui aura coûté
pendant l'hiver. De fon côté le preneur ne feroit pas fondé à rendre la vache à l'entrée de
l'hiver s'il l'avoit reçue au printemps.

C'eft le preneur qui doit conduire la vache
au taureau lorfqu'elle eft en chaleur:

Comme il eft obligé de nourrir & entretenir
la vache avec le même foin qu'un bon père de
famille prendroit des fiennes, on doit en conclure que fi faute d'avoir rempli cette obligation,
la vache venoit à diminuer de valeur, il feroit
à cet égard tenu des dommages & intérêts du
bailleur.

S'il furvenoit par accident une maladie à la
vache, il faudroit que le preneur en avertît le
bailleur pour qu'il la fît traiter. Les frais de la
cure doivent être à la charge du bailleur, attendu que l'on ne peut exiger du preneur que la
nourriture ordinaire.

Si une telle maladie empêchoit la vache de

donner du lait, le preneur pourroit la rendre avant le temps fixé par la convention : on conçoit qu'il ne feroit pas jufte qu'il fît des frais de nourriture & qu'il n'en retirât rien.

Il nous refte à remarquer avec M. Pothier, que quoique ordinairement dans l'efpèce de Cheptel dont nous parlons, la vache foit entièrement aux rifques du bailleur qui en conferve la propriété & qui a tout le profit des veaux, on convient néanmoins quelquefois que le preneur aura la moitié du profit des veaux, au moyen de quoi on le charge pour moitié du rifque des cas fortuits qui pourroient caufer la perte de la vache. Une telle convention n'a rien d'injufte, parce que la moitié dans le profit des veaux eft un prix fuffifant du rifque de la moitié de la perte de la vache.

Voyez *les coutumes de Berry, de Nivernois & de Bourbonuois ; la Thaumaffière en fes décifions ; Coquille, fur la coutume de Nivernois ; la déclaration du 16 décembre 1698 ; l'édit du mois d'octobre 1713 ; les conférences de Paris fur l'ufure ; la coutume de Bergerac ; les lettres-patentes du mois d'août 1739 ; les coutumes de Beauvoifis ; Brodeau, fur la coutume de Paris ; les arrêts de Soëfve ; les coutumes de Touloufe ; les œuvres de Pothier ; Auroux Defpommiers, fur la coutume de Bourbonnois ; Revel, fur les ufages & ftatuts de Breffe*, &c. Voyez auffi les articles BAIL, LOUAGE, USURE, VOL, FOIRE, GARANTIE, ÉVICTION, &c.

CHEVAGE. Nom d'un ancien droit qui confiftoit en douze deniers parifis que le roi ou les feigneurs percevoient des bâtards ou aubains lorfqu'ils fe marioient dans le Vermandois.

Il eſt parlé d'un pareil droit dans le procès-verbal de la coutume de Laon, ſur le titre premier.

Voyez *le traité des droits ſeigneuriaux par Boutaric.*

C H E V A L. Sorte d'animal quadrupède fort utile & que tout le monde connoît.

Les ſervices que l'on retire des Chevaux tant par rapport à la guerre que pour l'agriculture & pour le commerce, ont fait prendre dans tous les temps des meſures propres à multiplier ces animaux dans le royaume. Nous rendrons compte à l'article HARAS, des lois relatives à cet objet.

Suivant un arrêt du conſeil du 21 mars 1762, les Chevaux, les poulains, les jumens, les mules & les mulets, de quelqu'âge, valeur & qualité qu'ils puiſſent être, doivent payer à l'entrée des cinq groſſes fermes quatre livres la pièce.

A l'égard des droits de ſortie des cinq groſſes fermes, ils ſont fixés par le tarif de 1664, à ſix livres par chaque Cheval, mule ou mulet propre à être monté ou à porter des charges ; & à quarante ſous par chaque petit Cheval, jument, mule & mulet deſtiné au labourage, & envoyé dans les provinces réputées étrangères.

Suivant les articles 1 & 3 du titre 8 de l'ordonnance de 1687, il eſt défendu de faire ſortir des Chevaux du royaume, à peine de confiſcation & de cinq cens livres d'amende (*).

_____

(*) Les anciens ſouverains des Pays-Bas ont porté pluſieurs réglemens ſur le commerce des Chevaux. La plupart défendent à toutes perſonnes de faire ſortir des terres du prince aucune jument de quelque âge qu'elle ſoit,

Le

Le conseil a décidé le 20 septembre 1736, &

ni aucun Cheval au-dessous de quatre ans, & qui n'excede
pas la hauteur de quinze paumes; à peine de confiscation
tant des Chevaux & jumens que de leur valeur; la moitié
au profit du domaine, le quart au profit du dénonciateur,
& l'autre quart à l'officier exploiteur. Celui qui vend un
Cheval qu'il sait devoir être conduit hors du royaume, encourt les mêmes peines que s'il l'en faisoit sortir lui-même.
Tout autre qui en est instruit & qui ne le dénonce pas,
doit aussi être puni grievement.

Un de ces placards ajoute, « nous défendons & inter-
»disons à tous, soit nos sujets ou étrangers, d'acheter
»chevaux sur le plat-pays, & aux marchands de les y ven-
»dre hors les foires franches, à peine de confiscation des-
»dits Chevaux pour les vendeurs, & du prix qu'ils auroient
»été achetés par les acheteurs: de ce réservés nos servi-
»teurs, domestiques, & les gens de nos ordonnances, les-
»quels pour notre service & leur monture, les pourront
»acheter sur le plat-pays, & ceux qui tiennent Chevaux
»leur vendre, comme en franches foires ».

Le but de cette disposition est de prévenir les fraudes &
les contraventions secrettes qui pourroient se commettre
contre la défense de faire sortir les Chevaux du royaume.
C'est encore par le même motif que ces mêmes placards
ordonnent à ceux qui ont des Chevaux à vendre dans les
foires, de les conduire de jour & par les grands chemins,
& de les exposer en vente au principal jour, après en avoir
déclaré le nombre & la qualité au commissaire du lieu,
ainsi que les noms des acheteurs lorsque la vente a eu lieu.
Ces deux dernieres formalités doivent être remplies à peine
de confiscation des Chevaux, de cent florins d'amende
pour chaque Cheval, la premiere fois; du double, la
seconde; & du bannissement joint à une punition arbitraire,
la troisieme.

On a porté les précautions plus loin encore pour les
foires qui se tiennent sur les frontieres. Les vendeurs sont
obligés de déclarer au commissaire leurs noms & leurs
domiciles, & après la vente, les noms & les domiciles
des acheteurs: ceux-ci sont tenus d'indiquer ce qu'ils ont

le 28 septembre 1741 ; que les mules & les mulets étoient exceptés de cette défense.

---

fait de leurs Chevaux, & s'ils nient d'avoir acheté, celui qui prétend avoir vendu est obligé de le prouver ou de subir l'amende.

Les guerres dont la Flandres étoit le théâtre en 1551 & 1556 firent porter en ces deux années des édits qui renouvellent les dispositions des précédens, & prononcent des peines plus séveres ; telles que la confiscation de biens, & même la mort. Ils ordonnent de procéder sommairement contre les délinquans, de ne leur accorder qu'un seul délai pour la preuve de leurs faits justificatifs; & de mettre la sentence à exécution, nonobstant toute opposition & appellation.

Suivant les mêmes placards, on ne doit recevoir à la profession de marchand de Chevaux aucun habitant de la campagne, & ceux des villes qu'on y admet doivent faire preuve de probité & jurer qu'ils observeront fidellement les ordonnances portées sur cette matière.

On ne rappellera pas ici toutes les dispositions de ces anciennes loix, parce que la plupart & même celles qu'on vient de détailler, sont hors d'usage. On peut voir sur tous ces objets les placards des 23 juillet 1522, 7 octobre 1531, article 42 ; 14 avril 1540, 10 juin 1542, 6 mai 1545, 24 janvier 1546, 18 septembre 1549, 2 décembre 1550, 13 mars & 19 septembre 1551, 27 octobre 1553, 31 mai 1556, 14 mars 1558, 22 septembre 1626, 4 juin 1627, &c.

Une ancienne enquête par Turbes faite à Douai, atteste que suivant l'usage de cette ville, un Cheval doit être *sain de ventre & de nerfs quinze jours après le marché fait*; pourvu que l'acheteur ne le fasse pas *courir & broquier des éperons*, car en ce cas si *le cheval fait son devoir sans être reboux, il lui demeure*. Si c'est un cheval de labour, il faut qu'il conduise bien un chariot & une charrue, *& qu'il soit doux & débonnaire ; & s'il est trouvé qu'il soit selle ás dent ; le vendeur est tenu de le reprendre dans les quinze jours*. (Note de M. MERLIN avocat au parlement de Flandres).

Comme le commerce des Chevaux qui se fait à Paris mérite une attention particulière, le roi a rendu le 3 juillet 1763 une ordonnance relative à la police qui doit être observée à cet égard (*). Cette loi a eu principalement pour

---

(*) *Voici ce qu'elle porte :*

Le Roi étant informé que par les réparations & les travaux qui ont été ordonnés par le sieur de Sartine, Lieutenant général de Police, & qui se trouvent achevés, le marché aux Chevaux est devenu aussi commode qu'il est vaste & spacieux : & étant nécessaire de fixer la police qui doit y être observée, afin que ses sujets puissent en retirer tout l'avantage que sa majesté veut leur procurer, sa majesté a ordonné & ordonne :

ARTICLE PREMIER.

Que les marchands & autres faisant commerce de Chevaux, continueront d'exposer au marché les Chevaux qu'ils auront à vendre, les mercredi & samedi de chaque semaine; savoir, pendant les mois de janvier, février, novembre & décembre depuis deux heures après midi jusqu'à cinq heures; pendant les mois de mars, avril, septembre & octobre depuis deux heures après midi jusqu'à six, & pendant les mois de mai, juin, juillet & août depuis trois heures après midi jusqu'à huit heures; après lesquelles heures seront tenus les marchands & autres de sortir du marché, & en cas de contravention, les Chevaux des contrevenans seront mis en fourriere.

II. Défend sa majesté à toutes personnes, de quelque qualité & condition qu'elles soient, d'entrer dans le marché en carrosse ou à cheval; leur enjoint de laisser & faire placer leurs carrosses dans la demi-lune qui est au-devant dudit marché, & les Chevaux de selle, lorsqu'ils ne devront pas être exposés en vente, seront mis à l'attache dans la place vis-à-vis le bureau dudit marché; & pour les Chevaux qui devront être exposés en vente, ils seront attachés aux piliers qui sont placés dans ledit marché: défend sa majesté aux marchands de Chevaux, d'attacher ceux qu'ils

objet d'empêcher toute confufion dans le lieu

---

expoferont en vente, ailleurs qu'aux places qui leur auront été diftribuées par le fieur lieutenant général de police.

III. Et pour qu'il n'y ait aucune confufion dans le marché & éviter les accidens, l'effai des Chevaux de felle fera fait fur la chauffée dudit marché, & l'effai des Chevaux de trait, dans un endroit féparé par un mur du refte du marché, & qui a été difpofé exprès : pourront être mis en fourrière les Chevaux qui feront effayés ou attachés ailleurs qu'aux endroits indiqués par le préfent article & par le précédent.

IV. Veut & ordonne fa majefté, pour la fureté de fes fujets & prévenir les fraudes dans le commerce des Chevaux, que les vendeurs, lorfque les acquéreurs le requerront, foient tenus de fe préfenter à l'officier commis par le fieur lieutenant général de police, en fon bureau, à l'effet d'enregiftrer les noms, qualités & demeure tant des vendeurs que des acheteurs, ainfi que les fignalemens des chevaux.

V. Comme il fe trouve des Chevaux avec des défauts, lefquels peuvent encore fervir, enjoint fa majefté aux vendeurs d'en prévenir les acheteurs, & d'en faire leurs déclarations à l'officier chargé du détail, à peine de reftitution du prix defdits chevaux, des frais de fourrière & de rapport des maréchaux.

VI. Fait défenfes fa majefté à tous domeftiques, fous la livrée ou autres fans livrée, de vendre d'autres chevaux que ceux que leurs maîtres leur ordonneront d'expofer en vente au marché ; & à tous particuliers de prêter leur miniftère pour tromper, en faifant une fauffe déclaration de nom & de domicile, le tout à peine de prifon, même de plus grande peine, s'il y échoit.

VII. Ne pourront les écarriffeurs faire aucun commerce de Chevaux ; leur permet feulement fa majefté l'achat des chevaux hors de fervice par maladie, vieilleffe ou accidens, lefquels Chevaux n'entreront point dans l'intérieur du marché, mais feront expofés en vente dans la place que le fieur lieutenant général de police prefcrira aux écarriffeurs.

VIII. Pourront les marchands de Chevaux, lorfque les perfonnes qui fe préfenteront pour acheter des Chevaux

où les Chevaux s'exposent en vente, & de prévenir les fraudes qui s'introduisent si fréquemment dans ce genre de commerce.

---

ou mulets au marché, n'en trouveront pas qui leur conviennent dans le nombre de ceux exposés en vente, leur indiquer ceux qui seront dans leurs écuries & les leur vendre chez eux; à la charge par les marchands de faire à l'officier leur déclaration desdites ventes le jour de marché suivant, lesquelles ventes seront censées faites audit marché; le tout à peine contre les contrevenans, d'interdiction du marché pendant le tems que le sieur lieutenant général de police jugera à propos.

IX. Veut sa majesté que les Chevaux soupçonnés d'avoir la morve, soit dans le marché, soit chez les particuliers, de quelqu'état & condition qu'ils soient, dans la ville, faubourgs & banlieue de Paris, soient visités par les maréchaux qui seront commis par le sieur lieutenant général de police, & que sur les rapports qui lui en seront faits, la maladie se trouvant constatée, les Chevaux malades soient sur le champ conduits aux voiries, pour y être tués en présence de la personne qu'il aura nommée.

X. Défend sa majesté à tous marchands de Chevaux & autres, d'attendre dans les rues voisines du marché, & même dans celles plus éloignées, les Chevaux que l'on conduit pour être vendus audit marché; enjoint aux conducteurs de les exposer en vente & de les vendre au marché; & en cas de contravention, lesdits Chevaux seront mis en fourrière.

XI. Veut sa majesté que pour l'exécution de la présente ordonnance, le sieur lieutenant général de police puisse commettre tel officier qu'il jugera à propos de choisir, lequel lui rendra compte de tout ce qui se passera dans le marché, & de toutes les contraventions qu'il aura constatées, pour ensuite être prononcé sur ses rapports & sur les contestations qui s'éleveront dans ledit marché, par ledit sieur lieutenant général de police sommairement & sans frais, sur les mémoires respectifs des parties. Fait à Versailles le 3 juillet 1763. *Signé* Louis, *& plus bas*, Phelypeaux.

Par une autre ordonnance du 25 mars 1776, le roi a réglé ce qui doit être obfervé au fujet des Chevaux de remonte des régimens de cavalerie. Voici ce que porte à ce fujet le titre 5.

« ARTICLE PREMIER. Les lieutenans-géné-
» raux attachés aux divifions, arrêteront chaque
» année un état du nombre de Chevaux dont ils
» jugeront le remplacement néceffaire dans cha-
» cun des régimens de cavalerie , dragons &
» huffards qui feront fous leurs ordres ; & les
» confeils d'adminiftration nommeront un ou
» deux officiers capables , auxquels ils commet-
» tront le foin de l'achat des Chevaux de re-
» monte.

» II. Sa majefté a cru ne devoir fixer aucun
» prix pour les Chevaux de remonte ; elle veut
» bien s'en rapporter à cet égard à la fageffe des
» confeils d'adminiftration ; fon intention eft
» que les achats des Chevaux de remonte foient
» faits avec la plus grande attention , les plus
» fages précautions & la plus grande économie,
» & c'eft d'après ces principes qu'elle entend
» que les confeils d'adminiftration dirigeront les
» opérations des officiers chargés d'acheter les
» Chevaux de remonte.

» III. Veut fa majefté que les officiers char-
» gés de l'achat des Chevaux de remonte foient
» affujettis à rendre les comptes les plus exacts
» & les plus détaillés de leur geftion au confeil
» d'adminiftration de leur régiment : & dans le
» cas où ces officiers fe feroient rendus coupa-
» bles de négligence en achetant des Chevaux
» que le confeil d'adminiftration ne jugeroit pas
» recevables à leur arrivée au régiment, ordonne
» fa majefté que lefdits Chevaux non-recevables

» soient sur le champ vendus pour le compte
» desdits officiers, & que l'objet de la différence
» en moins qui pourra se trouver du produit de
» la vente au prix de l'achat, soit retenu sur
» leurs appointemens au profit de la masse géné-
» rale.

» IV. Veut également sa majesté que si lors
» de la revue des officiers généraux il se trouvoit
» dans les Chevaux de remonte des Chevaux
» défectueux, & que lesdits officiers-généraux
» jugeroient dans le cas d'être réformés, il en
» soit usé avec la même rigueur à l'égard des
» membres du conseil qui les auroient reçus
» faute d'examen ou par complaisance ; que les-
» dits Chevaux soient vendus, & que la moins
» value qui pourra se trouver entre le produit
» de la vente & le prix de l'achat soit retenue
» par égale portion sur les appointemens des
» officiers ayant voix délibérative au conseil, &
» versé dans la masse.

» V. Sa majesté autorise les officiers-généraux
» attachés aux divisions, d'ajouter aux précau-
» tions qui sont ou seront établies sur cette
» partie importante de l'administration de sa
» cavalerie, toutes celles qu'ils jugeront les plus
» utiles, les plus avantageuses à son service, &
» les plus conformes à ses vues économiques,
» en informant le secrétaire d'état ayant le dé-
» partement de la guerre, de ce qu'ils croiront
» devoir prescrire à cet égard ».

Dans la vente des Chevaux, la pousse, la
morve (*) & la courbature sont des vices qui

_____

(*) *Comme la morve est une maladie contagieuse, on*
a coutume lorsqu'elle se manifeste, de prendre des précau-

donnent lieu à l'action redhibitoire, c'eſt-à-

---

tions pour en empêcher les progrès. Voici ce qu'ordonna ſur ce ſujet en 1745, l'intendant de la généralité de Paris :

Vu l'ordonnance rendue le premier juillet 1730 par M. de Harlay, lors intendant de la généralité de Paris, contenant les diſpoſitions néceſſaires pour prévenir la communication & les progrès de la maladie de la morve parmi les Chevaux. Vu auſſi les ordres du roi à nous adreſſés par la lettre de M. le comte d'Argenſon, miniſtre & ſecrétaire d'état de la guerre, en date du premier du préſent mois à l'occaſion du renouvellement de ladite maladie tant dans la ville & élection de Senlis, que dans pluſieurs autres paroiſſes de ladite généralité ; nous avons ordonné & ordonnons ce qui ſuit :

ARTICLE PREMIER. Tous particuliers, de quelqu'état & condition qu'ils ſoient, qui auront des Chevaux atteints ou ſoupçonnés de morve, ſeront tenus à peine de cinq cens livres d'amende, d'en faire leur déclaration incontinent après la publication de la préſente ordonnance, à nos ſubdélégués ou aux officiers des villes & paroiſſes, où ils font leur demeure ordinaire, pour être leſdits Chevaux vûs & viſités par des maréchaux ou gens à ce connoiſſeurs, & tués ſur le champ à la diligence deſdits officiers, ſi le mal ſe trouve avéré ; ladite amende applicable moitié au profit des dénonciateurs, & l'autre moitié au profit des pauvres de la paroiſſe.

II. Ceux qui, au lieu de déclarer les Chevaux atteints ou ſuſpects de morve, les vendront ou détourneront, ſous quelque prétexte, & de quelque manière que ce ſoit, ſeront condamnés en pareille amende, payable & applicable comme deſſus, ſur la ſimple denonciation qui en ſera faite devant nos ſubdélégués ou devant le premier officier public.

III. Les maréchaux qui, ayant quelques connoiſſance de quelques Chevaux attaqués dudit mal dans les villes & lieux de leur réſidence, ou aux environs, négligeront de les déclarer à nos ſubdélégués ou auxdits officiers publics, ou refuſeront leur miniſtère pour examiner ceux qui en

dire que l'acheteur peut obliger le vendeur à

---

feront foupçonnés, ou qui en feront de faux rapports, feront condamnés en trois cens livres d'amende au profit des pauvres de la paroiffe, & à fermer boutique pendant fix mois fur le procès-verbal qui nous en fera adreffé.

IV. Faifons défenfes fous les même peines, à tous hoteliers cabaretiers, laboureurs & autres, de recevoir dans leurs écuries aucuns Chevaux gâtés ou foupçonnés de morve; & enjoignons auffi fous les memes peines, de déclarer ceux qui fe préfenteront & qui pourront en être fufpeéts, pour être vifités & tués s'ils s'en trouvent atteints.

V. Enjoignons très-expreffement aux maires, échevins, fyndics, marguilliers & autres officiers des villes & paroiffes de faire faire à la réception de la préfente ordonnance, & fucceffivement lorfqu'ils le jugeront néceffaire, une vifite exaéte, tant des Chevaux des habitans, que de ceux appartenans aux chartiers ou voituriers qui pafferont dans lefdits lieux, & de faire tuer fans différer, ceux qui auront la morve, à peine d'être traités comme réfractaires aux ordres de fa majefté.

VI. Ordonnons pareillement aux officiers & cavaliers de maréchauffée, en faifant leurs rondes & tournées dans les villes & villages de leur diftriét, de faire des recherches exaétes des Chevaux morveux, & de les tuer après que la maladie aura été conftatée, & d'en dreffer les procès-verbaux qu'ils nous enverront.

VII. Les écuries des villes & paroiffes, où il y aura eu des Chevaux atteints & foupçonnés de morve, feront incontinent, à la diligence, des maires, échevins, fyndics ou autres officiers defdites villes & paroiffes, purifiées & lavées aux frais des détenteurs, avec de la chaux vive, ainfi que les auges & rateliers, même le pavé & le fol defdites écuries, & tout le pourtour d'icelles jufqu'à la hauteur où les chevaux peuvent atteindre avec leur langue; & après les avoir laiffées un temps fuffifant à l'air pour en ôter l'infeétion, les auges & rateliers feront lavés avec de l'eau chaude pour enlever l'impreffion de la chaux.

Et fera la préfente ordonnance lue, publié aux prônes de toutes les paroiffes de ladite généralité, & affichée par-tout

reprendre l'animal vendu & à rembourfer le
prix de la vente. Mais il faut que cette action
foit intentée dans le temps utile. Ce temps ef
de neuf jours à Paris, & de huit feulement dans
la coutume de Bourbonnois (*).

---

ou befoin fera, afin que perfonne n'en ignore, pour être
exécutée felon fa forme & teneur. Enjoignons à nos fubdé-
légués d'y tenir la main, & de nous informer des contraventions qui pourroient y être faites, pour y être par
nous pourvu. Fait à Paris le huit juin mil fept cens quarante-cinq. *Signé*. Bertier de Sauvigny.

(*) *Voici ce que porte l'article 87 de cette coutume :*
» Un vendeur de Chevaux n'eft tenu des vices, except
» de morve, efpouffe, corbes & corbatures, finon qu'il le
» ait vendus fains & nets : auquel cas il eft tenu de tou
» vices latens & apparens *huit jours après la tradition.*

Cette difpofition a fait naître la queftion de favoir fi l'action redhibitoire devoit être néceffairement intentée dans
huitaine de la vente du Cheval, ou s'il fuffifoit pour couvri
la fin de non-recevoir, que l'acheteur eut fait conftate
dans la huitaine de la vente l'état du Cheval ?

L'affaire qui a préfenté cette queftion eft ainfi rapporté
dans la collection de jurifprudence.

» Le nommé Seriziat marchand de Chevaux avoit achet
» du fieur de Genneftoux, écuyer, feigneur de Valliere
» un Cheval. Après cinq jours de marche il s'apperçut qu
» ce Cheval, qu'il avoit attelé à une voiture chargée d'm
» milier par Cheval étoit pouffif ; il avoit fait conftater e
» préfence d'un notaire, affifté de deux maîtres maréchau
» gardes en charge, l'état du Cheval que ces experts maré
» chaux avoient déclaré être atteint de la pouffe. Ce n'avoi
» été que quinze jours après le procès-verbal de vifite &
» vingt jours après la vente que Seriziat avoit formé fa de-
» mande. Le fieur de Genneftoux le foutenoit non-recevable
» parce que, difoit-il, la coutume de Bourbonnois veut qu'i
» y ait demande en redhibition dans la huitaine de la vente
» & non pas un acte de vifite de Cheval. Outre cela le fieur d

Dans le reſſort de la coutume de Cambrai &
dans celui du bailliage de Peronne, le vendeur
n'eſt à l'abri des recherches de l'acheteur qu'a-
près un laps de quarante jours. C'eſt ce qui réſulte tant de l'article 5 du titre 21 de la coutume
de Cambrai, que d'un acte de notoriété donné
par le bailliage de Peronne le 23 janvier 1683.

L'article 204 de la coutume de Bar, au titre
des convenances & autres contrats, donne pareillement à l'acheteur d'un Cheval pouſſif ou
morveux, ou courbattu, quarante jours pour
en répéter le prix au vendeur.

»Genneſtoux obſervoit que le Cheval avoit été expoſé
»pour être vendu au plus offrant, aux riſques de qui il ap-
»pattiendroit : des maréchaux experts de régimens avoient
»certifié que ce Cheval n'étoit pas pouſſif, mais échauffé
»conſidérablement du travail qu'on lui avoit fait faire. Se-
»riziat répondoit qu'il avoit interrompu la fatalité du délai
»de huitaine par le procès-verbal de viſite dreſſé à ſa re-
»quête auſſitôt qu'il s'étoit apperçu que le Cheval étoit
»pouſſif; il ajoutoit qu'occupé de la conduite d'un nombre
»conſidérable de Chevaux & éloigné alors de plus de cin-
»quante lieues de l'endroit où il avoit acheté le Cheval,
»c'auroit été le réduire à l'impoſſible que de l'obliger à
»former l'action dans la huitaine ; que lorſque l'état du
»Cheval ſe trouvoit juridiquement conſtaté dans la hui-
»taine de la vente, l'action pouvoit être intentée utilement
»dans les quarante jours de la vente; enfin que les préten-
»dus certificats des maréchaux-experts de régimens étoient
»donnés par gens qui n'en avoient pas reçu la miſſion par
»l'ordonnance de juſtice, qu'ainſi ils n'étoient d'aucune
»conſidération. Les choſes en cet état, la ſentence des
»premiers juges qui avoit entériné les rapports faits à la
»requête de Seriziat & qui avoit fait droit ſur la demande
»redhibitoire, fut confirmée par arrêt rendu en la grand'-
»chambre, au rapport de M. Rolland de Challerange, le
»vendredi 7 ſeptembre 1770.

En Normandie, l'acheteur a trente jours pour intenter la même action ; mais après ce temps il doit être declaré non-recevable. C'est ce que porte un arrêt de règlement rendu au parlement de Rouen le 30 janvier 1728.

Celui qui vend un Cheval harnaché, ne peut en retenir le harnois, à moins qu'il n'y ait à cet égard une convention expresse. La raison en est qu'il est de maxime en droit que l'accessoire doit suivre le principal : ainsi les harnois étant l'accessoire du Cheval, sont réputés vendus avec lui par la disposition de la loi.

L'expérience ayant fait connoître que quand les voitures à deux roues sont chargées d'un poids tel qu'il faut plus de trois ou quatre Chevaux pour les conduire, cela occasionne la dégradation des chemins, la déclaration du roi du 14 novembre 1724, ainsi que plusieurs autres lois postérieures, & particulièrement l'arrêt du conseil du 7 avril 1771, ont défendu à tous les rouliers ou voituriers, d'atteler à chaque charrette à deux roues plus de trois Chevaux, depuis le premier avril jusqu'au premier octobre & plus de quatre Chevaux depuis le premier octobre jusqu'au premier avril, à peine contre les contrevenans, de confiscation des Chevaux charrettes & harnois, & d'une amende de trois cens livres, applicable pour les deux tiers, à la décharge des impositions de la paroisse où la contravention aura été reconnue, & pour l'autre tiers, au dénonciateur. Au surplus, il est permis d'atteler aux charriots à quatre roues autant de Chevaux qu'on le juge à propos. Il est pareillement permis aux fermiers, laboureurs, vignerons & autres qui tiennent des biens fonds à

ferme, ou qui en étant propriétaires les font
valoir par leurs mains, de mettre aux charrettes
à deux roues tous les Chevaux qu'ils croient
néceſſaires aux voitures qu'ils ont à faire pour la
culture des mêmes biens, dans la diſtance de
trois lieues de leur demeure.

En termes de juriſprudence féodale, on appelle *Cheval de ſervice*, un Cheval que doit le
vaſſal au ſeigneur féodal.

Cette preſtation eſt fort ancienne : on lit dans
une conſtitution de Conrard ſecond, que les
grands vaſſaux faiſoient des préſens de Chevaux
& d'armes à leur ſeigneur. On y lit auſſi qu'à la
mort du vaſſal l'uſage étoit que ſes enfans ou ſes
héritiers donnaſſent au ſeigneur ſes Chevaux &
ſes armes.

L'ancienne coutume de Normandie parle du
ſervice de Cheval que doivent les vaſſaux à leur
ſeigneur : mais il ne faut pas, comme ont fait
pluſieurs auteurs, confondre ce *ſervice de Che-*
val, avec le *Cheval de ſervice*. Celui-ci, eſt le
Cheval que doit donner au ſeigneur le vaſſal qui
veut être exempt du ſervice militaire ſa vie durant : celui-là, au contraire, ſignifie le ſervice
militaire que le vaſſal doit faire à Cheval pour
ſon ſeigneur.

Il eſt parlé du Cheval de ſervice dans pluſieurs coutumes, telles que Montargis, Orléans,
Poitou, Grand Perche, Meaux, Anjou, Maine,
Château-neuf, Chartres, Dreux, Dunois, Hainaut. Quelques-unes l'appellent roucin de ſervice.

Le Cheval de ſervice eſt dû en nature, ou
du moins l'eſtimation ; c'eſt ce que Bouthillier
entend dans ſa ſomme rurale, lorſqu'il dit *qu'au-*
cuns fiefs doivent Cheval par prix.

Dans les coutumes d'Orléans & de Montargis, il est estimé à soixante sous, & se lève par le seigneur une fois en sa vie ; mais il n'est pas dû si le fief ne vaut par an au moins dix livres tournois de revenu.

La coutume de Hainaut dit que quand le vassal qui tenoit un fief-lige est décédé, le seigneur ou son bailli prend le meilleur Cheval à son choix, dont le défunt s'aidoit, & quelques armures, & qu'au défaut de Cheval le seigneur doit avoir soixante sous.

Dans la coutume d'Anjou & du Maine, il est dû à toute mutation de seigneur & de vassal, & est estimé cent sous.

Dans celle du Grand Perche, il est dû à chaque mutation d'homme ; le vassal n'est tenu de le payer qu'après la foi & hommage, & il est estimé à soixante sous & un denier tournois. Il n'est pas dû pour le simple renouvellement de foi.

Enfin par les coutumes de Château-Neuf, Chartres & Dreux, le Cheval de service se lève à proportion de la valeur du fief. Quand le fief est entier, c'est-à-dire, quand il vaut soixante sous de rachat, le Cheval est dû, & le Cheval entier vaut soixante sous. Si le fief vaut moins de soixante sous de revenu, le Cheval se paye à proportion ; il se demande par action, & ne peut se lever qu'une seule fois durant la vie du vassal, lorsqu'il doit rachat & profit de fief.

Anciennement le Cheval de service devoit être essayé avec le haubert en croupe, qui étoit l'armure des chevaliers ; il falloit qu'il fût ferré des quatre pieds ; & si le Cheval étoit en état de faire douze lieues en un jour, & autant le lendemain, le seigneur ne pouvoit pas le refuser sous prétexte qu'il étoit trop foible.

Dans la coutume de Poitou, suivant les articles 166, 168, 183, 185, &c. il y a, outre le Cheval ordinaire de service, des *Chevaux traversans*. Ce sont ceux que le seigneur pendant l'année de son rachat, perçoit des arrière-vassaux du vassal décédé, & dont la mort a donné lieu au rachat.

Dans la même coutume, on appelle *Cheval de rencontre*, la prestation d'un Cheval de service due par le vassal au seigneur lorsque dans une même année il y a eu deux ouvertures à ce droit; l'une par la mutation du vassal, & l'autre par celle du seigneur. En ce cas il n'est dû qu'un seul Cheval, dit l'article 187 de la coutume, *pourvu que les deux Chevaux se rencontrent en un an*; & ce Cheval est appelé Cheval de rencontre (*).

Voyez *l'arrêt du conseil du 21 mars 1762; le tarif de 1664, & les observations sur ce tarif; l'ordonnance du mois de février 1687; les coutumes de Bourbonnois, de Sens, d'Auxerre, de Bar-le-Duc, de Cambrai; les œuvres de Pothier; la déclaration du 14 novembre 1724; l'arrêt du conseil du 7 avril 1771; les coutumes de Montargis;*

––––––––––––––––––––––

(*) *Cet article 187 est ainsi conçu :*
Et si en icelui an, le seigneur qui tient par hommage plain & duquel le vassal tenoit par hommage plain va de vie à trespas, il n'y a qu'un Cheval, pourveu que les deux Chevaux se rencontrent en un an; & est ledit Cheval nommé Cheval de rencontre. Et pour ce ledit Cheval de service abolist l'autre Cheval qui seroit deu aux héritiers du seigneur plain duquel l'on tenoit par hommage plain, lequel Cheval les héritiers du premier mourant tenant à hommage plain, eussent deu aux héritiers du seigneur dernier mort n'eust été ledit Cheval de service qui l'abolist.

d'Orléans, de Poitou, de Grand Perche, d'Anjou, de Chartres, de Hainaut, &c. Voyez auſſi les articles HARAS, REDHIBITION, ENTRÉE, SORTIE, MARCHANDISE, SOU POUR LIVRE, ANIMAUX, BESTIAUX, LABOURAGE, &c.

CHEVALIER. Titre d'honneur qui s'accorde aux gentilshommes de la première qualité, tels que les ducs, les comtes, les marquis, les barrons & à ceux qui poſſédent les premiers dignités dans l'épée ou dans la robe.

Ce titre ſe donne encore à ceux qui ſont admis dans différens ordres de Chevalerie, ſoit que ceux qui compoſent ces ordres ſoient nobles ou roturiers.

Pour expliquer ce que nous avons à dire ſur cet article, nous le diviſerons en deux parties.

Dans la première nous parlerons de l'ancienne chevalerie, qui a toujours été le partage de la nobleſſe françoiſe, & nous aurons occaſion d'agiter à ce ſujet pluſieurs queſtions intéreſſantes.

Dans la ſeconde nous traiterons de ces différens ordres de Chevalerie moderne qui ont fait diſparoître peu à peu nos anciens Chevaliers, & nous nous contenterons de donner une ſimple notice de ceux qui ont exiſté autrefois en France, & dont il ne reſte plus qu'un certain ſouvenir (*).

_____

(*) Le détail ſeroit immenſe ſi nous voulions parcourir tous ceux qui exiſtent ou qui ont exiſté dans les états étrangers.

PREMIERE

PREMIÈRE PARTIE.

De l'ancienne Chevalerie.

Le titre de Chevalier nous est venu des anciens romains. Ceux qui en étoient décorés formoient le second ordre de la république : ils tenoient le milieu entre le sénat & le peuple. Les Plébéiens, ainsi que les patriciens pouvoient être admis dans l'ordre des Chevaliers; il suffisoit pour cela d'être né libre, d'avoir à peu près dix-huit ans, & un certain revenu.

Les Chevaliers romains faisoient la principale force des armées d'Italie : ils combattoient sur un cheval que l'état leur fournissoit (*). La marque de leur ordre étoit une robe sémée de fleurs couleur de pourpre, & ils portoient à leur doigt un anneau d'or (**). Ovide, Atticus, Ciceron & plusieurs autres savans furent Chevaliers romains. Mais ce titre dégénéra par la facilité avec laquelle les empereurs l'accordèrent à toutes sortes de personnes, même à des affranchis.

Ce titre s'est conservé parmi nous avec beaucoup plus de distinction, dumoins pour ce qui est de l'ancienne chevalerie. Il a fait l'objet de la plus noble émulation parmi les militaires. La chevalerie étoit une dignité à laquelle on ne parvenoit qu'après de longues épreuves. Le

___

(*) C'est de ce cheval que leur vint la dénomination de *Chevaliers*, qui s'est perpétuée jusqu'à nous.

(**) Il est dit dans l'histoire qu'après la bataille de Cannes, Annibal envoya à Carthage plusieurs boisseaux de ces anneaux.

gentil-homme qui afpiroit à cet honneur, entroit dès l'âge de fept ans chez quelque illuftre Chevalier, où il occupoit d'abord la place de page, de damoifeau ou de varlet (*). Cet état duroit ordinairement jufqu'à ce que le jeune homme eût atteint l'âge de quatorze ans; alors il obtenoit le titre d'*écuyer*. Les jeux pénibles où le corps acquéroit de la vigueur & de l'agilité, les courfes de bague, les tournois, les faits-d'armes, étoient le partage de ce nouvel état jufqu'à ce que le jeune gentilhomme fût âgé de vingt-un ans, temps auquel il parvenoit à la chevalerie que l'on appeloit autrement *le temple d'honneur*.

L'inftallation dans cette dignité fe faifoit avec beaucoup de pompe. Le nouveau Chevalier prêtoit ferment de n'épargner ni fa vie, ni fes biens pour attaquer les infidelles & défendre la religion, les orphelins & l'honneur des dames (**). Les feigneurs les plus qualifiés & fouvent les dames & les demoifelles du premier rang, le revêtoient des marques exérieures de la chevalerie. celle-

---

(*) On dit aujourd'hui *valet*. Ce titre anciennement n'étoit point ignoble, comme il l'eft de nos jours; il fe confondoit affez fouvent avec celui d'*écuyer* : autre chofe étoit le fervice d'un valet, autre chofe celui d'un laquais.

(**) C'eft ce grand zèle à s'acquitter des devoirs de la chevalerie qui a fait appeler *Chevaliers errans* ceux que nos vieux romans nous repréfentent comme des braves courant le monde pour chercher des aventures, redreffer les torts, châtier les méchans, protéger les opprimés, délivrer des princeffes & foutenir l'honneur de leurs maîtreffes envers & contre tous. On peut voir dans le fameux roman de *Don Quichote* le vernis de ridicule qu'a jetté fur ce genre de chevalerie l'ingénieux auteur de cet ouvrage.

là lui donnoit les éperons dorés ; celle - ci le haubert ; une troisième les gantelets ; d'autres la cuirasse, les brasselets, &c.

C'étoit souvent le souverain qui faisoit la cérémonie, qui ceignoit lui-même l'épée au nouveau Chevalier : il lui donnoit ensuite l'accolade en prononçant pour l'ordinaire ces paroles : *De par Dieu, notre-Dame & manseigneur le baron saint Denis, je te fais Chevalier.*

Après l'accolade, un écuyer amenoit un cheval, sur lequel le nouveau Chevalier faisoit divers exercices devant l'assemblée, avec toute l'adresse dont il étoit capable ; il alloit ensuite en faire autant au milieu de la place publique (*).

L'habit du Chevalier étoit de soie vermeille, fourré de menu-vair. Il portoit la robe traînante, avec un manteau fait en forme de chappe ; mais son attribut essentiel étoit le baudrier avec les éperons dorés.

Un des principaux privilèges de la chevalerie, étoit d'acquérir des titres distingués, tels que ceux de *dom, sire, messire, monseigneur.* Les femmes des Chevaliers avoient seules le droit de se faire appeler *madame.* Jeanne d'Artois, princesse du sang, veuve, le jour même de ses nôces, de Simon Thouars, comte de Dreux, n'osa point prendre ce titre, parce que

---

(*) Ces cérémonies étoient pour l'ordinaire précédées de différens actes de religion. On sait que lorsque Charles VI voulut faire Chevalier Louis & Charles d'Anjou, ces deux princes, après le souper, furent conduits à l'église pour y passer la nuit en prières. Le lendemain matin l'évêque d'Auxerre célébra la messe & leur donna sa bénédiction.

fon mari n'étoit encore qu'écuyer quand malheureufement il fut tué dans un tournois fix heures après fon mariage : elle fe borna au fimple titre de *mademoifelle*.

Une autre prérogative des Chevaliers, étoit de pouvoir manger à la table du roi.; honneur que n'avoient point fes fils, fes frères, fes neveux, avant d'avoir été armés Chevaliers. Les Chevaliers feuls avoient le droit de porter la lance, le haubert, la double cotte de mailles, la cotte d'armes, l'or, le vair, l'hermine, le petit-gris, le velours, l'écarlate ; de fe faire repréfenter avec l'armure complette dens l'empreinte d'un fceau qui leur devenoit propre & particulier ; enfin d'arborer la girouette fur les maifons qui leur appartenoient. Ils étoient de plus exempts de payer les droits impofés fur les denrées & autres marchandifes achetées pour leur ufage. A leur approche toutes les barrières, tous les châteaux s'ouvroient pour leur faire honneur.

Le titre de *banneret* étoit pourtant au-deffus de celui de Chevalier. La bannière de ceux qui avoient un commandement dans les armées, leur donnoit une certaine autorité que n'avoient pas les fimples Chevaliers. On peut en juger par ce qui a été dit à l'article BANNERET ; mais les Chevaliers étoient d'un dgeré au-deffus des écuyers, quoiqu'ils n'euffent pas l'ancienneté de ceux-ci. Il fut queftion en 1600, d'une préféance honorifique dans une paroiffe du diocèfe d'Evreux, entre le fieur de Lunieu, ancien écuyer, & le fieur Philippe de Clinchamp, feigneur de Launai, qui étoit Chevalier : le parlement de Rouen l'accorda à celui-ci à raifon de fa qualité, par un arrêt du 11 août de la même année. Le parlement de Paris porta une semblable décision en 1614, pour François l'Evêque, seigneur de Marconnai, en conséquence de sa qualité de Chevalier, contre le sieur de la Coutardière, simple gentilhomme, qui lui disputoit les honneurs de l'église de Sauzai en Poitou. Le parlement de Dijon, par évocation, jugea de même, à peu près dans ce temps-là, pour Claude Turgot, Chevalier seigneur de Tourailles, contre Jean d'Escageul, plus âgé que lui, mais simple écuyer. Leur différent venoit des fiefs qu'ils avoient l'un & l'autre dans la paroisse de Trévières, diocèse de Bayeux.

Le titre de Chevalier est-il héréditaire dans les descendans de ceux qui l'ont obtenu, ou n'est-il simplement que personnel à ceux qui l'ont acquis ?

Ceux qui prétendent que ce titre peut être un titre d'extraction se fondent, 1°. Sur l'article 189 de l'ordonnance de Louis XIII du 15 janvier 1629, qui porte défenses à toutes personnes *de prendre la qualité de Chevalier* s'ils ne l'ont obtenue du roi ou de ses prédécesseurs, *ou que l'éminence de leur qualité ne la leur attribue.* 2°. Sur le résultat des commissaires généraux de la province de Bretagne assemblés pour la réformation des usurpateurs de la noblesse qui déclarèrent Chevaliers tous les marquis, les comtes, les barons, les chatelains & leur fils aîné (*) ; tous les enfans des officiers de la couronne, des gouverneurs & des lieutenans généraux de pro-

_____

(*) Ils jugerent en même-tems que les cadets ne pouvoient prendre que le titre d'écuyers.

Y iij

vince ; les enfans des premiers préfidens des
cours, des Chevaliers du faint Efprit, & des premiers officiers, pourvu que ces enfans fuffent aînés,
bretons de nation ; tous ceux enfin qui juftifièrent
trois partages de fucceffion en ligne directe où ils
avoient pris la qualité de *Chevaliers*. 3°. Sur
l'opinion de Bernard de la Rocheflavin, préfident aux enquêtes du parlement de Touloufe,
& de plufieurs autres auteurs françois qui penfent que le titre de Chevalier appartient à tous
les officiers conftitués en dignité.

Mais comme l'obferve fort bien Laroque en
fon traité de la nobleffe, il y a apparence que
ceux qui ont foutenu ces opinions n'étoient point
au fait de l'origine de la Chevalerie. Il eft vrai
qu'anciennement pour parvenir au titre de Chevalier il falloit être d'une ancienne nobleffe;
mais il eft de fait conftant que ce titre ne
dépendoit point abfolument de la naiffance,
comme celui d'*écuyer*. C'étoit un titre qui n'é-
toit dû qu'au mérite perfonnel & que le fouverain fe réfervoit de conférer à qui il jugeoit
à propos. C'eft ce que difoit auffi Pierre de
Gourgues, premier préfident au parlement de
Bordeaux, dans une harangue prononcée à une
des ouvertures de cette cour : *la chevalerie n'eft
point annexée aux charges, ni à la qualité des perfonnes.*

Une objection à ce fujet eft de dire : mais fi
les fils d'un écuyer naiffent *écuyers*, pourquoi
ceux d'un Chevalier ne naîtroient-ils pas *Chevaliers ?*

La différence vient de l'ordre politique ainfi
réglé : la naiffance peut tranfmettre des qualités, parce qu'on eft convenu qu'elle les tranf-

mettroit ; mais on n'eft pas convenu de même
que les dignités feroient tranfmiffibles. On n'eft
pas convenu par exemple que les fils d'un maréchal de France feroient eux-mêmes maréchaux
de France. Indépendamment de la prérogative
d'être iffu d'aïeux nobles , il a fallu laiffer au
mérite perfonnel à fe diftinguer , & le récompenfer par les dignités ; récompenfe qui perdroit
fon avantage , fi la naiffance l'appliquoit d'elle-
même à ceux qui n'auroient point travaillé à la
mériter.

S'il étoit queftion d'aller chercher hors de
la nation des faits capables de prouver qu'on ne
naît point Chevalier , nous aurions l'exemple
de l'empereur Frédéric II , qui écrivit aux habitans de Panorme qu'il defiroit d'être fait Chevalier. Celui d'Eric XIV. roi de Suède , qui , à
l'exemple de fes prédéceffeurs , fe fit créer Chevalier à fon avènement à la couronne. Guillaume , comte de Hollande , roi des romains , reçut la Chevalerie des mains du roi de Bohème ,
étant à Cologne ; Pierre de Capoue , cardinal ,
légat du faint-fiége , en fit la cérémonie. Mais
nous avons parmi nous des exemples affez au-
tentiques , pour n'être pas obligés de porter plus
loin nos recherches.

Jean Bâtard d'Orléans , comte de Dunois ,
quoiqu'il fût banneret & qu'il eût quatre Che-
valiers-bacheliers dans fa compagnie (en 1421) ,
fe contenta d'abord de la qualité d'écuyer , jufqu'à ce qu'il fût fait Chevalier. Joachim Rouaut ,
feigneur de Gamaches , fe borna également à
la qualité d'écuyer jufqu'au moment où il devint Chevalier. Outre que ces exemples &
celui de Louis & de Charles d'Anjou qui comme

nous l'avons obfervé dans une note plus haut, furent faits Chevaliers par Charles VI, prouvent que la chevalerie n'eft point héréditaire, nous avons encore celui de Frédéric Barbe rouffe, empereur des romains, qui fit dans Mayence, Frédéric & Henri, fes deux fils, Chevaliers. Charlemagne étant fur le point de conquérir la Hongrie, fit de même Chevalier à Ratisbone, fon fils Louis le Débonnaire. Saint Louis conféra folemnellement cette dignité à Robert de France fon frère, & quelque temps après à Alphonfe fon autre frère.

Nos rois eux-mêmes ne prenoient point ce titre de leur propre autorité. Tout le monde fait que Louis XI fut fait Chevalier à fon facre, par Philippe, duc de Bourgogne ; que François premier, après la bataille de Marignan, voulut être fait Chevalier de la main de Pierre du Terrail, dit le Chevalier Bayard. Henri II, au camp d'Avignon, reçut l'accolade de la main d'Odart de Biez, Chevalier, maréchal de France, Lieutenant pour fa majefté dans la Picardie. Toutes ces anecdotes & nombre d'autres qu'on pourroit citer, prouvent clairement que la Chevalerie n'a jamais été une dignité tranfmiffible, autrement tous ceux dont nous venons de parler n'auroient pas eu befoin de la prendre.

L'ordonnance de Louis XIII du 15 janvier 1629, dont nous avons parlé, qui défend de prendre la qualité de *Chevalier* fi l'on ne l'a obtenue du roi ou de fes prédéceffeurs, s'explique affez pofitivement pour comprendre qu'elle n'eft point tranfmiffible. Il eft vrai qu'elle ajoute en parlant des perfonnes qui la prennent, à moins *que l'éminence de leur qualité ne la leur attribue,*

& voici l'explication de ce passage : par succession de temps la facilité de faire des Chevaliers
en ayant beaucoup augmenté le nombre, les
souverains pour obvier à cet abus, instituèrent
des ordres ou des milices de Chevalerie, qu'ils
composèrent de ceux qui méritoient une distinction par leur valeur ou par leur naissance ;
(c'est ainsi que se sont formés les ordres de saint
Michel, du Saint-Esprit & d'autres dont nous allons parler.) Comme le nombre des Chevaliers
qui devoient les former étoit limité, les grands
seigneurs faits pour y aspirer, se croyant égaux de
mérite & de naissance à ceux que l'on admettoit, prirent la qualité honoraire de Chevaliers,
pour se distinguer des simples gentilshommes,
& ils se sont maintenus dans la possession de ce
simple titre de *Chevalier*, sans se dire de tel ou
de tel ordre. Louis XIII ne voulut point absolument contrarier cette qualité ; mais il est toujours vrai de dire qu'il ne l'a laissée subsister
qu'en faveur des seigneurs d'une *qualité éminente*,
tels, comme nous l'avons dit en commençant,
que les ducs, les comtes, les barons, &c. ;
mais nullement en faveur des simples gentilshommes. C'est à ceux-ci que s'applique une
déclaration de Louis XIV de l'année 1664 ,
rendue contre les usurpateurs du titre de Chevalier, par laquelle il est dit que ceux qui prendront indûment cette qualité, seront taxés à
la somme de deux mille livres & aux deux sous
pour livre. Ainsi les seigneurs de haute qualité, sont les seuls qui puissent prendre le titre
de *Chevalier*, quoiqu'ils ne soient d'aucun ordre
de chevalerie ; mais cette exception est une défense aux simples gentilshommes de s'appliquer

cette même qualité, & nottamment aux anoblis qui ne peuvent à l'exemple des grands
feigneurs, la prendre fans fe rendre ridicules &
fans s'expofer à la peine prononcée contre ceux
qui fe l'arrogent indûment (*).

En reprenant l'hiftoire de l'ancienne Cheva-
valerie nous obferverons que François premier,
furnommé parmi nous *le reftaurateur des lettres*, voulant faire naître l'émulation parmi
ceux qui les cultivoient, ainfi que parmi ceux
qui s'adonnoient à l'étude des lois, créa une
claffe particulière, compofée de magiftrats & de
gens de lettres, que l'on appela *Chevaliers-ès-lois*,
& qui parvenoient à cette dignité par leur mé-

(*) Louis XIV informé que plufieurs anoblis, foit par
lettres ou par offices, & même des rôturiers ufurpoient
journellement les titres de *meffire* & de *chevalier* furtou
dans les provinces de Flandres, de l'Artois & du Hainault,
où par la conftitution des anciens fouverains ces titres ne
pouvoient appartenir qu'à ceux qui avoient obtenu du
lettres à cet effet, fa majefté pour y pourvoir créa dans ces
provinces par un édit du mois de novembre 1702, deux
cens chevaliers héréditaires auxquels il permit & à leur
poftérité de prendre les titres de *meffire* & de *chevalier*, &
à leurs femmes celui de *dames*, avec la faculté d'ajoûter à
leurs armes tels fuppôts qu'ils jugeroient à propos avec une
couronne telle qu'elle feroit réglée par les lettres qui leur
feroient accordées à cet effet. Il fut dit qu'en conféquence
ils jouiroient des honneurs & des prérogatives dont jouiffoient les autres chevaliers dans ces mêmes provinces, avec
défenfe à toute perfonne de quelque qualité qu'elle fût
de prendre les qualités ci deffus à peine de cent livres d'a-
mende Il fut défendu en même-temps aux greffiers & aux
notaires de les accorder dans leurs actes, à moins qu'elles
n'euffent été obtenues, à peine d'une pareille amende &
d'interdiction pendant fix mois.

rite & leur capacité (*). Mais cette création ne fut pas du goût des autres Chevaliers. Ces fiers paladins, dit un de nos hiſtoriens, par une jalouſie biſarre que la ſeule ignorance pouvoit inſpirer, aimèrent mieux déchoir de la chevalerie, que d'en partager l'honneur avec les gens de lettres. Cependant avant François premier, ceux qui poſſédoient les premières dignités dans la robe étoient admis à la dignité de Chevalier. On peut en juger par une déclaration de l'an 1340, octroyée au ſujet de certains privilèges, à l'univerſité de Paris par Philippe de Valois: cette déclaration fait mention de Guillaume Flotte, baron de Revel, chancelier de France; de Guillaume Bertrand; de Jean du Chaſtelier; de Simon de Bucy, premier préſident au parlement, & de Pierre de Senneville, ſous le titre de *Chevaliers-ès-lois*. Arnaud de Corbie, chancelier de France, fut encore fait Chevalier de cette claſſe par Charles V en 1396.

Entre ceux qui ont eu encore cette qualité depuis François premier, on diſtingue Jacques de Bauquemare, premier préſident au parlement de Rouen, lequel fut fait Chevalier par Charles IX en 1566.

Il en a été dans la ſuite de ſeigneurs de haute qualité dans la robe comme dans l'épée. Ceux qui ſe ſont crus faits pour être admis dans les ordres de chevalerie, ainſi que ceux qui étoient

_____

(*) C'eſt à l'occaſion des chevaliers ès-lois que quelques chanoines de Lyon ont conſervé le titre de *Chevalier de l'égliſe de Lyon*. Ces chanoines ſont gradués & ſont prépoſés pour prendre ſoin des affaires du chapitre & en défendre les intérêts.

décorés de cette dignité, ont cherché du moins à prendre le titre honoraire de Chevalier, dans la poſſeſſion duquel on a toléré qu'ils fuſſent maintenus, comme étant, dit Loyſeau, *préſumés honorés de l'accolée & amitié, & comme collatéraux du prince.*

Dans la tenue des lits-de-juſtice, & dans les autres occaſions où les officiers du parlement de Paris prennent leurs qualités, le premier préſident eſt qualifié ſeul de *Chevalier :* les premiers, préſidens des autres cours ſouveraines, & les grands officiers de la couronne, regardent également ce titre comme attaché à leur place.

Une queſtion eſt de ſavoir s'il faut être noble pour parvenir à la chevalerie, ou ſi le titre de Chevalier emporte avec lui la nobleſſe ?

Quelques-uns ont prétendu qu'il étoit contre l'ordre des choſes d'acquérir la nobleſſe par la chevalerie, ſans avoir pris des lettres d'*écuyer,* afin d'avoir du moins le premier dégré de nobleſſe. Les états généraux, lors de leur aſſemblée à Paris en 1614, requirent par l'un des articles de leurs cahiers, qu'aucun ne fût admis à prendre l'ordre du roi, qu'il n'eût fait preuve de nobleſſe, ſuivant les conſtitutions de cet ordre. Il eſt vrai qu'anciennement perſonne n'étoit admis à ce qu'on appelle la grande chevalerie avant qu'on ne fût aſſuré de ſa nobleſſe & que les faits qui pouvoient l'y faire admettre ne fuſſent bien établis ; cependant la règle n'étoit pas ſi abſolue qu'elle ne reçut bien des exceptions. Charles-le-Bel fit Chevaliers en 1303 un nommé Raimond & Bernard viguer de Tou

loufe, quoiqu'ils ne fuffent point nobles. On lit
dans le fecond volume des chroniques de Froif-
fart, que Jean Salle, capitaine de Nordvich en
Angleterre, quoique fils d'un maçon, fut néanmoins pour récompenfe de fa valeur & de fon
mérite, fait Chevalier par le roi Edouard III.
Henri IV en 1606 accorda la même faveur à
François Dacoffan, qui avoit fervi au fiége de
Dreux en 1593. Baudier rapporte en fon hiftoire
des Turcs, qu'un boucher fut fait Chevalier de
Saint-Jean de Jérufalem par le grand-maître de
l'ordre, pour la récompenfe du fecours des vi-
vres qu'il avoit fournis durant le fiége de Rho-
des. De ces exemples & de plufieurs autres qu'il
feroit facile de citer, on peut conclure que
quoique la chevalerie foit principalement deftinée pour les gentilshommes qui fe diftinguent,
elle peut néanmoins devenir le partage de ceux
qui fans avoir le titre de nobles, favent fe figna-
ler dans l'occafion pour le fervice du prince &
de la patrie.

Mais la dignité de Chevalier emporte-t-elle
avec elle tous les attributs de la nobleffe, ou
pour mieux dire le roturier parvenu à cette dignité acquiert-il une nobleffe tranfmiffible à fa
poftérité ? Il faut diftinguer aujourd'hui entre
les Chevaliers de l'ordre du roi (qui eft celui
du Saint-Efprit) & les autres Chevaliers, qui
n'ont ce titre qu'à caufe de leur admiffion dans
certains ordres militaires. Les Chevaliers de
l'ordre du roi repréfentent feuls les anciens Chevaliers dont nous venons de parler ; & en re-
montant aux anecdotes de leur temps, il eft aifé
de fe convaincre que celui qui n'étant pas noble

parvient à la chevalerie, acquiert la noblesse personnelle & transmissible.

La chevalerie a toujours été comparée parmi nous au patriciat des Romains, qui effaçoit tous les vices de la naissance, *qui omnem natalium maculam eluebat.* « Nous n'oublierons pas d'ob-» server, dit Tiraqueau dans son livre latin de » la noblesse, que ceux que nous appelons en » françois *Chevaliers* ont cet avantage qu'aussi-» tôt qu'ils sont parvenus à cette dignité, ils » deviennent nobles quoiqu'ils ne le fussent pas » auparavant ». Loyseau, dans son traité des ordres de la noblesse, & Chopin sur la coutume d'Anjou, raisonnent sur cet article comme Ti-raqueau. La même chose est écrite dans les mé-moires de du Tillet, ancien greffier du parle-ment.

Philippe-le-Long, en 1317, anoblit Raoul Macart & Jacques de Noa en les faisant Cheva-liers : il accorda la même faveur à Pierre Gri-moard, seigneur de Villebrun.

La noblesse que confère la chevalerie n'est donc pas simplement personnelle, elle est encore transmissible, quoique le titre de Chevalier ne soit point héréditaire : c'est ce que nous ensei-gnent les Auteurs cités, entr'autres Loyseau, qui est *d'avis,* dit-il, *que quiconque est fait Che-valier par le roi est absolument noble avec toute sa postérité.* Pierre de Mussy ayant été fait Che-valier en 1315, fut inquiété sur sa dignité par quelques ennemis que la jalousie lui avoit susci-tés ; le roi, pour le rassurer, déclara qu'il en-tendoit que Mussy & ses descendans fussent re-connus pour nobles, avec défenses de le recher-cher à l'avenir. Cette anecdote se trouve dans un

es regiſtres de la chambre des comptes ſous le
méro 50.

Mais ce que nous avons remarqué dans l'hiſ-
toire de l'ancienne chevalerie, c'eſt qu'on faiſoit une grande différence entre ceux qui avoient
été faits Chevaliers par le roi & ceux qui l'a-
voient été par de grands ſeigneurs (*). On ne
conteſtoit point les prérogatives de la nobleſſe
à ceux que le roi avoit décorés du titre de Chevalier, parce que le prince ayant la faculté
d'anoblir, il étoit cenſé avoir conferé la nobleſſe en conférant la chevalerie ; ce qu'on ne
penſoit pas de même des ſeigneurs qui armoient
des Chevaliers. En convenant qu'ils pouvoient
conférer la ſimple chevalerie, regardée comme
une aſſociation de perſonnages diſtingués, on ne
convenoit pas de même qu'ils puſſent anoblir,

(*) Remarquez ici que ce n'étoit pas toujours le roi
qui faiſoit des Chevaliers : ils ſe créoient entr'eux les uns
par les autres, mais toujours ſous le bon plaiſir du roi.
On lit dans les mémoires de Loiſel, célèbre avocat au
parlement, que meſſire Guillaume Bailly, préſident à la
chambre des comptes de Paris, chancelier d'Alençon, fut
créé Chevalier par Charles de Coſſé, ſeigneur de Briſſac,
en préſence de l'armée royale qui étoit en Piémont. Ses
lettres de chevalerie de l'an 1555, furent confirmées par
Henri II la même année.
On trouve dans le tréſor des chartres un acte de notoriété de l'an 1298, ſcellé du ſceau de pluſieurs perſonnes
de diſtinction, par lequel il eſt atteſté que depuis très-
longtemps il étoit d'uſage en la ſénéchauſſée de Carcaſſonne
& dans la Provence, que les bourgeois reçuſſent la chevalerie de la part des nobles, des barons & des Archevêques & évêques, avec pouvoir d'en porter les marques &
de jouir des priviléges qui en dépendent. La chevalerie
conférée par ces ſeigneurs opéroit l'anobliſſement.

cette prérogative étant réservée au souverain seul. Robert, comte de Boulogne, ayant fait Chevalier Guillaume de Vernet, celui-ci obtint en 1320 de Philippe-le-Long des lettres confirmatives de sa chevalerie & attributives en même-temps des prérogatives de la noblesse pour lui & pour sa postérité. Lorsque Gérard de la Tour fut fait Chevalier à-peu-près dans le même temps par Gaillard Guiscart, il craignit qu'on ne lui objectât son défaut de noblesse ; en conséquence, il supplia le roi de vouloir bien suppléer à tout ce qui pouvoit lui manquer de ce côté-là. Le prince lui fit expédier des lettres par lesquelles il déclara vouloir que Gérard de la Tour fût considéré comme personne noble à cause de sa qualité de Chevalier, & qu'il jouît du privilége des nobles, imposant silence *à ceux qui pourroient murmurer à l'encontre.*

Il résulte de ces observations, que quoique la chevalerie soit une dignité réservée pour des seigneurs de haute extraction, elle peut néanmoins se conférer à de généreux citoyens qui se sont rendus recommandables par des services signalés ; & que lorsque le roi leur confère cette dignité, il leur confère de plein droit en même-temps tous les attributs de la noblesse pour eux & pour leur postérité. C'est aussi ce qui a été jugé en la cour de aides de Provence, le 28 avril 1638, par un arrêt qu'on trouve dans Boniface.

Droit de loyale-aide. Comme le titre de Chevalier exigeoit beaucoup de dépense pour les frais de cérémonie, les seigneurs se mirent dans l'usage d'exiger de leurs vassaux une espèce de subvention sous le nom d'*aide de chevalerie*, subvention

vention qui eſt devenue dans la ſuite un droit de féodalité qui ſubſiſte encore, & au payement duquel les vaſſaux ne peuvent légitimement ſe ſouſtraire. Ce droit eſt nommément établi dans pluſieurs coutumes : il en eſt parlé dans celles de Poitou, de la Marche, d'Auvergne, de Bourbonnois, de Bretagne, &c.

Les auteurs agitent différentes queſtions ſur ce droit : la première eſt de ſavoir s'il eſt ſi eſſentiellement attribué à la féodalité, que tous les ſeigneurs ſoient en droit de le percevoir dans l'occaſion ?

Cette queſtion pourroit avoir des partiſans pour l'affirmative ; mais nous nous réſumons à penſer avec Boucheul ſur la coutume de Poitou, que le droit dont il s'agit n'eſt dû que dans les coutumes qui l'attribuent formellement, & que dans celles où il n'en eſt nullement parlé, il doit être établi ſur des titres particuliers (*). Il n'eſt pas néceſſaire que tous les ſeigneurs de fief ſoient faits Chevaliers, ni par conſéquent pas naturel que le droit dont il eſt queſtion ſoit acquis à tous ceux de ces ſeigneurs qui parviennent à la chevalerie. Il eſt vrai que nombre de coutumes en ont fait un droit poſitif ; mais il y en a un plus grand nombre auſſi qui n'en ont point parlé ; dès-lors ce droit devant être regardé comme un droit de convention qui n'eſt point général, il ne faut pas moins que des titres particuliers pour être fondé à le percevoir. Si le ſeigneur parvient à des dignités, il eſt tout

_____

(*) Voyez un arrêt du conſeil du 6 juin 1767, dont il ſa être fait mention ci-après en parlant des *Chevaliers du ſaint-Eſprit*.

simple que ce soit à ses dépens, puisqu'il est le seul dans le cas de jouir des honneurs qui y sont attachés.

Seconde question : la simple possession suffit-elle pour acquérir le droit dont il s'agit aux successeurs de ceux qui l'ont déja perçu ?

La féodalité par elle-même fait aisément présumer l'existence de ce droit ; & dès qu'il est constant qu'il a été payé dans une occasion sans contrainte & sans user de ces voies que les seigneurs avoient autrefois coutume d'employer pour tirer de l'argent de leurs vassaux malgré eux, on ne peut s'empêcher de le regarder comme bien établi : mais la preuve de ce payement par témoins ne suffiroit pas ; il faut des preuves, ou du moins un commencement de preuves par écrit, sur la perception de ce droit.

Ce même droit une fois établi ou par la coutume, ou par les titres, ou par la possession, est-il sujet à la prescription comme tout autre droit seigneurial ?

Il faut distinguer, & savoir d'abord que le droit dont il s'agit étant un droit de pure faculté, c'est-à-dire un droit qu'on peut exiger ou ne pas exiger, il suffit qu'il soit établi par la coutume pour qu'on soit dans le cas de le demander lorsque l'occasion se présente, quand même on auroit omis de le percevoir dans d'autres occasions où il a eu lieu, à moins que le vassal n'ait un titre d'affranchissement à cet égard.

Si le droit, au lieu d'être fondé sur la coutume, est établi sur un titre, il ne devient prescriptible que du jour que ce titre a été contesté, faute par le seigneur d'en avoir soutenu la validité ; car la simple omission de l'usage de son droit ne suffiroit pas pour affoiblir ce même titre, parce qu'un droit de pure faculté tel que celui dont il s'agit, n'est point par lui-même susceptible de prescription.

S'il ne s'agissoit au contraire que de possession, il est sans difficulté qu'elle pourroit se perdre par omission ; la raison en est que si les seigneurs sont fondés à la faire valoir lorsqu'ils en ont fait usage, les vassaux sont pareillement fondés à la combattre, lorsqu'il s'est écoulé un temps suffisant pour prescrire depuis que l'occasion s'est présentée d'exercer le droit dont il s'agit.

La troisième question est de savoir si ce même droit peut être cédé à un tiers ?

On peut bien céder la faculté du retrait féodal ; mais on ne cede pas de même un droit d'*aide* : il est personnel au seigneur, qui peut seul s'en servir dans l'occasion ; le fermier général des droits d'une seigneurie ne peut point l'exiger quand même il seroit spécialement compris dans son bail. On peut voir à ce sujet l'article 93 de la coutume de Touraine, & ce que dit Louys sur l'article 138 de celle du Maine.

L'usufruitier du moins ne peut-il pas l'exercer ?

Begat, sur la coutume de Bourgogne prétend que le Parlement de Dijon le lui accorde, & Bouvot en cite un arrêt du 30 janvier 1566 ; mais Salvaing en son traité des fiefs, & d'autres feudistes après lui, soutiennent avec beaucoup plus de fondement que ce droit qui porte avec lui tous les dehors du respect & de la soumission, *quod habet aliquid reverentiæ personalis &*

obsequii, n'appartient qu'au vrai seigneur, & qu l'engagiste même ne peut y prétendre.

On fait cependant une exception en faveur d mari sur les fiefs de sa femme : son droit à ce égard est beaucoup plus ample que celui d'un usufruitier ; le mari est regardé comme seigneu & maître des biens dotaux de sa femme, & l'or juge qu'il est dans le cas de jouir du droit don il s'agit. Le Prêtre, dans sa première centurie, rapporte à ce sujet un arrêt du 30 avril 1605, en faveur du sieur de Chevrières, mari de la dame de Saint-Chaumont.

. L'article 14 du titre 25 de la coutume d'Au-vergne dit positivement que le mari, comme seigneur des biens dotaux de sa femme, doit jouir de la taille aux quatre cas sur les sujets ou vassaux de celle-ci ; & dans ces quatre cas est compris celui où le mari est fait Chevalier, sui-vant qu'Aymon & Bessian, interprêtes de cette coutume, le font entendre.

La coutume de la Marche, qui accorde au seigneur qu'on crée Chevalier le droit dont il s'agit, distingue entre les vassaux qui sont de serve condition & ceux qui n'en sont pas. A l'égard des premiers, elle les assujettit au droit, quelque peu de terrein qu'ils possèdent dans la directe du seigneur ; mais pour les autres, ils n'y sont soumis qu'autant qu'ils sont tenus de lui faire des prestations annuelles en argent ; car si en lui devant autre chose, ils ne lui doivent pas d'argent, ils sont déchargés du droit.

La plupart des coutumes ne déterminent ni l'étendue, ni la quotité de ce droit, elles le laissent à l'arbitrage de ces gens qu'on appelle des *prud'hommes*. Celle de la Marche fait encore à ce sujet une distinction entre les censitaires *serfs* & ceux qui ne le font pas : elle laisse au seigneur la faculté de taxer les premiers arbitrairement, mais toujours avec modération, & de manière à ne rien prendre sur leurs besoins. A l'égard des censitaires de condition *franche*, la coutume les taxe elle-même à une somme d'argent pareille à celle qu'ils payent annuellement.

Plusieurs anciens titres nous apprennent que nos rois levoient anciennemrnt le droit dont il s'agit quand leur fils aîné devoit être fair chevalier. Un arrêt du parlement de l'an 1270 annonce que saint Louis leva une taille & une aide sur les bourgeois de Paris pour la chevalerie de Philippe son fils aîné. Un autre arrêt de la même année ordonna que les habitans de Bourges payeroient deux mille livres tournois tant pour cette chevalerie, que pour le mariage d'Isabelle de France, fille de saint Louis, avec Thibaud, roi de Navarre, comte de Champagne.

Il y eut de même une taxe en 1285, sous Philippe-le-Bel, répartie sur plusieurs cantons de l'Orléanois quand son fils aîné dût être fait chevalier. Philippe de Valois fit rendre un arrêt par son parlement le 22 décembre 1334, quand il fut question de la chevalerie de Jean son fils aîné, duc de Normandie. Il fut dit que l'aide se leveroit sur les sujets du Languedoc, de la Champagne, de l'Orléanois & d'autres endroits. Quelques-uns remontrèrent qu'ils ne tenoient rien du domaine du roi, & que par conséquent ils ne devoient rien payer. Sur cette remontrance il fut arrêté que ceux *qui relevoient immédiate-*

ment, *payeroient le subside entier; que ceux qui tenoient seulement en partie du domaine, payeroient la moitié; & que ceux qui ne relevoient de la juridiction que par parage, association ou autrement, ne payeroient rien, non plus que ceux qui n'étoient point sujets immédiatement.*

On voit par ces anecdotes que les rois n'ont pas voulu être eux-mêmes les juges de la taxe, & qu'ils l'ont remise à la sagesse & à la discrétion du parlement : c'est ce qui fait que quand les seigneurs sont dans le cas de percevoir le même droit, il est d'usage qu'ils présentent au bailli ou au sénéchal de l'endroit, le rôle de la taxe qu'ils imposent sur chaque vassal pour le vérifier & le rendre exécutoire.

Une observation qui se présente ici au sujet du droit dont il s'agit, c'est que n'étant dû, comme nous l'avons dit, qu'au vrai seigneur pour l'aider, personnellement dans les dépenses extraordinaires qu'occasionne une promotion à la chevalerie, il est le seul qui puisse le demander. L'action qu'il pouvoit avoir à ce sujet ne passe point à ses héritiers, à moins qu'il ne l'ait formée de son vivant. C'est ce qu'on peut inférer des observations de Lelet sur l'article 188 de la coutume de Poitou.

On demande si le seigneur fait Chevalier par un prince étranger pourroit lever le droit d'aide ? Despeisses adopte l'affirmative dans son traité des droits seigneuriaux, & se fonde sur un arrêt du parlement de Chambéri de l'an 1588, parce que, dit-il, ce droit est acquis au seigneur quand il est fait Chevalier, sans considérer d'où lui vient cette dignité, si c'est du roi ou d'un prince étranger. Mais nous ne saurions être de son avis : nous ne reconnoissons aujourd'hui pour vrais Chevaliers que les Chevaliers du Saint-Esprit, qu'on nomme autrement *Chevaliers de l'ordre du roi*. Ce sont les seuls qui représentent parmi nous les anciens Chevaliers du royaume. C'est ce qui a fait dire à Berault & à Basnage, sur l'article 168 de la coutume de Normandie, que l'ancienne forme de faire les Chevaliers étant changée, le droit dont il s'agit ne peut se lever que pour être fait Chevalier de l'ordre du Saint-Esprit, & non pour avoir d'autres ordres, tels que ceux de Saint-Michel, de Saint-Lazare, &c.

Nous venons de voir ce qu'étoit & ce qu'est devenue l'ancienne chevalerie : voyons maintenant quels sont les différens ordres qui ont existé ou qui existent encore dans ce royaume, & qui confèrent à ceux qui y sont reçus le titre de *Chevalier*.

SECONDE PARTIE.

Des différens ordres de Chevaliers.

Nous ne suivrons point l'ordre chronologique de l'institution des différens ordres dont nous allons parler. Nous commencerons par les ordres les plus connus, & nous finirons par une simple notice de ceux qu'on peut regarder comme éteints ou entièrement oubliés (*).

_____

(*) Observez que tous les différens ordres de chevalerie dont nous parlerons dans cette partie, doivent leur institution à des motifs de religion ou de quelques bonnes œuvres qui y ont rapport.

La plupart tirent leur origine des voyages que les

Chevaliers du Saint-Esprit.

On prétend que Henri III, Roi de Pologne, passant par Venise pour venir prendre possession de la couronne de France, la république lui fit présent de l'original des statuts d'un ordre du saint-Esprit appelé *du nœud au droit desir* que Louis de Tarente avoit institué sous le nom du *Saint-Esprit*, parce que le jour de la Pentecôte il avoit été couronné roi de Jérusalem & de Sicile ; & qu'à cette imitation Henri III avoit formé le dessein d'instituer aussi un ordre militaire sous le même nom, parce que le jour de la Pentecôte de l'année 1573, il avoit été pareillement élu roi de Pologne, & qu'à semblable jour de l'année suivante il avoit succédé au royaume de France (*).

chrétiens de toutes les nations firent dans la Palestine vers le douzième siècle ; car après la prise de Jérusalem en 1099 par les chrétiens d'occident, il s'éleva différentes sociétés qui, sous la profession des trois vœux solemnels, se dévouèrent à la défense des lieux saints, ou à l'exercice de l'hospitalité envers les pélerins qui y abordoient de toute part.

(*) Quelques écrivains ont prétendu, notamment le Laboureur dans ses additions aux mémoires de Castelnau, qu'après que Henri III eût reçu de la république de Venise les statuts de l'ordre du Saint-Esprit *au droit desir*, institué par Louis de Tarente, & qu'il en eût tiré tout ce qui pouvoit convenir à l'établissement de l'ordre qu'il avoit en vue, il commanda au chancelier de Chiverny de les brûler, afin de pouvoir se glorifier d'avoir imaginé l'ordre & de l'avoir institué, mais que ce ministre s'étoit fait un scrupule d'anéantir un si beau manuscrit. Cette anecdote n'a paru vraisemblable à personne, soit parce qu'en brûlant les statuts, on ne détruisoit pas les monumens qui conservent encore à

Ce ne fut que quatre ans après que Henri III
fut monté sur le trône en France, c'est-à-dire
en 1578 qu'il institua l'ordre dont il s'agit : *lequel ordre*, dit-il, (par les lettres-patentes d'inftitution) *nous créons & instituons en l'honneur
& sous le nom & titre du BENOIT SAINT-
ESPRIT par l'inspiration duquel comme il a plu à
Dieu ci-devant diriger nos meilleures & plus heu-
reuses actions, nous le supplions aussi qu'il nous
fasse la grace que nous voyons bien-tôt tous nos
sujets réunis en la foi & religion catholique & vive à l'avenir en bonne amitié & concorde les uns
avec les autres, sous l'observation entière de nos
lois & obéissance de nous & de nos successeurs, à
son honneur & gloire, &c.*

Un autre motif de cette institution annoncé
par les Lettres-patentes dont il s'agit est *de ce
qu'il a plu (à Dieu) par l'inspiration du Saint-
Esprit, le jour de la Pentecôte, réunir tous les
cœurs & les volontés de la noblesse Polonoise &
porter tous les états de ce royaume & du duché de
Lithuanie à l'élire pour roi, & depuis à pareil
jour, l'appeler au gouvernement du royaume de
France ; au moyen de quoi,* ajoute-t-il, *tant pour
conserver la mémoire de toutes ces choses, que pour
fortifier & maintenir davantage la foi & la religion catholique, & pour DÉCORER ET HONO-
RER DE PLUS EN PLUS LA NOBLESSE DE
SON ROYAUME, il institue l'ordre militaire du
saint-Esprit* (*).

Naples le souvenir de l'ordre du *droit désir*, soit parce que
les statuts que donna Henri III, n'avoient rien de commun
avec ceux de l'ordre étranger dont on prétend qu'il s'étoit
emparé.

(*) Le Laboureur dont nous venons de parler dans la

Henri III se déclara chef & souverain grand-maître de ce nouvel ordre. Il en unit la grande maîtrise à la couronne de France, avec déclaration qu'elle n'en pourroit jamais être séparée; que les rois ses successeurs ne pourroient disposer des deniers qui y sont affectés ni d'aucune commanderie quoique vacante, qu'après leur sacre & leur couronnement; que le jour de cette cérémonie ils seroient requis par l'archevêque de Rheims ou par celui qui en feroit les fonctions, de jurer l'observation des statuts de l'ordre (*); & comme Henri III se trouvoit

note précédente, a porté ses observations jusqu'à dire que l'institution de cet ordre devoit être attribuée « plutôt à des » mystères d'amourettes que de religion; que le verd naissant, le jaune doré, le bleu & le blanc étoient les couleurs de la maîtresse de Henri III; que les doubles M » qu'il fit mettre au collier de l'ordre désignoient le nom de » cette maîtresse, & les deux lettres grecques qu'on appelle » *delta* entrelacées ensemble, qui dans la rencontre du cercle formoient un *phy* grec pour signifier *fidelta*, devoient » servir d'assurance de cette fidélité qu'il lui avoit jurée, & » qu'il ne continua pas longtems. Les H qui furent ajoutés » aux chifres des doubles M, marquoient le nom du roi, & » les fleurs-de-lis dans les flames représentoient le feu de » son amour ».

Mais cette explication injurieuse ne sauroit être adoptée. On ne peut la concilier avec les termes de piété & de religion que renferment les lettres-patentes de l'institution de cet ordre sans supposer & même gratuitement la plus insigne hypocrisie dans Henri III. Au reste pourquoi chercher des explications si indécentes lorsqu'on en trouve de plus simples & de plus naturelles ? Les doubles *lambda* devoient signifier la loyauté que les Chevaliers doivent à leur souverain. Les doubles M, la magnanimité dont ils doivent faire profession; les flames, la descente du Saint-Esprit sur les Apôtres, &c.

(*) Ces statuts roulent sur différentes pratiques de reli

alors facré, il fe réferva de faire lui-même le ferment à la première affemblée de l'ordre.

Elle fe tint pour la première fois le dernier décembre 1578 dans l'églife des Auguftins de Paris. Le roi commença par faire le ferment d'exécuter les ftatuts ; après quoi il fut revêtu du manteau de l'ordre par le premier gentil-homme de fa chambre ; le grand aumônier lui mit enfuite le collier, &c.

Quand le roi fut fait Chevalier, il fe mit fur un fiège qui lui étoit deftiné, après quoi il reçut dans l'ordre ceux qui devoient y être admis.

Pour être Chevalier du faint-Efprit, il faut faire profeffion de catholicité ; être gentilhom-me de nom & d'armes de trois races paternel-les au moins. Les princes doivent être âgés de vingt-cinq ans, & les gentilshommes de trente-cinq ; mais on fait une exception pour les prin-ces du fang, ils peuvent recevoir les marques de l'ordre à l'âge de quinze ans. On les donne aux enfans de France en naiffant comme nous l'obferverons ci-après.

Parmi les eccléfiaftiques admiffibles dans cet ordre, il doit y avoir quatre cardinaux & qua-tre archevêques ou prélats, outre le grand-aumônier de France qui devient commandeur

gion, comme d'entendre tous les jours la meffe quand on le peut, de réciter tous les jours le dixain d'un chapelet & l'office du Saint-Efprit, ou de faire une aumône aux pauvres chaque fois qu'on y manque ; d'approcher du facrement de pénitence deux fois dans l'année, & de communier le pre-mier de l'an & le jour de la Pentecôte, &c.

Ces ftatuts ont encore pour objets différens règlemens pour le maintien & la difcipline de l'ordre.

de l'ordre en cette qualité, fans être obligé de faire des preuves de nobleffe comme les autres.

Quand le roi a fait choix des fujets qu'il veut honorer de l'ordre, il les propofe dans le chapitre aux prélats, aux commandeurs & aux officiers, afin que chacun donne fon avis fur leur admiffion, & dife en confcience à fa majefté les raifons qui peuvent empêcher que quelqu'un des prétendans ne foit reçu. S'ils font trouvés dignes, on les fait avertir qu'ils font admis, & on leur envoie les commiffions néceffaires pour procéder à la preuve de leur catholicité, de leurs mœurs & de leur extraction. Ils ne peuvent point emprunter d'habit de cérémonie, il faut que chacun faffe faire le fien à fes dépens.

Avant de prendre l'ordre du faint-Efprit, il faut avoir reçu auparavant celui de faint-Michel, ce qui fe fait la veille de cette manière: l'afpirant fe met à genoux devant le roi qui le frappe légèrement fur les épaules avec une épée nue, en lui difant: *de par faint-Georges, & de par faint-Michel je vous fais Chevalier.*

Le lendemain pour fa reception dans l'ordre du faint-Efprit, il fe trouve à l'églife avec les autres Chevaliers, ayant l'habit de novice qui eft un habit blanc de toile d'argent, avec la cape & la toque noire. Le chancelier de l'ordre préfente le livre des évangiles au roi, & le novice à genoux aux pieds de fa majefté, tenant les mains fur ce livre, fait vœu avec ferment de fe conformer aux ftatuts.

On lui fait enfuite la cérémonie du manteau & du collier, & en finiffant, le nouveau Chevalier eft admis à baifer la main du roi.

La croix de l'ordre est émaillée de blanc, chaque rayon pomelé d'or, & une fleur-de-lis d'or dans chacun des angles de la croix. On voit au milieu une colombe qui figure d'un côté le saint-Esprit, & de l'autre côté est une image de saint-Michel ; les Prélats portent la Colombe des deux côtés, parce qu'ils ne sont que commandeurs du saint-Esprit. Les prélats & les officiers qui sont de robe portent la croix pendue au cou attachée à un ruban bleu large de quatre doigts. Les autres Chevaliers la portent aussi à un ruban bleu, mais ce ruban est mis en écharpe, prenant de l'épaule droite jusqu'à la garde de l'épée. On est obligé de porter cette croix tous les jours, à peine de dix écus d'aumône chaque fois qu'on y manque, & de cinquante si c'est un jour de cérémonie.

Les officiers de cet ordre sont un chancelier, un prévôt, un grand trésorier & un greffier. Le chancelier est vêtu comme les Chevaliers. Les autres ont aussi des manteaux & portent la croix pendue au cou avec un ruban bleu. Le généalogiste, l'intendant, le héraut & l'huissier portent pareillement la croix, mais simplement attachée à la boutounière de leur habit avec un ruban bleu.

Outre ces officiers, il y a les trésoriers & contrôleurs généraux du marc-d'or créés à l'instar du héraut, qui portent aussi la petite croix, & qui jouissent des mêmes privilèges.

Le droit de marc-d'or est une espèce d'hommage & de reconnoissance que les officiers du royaume rendent au roi lorsqu'ils sont pourvus de leurs offices. Henri III fut le premier qui par une déclaration du 17 décembre 1582, ordonna que les deniers qui proviendroient de ce droit, feroient affeftés & hypothéqués au payement des frais de l'ordre. Par une autre déclaration du 7 décembre de l'année précédente, il avoit accordé à cet ordre le cinquième des droits d'aubaine, de confifcation, d'amende, de lods & ventes, de rachats, &c.

Louis XIII, par un arrêt du confeil du mois d'oftobre 1628, augmenta en faveur de l'ordre le droit de marc-d'or, & ordonna que tous ceux qui obtiendroient des dons de fa majefté à l'avenir, feroient tenus d'en payer le dixième denier entre les mains des receveurs du marc-d'or.

Louis XIV augmenta du double en 1656 le droit de marc-d'or, & le céda à perpétuité à l'ordre pour lui tenir lieu du fond qui lui avoit été promis lors de fa création. Il fupprima les offices de receveurs généraux de ce marc-d'or, permit à l'ordre d'établir pour la recette de ce droit tels officiers qu'il jugeroit à propos, & lui accorda par an fur la recette de la généralité de Paris vingt mille livres pour les intérêts de deux cens mille livres d'une part que l'ordre avoit prêtées à fa majefté, & de deux autres cens mille livres qu'il avoit fournies à Louis XIII pour les befoins de l'état.

Il fe tint la même année un chapitre de l'ordre au Louvre, & le réfultat de l'affemblée fut que la moitié du droit de marc-d'or feroit aliénée. Louis XIV fit publier cette aliénation par un édit portant faculté à l'ordre de racheter cette aliénation, & il fut dit qu'après le rachat cette moitié aliénée demeureroit réunie à l'ordre fans pouvoir à l'avenir être diftraite de fes revenus. Il créa en même-tems deux tréforiers & deux contrôleurs généraux du marc-d'or aux-quels il accorda les mêmes honneurs & les mêmes privilèges que ceux dont jouiffoit le hé-raut de l'ordre.

Cet ordre a fait depuis pour Louis XV diffé-rens emprunts. Ces emprunts en 1773 fe trou-vant monter à trois cens cinquante mille livres de rente annuelle, fa majefté par une déclara-tion du 17 octobre de la même année a affigné quatre cens mille livres par an à prendre fur l'augmentation des droits de marc-d'or, ordon-née par une délaration du 4 mai 1770 & par un édit du mois de décembre fuivant, pour le payement des rentes dûes & pour le rembour-fement fucceffif des capitaux. Elle a commis en même-tems les tréforiers généraux du marc-d'or & leurs contrôleurs pour faire fous les or-dres du grand tréforier de l'ordre le rembour-fement des capitaux avec le payement des arré-rages.

Quant aux privilèges dont jouiffent les car-dinaux, les prélats, les Chevaliers & les offi-ciers de cet ordre, Henri III par les ftatuts les déclara exempts de contribuer au ban & à l'ar-rière-ban, de payer aucun droit de rachat, de lods & ventes, de quint & de requint foit des terres qu'ils vendroient ou de celles qu'ils pour-roient acheter. Il voulut qu'ils euffent leurs caufes commifes aux requêtes du Palais à Paris (*) & par un édit du mois de décembre 1580,

_____

(*) Il ne faut pas confondre les affaires de l'ordre avec celles de chaque membre en particulier. L'ordre a des lettres

il déclara qu'ils seroient exempts d'emprunts, de subsides, d'impositions, de garde, de guet de villes, châteaux & forteresses : privilèges qui ont été confirmés par Henri IV en 1599, & par Louis XIV en 1658, tant pour les veuves des Chevaliers que pour les Chevaliers eux-mêmes.

La veuve de M. de Coligny Chevalier, & le sieur Lambert, auquel elle avoit depuis sa viduité vendu des biens mouvans du roi dans l'Auxerrois, furent déchargés par un arrêt du conseil du 18 mars 1643, du payement des droits de quint de cette vente.

Madame Charlotte Seguier, veuve de messire Henri de Bourbon, duc de Verneuil, Chevalier des ordres du roi, fut pareillement déchargée par un arrêt du conseil du 18 août 1682, du rachat qui lui étoit demandé, suivant la coutume de Senlis, pour la terre de Verneuil que son mari lui avoit donnée par contrat de mariage sous une réserve d'usufruit.

La même faveur fut accordée en 1696, à la dame de Saint-Chaumond, veuve de Cardaillac de Levy; & en 1709, à la duchesse d'Aumont en sa qualité de veuve d'un Chevalier.

Comme ce privilège des veuves faisoit encore la matière de quelques doutes dans certaines cours des finances, Louis XIV leva tous ces doutes par une déclaration du 14 mars 1711, qui porte qu'il ne sera fait entre les Chevaliers, les commandeurs, les officiers de l'ordre, &

---

d'évocation pour ses causes au grand conseil ; & Louis XVI par son édit du mois de juillet 1775, concernant la compétence de ce tribunal, a déclaré formellement qu'il n'entendoit rien innover sur ces lettres d'évocation.

leurs

leurs veuves, aucune différence pour les privilèges dont il s'agit pendant qu'elles demeureront en viduité.

Ces privilèges ne font pas feulement pour les officiers actuels de l'ordre, ils s'étendent encore à ceux qui ont acquis la vétérance & à ceux auxquels le roi accorde des lettres d'honneur fcellées du grand fceau de l'ordre; c'eft ce que porte l'article 6 d'un édit du mois de mars 1727.

Quoique les immunités attachées à l'ordre du faint-Efprit foient fort étendues, elles n'ont pourtant pas lieu pour les droits dûs au roi au fujet des échanges qui fe font dans les directes & les mouvances des feigneurs particuliers auxquels les droits d'échange n'ont pas été aliénés; c'eft ce qui a été jugé par un arrêt du confeil le 23 décembre 1738, au fujet d'une demande de ces droits faite à M. le duc de Rochechouart, Chevalier des ordres du roi.

Les Chevaliers de cet ordre ne font pas exempts non plus des droits de *contrôle*, *d'infinuation* & de *centième denier*; il y a à ce fujet deux décifions du confeil, l'une du 30 feptembre 1729, & l'autre du 26 feptembre 1730.

A l'égard des *droits réfervés*, il ne paroît pas que l'exemption que les Chevaliers en ont demandée leur ait été accordée; il femble plutôt qu'ils fe font défifté de cette demande lorfque le fermier des domaines a fait connoître que le confeil avoit jugé le 17 juin 1736, que cette exemption ne pouvoit pas même avoir lieu en faveur de M. le duc & de Madame la ducheffe d'Orléans qui l'avoient réclamée.

Tome X. A a

Quoique les Chevaliers du faint-Efprit foie
exempts des droits feigneuriaux dûs au ro
tant pour les ventes que pour les acquifitio
qu'ils font, cependant fi un lignager non priv
légié exerçoit le retrait fur un Chevalier acqu
reur, ce Chevalier ne pourroit point être co
fidéré comme vendeur pour profiter des droi
de tranfmiffion de la propriété qu'il feroit for
de céder au retrayant, parce que celui-ci fero
cenfé avoir acquis directement du vendeur do
le Chevalier lui-même auroit acquis; car l
privilèges de l'ordre, comme l'obferve fo
bien l'auteur du dictionnaire des domaines, n
font qu'une exemption de payer, & en cela i
différent de ceux des fecrétaires du roi en fa
veur defquels il a été fait une aliénation moyer
nant finance par l'édit du mois de décembr
1743, portant *don*, *ceffion* & *remife* en leu
faveur des droits dont il s'agit, foit qu'ils exer
cent un retrait, ou qu'on l'exerce fur eux.

Lorfqu'un Chevalier de l'ordre a acquis un
terre & qu'il la revend peu de temps après à u
non-privilégié, ce Chevalier peut-il fe préva
loir de fon exemption pour profiter des droits
feigneuriaux ? L'édit de décembre 1743 que
nous venons de citer, porte formellement, en
parlant des fecrétaires du roi, que fi ces privi
légiés revendent dans les cinq ans à des acqué
reurs non-privilégiés, les fermiers du domaine
pourront fe faire payer des droits dûs pour rai
fon d'une des deux acquifitions à leur choix;
& l'auteur du dictionnaire dont nous avons par
lé, applique cette loi avec raifon aux Cheva
liers du faint-Efprit, dont les privilèges à cet
égard ne font pas plus étendus que ceux des fecré

taires du roi. Cet auteur obferve en même-temps
que le prince Charles de Lorraine étant devenu
acquéreur en 1741, des terres compofant le
duché de Coiflin auxquelles M. le prince de
Lambefc avoit fuccédé comme légataire uni-
verfel de M. le duc de Coiflin évêque de Metz,
ce prince (Charles de Lorraine) vendit ces mêmes terres en 1743 & en 1744 à trois différens
acquéreurs non-privilégiés ; que le receveur
général & le fermier des domaines firent affigner les acquéreurs pour le payement des lods
& ventes ; que fur l'intervention de M. le prince de Lorraine, Chevalier des ordres, le receveur & le fermier furent déboutés de leur
demande au parlement de Rennes par un arrêt
du 23 décembre 1749, & que fi ces deux derniers n'ont pas pourfuivi au confeil la caffation
de cet arrêt pour laquelle ils s'étoient pourvus,
c'étoit parce qu'on leur avoit dit d'abandonner
cette affaire attendu la bonne-foi du prince qui
n'avoit cherché qu'à obliger M. le prince de
Lambefc, fans fe douter qu'il y eût rien en cela
d'illégitime. Le même auteur ajoute que fi le
confeil eût trouvé la demande en caffation mal
fondée, l'ordre n'auroit pas manqué de follici-
ter un arrêt pour avoir un titre à l'avenir.

Le herault-roi-d'armes & l'huiffier des ordres furent recherchés anciennement comme
ufurpateurs de la nobleffe, fur ce qu'ils prenoient le titre *d'écuyer* ; mais par un arrêt du
confeil du 11 décembre 1668, il fut dit qu'ils
jouiroient des privilèges de la nobleffe tant
qu'ils vivroient noblement. Le herault-roi-d'armes jouit auffi de l'exemption des droits fei-

gneuriaux pour les terres mouvantes du roi
de fon domaine, & cela en vertu d'une décla
ration du premier avril 1658.

Les tréforiers & les contrôleurs généraux d
marc-d'or, comme officiers de l'ordre, joui
fent des mêmes privilèges qne le hérault-d'ar
mes, foit qu'on remonte à une déclaration d
17 décembre 1691, foit qu'on s'attache au nou
vel édit de création de ces offices du mois d
janvier 1734.

Les Chevaliers du faint-Efprit jouiffent en
core, comme nous l'avons obfervé fur la pre
mière partie de cet article, du droit de *ioyale*
aide dans les coutumes où ce droit eft introduit
Lorfque le maréchal duc de la Feuillade fut fai
Chevalier, il impofa, conformément à la cou
tume de la Marche, une taxe fur les habitan
des châtellenies d'Aubuffon, de Felletin, d'A
hun, de Chenerailles, de Jarnages & de Droui
les, qu'il poffède dans cette province par échan
ge fait avec Louis XIV pour la terre de Sain
Cyr, & cette taxe n'éprouva aucune difficulte
Au refte ce feroit vainement que dans la fuit
on entreprendroit de contefter ce droit, puif
que les Chevaliers y ont été expreffément gar
dés & maintenus par un arrêt du confeil du 6
juin 1767, pour les coutumes où ce droit ef
en ufage.

Un privilège honorifique qu'ont les Cheva
liers dont il s'agit ici, eft celui de manger avec
le roi à la même table les jours de cérémonie.
Cet honneur avoit été contefté au prévôt maî
tre des cérémonies, au grand tréforier & au
greffier de l'ordre: mais comme par l'inftitution

de cet ordre ces officiers font commandeurs, il intervint une déclaration donnée à Rouen le 26 août 1603, par laquelle Henri IV réforma la diſtinction qui avoit été faite à leur égard pour le dîner de cérémonie, en ordonnant qu'en toutes choſes ils jouiroient des mêmes honneurs & des mêmes prérogatives que les autres commandeurs de l'ordre.

C'étoit un point porté par l'article 37 des ſtatuts donnés par Henri III, qu'aucun étranger non-regnicole & non-naturaliſé ne pourroit être reçu dans l'ordre, non plus que ceux qui étoient déjà promus à d'autres ordres, excepté ceux de ſaint Michel, de la toiſon-d'or & de la jarretière ; mais Henri IV réforma cet article par une déclaration du dernier décembre 1607, en permettant que les princes & ſeigneurs étrangers puſſent y être admis. Il fut convenu qu'à cet effet on enverroit un commandeur Chevalier vers le prince pour lui donner le manteau, le collier & la croix ; & que ce prince étant reçu, enverroit dans l'année de ſa réception une perſonne pour remercier le grand-maître ; mais que s'il n'étoit queſtion que d'un ſeigneur étranger, ce ſeigneur ſeroit obligé de venir trouver ſa majeſté dans l'année de ſon élection, pour recevoir de ſa main le collier & la croix, à moins qu'il n'en fût diſpenſé.

Louis XIV a honoré de cet ordre pluſieurs ſeigneurs Eſpagnols & Italiens. Il l'envoya en 1676 à Jean Sobieski, roi de Pologne & depuis aux deux princes Alexandre & Conſtantin ſes fils.

Cet ordre ne doit être compoſé ſuivant l'intention de l'inſtituteur que de cent perſonnes, non compris le grand-maître. Ceux qui le forment font aftreints à certaines pratiques de dévotion dont il eft parlé par les ftatuts. L'églife des Auguftins à Paris a été choifie pour y célébrer la principale folemnité de l'ordre, le premier janvier de chaque année. Mais on n'a pas vu de cérémonie complette depuis 1662.

Il fe fait tous les ans à Verfailles, le jour de la purification & le jour de la pentecôte une proceffion où le roi affifte avec tous les Chevaliers. La meffe eft enfuite célébrée par un prélat de l'ordre.

Il eft d'ufage que les enfans de France reçoivent le cordon du faint-Efprit à leur naiffance. Cet ufage vient de Henri IV qui le donna à Louis XIII auffi-tôt qu'il fût né : il fit affembler les Chevaliers & leur déclara qu'il vouloit le donner auffi à fon autre fils, le duc d'Orléans, comme il l'avoit donné au dauphin, & que fon intention étoit de le donnner de même à tous fes enfans mâles qui naîtroient en légitime mariage, pour les faire plus particulièrement refpecter par cette marque d'honneur, ce qui s'eft toujours pratiqué jufqu'à préfent.

Chevaliers du faint-Efprit de Montpellier.

Voyez à l'article CHANOINES (*réguliers*) ce que nous avons dit de cet ordre, & ajoutez que par un arrêt du confeil d'état du roi du 11 juin 1773, les évêques dans les diocèfes defquels les biens de cet ordre font fitués, ont été autorifés à procéder à la réunion de ces biens fuivant ce qu'ils jugeroient le plus utile pour l'églife & pour l'état. En attendant il a été réglé que ces mêmes biens feroient régis & adminiftrés par les receveurs des décimes de ces diocèses, sous l'obligation d'en rendre compte tous les ans aux bureaux diocéfains, d'en acquiter les charges & que le furplus de ces biens feroit employé aux frais des réunions ordonnées.

Chevaliers de faint-Michel.

Quelques auteurs ont prétendu que Charles VII ayant aboli l'ordre de *l'étoile* qui s'étoit avili, forma le deffein d'en inftituer un autre fous l'invocation de faint Michel, protecteur du royaume de France, auquel il avoit beaucoup de dévotion (*). Mais cet ordre de l'étoile a fubfifté jufqu'à Charles VIII, & ce fut Louis XI qui inftitua celui de faint-Michel au château d'Amboife en 1469. Il fixa le nombre des Chevaliers à trente-fix & n'en créa d'abord que quinze, s'étant réfervé de nommer les autres au premier chapitre; mais le nombre des trente-fix ne fut point rempli de fon règne. Il leur donna pour marque de l'ordre un collier d'or fait de coquilles entrelacées d'un double lac & pofées fur une chaîne d'or où pendoit une médaille repréfentant faint Michel terraffant le diable. Ils étoient obligés de porter tous les jours ce collier à découvert, fous peine de faire dire une meffe & d'une aumône de fept fous fix deniers tournois, excepté lorfqu'ils étoient à l'armée, en voyage, dans leurs maifons ou à la chaffe. Ils portoient pour lors fimplement une

---

(*) Cette dévotion lui venoit, dit-on, de deux paffages des prophéties de Daniel. *Ecce Michael unus de principibus primis, & venit in adjutorium meum.... Nemo eft adjutor meus in omnibus nifi Michael princeps nofter.*

médaille attachée à une chaîne d'or ou à un cordonnet de soie noire, & ils ne pouvoient la quitter dans les plus grands dangers, même pour conserver leur vie (*).

Suivant les statuts de cet ordre, aucun Chevalier ne peut entreprendre une guerre, ni s'engager dans une action dangereuse, sans avoir consulté la plupart de ses confrères. Ceux qui sont François ne peuvent entrer au service d'aucun prince étranger sans la permission du roi. Le prince de son côté s'engage envers les Chevaliers à les protéger & à n'entreprendre aucune guerre ni aucune affaire de conséquence sans les avoir consultés, excepté dans les occasions qui demandent un grand secret ou une prompte exécution.

Ils doivent suivant ces mêmes statuts quitter lors de leur réception les autres ordres dont ils peuvent se trouver décorés par les autres princes excepté par les empereurs, les rois & les ducs. Les frais de leur réception sont de quarante écus d'or qu'ils doivent payer au trésorier de l'ordre pour être employés en ornemens. A la mort de chaque confrère ils doivent faire dire vingt messes & donner six écus d'or en aumône, &c.

L'église du mont saint-Michel en Normandie fut destinée par Louis XI pour y célébrer les offices divins, mais ce prince changea d'avis:

_____

(*) Brantôme nous dit avoir été présent à une sévère réprimande que fit François premier à un Chevalier qui, après avoir été pris dans un combat, avoit caché la marque de son ordre afin de n'être pas reconnu pour Chevalier, & d'éviter le payement d'une forte rançon.

il préféra d'ériger en églife collégiale la chapelle de faint-Michel dans la cour du palais à
Paris; au furplus cette fondation ne fut point
exécutée, & rien n'annonce qu'on ait tenu aucune affemblée, ni qu'on ait célébré aucune
fête de l'ordre dans cette églife, ni dans celle
du mont faint-Michel.

Il n'y eut d'abord que quatre officiers de l'ordre, favoir, le chancelier, le greffier, le tréforier & le héraut appelé *mont-faint-Micnel*. Ils
avoient des robes longues de camelot blanc fou-
rées de menu-vair, avec des chaperons d'é-
carlate; le chancelier devoit toujours être un
eccléfiaftique. Le prieuré de Grandmont dans
le parc de Vincennes a été pendant un temps
confidérable annéxé à la dignité de chancelier
de l'ordre. Le cardinal de Lorraine, le cardinal
Gabriel le Veneur, évêque d'Evreux, & Phil-
lppe Huraut, comte de Chiverni, chancelier
de France l'ont poffédé en cette qualité. Ce
dernier en étoit prieur lorfque Henri III fit l'an
1584 un concordat avec François de Neuville,
général de l'ordre de Grandmont, par lequel ce
prieuré fut diftrait de cet ordre pour le tranf-
férer à tel autre qu'il plairoit à fa majefté: & le
roi en échange céda à l'ordre de Grandmont le
collège de Mignon qui étoit à Paris, dans la rue
qui a retenu le nom de ce collège. Ainfi le titre
de prieuré fut fupprimé, & l'office de chancelier de l'ordre de faint Michel réuni à celui de
l'ordre du faint-Efprit. L'office de prévôt maître
des cérémonies n'eut lieu qu'en 1476.

François premier fit un changement au collier de l'ordre: il fit ôter les doubles lacs pour
y fubftituer une cordelière, parce qu'il s'appe-

loit *François* & que fa mère, Anne de Bretagne, le lui avoit, dit-on, recommandé. Il envoya cet ordre à Henri VIII roi d'Angleterre. Ce prince de fon côté lui envoya l'ordre de la jarretière.

Lorfque Henri II fut parvenu à la couronne de France, il arrêta dans le premier chapitre de l'ordre, qui fe tint à Lyon lors de l'entrée qu'il fit dans cette ville en 1548, que les Chevaliers porteroient à l'avenir le manteau de toile d'argent, brodé à l'entour de fa devife qui étoit de trois croiffans d'argent, entrelacés de trophées femés de langues de feu, avec le chaperon de velours rouge cramoifi couvert de la même broderie; que le chancelier porteroit le manteau de velours blanc & le chaperon de velours cramoifi; que le prévôt-maître des cérémonies, le tréforier, le greffier & le héraut auroient un manteau de fatin blanc & le chaperon de fatin cramoifi, & qu'ils porteroient une chaîne d'or, au bout de laquelle pendroit fur l'eftomac une coquille d'or feulement.

Sous les règnes fubféquens l'ordre commença à dégénérer par le grand nombre de Chevaliers que l'on fit au de-là de celui que portoient les ftatuts. François II en fit dix-huit d'une feule création. L'année fuivante Charles IX en fit quinze dans une promotion à faint-Germain en Laye. Peu de temps après on en fit encore trente-trois; le nombre augmenta de trente-deux en 1567. Les troubles de la France le jetèrent dans l'aviliffement : car Brantôme nous dit que le marquis de Trannes fit donner cet ordre à fon maître d'hôtel.

Ces fréquentes promotions firent interrom-

pre la pompe des chapitres & des cérémonies
où le roi affiftoit avec les Chevaliers. Il fe faifoit des réceptions dans les provinces avec peu
d'appareil par les Chevaliers de l'ordre à qui la
commiffion étoit adreffée. Le dernier chapitre,
où fe trouva Charles IX, fut celui qui fe tint
dans l'églife notre-Dame à Paris, la veille de
faint Michel en 1572 (*).

Louis XIV voyant qu'il s'étoit introduit une
infinité d'abus & de contraventions aux anciens
ftatuts de l'ordre de faint Michel, qu'il étoit
avili dans la perfonne de plufieurs particuliers
qui s'en décoroient fans la moindre preuve de
nobleffe ni de fervice, & que plufieurs étrangers avoient furpris des certificats de réception
fans fes ordres particuliers, ordonna le 14 juillet 1661 à tous ceux qui avoient été reçus dans
cet ordre, de porter ou d'envoyer aux commiffaires que fa majefté nomma, les titres &
les preuves de leur nobleffe & de leurs fervices. Plufieurs ayant négligé de fatisfaire à cette
ordonnance par la crainte de faire connoître
qu'ils portoient l'ordre dont il s'agit fans les
qualités requifes, le roi fit en 1665 un nouveau
règlement portant que tout ce qui avoit été
ftatué & ordonné lors & depuis l'établiffement
de l'ordre de faint-Michel, feroit inviolable-

_____

(*) Le Laboureur fe trompe quand il dit que cet ordre
fut tacitement fupprimé par Henri III lors de l'inftitution
de l'ordre du faint-Efprit. Ce prince déclara au contraire
formellement par les lettres-patentes de cette inftitution,
qu'il entendoit que l'ordre de faint Michel fut confervé ce
qu'il étoit. Cela eft fi vrai que cet ordre exifte très-diftinc-
tement, & que ceux qui doivent prendre celui du faint-
Efprit reçoivent la veille celui de faint-Michel.

ment obfervé; que le nombre de ceux qui y feroient admis à l'avenir feroit fixé à cent, outre
les Chevaliers du faint-Efprit; que parmi les
Chevaliers de faint-Michel il y auroit fix eccléfiaftiques prêtres agés de trente ans, & conftitués en dignité, ou exerçant des fonctions principales dans des églifes cathédrales ou collégiales, & fix officiers de compagnies fouveraines,
à condition toutefois qu'ils feroient les mêmes
preuves de naiffance & de fervice que les militaires; que ceux qui feroient ainfi légitimement reçus, auroient feuls le droit de porter les marques de l'ordre & de s'en dire Chevaliers. Il fut en même-temps fait des défenfes
très-expreffes à tous les autres de quelque condition qu'ils fuffent, de prendre le titre de
Chevaliers, non-obftant les lettres de réception
qu'ils avoient obtenues, lefquelles furent déclarées nulles & de nul effet.

Il fut ajouté qu'à l'avenir nul ne feroit reçu
de cet ordre, qu'il ne fût de la religion catholique romaine, de bonnes mœurs, âgé de trente
ans, noble de deux races & qu'il n'eût fervi
fa majefté dans l'épée ou dans la robe l'efpace
de dix ans; qu'en conféquence celui qui feroit
trouvé capable de recevoir l'honneur de la Chevalerie dans cet ordre, obtiendroit une commiffion fignée de la main de fa majefté, contre-
fignée du fecrétaire des ordres, & fcellée du
grand fceau de l'ordre de faint-Michel, portant
de s'adreffer au Chevalier de l'ordre du Saint-Efprit que fa majefté commettroit pour examiner les
preuves de la nobleffe & des fervices; que le réfultat des preuves & des informations feroit remis avec l'avis du commiffaire au chancelier des

deux ordres, pour en faire fon rapport à fa majefté; qu'à l'égard de ceux qu'elle jugeroit dignes d'être admis dans cet ordre, elle écriroit au commiffaire de leur donner le collier en la forme ordinaire & accoutumée.

Pour maintenir cet ordre dans la règle & la dignité convenables, il fut arrêté que chaque année le jour de faint-Michel, tous les Chevaliers s'affembleroient en chapitre dans la falle des Cordeliers de la ville de Paris; qu'à cette affemblée le commiffaire nommé par fa majefté préfideroit, ou en fon abfence le plus ancien des Chevaliers; que celui qui feroit commis par le fecrétaire des deux ordres, tiendroit un regiftre des délibérations; que les frais néceffaires pour la célébration des meffes & des affemblées feroient payés fur les deniers du marc-d'or par les ordonnances du chancelier des deux ordres; qu'aucun des confrères ne pourroit fe difpenfer d'affifter au chapitre général à moins d'une excufe légitime, auquel cas il enverroit un pouvoir à l'un des confrères pour le repréfenter dans les délibérations, &c.; qu'aucun des Chevaliers ne pourroit fe difpenfer de porter la croix de l'ordre, qui feroit de la même forme, mais plus petite de moitié que celle du faint-Efprit, avec l'image de faint Michel au lieu de la colombe, & qu'elle feroit portée en écharpe avec un ruban noir; que tous les fuppôts de l'ordre feroient tenus de porter en même-temps l'epée, à l'exception des eccléfiaftiques & des officiers de judicature.

Quoiqu'en conformité de ce nouveau règlement, les Chevaliers de faint-Michel doivent s'affembler tous les ans en chapitre aux Cordeliers de Paris, il y a néanmoins long-temps qu'ils n'ont tenu de chapitre d'une manière folemnelle. Il ne paroît pas non plus qu'ils exigent aujourd'hui des preuves de nobleffe : on a cru qu'on pouvoit diriger utilement l'inftitution de cet ordre vers le bien public, en le conférant à ceux qui fe diftinguent dans les fciences, dans les beaux-arts & dans les belles-lettres, & en regardant le mérite perfonnel comme le plus beau titre de nobleffe qu'on puiffe produire. En conféquence cet ordre fe donne actuellement aux favans, aux artiftes & à ceux qui fe font connoître par des fervices rendus à la fociété.

Lorfque le roi donne cet ordre à ceux qui doivent être reçus Chevaliers du faint-Efprit, fa majefté eft revêtue d'un manteau, ayant un chapeau garni de plumes fur la tête, & debout entourée des principaux feigneurs de fa cour, bottée & éperonnée avec une épée nue à la main dont elle touche le Chevalier profterné à fes pieds. Mais quand il ne s'agit fimplement que de conférer cet ordre à quelqu'un qui ne doit point être Chevalier du faint-Efprit, elle commet, comme nous l'avons dit, un Chevalier (du faint-Efprit qui l'eft en même-temps de faint-Michel) pour lui donner l'accolade.

Cet ordre a des lettres d'évocation pour fes caufes au grand-confeil, comme nous l'avons remarqué au fujet de l'ordre du faint-Efprit.

Chevaliers de faint-Louis.

Louis XIV voulant récompenfer les officiers qui s'étoient fignalés dans fes armées, inftitua pour eux en 1693 un ordre militaire fous le nom de *faint-Louis*. Il ne voulut pas que le

titre de Chevalier fût fimplement une dignité
honoraire, il y attacha des revenus & des penfions & n'exigea d'autre titre pour être admis
dans ce nouvel ordre que de la vertu, du mérite & des fervices diftingués dans les armées.

Par l'édit d'inftitution de cet ordre, le roi
s'en déclara chef fouverain & grand-maître,
voulant que la grande-maîtrife en demeurât
perpétuellement unie à la couronne; & pour
honorer cet ordre le plus qu'il feroit poffible, il
déclara que lui, M. le dauphin, les rois fes fucceffeurs, les dauphins ou héritiers préfomptifs
de la couronne, porteroient la croix de cet
ordre, avec lequel il déclara compatibles ceux
de faint-Michel & du faint-Efprit.

Il fut dit qu'il feroit compofé de huit grands-
croix, de vingt-quatres commandeurs, de tel
nombre de Chevaliers qu'il plaîroit au roi &
à fes fucceffeurs d'admetrre, & de trois officiers, favoir d'un tréforier, d'un greffier &
d'un huiffier (*); que les maréchaux de France,

(*) Louis XV a créé en 1719 quatre grands officiers
de cet ordre en titre d'office avec quatre officiers commandeurs & huit autres officiers de l'ordre.

Ces officiers font un chancelier garde des fceaux, un
prévôt maître des cérémonies, un fécrétaire-greffier. Ces
officiers font grand'croix, & il eft dit par l'article 6 de l'édit
de leur création qu'ils jouiront *de tels & femblables privi-*
léges & exemptions dont jouiffent les grands officiers de
l'ordre du faint-Efprit.

Les autres officiers font un intendant, trois tréforiers,
trois contrôleurs, un garde des archives & deux hérauts.
Il eft dit à l'égard de l'intendant & des tréforiers qu'ils auront, fans aucune exception, tous les privilèges dont jouiffent les officiers & fecrétaires de la grande chancellerie; &
à l'égard des autres, fa majefté leur accorde le titre d'*écuyer*

le grand amiral & le général des galères ainſi que ceux qui leur ſuccéderoient dans ces places, ſeroient Chevaliers nés de cet ordre ; que les grands-croix ne pourroient être tirés que du nombre des commandeurs, ceux-ci du nombre des Chevaliers, & que les uns & les autres ſeroient pris du nombre des officiers des troupes de terre & de mer.

Il y a toujours un des huit grands-croix, trois des vingt-quatre commandeurs & le huitième du nombre des Chevaliers, employés dans les états des revenus & penſions affectés à l'ordre & tirés du nombre des officiers de la marine & des galères.

Pour être reçu Chevalier de cet ordre, il faut faire profeſſion de la religion catholique romaine & avoir ſervi ſur mer ou ſur terre en qualité d'officier pendant un certain nombre d'années (*) & même être encore alors au ſervice.

Le Chevalier admis doit, ſuivant ce qui fut arrêté ſous Louis XIV, ſe préſenter devant le roi pour prêter ſerment. La cérémonie de ce ſerment eſt de ſe mettre à genoux, de jurer de vivre & mourir dans la religion catholique, d'être

---

& les mêmes exemptions que celles dont jouiſſent les commenſaux de la maiſon du roi, même l'exemption des tailles & des francs-fiefs.

Ceux qui ont paſſé par les charges conſervent la qualité d'*honoraires*.

(*) Lors de l'inſtitution de cet ordre, il ne falloit que dix années de ſervice, enſuite on en a exigé quinze ; quelque tems après il en a fallu vingt, aujourd'hui on en demande vingt cinq. Mais on ne fait pas attention au nombre d'années, lorſqu'il s'agit de récompenſer des actions généreuſes.

fidèle

fidelle au roi, de ne passer au service d'aucun prince étranger sans sa permission, d'observer les règlemens de l'ordre & de se comporter en sage & vertueux Chevalier.

Quand ce serment est fait, le roi donne l'accolade & la croix au nouveau Chevalier, qui est obligé de faire présenter à l'assemblée qui se tient le jour de saint Louis, ses provisions pour les faire enregistrer.

Ceux qui ont obtenu des lettres pour monter aux places de commandeurs ou de grandcroix, doivent aussi les présenter à l'assemblée où l'on procéde en même-temps à l'élection de deux grands-croix, de quatre commandeurs & de six Chevaliers pour prendre le soin & la conduite des affaires de l'ordre pendant l'année.

Louis XIV accorda trois cens mille livres de rente à cet ordre. Son successeur Louis XV lui fit par un édit du mois d'avril 1719, à titre de supplément, cent cinqante mille autres livres de rente ; & pour satisfaire à ce supplément, sa majesté lui donna tous les casuels des domaines échus & dont il n'avoit pas été disposé jusqu'alors, ainsi que ceux qui échoiroient à l'avenir, autres néanmoins que les parties de ces droits comprises dans les baux des fermes. Sa majesté lui accorda en outre les deux sous pour livre des droits d'amortissement, de francs-fiefs & de nouveaux acquêts pendant six années. Il fut dit au surplus que les droits *de rachat* & de *sous-rachat* & ceux de *confiscation* ne pourroient appartenir à l'ordre que jusqu'à concurrence de dix mille livres. Enfin il lui fut accordé la jouissance de la première année du revenu des domaines & des droits aliénés à vie , à compter du jour du décès des engagistes.

Par un édit du mois de mai 1730, le roi a révoqué tous les édits, déclarations & arrêts portant don à perpétuité ou autrement en faveur de quelques personnes ou de quelque ordre que ce pût être , tant des portions non comprises dans les baux des casuels des domaines , que des jouissances des différens domaines & droits aliénés à vie , & le tout a été réuni au domaine. Il a été donné en augmentation de dot à l'ordre soixante-dix mille livres de rente annuelle & employée dans les états des charges assignées sur les domaines de la généralité de Paris.

En conséquence de cette réunion il fut ordonné par un arrêt du conseil du 16 mai 1730, que le bail qui avoit été fait à Remi Barbier le 6 décembre 1727 pour six ans de la portion des casuels donnés à l'ordre de saint Louis, & de la première année de jouissance des domaines engagés à vie , après la mort des engagistes moyennant soixante-dix mille livres par an , seroit exécuté, qu'à cet effet ces droits seroient remis par les receveurs généraux des domaines au nouveau fermier , lequel compteroit du prix de son bail à l'adjudicataire des fermes générales.

Au moyen de cet arrangement, l'ordre n'a plus été dans le cas de jouir des droits qui lui avoient été accordés par l'édit de 1719 : tous ces droits ont été compris dans les baux des fermes & les receveurs généraux ainsi que les autres officiers du domaine se sont trouvés autorisés à jouir en vertu de l'article premier de l'édit de décembre 1743, de leurs taxations sur la portion des casuels domaniaux réunie par l'édit du mois de mai 1730.

La répartition des revenus de l'ordre fut règlée par un arrêt du conseil du 30 septembre 1719 de la manière suivante :

A treize grands-croix , six mille livres par an, chacun.

A treize commandeurs , quatre mille livres.

A vingt - sept commandeurs , trois mille livres.

A trente-cinq Chevaliers , deux mille livres.

A trente-huit Chevaliers, quinze cens livres.

A cent-six Chevaliers , mille livres.

A un Chevalier , neuf cens livres.

A quatrevingt-dix-neuf Chevaliers , huit cens livres.

A quarante-cinq Chevaliers, six cens livres.

A vingt-cinq Chevaliers , cinq cens livres.

A trente-cinq Chevaliers, quatre cens livres.

A cinq Chevaliers , trois cens livres.

A quatre Chevaliers , deux cens livres.

Ce qui fixa le nombre des pensionnés à quatre cens quarante-cinq personnes. Le surplus des revenus fut destiné pour les appointemens des officiers, pour l'achat des croix & pour les autres dépenses imprévues.

Mais il y a eu depuis un changement sur la distribution ci-dessus, en vertu d'une ordonnance du 27 mars 1761 (*). Cette nouvelle

---

(*) *Ordonnance du roi du 27 mars 1761.*

DE PAR LE ROI.

Sa majesté ayant considéré dès son avénement au trône toute l'importance dont son ordre de Saint-Louis est à

loi a augmenté d'onze le nombre des grands-

l'état, elle a donné l'attention la plus suivie aux moyens de perfectionner cet établissement si précieux à la nation, & l'un des plus célèbres monumens du règne de son bisaieul. C'est ainsi qu'en ajoutant à sa dotation des fonds plus considérables que ceux qui la composoient, elle a augmenté en proportion le nombre des grâces qui lui sont affectées, & notamment des dignités de grands-croix & de commandeurs. Cependant elle a reconnu que ce nombre ne répondoit pas toujours à celui des militaires qui par la qualité & la durée de leurs services s'étoient rendus dignes de distinctions de cette espèce ; & ce motif l'a déterminée dans plusieurs occasions à décerner les honneurs des grands-croix & des commandeurs, sans attendre qu'il vaquât des dignités auxquelles seulement la constitution de l'ordre attache ces honneurs : mais si cette faveur avoit de quoi satisfaire le zèle des guerriers dont le caractère distinctif est de n'être sensibles qu'à la gloire, sa majesté n'en est pas moins résolue de ramener la distribution de ces sortes de grâces au vœu de la constitution primitive de l'ordre de Saint-Louis, de manière que les marques honorifiques qui dépendent des dignités de grands-croix & de commandeurs, ne soient jamais séparées de la possession effective de ces dignités, & qu'elles ne soient conférées qu'avec elles à mesure qu'il y aura de ces dignités vacantes. Mais comme l'intention de sa majesté n'est point, en fixant à cet égard des règles invariables de diminuer le nombre des grâces auxquelles les militaires peuvent aspirer, elle a résolu d'augmenter le nombre des dignités effectives de son ordre de Saint-Louis, & elle ne veut bien s'interdire elle-même la liberté d'accorder des honneurs de grands-croix & de commandeurs, que pour distribuer un plus grand nombre de dignités effectives : en conséquence elle a ordonné & ordonne ce qui suit :

ARTICLE PREMIER. Les honneurs dépendans de la dignité de grand-croix & de celle de commandeur, seront à l'avenir inséparables de ces dignités, & nul ne pourra obtenir la permission de s'en décorer que par sa nomination à l'une des dignités dont il s'agit, lorsqu'il y en aura de vacantes.

croix, à six mille livres de penfion, & de dix

II. N'entend néanmoins fa majefté priver ceux auxquels elle a accordé les honneurs de grands-croix ou de commandeur, d'une faveur qu'ils n'ont obtenue que parce qu'elle les en a jugés dignes; & fon intention eft qu'ils continuent d'en être décorés jufqu'à ce qu'elle ait occafion de les nommer aux dignités dont ils ont déjà les marques extérieures.

III. Sa majefté voulant augmenter le nombre des dignités effectives de fon ordre de Saint-Louis, & compenfer ainfi la fuppreffion de celles qui n'étoient qu'extérieures, elle a réfolu de porter jufqu'à vingt-quatre le nombre des grands-croix à fix mille livres de penfion, lequel étoit feulement de treize; & en conféquence elle établit & crée par la préfente ordonnance, onze nouveaux titres & dignités de grands-croix à fix mille livres de penfion, à la dotation defquels elle a pourvu en affignant les fonds néceffaires à cet effet.

IV. L'intention de fa majefté étant en même-temps de porter jufqu'à cinquante le nombre des quarante commandeurs originairement inftitués dans l'ordre de Saint-Louis, elle a jugé que rien ne pouvoit mieux contribuer à remplir fes vues, que d'effectuer le plan qu'elle s'eft propofé depuis longtemps d'élever une différence qui fubfiftoit entre les commanderies, dont treize ont été créées à quatre mille livres de penfion, & les 27 autres à trois mille livres. A cet effet fa majefté ordonne qu'à compter du premier avril prochain, toutes les penfions des commandeurs feront & demeureront réduites & fixées à trois mille livres, fe réfervant de faire payer annuellement fur les fonds qu'elle deftinera à cet effet une fomme de mille livres à ceux qui jouiffent aujourd'hui de penfions de quatre mille livres, en forte qu'ils continueront de recevoir le même traitement qu'ils avoient, & cela jufqu'à ce que fa majefté ait occafion de les nommer à des dignités de grands-croix à fix mille livres de penfion.

V. Les treize mille livres retranchées des penfions de quatre mille livres, ferviront à former une partie de la dotation des dix nouvelles commanderies à trois mille livres

le nombre des commandeurs, enforte qu'il y

que fa majefté établit & crée par la préfente ordonnance,
& il fera pourvu au payement du furplus au moyen du fond
qu'elle a jugé à propos d'affigner à cet effet.

· VI. L'intention de fa majefté étant qu'il y ait toujours
dans fon ordre de Saint-Louis un nombre de grâces dif-
tinctes & féparées qui foient irrévocablement affectées aux
officiers de fa marine, elle a jugé devoir s'expliquer par la
préfente ordonnance ; en conféquence en augmentant le
nombre des grâces qui étoient déjà réfervées à ces officiers,
elle leur affigne pour toujours dans le nombre des dignités
trois grands-croix à fix mille livres, & neuf commanderies
à trois mille livres ; & dans celui des penfions, deux de deux
mille livres, cinq de quinze cens livres, huit de mille livres,
douze de huit cens livres, dix de cinq cens livres, fix &
quatre cens livres, & cinq de trois cens livres.

VII. Au moyen des difpofitions ci-deffus, les grâces que
fa majefté deftine aux officiers de fes troupes de terre, con-
fifteront en vingt-une dignités de grands-croix à fix mille
livres de penfion, quarante une dignités de commandeurs
à trois mille livres de penfion ; trente-une penfions de deux
mille livres ; trente-cinq de quinze cens livres ; quatre-vingt-
feize de mille livres, une de neuf cens livres, quatre-vingt-
fix de huit cens livres, quarante cinq de fix cens livres,
vingt-cinq de cinq cens livres, trente-cinq de quatre cens
livres, cinq de trois cens livres, & quatre de deux cens
livres.

· VIII. Comme l'intention de fa majefté eft qu'il y ait
toujours un nombre de grâces de fon ordre de Saint-Louis
réfervées pour les officiers des troupes de fa maifon, &
qu'elle veut en même temps que ce nombre foit fixé de
manière à ne pas excéder la proportion qu'il doit en avoir relativement à la totalité des officiers de fes troupes, elle veut
& entend qu'à l'avenir & à commencer du premier avril
prochain, il foit affecté dix des dignités de l'ordre de Saint-
Louis, foit grand-croix à fix mille livres de penfion ou
commanderies à trois mille livres pour être réparties entre
les officiers des troupes de fa maifon fervant actuellement
ou retirés du fervice. Mais elle veut & entend pareillement

a aujourd'hui vingt-quatre grands-croix & cinquante commandeurs. Mais la penſion de quatre

---

que ce nombre de grâces ne puiſſe être augmenté, en ſorte que dans quelque occaſion & ſous quelque prétexte que ce ſoit, il ne puiſſe y avoir en même-temps plus de dix des dignités de l'ordre de Saint Louis parmi les officiers des troupes de ſa maiſon, ſoit qu'ils ſervent encore ou qu'ils ſoient retirés ; & en conſéquence ſa majeſté ordonne qu'il ne lui ſera propoſé perſonne de ſa maiſon pour l'une des dignités dont il s'agit, juſqu'à ce que le nombre de cés dignités qui s'y trouvent aujourd'hui diſtribuées ſoit réduit au nombre fixé par la préſente ordonnance.

IX. Sa majeſté voulant affecter pareillement un nombre de penſions de ſon ordre de Saint-Louis en faveur des troupes de ſa maiſon, afin de donner encore plus d'étendue aux témoignages de ſa bienveillance & de la ſatisfaction qu'elle a de leurs ſervices, elle ordonne qu'à l'avenir il y aura toujours quarante-trois penſions réſervées pour les corps qui compoſent ſa maiſon ; ſavoir cinq penſions de deux mille livres ; ſix de 1500 livres ; dix de mille livres ; huit de huit cens livres ; quatre de ſix cens livres ; quatre de cinq cens livres ; quatre de quatre cens livres ; une de trois cens livres & une de deux cens livres. Mais elle veut & entend que ce nombre ne puiſſe être excédé, & elle ordonne qu'il ne lui ſera à l'avenir propoſé perſonne de ſa maiſon pour une penſion de l'ordre de Saint-Louis, lorſque les penſions ci-devant ſpécifiées ſeront remplies, ſoit que ceux qui les auront ſervent encore, ou qu'ils ſoient retirés.

X. L'intention de ſa majeſté étant auſſi d'affecter en particulier aux officiers de ſes corps de l'artillerie & du génie, un nombre des dignités de ſon ordre de saint-Louis, elle ſe propoſe de répartir toujours entre les officiers de ces deux corps deux dignités de grands-croix, ou une dignité de grand-croix, avec deux de commandeurs, ou enfin quatre dignités de commandeurs, lorſqu'il n'y aura point parmi eux de grands-croix.

Fait à Verſailles le 27 mars 1761, ſigné Louis, & plus bas, le duc de Choiſeul.

mille livres qui avoit été originairement attribuée à treize de ceux-ci, a été réduite à trois mille livres. La même loi a réglé la manière dont ces grâces devoient être diſtribuées entre les différens corps de troupes, tant de mer que de terre.

Le dixième jour de mai eſt le jour où le roi nomme les grands-croix, les commandeurs & les Chevaliers.

La croix de l'ordre eſt à huit pointes, comme celle du ſaint-Eſprit, avec des fleurs-de-lis aux quatre angles. Au milieu eſt un cercle dans lequel eſt d'un côté l'image de ſaint Louis avec la cuiraſſe & le manteau royal, tenant de la main droite une couronne de laurier & dans la gauche une couronne d'épines & les clous de la paſſion. A l'entour eſt cette légende : *Ludovicus magnus inſtituit 1693.* De l'autre côté du cercle eſt une épée dont la pointe perce une couronne de laurier attachée avec un ruban blanc. On lit à l'entour cette autre légende : *Bellicæ virtutis præmium.* Les grands-croix & les commandeurs la portent à un ruban de quatre doigts couleur de feu, qu'ils mettent en écharpe. Les premiers ont de plus une croix en broderie d'or sur l'habit & ſur le manteau. Les ſimples Chevaliers la portent à la boutonnière attachée à un ruban de même couleur.

A l'égard des officiers, le chancelier garde des ſceaux, le maître des cérémonies & le greffier ont la broderie & le cordon rouge. L'intendant & les trois tréſoriers portent la croix pendante au cou avec le ruban large ; mais ils n'ont point la broderie. Les autres officiers la portent comme les ſimples Chevaliers.

Tous ceux qui font admis dans cet ordre peuvent en faire peindre ou graver dans leurs armoiries les ornemens ; favoir, les grands-croix, l'écuffon accolé fur une croix d'or à huit pointes boutonnées, & un ruban large couleur de feu autour de l'écuffon avec ces mots, *Bellicæ virtutis præmium*, écrits fur le ruban auquel eft attachée la croix de l'ordre ; les commandeurs le peuvent de même, à la réferve de la croix fur l'écuffon. Quant aux fimples Chevaliers, ils peuvent faire peindre ou graver au bas de leur écuffon une croix de l'ordre attachée à un petit ruban couleur de feu.

Les grands-croix, les commandeurs & les Chevaliers qui contreviennent à leur ferment, ou qui fe deshonorent, ou qui fortent du royaume fans permiffion par écrit fignée de l'un des fecrétaires d'état, font dans le cas d'être dégradés de l'ordre.

Il fut donné le 11 juillet 1749 une ordonnance du roi, portant que tout officier ou gentilhomme qui oferoit fe décorer de la croix de faint-Louis fans l'avoir reçue des ordres de fa majefté, feroit jugé au confeil de guerre & condamné à être dégradé d'armes & de nobleffe, & à fubir vingt ans de prifon, après lefquels il ne pourroit exercer aucun emploi militaire.

Il fut dit par cette même ordonnance que les contrevenans qui ne feroient ni gentilhommes, ni officiers, feroient pareillement jugés au confeil de guerre & condamnés aux galères à perpétuité.

Il a été enjoint par la même ordonnance à tous les Chevaliers de faint-Louis de porter habituellement la croix, conformément aux ftatuts de l'ordre, avec défenses de se contenter d'attacher un simple ruban à leur boutonnière, ou de cacher la croix sous leur habit : à peine de désobéissance.

Il a été en même-temps défendu à toute personne sans distinction d'acheter, ni de vendre des croix de saint-Louis, à peine de six mois de prison & de cinq cens livres d'amende, & à tout orfèvre, joaillier ou tout autre ouvrier de faire aucune de ces croix, sans une permission par écrit du ministre de la guerre, à peine d'un an de prison & de deux mille livres d'amende, applicables, moitié au dénonciateur, & l'autre moitié à l'hôpital du lieu. le plus prochain.

Ce qui a donné lieu à cette ordonnance, a été un jugement du conseil de guerre tenu par ordre du roi à l'hôtel royal des invalides le 5 juillet 1749, où le maréchal duc de Belle-isle présidoit. Par ce jugement un particulier convaincu de s'être indûment décoré de la croix de saint-Louis, fut condamné à se la voir arracher de la boutonnière par un officier-major de l'hôtel & à dix ans de prison. Il fut en même-temps déclaré incapable de servir le roi, avec défenses à lui après le temps de sa prison expiré, de se trouver jamais plus près que de trente lieues de Paris & des endroits où sa majesté se trouveroit.

Chevaliers du mérite militaire.

Comme il faut être de la religion catholique pour être reçu Chevalier de saint-Louis, & Louis XV voulant accorder une récompense de même nature aux officiers étrangers non-catholiques qui avoient porté les armes pour la France, inſtitua l'ordre du mérite militaire en 1759, à l'imitation de celui de ſaint-Louis, pour les officiers d'un culte étranger, qui auroient ſervi dans ſes troupes (*)

(*) *Voici l'ordonnance qui a établi cet ordre.*

Sa majeſté toujours attentive à régler ſur les principes d'une exacte juſtice, la diſtribution des grâces qu'elle répand ſur ceux qui dans la profeſſion des armes ſe dévouent à la défenſe de l'état, ayant conſidéré que dans les régimens étrangers qui ſont à ſon ſervice, il ſe trouve un grand nombre d'officiers qui nés dans des pays où la religion proteſtante eſt établie, ne peuvent être admis dans l'ordre de Saint-Louis, parce que ſuivant l'inſtitution de cet ordre l'entrée ne doit en être ouverte qu'aux ſeuls catholiques ; elle auroit reconnu que ſi l'obſtacle qui les a privés juſqu'à préſent d'une des récompenſes les plus flatteuſes que la bravoure & le zèle aient à ſe propoſer eſt de nature à ne pouvoir être levé, il n'en eſt que plus digne d'elle de les dédommager par une diſtinction de même eſpèce qui ſoit un témoignage public de ſon eſtime & de ſa conſidération à l'égard de ſervices qui ont pour objet le bonheur de l'état & la gloire de la couronne. Tel eſt le motif qui détermine aujourd'hui ſa majeſté à former un établiſſement qui faiſant connoître de quel prix eſt à ſes yeux le dévouement de ces officiers, anime de plus en plus en eux ce ſentiment, & le tranſmette à ceux qui entreront dans la même carrière. En prenant cette réſolution elle enviſage avec ſatisfaction qu'elle ſe trouvera déformais en état d'ajouter aux grâces dont étoient ſuſceptibles ceux des officiers de ſes régimens étrangers qui ne ſont point catholiques, un nouveau titre d'autant plus ſenſible à des militaires, que l'honneur ſeul en formera l'eſſence & que cette diſpoſition ne laiſſera plus d'inégalité dans le partage des récompenſes qui doivent être le prix du zèle & de la valeur. En conſéquence ſa majeſté a ordonné & ordonne ce qui ſuit :

Article premier. Sa majeſté crée, érige & inſtitue par la préſente ordonnance une marque extérieure de diſ-

La marque de l'ordre eſt une croix d'or à huit

---

tinction ſous le titre du mérite militaire en faveur des officiers des régimens ſuiſſes & étrangers qui faiſant profeſſion
de la religion proteſtante, ne peuvent être admis dans l'ordre royal & militaire de Saint-Louis.

II. Aucun ne pourra en être décoré qu'en vertu de bre-
vêts de ſa majeſté & de ſes ſucceſſeurs rois ; & ſeront leſdits
brevets expédiés par le ſecrétaire d'état ayant le département
de la guerre.

III. Pour que cette diſtinction ait une plus parfaite reſ-
ſemblance avec celle que procure l'admiſſion dans l'ordre
de Saint-Louis, il y aura trois degrés ſupérieurs l'un à
l'autre comme dans cet ordre où un chevalier peut monter
à la dignité de commandeur, & un commandeur à celle de
grand-croix, bien entendu que ce paſſage à un degré ſupérieur dépendra uniquement du choix de ſa majeſté & de
ſes ſucceſſeurs, & non de l'ordre d'ancienneté.

IV. Tous ceux que ſa majeſté aura jugé a propos d'admettre au premier de ces degrés auront une croix d'or ſur un
des côtés de laquelle il y aura une épée en pal, avec ces mots
pour légende : *pro virtute bellicâ* ; & ſur le revers une couronne de laurier avec cette légende : *Ludovicus XV, inſtituit
1759* ; & il la porteront attachée à la boutonniere avec
un petit ruban couleur de bleu foncé ſans être ondé. Ceux
qui monteront au ſecond degré la porteront attachée à un
ruban de la même couleur & mis en écharpe, & ils ſeront
au nombre de quatre ſeulement. A l'égard de ceux que ſa
majeſté fera paſſer au troiſieme degré, ils porteront indépendamment de ce grand cordon une broderie d'or ſur
l'habit & ſur le manteau, & ils ſeront au nombre de deux
ſeulement.

V. Les qualités néceſſaires pour pouvoir être honoré de
la marque diſtinctive établie par la préſente ordonnance,
ſeront les mêmes quant à la durée & à la nature des ſervices militaires que celles qui ſont de règle & d'uſage pour
l'ordre de Saint-Louis.

VI Ceux qui auront été nommés par ſa majeſté prêteront ſerment & recevront l'accolade, deſquels ſerment &
accolade il ſera dreſſé acte. Ils s'engageront par le ſerment

pointes, femblable à celle de faint-Louis, mais

à être fidèles à fa majefté, à ne point fe départir de l'obéiffance qui lui eft due, & à ceux qui commandent fous fes
ordres, à garder & défendre de tout leur pouvoir fon honneur, fon autorité, fes droits & ceux de la couronne; à ne
point quitter fon fervice pour en prendre aucun chez les
princes étrangers fans fon agrément par écrit; à lui révéler
tout ce qui viendra à leur connoiffance contre fa perfonne
& fon état, & à fe comporter en tout comme le doivent de
vertueux & vaillans Chevaliers.

VII Lorfque fa majefté ne recevra pas en perfonne ledit
ferment, elle commettra tel des officiers décorés de la
grande croix ou du grand cordon qu'elle jugera à propos de
choifir, ou à leur défaut l'un des plus anciens de ceux qui
auront été admis au premier degré de diftinction créé par
la préfente, pour recevoir au nom de fa majefté le ferment
de ceux des officiers qui viendront d'être nommés par elle,
leur donner l'accolade & leur remettre la croix, & elle
fera expédier à cet effet les inftructions néceffaires à celui
qu'elle aura choifi pour exécuter cette commiffion.

VIII. Les officiers qui après avoir été décorés du premier degré de diftinction pafferont au fecond, feront difpenfés de prêter un nouveau ferment de même que ceux qui
pafferont du fecond au troifième.

IX. Ceux qui après avoir été honorés par fa majefté de
cette marque de diftinction, pourroient s'oublier au point
de contrevenir aux obligations de leur ferment, & de commettre des actions deshonorantes, en feront privés & dégradés.

X. Défend très-expreffément fa majefté à tous autres qu'à
ceux qu'elle en aura honorés, d'en porter les marques fous
les peines ordonnées contre ceux qui fans être Chevaliers
de Saint-Louis oferoient en porter la croix. Mande & ordonne fa majefté aux maréchaux de France & aux lieutenans généraux en fes armées, maréchaux-de-camp, Colonels, meftre-de-camp, & autres officiers qu'il appartiendra,
de s'employer & tenir la main chacun à fon égard à l'obfervation de la préfente. Fait à Verfailles le dix mars mil
fept cens cinquante-neuf. *Signé*, Louis. *Et plus bas*, le
maréchal duc de Belle-Ifle.

avec cette différence, que le milieu d'un côté porte une épée en pal avec cette devife autour, *pro virtute bellicá*. Le revers porte une couronne de laurier autour de laquelle on lit, *Ludovicus XV inftituit 1759*; le ruban eft bleu foncé.

Chevaliers de faint-Lazare.

S'il falloit en croire de Belloi qui a traité de la Chevalerie religieufe, l'ordre dont il s'agit ici remonteroit à l'an 72 de l'ère chrétienne, par la raifon, felon lui, que cet ordre fut inftitué pour la défenfe des chrétiens perfécutés après la mort de notre-Seigneur par les fcribes, les pharifiens, les faducéens & les romains. Les Chevaliers de cet ordre ne reconnoiffent point une origine fi reculée. Leur inftitution marquée remonte fimplement au temps des premières croifades. Voici ce que dit Albert chanoine d'Aix : « le grand prince de Jérufalem & les autres princes & barons en 1099, établi-» rent dans l'églife du Sépulchre du Seigneur, » vingt frères qui devoient chanter perpétuelle-» ment l'office divin & y célebrer les faint myf-» tères. . . . . . . *On affocia à ces prêtres des militaires pour garder les lieux faints, & les militaires prirent le nom du canton confié à leurs foins. Ceux qui furent chargés de la garde du faint-Sépulchre, formèrent les Chevaliers du faint-Sépulchre; ceux qu'on plaça auprès du temple de Salomon, furent appelés les TEMPLIERS; les Bénédictins de faint Jean l'aumônier, enfuite de faint Jean-Baptifte (aujourd'hui les Chevaliers de Malthe,) furent deftinés à tenir une auberge pour recevoir les pelerins; les Lazariftes furent placés dans un lieu retiré appelé de faint-Lazare, pour avoir foin des*

malades ; les Allemans firent conftruire une ab-
baye qu'on appela de fainte Marie DES TEU-
TONS , ils furent deftinés à protéger les gens de
leur nation.

· Tous ces ordres qui n'en faifoient qu'un ,
qui n'avoient qu'une même règle & un même
général (*), qui n'étoient diftingués les uns des
autres que par leurs fonctions particulières, fe
féparèrent, & chacun de ces ordres fe donna
un maître particulier.

· Les lazariftes chargés de donner leurs foins
aux lépreux qui étoient en grand nombre dans
la Paleftine ; recevoient, dit-on, des gens affectés de cette maladie pour avoir foin des autres lépreux, & ce qu'il y a de particulier, c'eft
qu'ils ne pouvoient élire pour grand-maître
qu'un lépreux de l'hôpital de Jérufalem. On lit
qu'en 1253 ayant été obligés d'abandonner la
Syrie, ils s'adreffèrent à Innocent I V & lui remontrèrent qu'ayant toujours élu pour leur
grand-maître un Chevalier lépreux, ils fe trouvoient dans l'impoffibilité de continuer leur élection comme à l'ordinaire, parce que les infidelles avoient tué tous les Chevaliers lépreux de
leur hôpital de Jérufalem : en conféquence ils
le prièrent de trouver bon qu'à l'avenir on prît
pour grand-maître un Chevalier *non-attaqué*
du mal de la lépre & qui fût en bonne fanté. Le
pape, dit-on, les renvoya à l'évêque de Fref-
cati pour examiner *fi cela fe pouvoit felon Dieu ;*
& fur le rapport de cet évêque la permiffion
leur fut accordée en 1565, par une bulle

(*) C'étoit le patriarche de Jérufalem.

de Pie IV, qu'on trouve dans le bullaire Romain (*).

Les Chevaliers qui n'étoint point lépreux & qui étoient en état de porter les armes, rendoient de grands services aux princes chrétiens. Saint Louis plein de reconnoissance pour eux, en amena en France & leur désigna pour chef-lieu Boigni près d'Orléans que Louis VII leur avoit déjà accordé. Il les mit ensuite en possession de plusieurs maisons, commanderies & hôpitaux que ce prince fonda & leur accorda différens privilèges. Ils se donnèrent un général, qui prit le titre de grand-maître de l'ordre de saint-Lazare, *tant de de-çà que de de-là les mers*.

Les Chevaliers de saint-Jean de Jérusalem ayant fait entendre au pape Innocent VIII que l'institution des ordres de saint-Lazare & du saint-Sépulchre n'avoit plus d'objet, ils obtinrent de ce pontife en 1490 une bulle de suppression de ces ordres & de réunion de leurs biens à ceux de leur ordre qu'ils vouloient aggrandir ; mais lorsqu'il fut question d'exciper de cette bulle dans un procès qui eut lieu au parlement de Paris au sujet d'une commanderie que ces Chevaliers s'étoient déjà adjugée, le grand-maître de l'ordre de saint-Lazare s'y opposa, & la bulle fut déclarée abusive & contraire aux maximes du royaume par un arrêt du

---

(*) *Iàcircò tunc episcopo tusculano per quasdam (litteras) commiserat, ut si sibi secundum deum, visum foret expedire, fratribus ipsis licenciam, aliquem militem sanum.... de caterò eligendi autoritate apostolicâ concederet.* Bull. rom. tom. 2. const. 95. Pii IV, § 42.

16 février

16 février 1547, & il fut fait défenses de la mettre à exécution.

Ainfi c'eft à tort que le pere Bonanni, ancien Jéfuite, dit dans fon catalogue des ordres militaires, publié en 1712, qu'après la fuppreffion de cet ordre, la mémoire s'en eft infenfiblement perdue en France, puifqu'il eft de fait conftant qu'il a toujours eu des grands maîtres fans interruption jufqu'à Henri IV qui y nomma Philbert de Nereftang : celui-ci fut auffi premier grand-maître de l'ordre de Notre-Dame du Mont-Carmel dont nous allons parler, & auquel le même prince, Henry IV, réunit celui de Saint-Lazare.

Les Chevaliers de Saint-Lazare faifoient autrefois des vœux folemnels fous la règle de faint-Auguftin. Il y avoit même des religieufes de cet ordre, & il en refte encore un monaftère dans la Suiffe. Ces Chevaliers portoient la barbe, ils étoient vêtus d'une longue robe noire. Leur croix étoit verte & ils n'ont commencé à la porter à huit pointes que vers la fin du quinzième fiècle.

Cet ordre a des lettres d'évocation pour fes caufes au grand confeil, comme nous l'avons dit en parlant des Chevaliers du Saint-Efprit.

Chevaliers de Notre-Dame du Mont-Carmel.

Henri IV voulant donner des marques de fa dévotion envers la Vierge, écrivit à fon ambaffadeur à Rome pour obtenir du pape Paul V l'érection de l'ordre du Mont-Carmel ; fa demande lui fut accordée en 1607, avec pouvoir de créer-tel nombre de Chevaliers qu'il lui plaifoit, & de leur donner un grand-maître. Il fut en même-temps permis à ces Chevaliers de fe marier, de paffer à de fecondes noces, & même d'époufer une veuve fans autre vœu que celui d'obéiffance, & de garder la chafteté conjugale. Une faveur remarquable pour ces Chevaliers fut de pouvoir retenir des penfions fur toutes fortes de bénéfices en France, quoiqu'ils fuffent mariés même en fecondes noces; favoir, le grand-maître jufqu'à concurrence de la fomme de quinze cens ducats d'or de la chambre apoftolique, & les Chevaliers jufqu'à celle de cinq cens : ces deux fommes évaluées à fix mille livres, monnoie de France (*).

(*) On voit par-là que les Chevaliers du Mont-Carmel ont droit d'obtenir des penfions fur des bénéfices. Mais une fois ayant obtenu de ces penfions, pourroient-ils les ceder pour le refte de leur vie à de tierces perfonnes moyennant une certaine fomme une fois payée?

Cette queftion ne s'eft pas préfentée au fujet des Chevaliers du Mont-Carmel, mais voici une décifion qui pourroit leur être appliquée fi le cas fe préfentoit.

Le 17 mars 1765, le feu roi conféra en regale à l'abbé de Polignac le prieuré de faint Martin de Leyrat de la congrégation de Cluny. Cette collation fut grevée de plufieurs penfions & d'une entr'autres de quinze cens livres, en faveur de l'abbé G.... alors clerc, agé de onze ans.

Ce jeune abbé preffé par des befoins particuliers, ceda un quart de fa penfion au fieur de S.... pour en jouir pendant la vie de lui (abbé) moyennant la fomme de deux mille livres une fois payée.

L'acquereur de cette penfion fe préfenta à l'abbé de Polignac pour en être payé au lieu & place de l'abbé G.... M. de Polignac fit fentir à ce particulier qu'il avoit fait une acquifition fimoniaque & qu'il n'avoit rien à prétendre. Il fut queftion de la part de l'acquereur de fe faire rembourfer fes deux mille livres de l'abbé G.... & il y réuffit fans procès.

Mais comme il n'étoit pas naturel que ces Chevaliers profitaffent des biens de l'églife fans être affujettis à quelques prières & pratiques de dévotion, le même pape par une bulle du mois de février 1608, leur prefcrivit entr'autres chofes de communier le jour de leur reception, de réciter tous les jours l'office de la Vierge ou le rofaire, d'entendre la meffe les famedis, de s'abftenir de viande les mercredis, de fe confeffer & de communier le jour de la fête du mont-Carmel qui eft le 19 juillet, & de payer au tréforier de l'ordre les refponfions pour les commanderies qu'ils poffederoient.

Au mois d'avril de la même année, Henri IV réunit l'ordre de Saint-Lazare à celui du Mont-Carmel (*), & nomma pour grand-maître de

---

Quelque temps après le même abbé penfionnaire ceda la même penfion à la dame le Cointe époufe du fieur le Cointe autrefois notaire à Paris, & cette dame s'adreffa à l'abbé de Polignac pour en être payée.

L'abbé de Polignac crut ne devoir pas avoir plus d'égard pour cette feconde ceffion qu'il n'en avoit eu pour la premiere. En conféquence faifie des revenus de fon prieuré de Leyrat de la part de la dame le Cointe: Demande en mainlevée de la part de l'abbé de Polignac qui met en caufe l'abbé G.... & qui conclut contre lui *à ce que les actes de vente par lui foufcrits foient déclarés nuls & fimoniaques & que la penfion foit déclarée éteinte.*

L'affaire portée au châtelet, les juges ont regardé cette vente ou ceffion comme bonne & valable; mais fur l'appel au parlement, il eft intervenu arrêt en 1776, fur les conclufions de M. l'avocat général Dagueffeau, par lequel la fentence du châtelet a été infirmée, la vente déclarée fimoniaque, & la penfion éteinte. Arrêt qui nous paroît avoir été rendu conformément aux principes du droit canonique.

(*) Quelques uns parlent de l'ordre du Mont-Carmel comme d'un ordre réuni à celui de Saint-Lazare, mais

ces deux ordres réunis, Philbert de Nereſtang qui étoit déjà grand-maître de l'ordre de Saint. Lazare.

Louis XIV confirma l'inſtitution de cet ordre en 1664, & le cardinal de Vendôme légat *à la iere* en France de Clement IX, donna une bulle en 1668, pour cimenter l'union des deux ordres. Le roi de ſon côté à la ſollicitation du grand-maître d'alors, donna un édit en 1672, par lequel il déclara unir à l'ordre de Saint-Lazare & du Mont-Carmel tous les hôpitaux où l'hoſpitalité n'étoit plus exercée, enſemble les biens de quelques ordres militaires & hoſpitaliers qu'on regardoit comme ſupprimés, tels que ceux des ordres du Saint-Eſprit de Montpellier, de Saint-Jacques de l'Epée, du Saint-Sépulchre, &c. mais ſur la réclamation des ſuppôts de ces différens ordres qui ſe montrèrent alors, cet édit de réunion fut révoqué par un autre édit du mois de mars 1693, & les Chevaliers de Saint-Lazare & du Mont-Carmel furent obligés de ſe reſtreindre aux biens qu'ils poſſédoient anciennement.

Le marquis Dangeau fut fait grand-maître en 1695 des deux ordres réunis. Il tâcha d'en relever le luſtre en augmentant le nombre des Chevaliers, & en admettant des fondations de commanderies en contrats ſur l'hôtel-de-ville. Il

___

point du tout, ce fut celui-ci qui fut réuni à l'ordre du mont-Carmel; il ſuffit de prendre lecture des lettres patentes de réunion pour ſe convaincre de cette vérité.

Il eſt vrai que l'ancienne dénomination a prévalu : ceux qui ſont décorés de ces deux ordres ſont appelés ſimplement *Chevaliers de Saint-Lazare.*

donna des habits de cérémonie aux Chevaliers ; mais ces habits furent supprimés en 1721, par M. le duc d'Orléans son succeffeur, qui ordonna que dans les cérémonies les Chevaliers paroîtroient en habits ordinaires & en manteau court.

Le grand-maître s'intitule dans les actes de l'ordre : *Frere N . . . . grand-maître des ordres de N. D. du Mont-Carmel & de Saint-Lazare de Jérufalem, Nazareth & Bethléem, tant en deçà que delà les mers.*

Les armoiries de ces deux ordres font d'argent à la croix mi-partie de pourpre & de finople. Le pourpre eft la couleur de Notre-Dame, & le finople celle de Saint-Lazare. Le grand-maître porte ordinairement fes armoiries écartelées.

La croix de ces deux ordres eft d'or, à huit raies, émaillée d'amaranthe d'un côté, avec l'image de la Vierge au milieu, de l'autre émaillée de verd avec l'image de Saint-Lazare au milieu. Chaque rayon eft pomelé d'or, avec une fleur-de-lis d'or dans chacun des quatre angles de la croix. Les commandeurs & les Chevaliers profès la portent pendante au cou avec un grand ruban couleur amaranthe. Les autres Chevaliers la portent fimplement à la boutonnière avec un ruban de la même couleur. La petite croix fe donne aux jeunes gentilshommes qui fe diftinguent aux écoles militaires en remportant des prix, jufqu'à ce qu'il plaife au grand-maître de les recevoir au nombre des Chevaliers profès, ce qui ne peut avoir lieu que lorfqu'ils font âgés de trente ans.

Pour être reçu dans ces ordres il faut faire

Cc iij

preuve de noblesse de trois quartiers, tant du côté maternel que du côté paternel. Le grand-maître peut néanmoins dispenser de la rigueur des preuves de noblesse ceux qui ont rendu des services considérables au roi ou à l'ordre, & les recevoir Chevaliers de grâce.

Les ecclésiastiques qui veulent faire preuve de noblesse tiennent rang parmi les Chevaliers de justice. Il y a encore des chapelains & des frères servans qui ne sont pas nobles. Les Chevaliers ecclésiastiques & laïques payent pour leur passage dans l'ordre une somme de mille livres qui est réduite à moitié pour les chapelains & les frères servans.

Il fut question en 1771 de l'extinction de l'ordre de Saint-Ruf & de l'union de ses biens aux ordres du Mont-Carmel & de Saint-Lazare : en conséquence le roi donna des lettres-patentes le 12 août de la même année qui furent enregistrées le 26 au parlement, & attribuèrent à la grand'chambre de cette cour, la connoissance de toutes les contestations, même des appellations comme d'abus, tant principaux qu'incidens interjetés ou à interjeter concernant ces mêmes ordres du Mont-Carmel & de Saint-Lazare, leurs statuts, privilèges, commanderies & biens, ensemble de toutes les difficultés qui pourroient naître au sujet de l'extinction projetée de l'ordre de Saint-Ruf (*).

Ces lettres-patentes excitèrent la réclamation

(*) Ces lettres-patentes ne pouvoient avoir trait qu'à l'union projetée, car l'ordre du mont-Carmel & de saint-Lazare a des lettres d'évocation au grand conseil, ainsi que l'ordre du saint-Esprit.

du clergé de France auprès de Clement XIV
qui donna une bulle du 4 des ides de décembre
1772, par laquelle sa sainteté déclara l'ordre
de Saint-Lazare & du Mont-Carmel inhabile à
posséder *sous aucun prétexte & d'aucune manière*
des biens ecclésiastiques. Cette bulle fut revêtue
de lettres-patentes du 18 janvier 1773, lesquelles
furent enregistrées au parlement le 27 du mois
suivant.

La grande maîtrise des ordres dont il s'agit
vaquoit depuis plusieurs années lorsque Louis
XV jugea à propos d'y nommer M. le duc de
Berry après qu'il fut devenu dauphin. En 1774
que M. le dauphin est monté sur le trône, il a
nommé grand-maître à sa place MONSIEUR,
son frère, qui est aujourd'hui chef-général des
deux ordres dont il s'agit.

Les officiers de ces ordres sont un chancelier
garde des sceaux, un prévôt maître des cérémonies, un trésorier général, & un secretaire
général. Les autres officiers sont un généalogiste, un garde des archives, un hérault, roi
d'armes & garde armorial & deux huissiers. Ces
ordres ont aussi un historiographe particulier.

Chevaliers de Saint-Jean de Jérusalem.

Ce sont ceux que nous appelons aujourd'hui
Chevaliers de Malthe. Comme ce que nous avons
à dire de cet ordre demande quelque étendue nous en parlerons particulièrement à l'article MALTHE.

Chevaliers du Saint-Sépulcre.

Ces Chevaliers sont de la même institution
que ceux de Saint-Lazare dont nous avons parlé.
Après la conquête de la Terre-Sainte, les uns

furent préposés pour garder le Saint-Sépulcre &
pour protéger les pélerins ; les autres pour
prendre soin des malades, & sur-tout des lépreux, &c.

Louis VII amena avec lui de ces Chevaliers
de la Palestine & les plaça près d'Orléans : il
donna le château de Boigni aux Chevaliers de
Saint-Lazare , & Saint-Samson à ceux du Saint-
Sépulcre.

On trouve dans le deux cent vingt-neuvième
volume de Dupuis, à la Bibliothèque du roi à
Paris, des statuts par lesquels Louis VII déclare
*qu'il a délibéré de fonder en France l'ordre de Che-
valerie dudit Saint-Sépulcre, d'ajouter au nom de
roi très-chrétien celui de chef dudit ordre, &c.* (*)

Par le second article de ces statuts, il ordonne
que pour acquérir la chevalerie, il faudra aller
recevoir l'ordre du Saint-Sépulcre à Jérusalem
des mains de son lieutenant (**).

_____

(*) On ne voit pas que ses successeurs aient pris ce
titre de *chef*, ils se sont contentés de se déclarer les protec-
teurs de cet ordre.

(**) Avant de quitter la terre sainte, Louis VII avoit
réglé dans ce pays-là tout ce qui pouvoit assurer l'existence
& la régularité des différens ordres qui y étoient établis.
Il y laissa un lieutenant , une chambre du conseil , un
garde du trésor des Chartres & une correspondance formée
avec le Soudan de Babylone pour le rachat des captifs. Le
lieutenant est aujourd'hui représenté par le gardien des
Cordeliers du saint Sépulchre en qualité de vicaire apos-
tolique du saint siège. C'est lui qui reçoit les chevaliers.
Il y avoit auparavant un Chevalier entretenu à Jérusalem
aux dépens de nos rois : ce Chevalier représentoit le lieutenant ; il donnoit l'accolade aux nouveaux reçus, & cet
usage a subsisté jusqu'à François Premier.

Le Soudan de Babylone fit don en 1336, à Philippe

Le troisième article regarde le service à faire dans les églises de l'ordre.

Dans le quatrième & le cinquième, on parle d'aumônes pour la rédemption des captifs; c'est ce qui fait croire à quelques-uns que l'ordre de *la Merci* prend sa source dans celui du Saint-Sépulcre.

Les autres articles parlent de la guerre contre les infidelles, de la croix qu'on doit porter; & le roi finit en jurant de maintenir cet ordre, & en chargeant ses successeurs d'en prendre soin & d'en faire exécuter les vœux & les obligations. Les Chevaliers devoient suivre la règle de saint Augustin.

Cet ordre, comme bien d'autres, a dégénéré en France. Après avoir laissé perdre beaucoup de ses biens, notamment l'église du Saint-Sépulcre de la rue Saint-Denis à Paris, il s'associa à une confrérie *de Jérusalem* que saint Louis avoit instituée dans l'église basse de la Sainte-Chapelle à Paris, confrérie qui est aujourd'hui aux cordeliers de la rue de l'Observance. L'acte de cette association est du 9 Janvier 1622; il fut déposé chez Gerbault, notaire au châtelet le 13 février suivant.

Cette compagnie est composée de membres de trois classes différentes, 1°. de Chevaliers reçus au Saint-Sépulcre de Jérusalem; 2°. de

---

de Valois de l'église du saint Sepulchre de Jérusalem. Les empereurs Turcs par les traités passés avec la cour de France en 1511, 1604, 1621, 1673 & 1740, regardent encore cette église comme appartenant aux rois de France; ils ne s'en sont réservés que la protection; c'est ce qui fait aussi que les *francs* ont une grande liberté dans ces pays-là pour visiter les lieux saints.

voyageurs, qui ayant obtenu l'agrément du roi pour aller visiter les lieux saints, viennent prendre des lettres de recommandation pour leur voyage ; 3°. de frères de dévotion qui ne sont reçus que pour prier & pour assister aux offices.

- La compagnie s'intitule, *Archi-confrérie royale des Chevaliers, voyageurs & confreres de dévotion du Saint-Sépulcre.*

On se tromperoit si l'on assimiloit cette société à tant d'autres établissemens qui portent le titre de *confrérie*, titre commun à toute sorte d'affociation : celle dont il s'agit jouit de plusieurs prérogatives ; les enfans mâles de nos rois y sont enregistrés à leur naissance ; les souverains la prennent sous leur protection par un acte particulier aussi-tôt qu'ils sont montés sur le trône. Louis XVI ratifia le 1 février 1762 sa réception faite le 1 février 1755 ; & le 31 janvier 1775, il signa sur le registre de la confrérie un acte de protection particulière.

Plusieurs princes du sang n'ont pas dédaigné de se mettre à la tête de son administration : feu M. le duc de Bourbon, premier ministre, en étoit grand administrateur en 1738. Suivant les statuts qui la régissent, elle ne peut être composée que de gentilshommes & de bourgeois des plus notables. Elle est décorée de tous les attributs d'un ordre militaire ; elle tient ses chapitres dans une salle des cordeliers. Ceux qui y ont le titre de *Chevalier* portent une croix dont la forme fut définitivement réglée en 1766, & dont le dessin original se trouve au bureau du département du ministre de Paris. Il y en a une copie dans ceux du lieutenant-général de police & dans les registres de l'archi-confrérie. Cette croix repréfente celle des rois de Jérufalem, qui étoit une croix rouge accompagnée de quatre croifettes : elle fe porte fufpendue à un ruban noir.

Ceux qui ne font point dans le cas de pouvoir faire le voyage d'outremer pour acquérir le titre de Chevalier, en font difpenfés en appliquant au rachat des pauvres prifonniers pour dettes les frais de leur voyage.

Les Chevaliers de Malthe cherchèrent à faire fupprimer l'ordre du Saint-Sépulcre & de Saint-Lazare, comme nous l'avons dit en parlant de ce dernier ordre, pour s'en approprier les biens; mais ils ne purent point réuffir en France; la bulle qu'ils obtinrent à cet effet n'eut d'exébution que pour les pays foumis au pape. Ainfi quand le général de l'ordre de Malthe prend la qualité de grand-maître de l'*ordre du Saint-Sépulcre*, ceci ne s'applique qu'aux pays où cet ordre a été uni à celui de Saint-Jean de Jérufalem.

En 1672, les Chevaliers du Mont-Carmel obtinrent un édit portant réunion à leur ordre des biens du Saint-Sépulcre; mais il y eut une réclamation, comme nous l'avons dit, de la part de cet ordre, & l'édit de 1672 fut révoqué par un autre édit du mois de mars 1693.

Il y a des chanoineffes du Saint-Sépulcre dont il a été parlé à l'article CHANOINESSES RÉGULIÈRES. Voyez auffi ce que nous avons dit en parlant des Chevaliers de Saint-Lazare.

Chevaliers de Saint-Georges.

Philbert de Miolans, gentilhomme du comté de Bourgogne, ayant apporté à fon retour d'un voyage de l'Orient, des reliques de faint Georges, fit bâtir une chapelle proche l'églife paroiffiale de Rougemont, dont il étoit feigneur en partie, & ayant fait mettre ces reliques dans une châffe de prix, il les dépofa en 1400 dans la chapelle nouvellement conftruite.

Pour que la chofe fe paffât avec folemnité, il y invita les gentilshommes du canton : il obtint d'eux qu'ils viendroient affifter aux fervices & aux offices qu'il avoit fondés à cette occafion : on convint même de quelques règlemens à ce fujet. Il fe forma de cette forte une efpèce de confrérie dont Philbert fut déclaré le *bâtonnier* (titre changé aujourd'hui en celui de *gouverneur*). Quelque temps après, ce même feigneur donna à la nouvelle fociété fa maifon de Rougemont : elle fut deftinée à fervir d'habitation au bâtonnier, qui devoit y recevoir les confrères le jour de Saint-Georges, lorfqu'ils s'affembleroient pour la folemnité de la fête, & leur donner à manger ce jour-là.

Le baron de Champlite, gouverneur de la Franche-Comté, s'étant fait infcrire au nombre des confrères l'an 1569, on fit un nouveau ftatut par lequel il fut dit que chaque membre feroit ferment de vivre & mourir dans la religion catholique, apoftolique & romaine, & d'obéir à Philippe II, roi d'Efpagne, & à fes fucceffeurs au comté de Bourgogne, qui font aujourd'hui les rois de France.

Ceux qui compofent la fociété dont il s'agit font en poffeffion du titre de *Chevalier de l'ordre Saint-Georges*. Il faut faire preuve d'une très-ancienne nobleffe tant du côté maternel que du côté paternel pour pouvoir y être admis (*).

La marque de cet ordre est un saint Georges d'or massif, à cheval, terrassant un dragon à ses pieds. Cette marque se porte attachée à un ruban bleu.

Il paroît qu'on admettoit anciennement les dames dans cette société ; car dans une liste des confrères on trouve Henriette de Vienne, dame de Rougemont, & Jeanne de Chanvirey, dame de Bevouget.

Il y a eu un état de la société de Rougemont (qui est celle dont il s'agit) imprimé en 1663. Voyez l'article CLAUDE (*Saint*).

NOTICE des différens ordres de chevalerie qui ont existé en France.

Nous croirions fort inutile d'entrer dans un ample détail sur tous les différens ordres qui ont existé, & dont il ne reste plus que le souvenir. Voici un extrait de tout ce que nous pensons qu'il importe d'en savoir (**).

Ordre de la Genette. Charles-Martel, duc des François, créa, dit-on, en 738 seize Chevaliers sous ce titre, après avoir vaincu Abderame, général ou chef des Sarrazins, parce qu'on trouva dans les dépouilles de ces ennemis beaucoup de fourrures de *genettes :* mais les savans regardent comme chimérique l'existence de cet ordre.

Ordre de la Machine dite d'Harfleur en Normandie. Guillaume le Roux, dit le Conquérant,

_____

(*) Les mémoires de Bourgogne disent qu'il faut être noble de 32 quartiers de chaque côté.

(**) Nous donnons cette notice d'après un abrégé des différens ordres de chevalerie, publié en 1776.

fils de Richard, duc de Normandie, inftitua cet ordre en 997, lorfqu'il partit pour conquérir l'Angleterre. Il n'eft pas bien sûr non plus que cet ordre ait exifté.

Ordre de la Licorne. Le comte d'Atrevant, feigneur du haut & bas Ittre dans le Brabant, inftitua cet ordre à Valenciennes en 998, lorfqu'il fut à la Terre-Sainte.

Ordre du Lion. Enguerrand de Coucy inftitua cet ordre en 1080, à l'occafion d'un lion qu'il avoit tué dans fa forêt, & qui faifoit beaucoup de ravages. La marque de cet ordre étoit une médaille portant la figure du lion.

Ordre d'Aubrac. Allart, Vicomte de Flandres, créa cet ordre en 1120 au diocèfe de Rhodez. La marque de cet ordre étoit une croix bleue à trois points fur l'habit.

Ordre de Saint-Dominique. Saint Dominique établit en 1206 contre les Albigeois cet ordre qui porte encore fon nom. La marque eft une croix noire & blanche fleurdelifée.

Ordre de la Rédemption ou de la Merci. Pierre de Nolafque, gentilhomme du Languedoc, Raimond de Rochefort & Pierre, roi d'Arragon, fondèrent cet ordre en 1228 : on joignit aux trois autres vœux celui de racheter les captifs. L'ordre de la Merci a été militaire avant d'être religieux.

Ordre du Navire ou d'Outremer. Saint Louis l'inftitua en 1269, pour encourager la noblefle Françoife à l'expédition de la Terre-Sainte. Cet ordre dura peu en France; mais il devint enfuite fort illuftre dans le royaume de Naples, fous Charles de France, comte d'Anjou, frère de faint Louis, & fous les rois fes fuccefleurs, qui le rétablirent en 1448, sous le nom *d'ordre du Croissant*.

Ordre de la cosse de Genêt. On attribue encore l'institution de cet ordre à saint Louis en 1234. Le collier étoit composé de tiges & de cosses de genêt émaillées & entrelacées de fleurs-de-lis d'or, avec une croix fleurdelisée aux quatre bouts, portant cette devise : *exaltat humiles*.

Ordre de l'Etoile. Si ce n'est pas le roi Jean qui en fut l'instituteur en 1351, comme on le prétend, il est du moins certain qu'il l'adopta avec cette devise : *monstrant regibus astra viam*. Cet ordre dégénéra ; il fut abandonné au Chevalier du guet & à ses archers, & il n'en est plus question depuis Charles VIII. L'ancienne marque étoit une étoile blanche sur l'habit.

Ordre du Chardon. Louis II, dit le Bon, duc de Bourgogne, institua cet ordre, dit de *Notre-Dame du Chardon*, qui devint fort célèbre. Les Chevaliers devoient faire preuve de noblesse, & être d'une réputation sans reproche. Le cordon étoit vert avec le mot *espérance*, & une tête de chardon émaillée de verd.

Ordre de l'Hermine. Jean IV, duc de Bretagne, surnommé le *Vaillant* ou le *Conquérant*, créa cet ordre en 1381. La marque étoit un collier formé par des chaînes & dix hermines espacées avec une couronne en haut & une autre en bas & cette devise : *à Marie*.

Ordre de Saint-Antoine, institué en Flandres en 1382 par Albert de Bavière, comte de Hainault. La marque étoit un collier d'or avec un *T* de métal, au-dessus duquel étoit une clochette d'argent.

Ordre de la Couronne, créé en 1390 par Enguerrand V, comte de Soiſſons, ſeigneur de Coucy. La marque étoit une couronne renver-ſée au bras droit & ſur l'habit.

Ordre du Porc-épic. Louis de France, duc d'Orléans, ſecond fils de Charles VI, inſtitua cet ordre en 1393. Les Chevaliers portoient entr'autres ornemens, une chaîne d'or d'où pendoit un porc-épic de même métal, avec cette deviſe : *COMINUS ET EMINUS, de loin & de près.*

Ordre du Fer d'or, créé en 1414, à Paris, par Jean, duc de Bourbon, & compoſé de ſeize gentilshommes partie Chevaliers & partie écuyers. Les Chevaliers portoient tous les dimanches un fer d'or de priſonniers à la jambe, & les écuyers un fer d'argent.

Ordre du Levrier, inſtitué en 1416 par pluſieurs ſeigneurs du duché de Bar en Lorraine. La marque de cet ordre étoit la figure d'un lévrier ayant un collier ſur lequel étoient ces deux mots : *tous un.*

Ordre de la Cordelière. Anne de Bretagne l'inſtitua en 1499 après la mort de Charles VIII. La deviſe étoit : *j'ai le corps délié,* pour alluſion à *Cordelière.*

Ordre de l'épi, créé en 1499 par François premier, duc de Bretagne. On y ajouta depuis celui de l'Hermine.

Ordre de la Charité, fondé, dit-on, par Henri III pour des ſoldats eſtropiés. Ces ſoldats devoient porter ſur leur manteau une fleur-de-lis d'or, avec ces mots en broderie d'or: *pour avoir fidèlement ſervi ;* mais les ſavans regardent tout ce que Favin a dit de cet ordre prétendu comme faux & ſuppoſé.

Ordn

Ordre de la Constance. On a trouvé au mois de septembre 1770, dans le vieux château de Chaource, près de Bar-sur-Seine, d'anciens statuts d'un ordre établi autrefois par une comtesse de Champagne sous ce titre. Des gentilshommes du canton se sont réunis pour le faire revivre, & ont élu pour grande-maîtresse la dame du lieu, connue par sa bienfaisance envers ses vassaux. Elle donne à ceux qu'elle y admet un cœur de diamans attaché à un ruban bleu, que les hommes ainsi que les femmes portent à l'instar de l'ordre du mérite. On ne fait pas plus de difficulté d'y admettre des roturiers de bonne naissance que des gentilshommes : on n'exige d'autres preuves que d'une bonne réputation. Le desir où l'on est de rétablir cet ancien ordre de chevalerie galante, a fait nommer des députés pour solliciter des lettres-patentes, afin qu'ayant une forme stable & authentique, il n'éprouve pas le sort éphémère de l'ordre de la *Félicité*, qui est tombé dans l'avilissement & qui n'existe plus.

Voyez *l'ordonnance du 15 janvier 1639 ; les arrêts de Boniface, de Bouvot, de la Rocheflavin, &c. le livre latin de la noblesse, par Tiraqueau ; les mémoires de du Tillet ; le traité des ordres de la noblesse par Loyseau ; le traité de la noblesse par Delaroque ; Boucheul, sur la coutume de Poitou ; Auroux, sur celle de Bourbonnois ; de Fournoue, sur celle de la Marche ; Aymon & Bessian, sur celle d'Auvergne ; Berault & Basnage, sur celle de Normandie ; Louys, sur celle du Maine; Despeisses, en son traité des droits seigneuriaux ; le Laboureur, en ses additions aux mémoires de Castelnau ; les recherches historiques de l'ordre du*

Saint-Esprit ; les lettres-patentes de l'établissement de cet ordre, du mois de décembre 1578 ; une déclaration du 7 décembre 1581 ; une autre déclaration du 17 du même mois de l'année suivante ; un arrêt du conseil du mois d'octobre 1628 ; deux déclarations, l'une du 4 mai 1770, l'autre du 17 octobre 1773 ; l'édit de décembre 1580 ; l'arrêt du conseil du 6 juin 1767 ; l'édit de juillet 1775 ; une déclaration du 31 décembre 1607 ; un règlement pour l'ordre de Saint-Michel de l'année 1665 ; l'édit d'institution de l'ordre de Saint-Louis en 1693 ; un édit du mois d'avril 1719 ; un arrêt du conseil du 30 septembre de la même année ; une ordonnance militaire du 11 juillet 1749 ; deux édits, l'un de 1672, & l'autre de 1693 ; une bulle de Clément XIV de 1772, & les lettres-patentes du 18 janvier 1773 dont elle est revêtue ; l'histoire des ordres militaires par Hermant & par Schoonebeck ; l'histoire des religieux du pere Héliot ; l'histoire des croisades par Maimbourg ; le dictionnaire raisonné des domaines ; le théâtre d'honneur & de chevalerie par Favin (*) ; l'abrégé des ordres de chevalerie, &c. Voyez aussi les articles CHANOINES RÉGULIERS, CHANOINESSES RÉGULIÈRES , MALTHE , NOBLESSE , PENSION , &c. (Article de M. DAREAU, avocat au parlement, de la société littéraire de Clermont-Ferrant).

CHEVALIER-D'HONNEUR. C'est un officier de judicature portant l'épée, & ayant le titre de conseiller, avec séance & voix délibérative.

(*) On ne doit s'attacher à cet auteur, qu'avec beaucoup de précaution : il a donné dans un grand nombre d'erreurs reconnues par tous ceux qui ont traité après lui des ordres de chevalerie.

La première création qui fe fit de ces fortes d'officiers fut pour les préfidiaux du royaume par un édit du mois de mars 1691 : le motif de cette création fut qu'il y avoit plufieurs gentilshommes à qui leur âge, l'état de leur fanté ou de leur fortune ne permettoit pas de fervir dans les armées, & qui néanmoins defiroient d'être de quelque utilité au bien de la juftice. Cette confidération fit qu'on créa en titre d'office un confeiller Chevalier-d'Honneur dans chaque préfidial pour y avoir féance en habit ordinaire, l'épée au côté, immédiatement après les lieutenans-généraux, préfidens & autres chefs des compagnies ; mais avant tous les autres confeillers titulaires & honoraires avec voix délibérative aux audiences & aux chambres du confeil en matière civile, fans néanmoins aucune participation aux épices & aux émolumens des autres confeillers : mais pour tenir lieu d'épices à ces nouveaux officiers, le roi attribua à chacun d'eux quatre cens livres de gages.

La principale prérogative de ces Chevaliers-d'Honneur étoit d'être exempts du ban, de l'arrière-ban & de toute contribution à ce fujet. La preuve de leur nobleffe devoit fe faire devant les officiers du préfidial auquel leurs fonctions étoient attachées. C'étoit devant ces officiers qu'il devoit être procédé à l'information de la vie, des mœurs & de la catholicité des récipiendaires; en un mot, c'étoit dans les préfidiaux qu'ils devoient être reçus & inftallés.

Sur la repréfentation qui fut faite au roi que plufieurs des gentilshommes qui fe propofoient de fe faire pourvoir des offices nouvellement

créés , voyoient avec peine qu'ils fuffent exclus
de la connoiffance des matières criminelles , &
qu'on ne leur eût pas accordé l'exemption de
tutelle & de curatelle comme on l'avoit accordée à tous les officiers des préfidiaux , même
aux confeillers-honoraires , par l'édit de décembre 1689 , il intervint une déclaration du 8
mai 1691 , par laquelle il fut dit que ceux qui
avoient déja levé ou qui leveroient dans la fuite
les offices dont il s'agit & qui feroient gradués,
pourroient affifter au jugement des affaires criminelles , & il fut ajouté que les uns & les autres jouiroient de l'exemption de tutelle & de
curatelle comme les autres officiers.

Le roi créa encore par un édit du mois de
juillet 1702 , en titre d'office héréditaire , deux
Chevaliers-d'Honneur au grand-confeil , deux
en la cour des monnoies, deux dans chaque parlement , excepté celui de Paris , deux dans chaque chambre des comptes & dans chaque cour
des aides , & un feul dans chaque bureau des
finances , pour fiéger tant aux audiences qu'aux
chambres du confeil en habit noir avec le manteau , le collet & l'épée , avant le doyen des
confeillers.

Il fut dit qu'ils n'auroient voix délibérative
qu'en matière civile , & qu'ils ne participeroient
nullement à la diftribution des procès ni aux
épices ; mais qu'ils jouiroient de tous les priviléges , honneurs , prérogatives , droits de *committimus* & franc-falé , dont jouiffoient les autres officiers de ces cours , ainfi que des gages
qui feroient réglés par les rôles arrêtés pour la
fixation du prix de ces offices. Et afin que ces
mêmes offices ne fuffent remplis que par des

sujets d'extraction noble, il fut ajouté qu'on ne pourroit en être pourvu qu'après une preuve de nobleſſe faite devant le juge général des armes de France.

Comme les préſidens de ces cours avoient la préſéance ſur les gentilshommes, & que ceux-ci craignoient de perdre leurs prérogatives ſur les autres dans des occurrences où il ne ſeroit point queſtion d'exercice de judicature, il inter-vint un arrêt du conſeil le 12 août 1702, par lequel il fut dit que le rang attribué à ces Che-valiers ne pourroit donner atteinte hors de leurs fonctions au rang que la naiſſance & que d'au-tres emplois ou des dignités pourroient leur donner au-deſſus des officiers qui les précéde-roient dans les cours auxquelles ils ſeroient at-tachés.

Les tréſoriers de France ayant prétendu que les Chevaliers-d'Honneur n'auroient rang qu'a-près ceux qu'ils qualifioient de préſidens, quoi-qu'ils ne fuſſent que ſimples tréſoriers de France, attendu que les offices de préſidens créés aupa-ravant avoient été réunis à leur corps, excepté au bureau des finances de Paris, le roi, pour prévenir toute conteſtation, ordonna par un arrêt de ſon conſeil du 25 novembre 1701, que les particuliers qui ſeroient pourvus des offices de Chevalier-d'Honneur auroient rang & ſéance dans les bureaux des finances, ſavoir, dans celui de Paris, immédiatement après les deux préſi-dens; & dans ceux où les offices de préſidens avoient été réunis au corps, immédiatement après celui qui préſideroit.

Comme il reſtoit un grand nombre des offices dont il s'agit à vendre, ſur-tout dans les chambres des comptes, dans les cours des aides & dans les bureaux des finances, parce que la noblesse ne s'empressoit point à s'en faire pourvoir, il parut une déclaration du 8 décembre 1703 par laquelle il fut dit que ces mêmes offices pourroient être levés par des roturiers ayant vécu noblement, & que par leurs provisions & leur réception dans ces offices, ils seroient anoblis eux & leur postérité, pourvu qu'ils mourussent revêtus de ces offices, ou qu'ils les eussent possédés pendant l'espace de vingt ans accomplis, avec cette restriction néanmoins, que ces mêmes offices ne pourroient être remplis dans la suite en cas de vente que par des nobles d'extraction, parmi lesquels on admettroit les enfans de ceux qui auroient levé les premiers ces sortes d'offices : mais cette dernière disposition a été révoquée par une déclaration du 24 mars 1744, pour ce qui concerne les bureaux des finances, & il a été dit que ceux qui se présenteroient pour être pourvus des offices de Chevaliers-d'Honneur dans ces bureaux seroient dispensés de faire preuve de noblesse, pourvu qu'ils eussent vécu noblement, & que par leurs services & ceux de leurs ancêtres, ils se fussent rendus dignes de l'agrément du roi pour ces offices, en ajoutant que ceux qui les posséderoient graduellement pourroient acquérir la noblesse comme les autres officiers de la juridiction.

Le feu roi Louis XV voulant diminuer le nombre des offices créés dans les juridictions royales du royaume, jugea à propos par son édit du mois de février 1753, de comprendre dans cette diminution ceux des Chevaliers-d'Honneur, ainſi que des lieutenans-généraux d'épée & des conſeillers-d'honneur ou honoraires créés en différens temps pour ſubvenir aux beſoins de l'état; en conſéquence, il fut arrêté par ce même édit que ces offices ci-devant créés dans les ſiéges préſidiaux, dans les bailliages & les ſénéchauſſées ou autres juridictions royales inférieures reſſortiſſantes nuement aux cours de parlement pour lors vacans aux parties-caſuelles, ou qui y vaqueroient dans la ſuite, demeureroient éteints & ſupprimés, avec pouvoir aux officiers de ces ſiéges de réunir à leur corps les offices alors exiſtans en cas de vacance par mort, par démiſſion ou réſignation, ſans faculté de les déſunir ſous quelque prétexte que ce fût, à la charge néanmoins par ces officiers de rembourſer aux propriétaires le prix porté par leur dernier contrat d'acquiſition; & en ce cas il a été dit que les officiers de ces mêmes ſiéges jouiroient des gages attribués à ces offices ſans être tenus de payer de plus grands droits que ceux auxquels ils étoient ſujets avant ces réunions.

Voyez *les lois citées.* (*Article de M. DAREAU, avocat, &c.*)

CHEVALIERS-D'HONNEUR DANS LES PAYS-BAS. Ce ſont des officiers de robe-courte des cours ſupérieures des Pays-Bas : ils ſont établis pour ſoutenir les intérêts de la nobleſſe, comme les conſeillers-clercs pour ſoutenir les intérêts du clergé : c'eſt pourquoi il faut être d'ancienne nobleſſe pour être admis à cette charge.

Ceux du conſeil ſouverain de Mons doivent être choiſis dans le corps des états de la province, & il faut pour cela qu'ils ſoient *féodaux.*

en fond de la cour, c'est-à-dire qu'ils possedent un fief considérable dans l'étendue de la province & relevant du souverain. C'est ce que porte l'article 4 des lettres-patentes du 7 octobre 1611, & l'article 5 du chapitre 1 des chartes générales du Hainaut.

Au parlement de Douai il y a trois Chevaliers-d'Honneur créés en titre d'office par deux édits, l'un du mois de mars 1693, l'autre du mois de février 1694. Avant cette époque, ils étoient nommés par le Roi : il en avoit établi deux par un édit du mois de juillet 1668, & il établit le troisième par un édit du mois de juin 1678.

Ils ont voix délibérative comme les autres officiers dans toutes les affaires : leur rang est immédiatement après les présidens à mortier ; mais en l'absence des présidens ils ne peuvent en prendre la place, ni recueillir les voix, ni prononcer les arrêts. Ce droit appartient au plus ancien conseiller. La noblesse du Hainaut fit en 1611 des remontrances contre cet usage ; les archiducs Albert & Isabelle alors souverains des Pays-Bas, répondirent que ce point avoit déja été débattu plusieurs fois ; mais que les fonctions de président exigeant plus de connoissances qu'on n'en suppose ordinairement à la noblesse, il falloit laisser les choses sur l'ancien pied.

An conseil de Mons les conseillers-clercs ont la préséance sur les *Chevaliers-d'Honneur*, suivant la réponse faite en même-temps aux remontrances de la noblesse ; mais au parlement de Flandres les *Chevaliers-d'Honneur* leur sont préférés.

Ces officiers ne sont jamais chargés du rapport d'aucune caufe , & jamais ils ne font nommés commiffaires pour des enquêtes ou autres procédures.

Au confeil de Mons ils ont un mois de vacances plus que les autres confeillers. Il n'en eft pas de même au parlement de Flandres.

Voyez *les édits cités ci-deffus ; le chapitre premier des chartes générales du Hainaut ; les lettres-patentes du 7 octobre 1611 ; & les remontrances de la nobleffe du Hainaut imprimées dans l'inftitution de la cour de Mons.* Voyez auffi les articles HOMMES DE FIEFS EN FOND, DOUAI, &c. (*Article de M. MERLIN, avocat au parlement de Flandres.*)

CHEVALIER DU GUET. C'eft le titre qu'on donne à un officier qui eft à la tête des archers à pied & à cheval prépofés pour la fûreté publique dans Paris , & qui reçoit les ordres des magiftrats lorfqu'il s'agit de quelqu'exécution de juftice.

La place de Chevalier du Guet a fouvent été remplie par des perfonnes de la première diftinction. Le Chevalier du Guet du châtelet de Paris avoit anciennement voix délibérative lorfqu'on jugeoit les accufés faits prifonniers par fa compagnie. C'eft ce que portoit une déclaration du 17 novembre 1643.

Louis XV par un édit du mois de feptembre 1771 , a éteint & fupprimé l'office de Chevalier capitaine de la compagnie du guet ; ceux de lieutenant, de guidon, d'exempt, d'archers à cheval & à pied, de greffiers, de contrôleurs, de tréforier & de chirurgiens de cette compagnie. Sa majefté a créé en même-temps une nouvelle compagnie fous le même titre que l'ancienne. La place de Chevalier-capitaine eſt la ſeule qui ait été déclarée fixe ; les autres officiers ſont révocables à la volonté du roi. Ce capitaine prête le ſerment au châtelet , & il reçoit celui de tous ceux qui compoſent ſa compagnie. Le commiſſaire aux revues le prête entre les mains du lieutenant - général de police.

A l'égard de la formation de cette compagnie, il fut dit par une ordonnance du 16 ſeptembre de la même année 1771 , qu'elle ſeroit en trois diviſions , dont chacune monteroit la garde de trois jours l'un , & qu'elle ſeroit relevée au bout de vingt-quatre heures au corps-de-garde du châtelet par une autre diviſion , qui avant de relever s'aſſembleroit au lieu indiqué pour être inſpectée ; qu'il ſeroit établi au Fort-l'Evêque , au petit Châtelet & à la priſon de Saint-Martin, de petits corps-de-garde de trois hommes , dont l'un ſeroit toujours en faction devant la porte ; que les officiers des poſtes du guet ſeroient des rapports des priſonniers qui leur auroient été amenés par les patrouilles de la garde de Paris , & les apporteroient avant huit heures au Chevalier du Guet , pour être par lui envoyés à leur deſtination ſuivant l'uſage ; que le Chevalier du Guet commanderoit ſur les diviſions de repos le nombre d'hommes qu'il jugeroit néceſſaire pour les exécutions de juſtice & autres ſervices extraordinaires ; qu'il auroit ſoin que la diviſion de garde fût toujours complette , en faiſant remplir le ſervice des abſens même malades , à leurs dépens ; que le commandant de la garde de Paris , dans le cas même où il ne réuniroit pas en ſa perſonne la commiſſion de Chevalier du Guet, feroit toujours inspecteur du Guet sous les ordres du secrétaire d'état ayant le département de Paris ; que le guet s'entendroit avec la garde ; que le Chevalier du Guet donneroit le mot du guet ; que dans les cas de rencontre, les commandans des détachemens de la garde rendroient le mot à ceux du guet, & ces derniers aux détachemens de cavalerie, qui dans le cours de leur service auroient le droit d'inspection sur les postes de la compagnie du guet ; que l'inspecteur du guet en feroit la revue tous les ans au mois de mai, & le commissaire du guet tous les deux mois, & que l'un & l'autre rendroient compte de cette revue au secrétaire d'état ayant le département de Paris.

La même ordonnance règle l'uniforme & les armes des différens officiers & des archers, les retenues à faire sur leur solde pour le fond de leur habillement, de leur équipement & de leur capitation. Elle porte en même-temps qu'aucun archer ne pourra quitter le service qu'après avoir averti trois mois anparavant le Chevalier du Guet de sa retraite, sous peine de prison pendant trois mois, & de confiscation de ce qui pourroit lui être dû de sa solde. (*Article de M. Dareau, avocat, &c.*)

CHEVAUCHÉE. On appeloit ainsi anciennement le service que les vassaux ou sujets étoient tenus de faire à cheval, soit envers le roi, soit envers quelque seigneur particulier. *Devoir Chevauchée*, selon l'ancienne coutume d'Anjou, c'est être obligé de monter à cheval pour défendre son seigneur féodal dans ses guerres particulières ; & *devoir l'ost*, c'est être obligé de monter à cheval pour accompagner son seigneur à la guerre publique. Il y a différence, ajoute cette coutume, entre *houst* & *Chevauchée* ; car *houst* est pour défendre le pays qui est pour le profit commun, & *Chevauchée* est pour défendre son seigneur. Il est parlé de ce droit dans les usages de Barcelone & dans les anciens fors de Béarn & de Navarre. Fontanella, auteur Catalan, dit qu'*hostis* au masculin, signifie l'ennemi ; mais qu'au féminin, il signifie l'*aide* ou *secours* que les vassaux & sujets doivent fournir au roi dans la guerre publique ; que *Chevauchée*, *calvacata*, est lorsque le roi ou quelqu'autre seigneur mande ses vassaux & sujets pour quelqu'expédition particulière, contre un seigneur ou contre un château, soit par voie de guerre ou pour expédition de justice ; que le roi seul peut indiquer l'*ost* ; que les seigneurs ne peuvent indiquer qu'une *Chevauchée* ; que l'*ost* est une assemblée qui n'est pas pour un seul jour ni pour un lieu seulement, au-lieu que la *Chevauchée* n'est que pour un jour ou pour un terme certain.

Les baillis & les sénéchaux convoquoient autrefois des *Chevauchées* ; c'étoit une espèce de convocation du ban & arrière-ban, laquelle comprenoit non-seulement tous les seigneurs de fief, mais aussi les nobles, qui faisoient tous alors profession de porter les armes ; ils étoient obligés de servir à cheval & à leurs dépens.

Une ordonnance de saint Louis de 1256, défend aux baillis & aux sénéchaux d'ordonner des Chevauchées inutiles pour en tirer de l'argent, & porte que ceux qui auront été sommés quand elles seront ordonnées justement, auront la liberté de donner de l'argent ou de servir en personne.

Philippe VI accorda en 1324 aux habitans de Florence, une exemption d'*oſt* & de *Chevauchée* ; ce qui fut confirmé par le roi Jean en 1350. Il accorda en 1343 le même privilège aux monnoies, & en 1346 aux ſergens des foires de Brie & de Champagne ; ce qui fut auſſi confirmé par le roi Jean en 1352 & 1362.

Guy comte de Nevers, remit aux bourgeois pluſieurs droits, entr'autres *Chevaucheiam noſtram & exercitum noſtrum* ; ce qui fut confirmé en février 1356 par Charles V, alors régent du royaume.

Les habitans de Saint-André près d'Avignon, furent pareillement exemptés des *Chevauchées* par Philippe-le-Bel en 1296 ; ce qui fut confirmé par le roi Jean en 1362.

Les privilèges accordés à la ville d'Auxonne en 1229, & confirmés par le roi Jean en 1361, font mention que les habitans doivent au ſeigneur l'*oſt* & la *Chevauchée*, mais qu'il ne peut pas les mener ſi loin de la ville qu'ils ne puiſſent revenir le même jour.

On peut auſſi appliquer au ſervice de Chevauchée beaucoup d'ordonnances & de lettres concernant l'*oſt* & ſervice militaire, qui ſont dans le recueil des ordonnances de la troiſième race.

CHEVAUCHÉE *d'une juſtice*, s'eſt dit des procès-verbaux que l'on faiſoit anciennement pour reconnoître & conſtater l'étendue & les limites d'une juſtice. Ce nom eſt venu de ce que la plupart de ceux qui y aſſiſtoient étoient à cheval. Le Juge convoquoit à cet effet le procureur d'office, le greffier & les autres officiers du ſiège, & les principaux & plus anciens habitans, avec lesquels il faisoit le tour de la justice. On faisoit dans le procès-verbal la description des limites & de ce qui pouvoit servir à les faire reconnoître.

On a appelé *droit de Chevauchée*, un droit qui étoit dû au-lieu des corvées de chevaux & charroi pour le passage du roi. L'ordonnance de saint Louis du mois de décembre 1254, *défend que nul en sa terre*, c'est-à-dire dans le royaume, *ne prenne cheval contre la volonté de celui à qui le cheval sera, si ce n'est pour le service du roi*; & en ce cas, elle veut que *les baillis, prévôts ou maires, ou ceux qui seront en leurs lieux, prennent des chevaux à loyer; que si ces chevaux ne suffisent pas pour faire le service, les baillis, prévôts & autres-dessus nommés ne prennent pas les chevaux des marchands ni des pauvres gens, mais les chevaux des riches seulement, s'ils peuvent suffire pour faire le service.* L'article 38 *défend que pour le service du roi ni pour autre, nul ne prenne chevaux des gens de sainte église, si ce n'est de l'espécial mandement du roi que les baillis ni autres ne prennent de chevaux forts tant comme métier sera, & que ceux qui seront pris ne soient point relâchés par argent; ce qui sera gardé*, est-il dit, *sauf nos services, nos devoirs & nos droits, & aussi les autrui.*

CHEVAUCHÉE, s'emploie aussi pour signifier les voyages que certains officiers sont obligés de faire pour satisfaire au devoir de leur charge.

Les rois Charles IX & Henri III ordonnèrent en septembre 1570, & en mai 1577, que les commissaires députés par la cour des monnoies feroient leurs Chevauchées & visites dans les provinces pour tenir la main à l'exécution des règlemens sur le fait des monnoies.

L'ordonnance de Henri II, de 1554, avoit enjoint aux lieutenans criminels, tant de robe longue que de robe courte, de faire tous les ans, ou de quatre mois en quatre mois, des *vifitations & Chevauchées* dans leurs provinces. Ce foin qui a pour objet la fûreté & la tranquillité publique, eft aujourd'hui confié aux prévôts des maréchaux de France.

Les maîtres des requêtes ont auffi été chargés autrefois de faire des *Chevauchées* ou vifites dans les provinces. C'eft ce qu'on peut remarquer dans les ordonnances d'Orléans, de Moulins & de Blois. L'objet de ces Chevauchées ou vifites étoit de dreffer procès-verbal des chofes importantes pour l'état, de recevoir les plaintes des fujets & de réprimer les abus. Aujourd'hui, ce font les intendans ou commiffaires départis dans les provinces qui font ces vifites chacun dans l'étendue de fa généralité.

Les élus ou confeillers des élections font obligés de faire des Chevauchées ou vifites dans leurs départemens pour s'informer de l'état & des facultés de chaque paroiffe, de l'abondance ou ftérilité de l'année, du nombre des charrues, du trafic qui fe fait dans chaque lieu, enfemble de toutes les autres commodités ou incommodités qui peuvent rendre ces lieux riches ou pauvres.

Dans ces Chevauchées, les élus doivent auffi fe faire rendre compte des exemptions dont jouiffent quelques habitans, pour voir fi elles font fondées, & fi l'égalité eft obfervée autant qu'il eft poffible, entre les contribuables. Lorfqu'ils trouvent des abus, ils doivent prendre l'avis de trois ou quatre principaux habitans de la paroiſſe, ou des paroiſſes circonvoiſines, les mieux informés des facultés & des moyens des contribuables, pour enſuite en rapporter procès-verbal à l'aſſemblée de l'élection, & faire en conſéquence le département des taxes avec droiture & juſtice.

Les élus doivent ſe partager entre eux le reſ-ſort de l'élection pour leurs Chevauchées, leſ-quelles doivent ſe faire après la récolte. Ils ne peuvent aller deux années de ſuite dans le même département, ni faire leurs Chevauchées dans un lieu où ils poſſèdent du bien.

Les grands maîtres des eaux & forêts doivent pareillement faire des Chevauchées ou viſites pour la conſervation des forêts du roi. C'eſt ce qui réſulte de pluſieurs ordonnances & particu-lièrement de l'article 18 de l'édit de 1583, le-quel enjoint aux grands maîtres réformateurs, à leurs lieutenans & aux maîtres particuliers, de viſiter dans leurs Chevauchées, *les rivières, levées, chauſſées, moulins, pêcheries, & de s'in-former de l'occaſion du dépériſſement d'iceux.*

Les tréſoriers de France ſont auſſi obligés de faire annuellement des Chevauchées dans les élections de leur reſſort pour voir ſi la réparti-tion des tailles eſt conforme aux facultés de chaque paroiſſe. Ils ſont de même la viſite des chemins.

Voyez *le recueil des ordonnances de la troiſième race ; les traités du ban & de l'arrière-ban par de Laroque & de Lalande ; les gloſſaires de Ducange & de Laurière ; la conférence de Guénois ; l'ordon-nance de François I du dernier juillet 1517 ; l'édit de Henri II du mois de février 1552 ; le mémorial alphabétique des tailles ; l'édit de Henri IV du mois*

mois de mars 1600 ; le règlement du 8 avril 1634 ;
les ordonnances d'Orléans , de Moulins , de Rouf-
fillon & de Blois , &c. Voyez auffi les articles
BAN ET ARRIÈRE-BAN, BAILLI, ÉLECTION,
TAILLE, PRÉVÔT DES MARÉCHAUX, BUREAU
DES FINANCES, &c. (*Cet article appartient à*
M. BOUCHER D'ARGIS , *ancien confeiller au*
confeil fouverain de Dombes).

CHEVAUX-LÉGERS. Corps de cavalerie ,
de la maifon militaire du roi.

Dans l'origine , les Chevaux-Légers étoient
une compagnie d'ordonnance qui fervoit Henri
IV avant qu'il parvînt à la couronne de France.

Plufieurs princes & feigneurs avoient alors
avec la permiffion de nos rois, de femblables
compagnies qui formoient en ce temps-là le
corps de la gendarmerie Françoife : elles étoient
diftinguées de la cavalerie légère , & par la qualité des perfonnes & par l'efpece de leurs armes. .
C'eft fur le pied de compagnie d'ordonnance
que la troupe dont il s'agit fervit jufqu'en 1593 ;
mais cette année Henri IV l'établit fous le titre
de *Chevaux-légers*, & la fubftitua aux deux compagnies de cent gentilshommes chacune de fa
maifon , dits au bec de Corbin , réfervés feulement pour les grandes cérémonies. Il s'en fervit
pour fa garde ordinaire à cheval , & s'en fit capitaine. Elle fut même la première garde à cheval de la perfonne de nos rois.

L'uniforme des Chevaux-Légers eft un habit
écarlate , doublure rouge , paremens de velours
noir coupés , & poches en travers , galonnées
d'or en plein , & brandebourgs d'or fur le tout ;
boutons & boutonnières d'argent , ceinturon
garni d'or & noir , vefte couleur de Chamois ,

galonnée & bordée d'or, à boutons d'argent; culotte & bas rouge, chapeau bordé d'or & d'argent, plumet blanc; l'équipage du cheval, de drap écarlate, galonné d'or & bordé d'argent.

Cette compagnie est d'autant plus distinguée, que de tout temps elle a été composée de gentilshommes & de capitaines qui s'étoient signalés dans les différentes occasions. Ils ont tous les privilèges qui sont accordés aux commensaux de la maison du roi ; & comme ils n'ont pas jugé à propos en 1629 de changer le nom de gendarmes en celui de carabiniers ou de mousquetaires, sur lesquels ils avoient alors le pas & la préséance, Louis XIII les fit précéder par sa compagnie de mousquetaires, qu'il affectionnoit plus que les autres ; mais comme prince juste, il conserva aux Chevaux-Légers le premier poste de sa garde, dont cette troupe jouit toujours, & marche immédiatement avant le roi, de la personne duquel elle n'est séparée que dans les grandes cérémonies. Alors les cent suisses, puis les gardes de la prévôté de l'hôtel, qui les uns & les autres ne servent qu'à pied, marchent entre les Chevaux-Légers & le roi. On remarque, à la gloire de cette compagnie, que jamais elle n'a été battue, & que les ennemis n'ont jamais pu lui enlever ni ses timbales, ni ses étendards.

Suivant l'ordonnance du 15 décembre 1775, cette troupe est aujourd'hui composée d'un capitaine-lieutenant, de deux sous-lieutenans, de deux enseignes, d'un aide-major, d'un porte étendard, d'un fourrier, de deux maréchaux-des-logis, de quatre brigadiers, de quarante-quatre Chexaux-Légers, d'un timballier & de deux trompettes.

La moitié des Chevaux-Légers doit servir auprès du roi pendant six mois, à l'expiration desquels elle doit être relevée par l'autre moitié.

Il ne peut y avoir dans la troupe que douze surnuméraires.

Les simples Chevaux-Légers ont le rang & les prérogatives de lieutenant de cavalerie.

Voyez les articles MAISON DU ROI, GENDARMERIE, CAPITAINE, SOUS-LIEUTENANT, ENSEIGNE, MARÉCHAL-DES-LOGIS, BRIGADIER, &c.

CHEVESSE. Ce mot que l'on trouve dans quelques coutumes & dans les anciens actes a échappé aux recherches de Ragneau & du savant de Laurière, il n'est pas dans le glossaire du droit françois.

La coutume de l'évêché de Metz nous apprend ce que l'on doit entendre par cette expression. Après avoir dit article 5 du titre 2, que la femme survivante lorsqu'il n'y a pas d'enfans de son mariage emporte la totalité des meubles, à la charge de payer les dettes personnelles & mobiliaires, elle ajoute article 6 : » mais où il y a des enfans, elle ne peut rien pré- » tendre ès-dits meubles, qu'autant que l'un » d'iceux ; hormis par préciput sa *Chevesse* : c'est- » *à dire ses habits, bagues & joyaux, & un lit* » *garni, ni le pire, ni le meilleur* ».

Ainsi la Chevesse est une espèce de préciput que quelques coutumes accordent à la femme dans la communauté d'entre elle & son mari prédécédé. (*Article de M. H.... avocat au Parlement.*)

CHEVEUX. C'est le poil de la tête.

Les Cheveux destinés à faire des perruque doivent à l'entrée des cinq grosses fermes di sous par livre, conformément au tarif de 1664

Voyez *ce tarif* & les articles ENTRÉE, SOR TIE, MARCHANDISE, SOU POUR LIVRE, &c.

CHEVIR. On trouve cette expression dan plusieurs coutumes. Elle signifie *traiter, com poser, capituler.* C'est dans ce sens qu'elle es employée dans les anciennes coutumes de Bour ges. *Item. Se aucun faisoit ajourner un autre à lu répondre devant le juge, & celui qui est ajourn soit venu Chevir à sa partie, le prévôt y auroit u clain qui vaut six blancs.* Nous voyons par le grand coutumier qu'on se servoit de cette ex pression dès le temps de Charles VI, & qu'elle avoit le même sens : *Aucuns sont qui chevissen au seigneur quand ils ont acheté aucun héritage, & qui ne s'en font point ensaisiner pour la cautelle du retrait,* le grand coutumier, *page 240.* Enfin on retrouve ce mot employé dans le même sens dans la coutume de Paris, & plusieurs autres. L'article 21 de celle de Paris, porte : « Si le » seigneur féodal a reçu le quint denier à lui dû, » à cause de la vendition du fief mouvant de lui, » *Chevi* ou baillé souffrance, ledit seigneur féo » dal ne peut plus retenir ledit fief par puissance » de fief pour l'unir & mettre en sa table à cause » d'icelle vendition ».

Le sens de cet article qui forme notre droit commun, est que le seigneur qui a donné souf france à l'acquéreur d'un fief, ou Chevi, c'est à-dire, composé avec cet acquéreur, n'est plus admis au retrait féodal de ce même fief à raison duquel il a *Chevi.*

La raifon de cette difpofition, dit Brodeau, fur cet article 21, eft que le feigneur féodal, auquel par le contrat de vente à lui notifié & exhibé par l'acquéreur qui lui en a donné copie, eft acquis le droit de quint ou de retrait féodal à fon choix, ne pouvant pas avoir l'un & l'autre conjointement, recevant purement & fimplement, & fans aucune réferve ni proteftation, le quint en tout ou en partie, ou tranfigeant & compofant pour icelui à une fomme certaine, fuppofé même qu'il ait donné terme & délai de payer, & n'en ait reçu aucune chofe, demeure exclus du retrait féodal auquel il a tacitement renoncé, & confommé par ces actes volontaires l'option des deux droits dont il avoit entière & parfaite connoiffance, & ne peut plus varier ni changer de volonté (bien qu'il foit encore dans les quarante jours), au préjudice du droit acquis.

Ce paffage développe très-bien l'étendue du mot *Chevir*. Le feigneur a Chevi toutes les fois qu'il a reçu le quint, qu'il a compofé à raifon de ce droit ou donné terme pour le payer ; en un mot, toutes les fois qu'il a fait des actes approbatifs de la vente. Dans tous ces cas le feigneur eft exclu du retrait féodal.

On peut élever la queftion de favoir fi fous cette dénomination *Chevir*, la coutume entend comprendre le *dépri*.

Le *dépri* eft en général une convention par laquelle le feigneur s'engage à faire remife à l'acquéreur d'une partie du droit auquel fon acquifition donne ouverture. Si après une pareille convention l'on peut dire que le feigneur a Chevi, aux termes de la coutume il eft exclu du retrait féodal. La queftion n'eft donc pas fans intérêt.

Guyot examine & décide cette queftion *du retrait feigneurial, chapitre 18.* Sur ce mot *Chevir* ou baillé fouffrance, je crois, dit cet auteur, que le *dépri* fait par l'acquéreur avant l'acquifition, fi ce *dépri* étoit conftaté par écrit, excluroit le feigneur du retrait ; car le *dépri* eft l'agrément donné à celui qui fe préfente pour acheter, & la déclaration que fait le feigneur qu'il fe contente de telle fomme. Cette convention faite, même avant le contrat, eft une claufe d'exclufion du retrait.

Cette opinion eft confirmée par un arrêt fans date, rapporté par Bouchel fur l'article 237 de la coutume de Senlis. Par cet arrêt, un feigneur fut débouté du retrait pour avoir écrit à l'acquéreur d'un fief mouvant de lui, qu'il lui feroit obtenir de fon fermier une diminution du droit de vente.

Le feigneur a *Chevi* non-feulement lorfqu'il a reçu les droits réfultans de la vente, lorfqu'il a compofé fur la quotité de ces droits, mais encore lorfqu'il a donné à l'acquéreur un délai pour les payer. La raifon en eft, dit Ferrière, *fur l'article 21 de la coutume de Paris, gloff. 2*, que par ce moyen il a tacitement renoncé à l'option des deux droits ; favoir, de retirer ou de recevoir le quint : & il ne peut plus varier ni changer de volonté, au préjudice de l'acquéreur, quoiqu'il foit encore dans le temps du retrait. Car par le moyen de ce délai accordé, l'acquifition de l'acheteur qui étoit en fufpens a été affurée, & il eft devenu feigneur incommutable du fief par lui acquis.

Bien entendu que ce délai ne préjudicieroit pas au seigneur si en l'accordant il avoit fait des réserves convenables.

Si le fief dominant est partagé entre deux seigneurs, & que l'un des deux ait *Chevi*, l'autre seigneur n'est pas exclu du retrait pour sa portion, le fait de son co-seigneur ne pouvant pas lui nuire, & par conséquent lui enlever l'exercice d'un droit que la loi lui accorde.

Le seigneur seroit-il exclu du retrait si son receveur ou son fermier dans le bail ou procuration desquels seroit une clause générale, portant faculté de recevoir les droits féodaux, avoient *Chevi ?*

La coutume du Maine a sur ce point une disposition expresse. L'article 359, porte, que la réception des droits faite par le fermier de la seigneurie, *forclos* le seigneur du retrait.

Charondas & Tronçon regardent la disposition de cette coutume comme formant le droit commun, avec cette modification néanmoins, que le seigneur peut prévenir son fermier ; c'est-à-dire que le retrait lui est acquis s'il en a intenté l'action avant que le fermier ait reçu les droits. Charondas cite un arrêt du 28 février 1572, qui a jugé que le droit payé au receveur exclut le seigneur du retrait.

Cette opinion n'est pas, à beaucoup près, sans contradicteurs. Chopin la combat, *sur la coutume d'Anjou, livre 2, titre 6, n. 21.* Pour ce qui est du procureur, dit Brodeau, *sur l'article 21 de la coutume de Paris, n. 8 & 9,* c'est une règle en droit que *in alternativis, electione facta per procuratorem, stipulatio consummata est;* d'où l'on peut induire que le procureur ayant

E e iv

admis à la foi & reçu les droits, le seigneur ne peut plus demander la retenue féodale. Au reste cela ne se doit point entendre d'un procureur fondé de procuration generale, mais seulement de celui auquel a été passé procuration spéciale à l'effet de l'option.

Par les mêmes raisons, ajoute Brodeau, la réception faite par le receveur ou fermier des quints & droits seigneuriaux, ne donne pas ouverture à des fins de non-recevoir contre le seigneur qui veut exercer le retrait.

Sur l'article précédent, le même auteur rapporte un arrêt rendu en la grand'chambre au rapport de M. Camus de Pontcarré, le 7 avril 1637, par lequel la cour a jugé que le propriétaire du fief est recevable à intenter l'action en retrait quoique son receveur, fermier ou procureur ait reçu le quint.

Ferrière, qui se range du parti de Brodeau, ajoute : De plus, la faculté de choisir de deux choses l'une, comme est le quint ou le retrait, est personnelle : de sorte qu'elle ne peut être exercée que par celui à qui elle appartient.

Il y a encore une observation à faire sur cet objet. C'est que l'on ne peut pas dire que le seigneur ait Chevi, quoiqu'il ait reçu les droits ordinaires & annuels, tels que le cens, par exemple. De sorte que dans les coutumes où le retrait censuel a lieu, le seigneur n'est pas exclu du retrait par l'acceptation qu'il peut avoir faite du cens annuel dont les héritages vendus sont grevés. La coutume du Maine en a une disposition expresse. L'article 399 porte : *Le seigneur, pour avoir reçu les devoirs ordinaires, n'est forclos du retrait.*

· Dumoulin rend la raison de cette décision en ces termes : *Quia debentur annualim , aque cumque justo vel injusto possessore*. Note sur l'article 399 de la coutume du Maine.

- Voyez ci-après le mot RETRAIT FÉODAL, & *les commentateurs de la coutume de Paris , sur l'article 21 de cette coutume (Article de M. H*** , avocat au parlement)*.

CHÈVRE. Sorte d'animal quadrupède.

Les Chèvres font un dommage considérable aux arbres qu'elles broutent : c'est pourquoi plusieurs coutumes ont défendu d'en nourrir.

Les Chèvres & porcs , & autres bêtes malfaisantes , sont en tout temps en défens , dit l'article 84 de la coutume de Normandie : c'est-à-dire , qu'on ne peut les mener paître dans l'héritage d'autrui sans le consentement du propriétaire.

L'article 152 de la coutume d'Orléans défend de les mener dans les *vignes , gagnages, clouseaux, vergers, plants d'arbres fruitiers, chenayes, ormoyes, saulsayes , aulnayes* , à peine d'amende.

Et l'article 196 de la coutume de Poitou porte que les bois taillis sont défensables pour le regard des Chèvres, jusqu'à ce qu'ils aient cinq ans accomplis ; & à l'égard des autres bêtes , jusqu'à quatre ans.

· Il y a aussi dans l'ordonnance des eaux & forêts du mois d'août 1669 , une disposition particulière à l'égard des Chèvres : voici ce que porte l'article 13 du titre 19 :

· « Défendons aux habitans des paroisses usa- » gères , & à toutes personnes ayant droit de » panage dans nos forêts & bois , ou en ceux » des ecclésiastiques, communautés & particu- » liers, d'y mener ou envoyer bêtes à laine ,

» Chèvres , brebis & moutons, ni mêmé ès
» landes & bruyères, places vaines & vagues,
» aux rives des bois & forêts , à peine de con-
» fiscation des bestiaux & de trois livres d'a-
» mende pour chacune bête. Et seront les ber-
» gers & gardes de telles bêtes , condamnés en
» l'amende de dix livres pour la première fois ,
» fustigés & bannis du ressort de la maîtrise en
» cas de récidive ; & demeureront les maîtres
» propriétaires des bestiaux , & pères de famille,
» responsables civilement des condamnations
» rendues contre les bergers ».

- Par arrêt du conseil du 29 mai 1725 , il a été
fait défense , sous peine de cent livres d'amende,
à tous les habitans du Languedoc , de nourrir
des Chèvres dans l'étendue de cette province,
à moins d'avoir obtenu pour cet effet une permission de l'intendant.

Le parlement de Grenoble a fait de pareilles
défenses par arrêt du 11 août 1735.

Par un autre arrêt du 3 juin 1755 , le conseil
a confirmé une ordonnance du grand maître des
eaux & forêts de Guienne , rendue le 29 octobre
1753 , suivant laquelle il étoit enjoint aux particuliers qui nourrissoient & entretenoient des
Chèvres dans la vallée du Figuier, de s'en dé-
faire dans le mois, à peine d'une amende de
cinquante livres , & de confiscation de celles
qu'ils auroient conservées , à l'exception néanmoins des particuliers qui en entretenoient pour
le soulagement des malades , & auxquels il avoit
permis d'en nourrir une seule.

On peut librement faire passer des Chèvres
chez l'étranger & en faire entrer dans le royaume, en payant pour droit tant à l'entrée qu'à la

fortie, un demi pour cent de la valeur de ces animaux. Au furplus, les Chèvres font déchargées des droits tant d'entrée & de fortie des cinq groffes fermes, que de tous les autres droits locaux des traites, lorfqu'elles paffent dans les différentes provinces foit réputées étrangères, foit des cinq groffes fermes. C'eft ce qui réfulte d'un arrêt du conseil du 17 avril 1763.

Pour prévenir les difficultés qui pourroient être faites fur les évaluations, il a été joint à cet arrêt un état en forme de tarif, par lequel chaque Chèvre eft eftimée cinq livres : ainfi le droit à percevoir foit à l'entrée, foit à la fortie du royaume, eft de fix deniers.

Voyez *les lois citées*, & les articles ENTRÉE, SORTIE, MARCHANDISE, SOU POUR LIVRE, &c.

CHEVREAU. C'eft le petit de la chèvre.

Ce que nous avons dit de celle-ci dans l'article précédent, doit s'appliquer à celui-là : il n'y a de différence qu'en ce que l'arrêt du conseil du 17 avril 1763, n'ayant évalué le Chevreau qu'à trente-fix fous, le droit à percevoir fur cet animal, tant à l'entrée qu'à la fortie du royaume, n'eft que de deux deniers.

Les Chevreaux qui entrent à Paris pour y être vendus ou confommés, doivent 1°. deux fous trois deniers par livre de la fomme à laquelle ils font évalués, pour droit attribué aux officiers qui avoient été établis fur les quais & dans les halles & marchés de Paris : 2°. un fou neuf deniers auffi par livre de l'évaluation, pour les droits rétablis par l'édit du mois de décembre 1743 & prorogés par plufieurs lois poftérieures : 3°. fix deniers par pièce pour les droits de domaine & barrage.

Voyez *les édits de juin 1730, & de décembre 1743; le traité général des droits d'aides*, &c. Voyez aussi l'article CHÈVRE.

CHEVROTAGE. C'est le nom d'un droit que doivent en quelques lieux au seigneur les habitans qui nourrissent des Chèvres. Il consiste ordinairement à payer par année la cinquième partie de la valeur d'un chevreau. Voyez *le traité des droits seigneuriaux de Despeisses, & le glossaire de Laurière.*

CHÉZÉ. Le Chézé est une mesure de terre que certaines coutumes accordent par préciput au fils aîné dans les possessions féodales.

Les coutumes de Tours, de Loudunois, du Maine, &c. ont des dispositions sur cet objèt.

Cette mesure varie dans les différentes coutumes. Dans celle de Tours, le *Chézé* « est de » deux arpens de terre environ le châtel ou hô- » tel noble tenu en fief, qui entre nobles appar- » tient à l'aîné mâle pour son avantage, ou à la » fille aînée au défaut d'hoirs mâles. Dans la » coutume de Loudunois, le Chézé est le vol » d'un chapon de terre environ le maître hôtel, » ou de trois septerées de terre à l'entour du » chatel, hors les fossés en succession de ba- » ronnie.

Le Proust, sur l'article 3 de cette coutume, de Loudunois, prétend qu'il faut lire *Chesné*, parce que, dit-il, on mesure ces trois septerées de terre avec une *chaîne* d'arpenteur; mais de Laurière dans son glossaire, observe que cet auteur s'est trompé. Il faut, dit-il, lire *Chézé*, comme il y a toujours eu au texte. Ce mot vient de *casa*, qui suivant Isidore, signifie *habitaculum palis*. Du Cange en donne la même définition,

Le *Chézé*, suivant ce glossateur, *est id quod competit primo genito in feudo, manerium silicet præcipuum, cum certa agrorum appendice.*

Suivant la coutume de Tours & autres, le Chézé est, comme on vient de le dire, une certaine mesure de terre *environ le châtel.* Ces mots font naître la question de savoir si, dans le cas où il n'y a pas de terres appartenantes à la succession *environ le châtel,* l'aîné prendra le Chézé dans les terres plus éloignées. L'Hoste, sur la coutume de Berry, se décide contre l'aîné, parce que cet avantage étant contraire au droit commun, & tendant à détruire l'égalité naturelle, il faut, dit-il, le restreindre dans les bornes que la loi lui donne : *Quia hæc consuetudo quæ in favorem majoris natu excedit terminos juris communis, non est extendenda sed restringenda in propriis terminis.*

Pallu, sur l'article 260 de Tours, ajoute : » Ainsi a été pratiqué par l'avis de maîtres Etienne » le Pelletier, Claude Gouri, Bernard Laurencin » cin & moi, en la succession du sieur de Bray, » ressort de Chinon ».

Boullay, sur la coutume de Bourbonnois, remarque d'après Dumoulin, « que le Chézé ne » se doit prendre au long, mais aux environs du » château, à la commodité commune des parties ». Les coutumes d'Auxerre, d'Orléans, de Bourbonnois, décident de même que l'arpent doit se prendre autour du manoir.

La Thaumassière sur Berry, *article* 31, regarde cette question comme inutile, parce que, dit-il, il importe fort peu en quel lieu l'aîné prenne cette mesure de terre, pourvu qu'il ne prenne que ce que la loi lui donne. Il faut ce-

pendant convenir qu'il eſt des cas où cette queſtion préſente un intérêt très-réel. Cet intérêt
provient de la différente nature des terres. Pour
meſurer cette portion de terre, on doit ſe ſervir
de la meſure de la ſeigneurie. C'eſt la déciſion
de Brodeau. « La conſiſtance, l'étendue & la
» longueur de cet arpent, dit cet auteur, dépend
» de la meſure uſitée en la province ; ou pour
» mieux dire, en la juſtice du ſeigneur, » ſur
l'article 13 de la coutume de Paris.

Voyez le mot VOL DU CHAPON. (*Article de
M. H*** avocat au parlement*).

CHIEN. Sorte d'animal domeſtique.

- On doit tenir à l'attache les Chiens dangereux;
à peine contre ceux qui les laiſſent vaguer, de
répondre des accidens.

. . Le parlement de Paris a jugé par arrêt du 18
juillet 1688, que le maître d'un Chien devoit
des dommages & intérêts à la perſonne que cet
animal avoit mordue.

— Il en ſeroit différemment ſi la perſonne mordue avoit provoqué le Chien, & que cela fût
prouvé : elle n'auroit dans ce cas, ſelon l'obſervation de Bouvot, aucune action contre le
maître.

Au ſurplus, celui qui anime un Chien eſt tenu
du dommage. C'eſt une diſpoſition de la loi *item
mela. ff. ad leg. aquil.*

. . Henri II rendit en 1556, une ordonnance
pour enjoindre de tuer les Chiens qui n'étoient
avoués de perſonne.

Dans le cas où des Chiens ſont enragés, il
eſt ordonné tant aux perſonnes à qui ils appartiennent qu'à toutes celles qui en ont connoiſſance, de les tuer ſur le champ, ainſi que tous

les autres animaux qu'on fait en avoir été mordus. Les chairs de ces animaux doivent être enterrées dans des fosses assez profondes pour que les Chiens ne puissent pas les déterrer.

Par arrêt du 17 avril 1674, il a été défendu aux gardes des bois du roi, de mener avec eux aucun Chien à leur suite, soit à la campagne, soit dans les bois.

Les seigneurs qui chassent aux Chiens courans, & qui passent sur les terres d'autrui pour aller plus loin, doivent attacher leurs Chiens deux à deux, conformément à un jugement de la table de marbre du 6 juillet 1707.

Il est défendu par l'article 16 du titre 30 de l'ordonnance des eaux & forêts, d'employer des Chiens couchans pour la chasse. Voyez *à ce sujet l'article* CHASSE.

CHIENAGE. C'est le nom d'un droit qui a lieu dans quelques seigneuries. Il consiste dans l'obligation imposée aux vassaux de nourrir un certain nombre de chiens appartenans au seigneurs & destinés à la chasse. Il y a quelques endroits où cette servitude est convertie en redevances annuelles.

Ce droit est si odieux, que les archiducs Albert & Isabelle, anciens souverains des Pays-Bas, l'abolirent en Hainaut. Voici comme ils s'expriment dans l'article 2 du chapitre 132 des chartes générales de cette province.

« Et pour donner ordre que les manans & » sujets de notredit pays ne soient aucunement » foulés, interdisons à tous nos vassaux & autres » chacun en droit soi, de faire nourrir chiens » ès censes & maisons d'abbayes ou autres mai- » sons d'église, ni sur quelque laboureur de no-

» tredit pays, ne foit de plein gré & confente-
» ment d'iceux, fur l'amende de cinq florins
» carolus (*) à notre profit ou de nos vaſſaux ».
(*Cet article eſt de M. MERLIN, avocat au parlement de Flandres*).

CHIFFONS. On appelle ainſi les vieux
linges, les vieux drapeaux qui ſervent à fabriquer du papier. Et l'on donne le nom de *chiffonniers* à ceux qui en font commerce.

Différentes lois ont défendu de faire ſortir
cette eſpèce de marchandiſe du royaume & de
la tranſporter chez l'étranger : mais comme on
en éludoit l'exécution, les fabricans & marchands de papier, ainſi que les imprimeurs &
libraires des principales villes du royaume, ont
à ce ſujet fait des repréſentations qui ont déterminé le roi à rendre en ſon conſeil le 21 août
1771, l'arrêt ſuivant :

« Le roi étant informé des repréſentations
» adreſſées tant par les fabricans que par les
» marchands de papier, imprimeurs & libraires
» de la plupart des principales villes du royaume,
» que-nonobſtant la quantité de vieux linges,
» Chiffons, vieux drapeaux, pattes, rognures
» de peaux & de parchemin, & autres matières
» propres à la fabrication du papier & à la for-
» mation de la colle que produit la France, les
» fabriques de papier ſont en pénurie de ces ma-
» tières, qui de jour en jour augmentent conſi-
» dérablement de prix : que cette pénurie eſt
» au point que pluſieurs moulins ſont totalement
» abandonnés, d'autres près de l'être, & tous les
» autres en langueur : que ce mal vient de la

_____

(*) Le carolus vaut cinquante-cinq ſous.

» grande

» grande exportation qui se fait desdites matières
» à l'étranger, en fraude des droits exclusifs im-
» posés à la sortie du royaume : que cette ex-
» portation est facilitée par le transport par mer :
» qu'au lieu & sous prétexte de les porter d'une
» province à une autre du royaume, on les porte
» à l'étranger, & qu'on suppose par des décla-
» rations faites aux amirautés, avoir été forcé
» par des coups de vents & des gros temps, de
» les jeter à la mer : que la discussion de ces dé-
» clarations devant les tribunaux ordinaires, &
» la longueur des procédures, qui presque tou-
» jours sont abandonnées, rendent la fraude
» impunie & le fraudeur plus hardi. Sa majesté
» s'étant fait représenter les arrêts rendus en son
» conseil les 28 mai 1697 & 4 mars 1727, par
» lesquels la sortie desdites matières hors du
» royaume auroit été défendue sous peine de
» confiscation & de trois mille livres d'amende ;
» l'arrêt du 8 mars 1733, qui auroit converti la
» prohibition en un droit de sortie de trente
» livres par quintal ; celui du 6 mai 1738, par
» lequel il auroit été statué sur ce qui regarde
» les ports de Marseille & Dunkerque ; celui du
» 30 octobre 1742, qui auroit ordonné la per-
» ception dudit droit de trente livres sur lesdites
» matières transportées du royaume à Bayonne :
» celui du 17 septembre 1743, qui auroit défendu
» les magasins & entrepôts desdites matières
» dans aucuns lieux des côtes maritimes de la basse
» Normandie, & le transport autrement que par
» terre dens l'étendue de ladite généralité ; celui
» du 10 septembre 1746, qui auroit permis la
» libre circulation dans le royaume, en payant
» les droits ; celui du 22 décembre 1750, qui

» auroit fixé à six livres du cent pesant les droits
» de sortie des rognures de peaux destinées pour
» l'étranger; celui du 18 mars 1755, qui auroit
» étendu la défense des magasins & entrepôts
» dans toutes les provinces du royaume, à quatre
» lieues près des côtes maritimes & frontières :
» l'arrêt du 17 décembre 1766, qui auroit or-
» donné que le transport desdites matières d'un
» port à un autre du royaume, ne pourroit être
» fait que sur des bâtimens pontés, & du port
» au moins de vingt tonneaux, à peine de payer
» le droit de trente livres par quintal, comme
» passant à l'étranger. Et sa majesté voulant éta-
» blir de nouvelles précautions pour remédier
» à des abus aussi préjudiciables aux manufac-
» tures de papier, desirant même leur procurer
» encore de nouveaux encouragemens propres à
» faire fleurir une branche de commerce aussi
» intéressante pour l'état. Ouï le rapport du sieur
» abbé Terray, conseiller ordinaire au conseil
» royal, contrôleur général des finances; le roi
» étant en son conseil, a ordonné & ordonne
» ce qui suit :

ARTICLE PREMIER.

» Les arrêts du conseil des 28 mai 1697, &
» 4 mars 1727, seront exécutés suivant leur
» forme & teneur; en conséquence, fait sa ma-
» jesté très-expresses inhibitions & défenses de
» faire sortir, à compter du jour de la publica-
» tion du présent arrêt, tant par mer que par
» terre hors du royaume à l'étranger, aucuns
» vieux linges, Chiffons, vieux drapeaux,
» pattes, rognures de peaux & de parchemin,
» & autres matières propres à la fabrication du

» papier & à la formation de colle, à peine de
» confiscation desdites marchandises, navires,
» barques, voitures, chevaux, & de trois mille
» livres d'amende, payable par corps, qui ne
» pourra être remise ni modérée, & dont le
» tiers appartiendra au dénonciateur ; déro-
» geant à cet effet sa majesté aux arrêts de son
» conseil des 8 mars 1733, & 22 décembre
» 1750.

» II. Fait sa majesté pareilles défenses, &
» sous les mêmes peines, de faire sortir aucunes
» desdites matières du royaume, par les villes
» de Marseille, Bayonne, Dunkerque ; déro-
» geant pour ce qui concerne Marseille, à l'arrêt
» du 6 mai 1738, & à celui du 30 octobre 1742
» pour ce qui regarde Bayonne.

» III. Il ne pourra être établi aucune fabrique
» de papier dans les quatre lieues frontières,
» soit de l'étranger, soit des villes mentionnées
» en l'article précédent, tant par terre que des
» côtes maritimes ; & toutes celles qui pour-
» roient y être établies seront détruites pour
» être reportées plus avant dans l'intérieur du
» royaume ; sauf néanmoins à être fait tel droit
» qu'il appartiendra sur les représentations qui
» pourroient être faites.

» IV. Il ne pourra être fait, sous les mêmes
» peines, aucun transport, magasin ni entrepôt
» desdites matières dans ladite étendue des qua-
» tre lieues ; les chiffonniers & autres qui font
» métier de ramasser lesdites matières, seront
» tenus lorsqu'ils en auront amassé la quantité
» de cinquante livres pesant, de les transporter
» hors de ladite étendue de quatre lieues, d'en
» faire déclaration au bureau des fermes le plus

» prochain , & d'y prendre acquit à caution
» pour en affurer la conduite & la deftination
» dans l'intérieur ; cette difpofition pour les quatre
» lieues aura lieu pour la Flandres & le Hainaut,
» comme pour les autres provinces du royaume ;
» dérogeant à cet égard à l'arrêt du premier
» mars 1712.

  » V. Ordonne fa majefté aux cavaliers de
» maréchauffée , & permet à tous autres qui
» trouveroient lefdites matières fortant a l'é-
» tranger , ou tranfportées dans ladite étendue
» des quatre lieues frontières, au-delà de ladite
» quantité de cinquante livres pefant , ou avec
» cette quantité fans expédition du bureau des
» fermes , de les arrêter & conduire au bureau
» le plus prochain pour y être dreffé procès-
» verbal de faifie à la requête de l'adjudicataire
» général des fermes , à l'effet de faire condam-
» ner les contrevenans aux peines portées par
» l'article premier ; & les deux tiers provenans
» defdites condamnations prononcées , feront
» diftribués à ceux qui auront fait l'arrêt defdites
» matières.

  » V I. Il ne pourra être fait aucun tranfport
» par terre defdites matières , d'une province à
» une autre du royaume , en empruntant le paf-
» fage de l'étranger , non plus que celui des
» ports de Bayonne , Marfeille & Dunkerque ,
» fous les peines portées par l'article premier.

  » V I I. Lefdites matières qui feront envoyées
» par mer d'une province à une autre du royau-
» me , ne pourront être embarquées & débar-
» quées que dans les ports ci-après dénommés ;
» favoir , en Picardie , dans les ports de Bou-
» logne & Calais ; en Normandie , dans les ports

» du Havre, Rouen & Caen ; en Bretagne, dans
» ceux de Nantes & Saint-Malo ; en Aunis,
» dans celui de la Rochelle ; en Guienne, dans
» celui de Bordeaux ; en Languedoc, dans ceux
» d'Agde & Cette ; en Provence, dans celui de
» Toulon. La défense des magasins & entrepôts
» portée par l'article 4, n'aura pas lieu pour les
» ports ci-dessus dénommés, où lesdites ma-
» tières pourront être amassées & emmagasinées
» en quelque quantité qu'elles puissent être, en
» en faisant toutefois déclaration.

» VIII. Ceux qui voudront transporter les-
» dites matières par mer, d'une province à une
» autre du royaume, par les ports indiqués par
» l'article précédent, ne pourront en faire le
» transport qu'autant que le port du décharge-
» ment sera un de ceux indiqués par l'article
» précédent, & que la destination desdites ma-
» tières sera pour une fabrique à papier ; pour
» en justifier, ils présenteront au bureau des
» fermes du port de l'enlèvement, un certificat
» de l'entrepreneur ou fabricant de la papeterie
» du lieu de la destination, contenant la quantité
» des matières qu'il fait venir & qu'elles sont
» destinées pour sa papeterie : ce certificat sera
» légalisé par le sieur intendant & commissaire
» départi dans la province, ou par son subdé-
» légué le plus prochain du lieu de ladite fabri-
» que ; ils certifieront la vérité des signatures
» de ces certificats ; & en cas de fausseté desdits
» certificats ou de signatures d'iceux, ils seront
» poursuivis & condamnés aux peines portées
» par les règlemens.

» IX. Le transport par mer desdites matières
» ne sera permis que sur la représentation du

» certificat prescrit par l'article précédent, le-
» quel certificat restera en dépôt avec la décla-
» ration qui aura été faite au bureau des fermes
» du port de l'enlèvement ; en conséquence, il
» sera délivré acquit à caution pour assurer le dé-
» barquement dans le port désigné, & l'arrivée
» dans le lieu de la fabrique ; cet acquit à cau-
» tion sera déchargé dans le port du débarque-
» ment, visé dans les différens bureaux qui pour-
» ront se trouver par terre sur la route, depuis
» le port du débarquement jusqu'au lieu de la
» fabrique où le fabricant de ladite papeterie
» donnera au dos son certificat justificatif qu'il a
» reçu lesdites matières en même quantité ; à
» défaut desquelles formalités la caution sera
» poursuivie & condamnée aux peines portées
» par l'article premier.

» X. Il sera fait déclaration au bureau des
» fermes du port de l'enlèvement, des quantités
» que l'on voudra embarquer ; si par la vérifica-
» tion il se trouve un excédant au-dessus du
» dixième, cet excédant sera saisi avec amende
» de trois mille livres ; si dans le port d'arrivée
» où la vérification sera pareillement faite, il se
» trouve un *deficit*, la valeur de ce *deficit* sera
» saisie & confisquée avec pareille amende de
» trois mille livres.

» XI. L'embarquement desdites matières ne
» pourra être fait que dans des navires du port,
» au moins de cinquante tonneaux ; si au-lieu de
» rapporter les acquits à caution déchargés, il
» est produit des déclarations faites à quelques
» amirautés pour établir que le jet à la mer des-
» dites matières a été forcé par des coups de
» vents & gros temps, il ne sera fait aucun état

» defdites déclarations, & la confifcation tant
» de la valeur defdites matières que du navire,
» agrêts & apparaux, fera pourfuivie & pronon-
» cée avec l'amende de trois mille livres, à
» moins qu'il ne foit juftifié de la perte réelle
» ou du bris du navire.

» XII. Ordonne fa majefté qu'à l'avenir lef-
» dites matières qui feront tranfportées dans les
» différentes provinces de l'intérieur du royau-
» me, feront exemptes à leur paffage & circula-
» tion, de tous droits des traites, tant d'entrée
» & de fortie des cinq groffes fermes, qu'au-
» tres locaux dans les provinces réputées étran-
» gères.

» XIII. Veut fa majefté qu'à l'avenir celles
» defdites matières qui feront apportées de
» l'étranger, ne payent pour tous droits unifor-
» mément à l'entrée du royaume, que deux fous
» par quintal ; elles pourront entrer par tous
» ports & bureaux indiftinctement : celles qui
» entreront par les ports défignés par l'article 7,
» pourront y refter & y être emmagafinées ;
» celles qui entreront par d'autres ports que
» ceux défignés, ne pourront y être mifes en
» magafin . & feront conduites defdits ports hors
» de l'étendue des quatre lieues des côtes mari-
» times ; de même celles qui viendront par terre
» feront conduites hors de l'étendue des quatre
» lieues frontières de l'étranger ; à l'effet de
» quoi, pour en affurer le tranfport hors de la-
» dite étendue, elles feront expédiées par acquit
» à caution.

» XIV. Ordonne fa majefté que toutes les
» contraventions concernant lefdites matières
» feront à l'avenir portées devant les fieurs in-

F f iv

» tendans & commiffaires départis dans les dif-
» férentes provinces, que fa majefté a commis
» & commet pour les juger en première inftan-
» ce, fauf l'appel au confeil; leur attribuant à
» cet effet toute cour, juridiction & connoif-
» fance, & icelle interdifant à toutes fes cours
» & autres juges.

» XV. Et fera le préfent arrêt lu, publié &
» affiché par-tout où befoin fera. Fait au confeil
» d'état du roi, fa majefté y étant, tenu à Com-
» piègne le 21 août mil fept cens foixante-onze».
Signé PHELYPEAUX.

CHIRURGIE, CHIRURGIEN. La
Chirurgie eft une branche de médecine pratique
qui, fuivant l'étimologie grecque du mot, confifte dans l'art de guérir avec le fecours de la
main. Le *Chirurgien* eft celui qui poffède cet art,
& qui en fait profeffion.

Comme la Chirurgie eft foumife parmi nous
à des règlemens particuliers qu'il importe de
connoître, & que fi ceux qui fe confacrent à un
art fi intéreffant & fi délicat, doivent être honorés pour leurs talens précieux à la fociété,
ils font auffi refponfables envers elle des fuites
de leur impéritie ou de leur témérité; nous parlerons:

1°. De l'état ancien de la Chirurgie en
France.

2°. De l'état actuel de la Chirurgie; de fes
ftatuts fur les différentes manières de l'exercer
dans la capitale, dans les provinces, dans les
hôpitaux, dans les vaiffeaux & dans les armées;
de fon académie royale; de la juridiction du
premier Chirurgien du roi, & des privilèges
accordés à tous ceux en général qui exercent la
Chirurgie.

3°. Des obligations que contractent envers le public ceux qui s'adonnent à la Chirurgie, & des fautes dont ils font responsables.

4°. Nous finirons par quelques observations sur ceux qui s'immiscent dans l'exercice de cet art, sans titre ni capacité.

SECTION PREMIÈRE.

De l'état ancien de la Chirurgie en France.

L'art de guérir n'étoit pas anciennement divisé parmi nous en plusieurs branches comme il l'est aujourd'hui. Cet art qui nous est venu des grecs & des arabes, se bornoit à quelques spéculations & à quelques pratiques que la physique & la superstition se partageoient entr'elles. Ceux qui les premiers s'adonnèrent férieusement à l'étude de cet art, furent quelques ecclésiastiques de Notre-Dame de Paris. On ne connoissoit point encore de distinction entre le médecin & le Chirurgien. La théorie & la pratique s'entraidoient mutuelement : la théorie éclairoit la pratique & la pratique rectifioit la théorie. Dans la suite on entreprit des opérations jusqu'alors inconnues : on en vint jusqu'à employer le fer & le feu. Les ecclésiastiques regardèrent comme indécent pour leur état d'exercer cette partie manuelle de la médecine, sous prétexte que l'église avoit le sang en horreur, & ils l'abandonnèrent aux féculiers, comme s'il avoit été réellement contre l'esprit de l'église de se servir de tous les moyens que la nature indiquoit pour soulager l'humanité souffrante.

C'est à cette époque que la médecine commença à se diviser en deux branches : mais jus-

ques-là ceux qui l'exerçoient étoient membres
de l'univerſité dont l'enceinte de l'égliſe Notre-
Dame formoit preſque toute l'étendue. Les clercs
en ſe bornant à la théorie, n'offroient au public
d'autres ſecours que ceux du conſeil, qu'ils donnoient ſur l'inſpection des urines des malades;
car ils n'étoient point dans l'uſage de les aller
voir chez eux, au lieu que les ſéculiers leur
faiſoient des viſites & leur fourniſſoient le double
ſecours du conſeil & de la main.

· Les eccléſiaſtiques qui ne vouloient d'autre
titre que celui de médecin, en ſe bornant à la
ſimple théorie, & qui répugnoient d'avoir pour
aſſociés à l'univerſité, les ſéculiers qui exerçoient tout enſemble & la médecine & la Chirurgie, firent rendre un décret dans l'univerſité,
par lequel il fut dit qu'elle ne reconnoîtroit pour
être de ſes membres, que ceux qui feroient profeſſion du célibat, ce qui étoit en bannir l'exercice de la Chirurgie, puiſqu'elle étoit défendue
aux célibataires, c'eſt-à-dire aux clercs, comme
un art indécent ſur-tout lorſqu'il s'agiſſoit de porter les mains ſur les perſonnes du ſexe.

Les Chirurgiens, c'eſt-à-dire les médecins ſéculiers, furent extrêmement ſenſibles à ce décret:
« Quoi, dirent-ils, l'induſtrie qui conduit les re-
» mèdes dans lieux mêmes où eſt caché le prin-
» cipe de la vie, les connoiſſances par leſquelles
» nous découvrons les dérangemens de l'écono-
» mie vitale qui ſe dérobe aux yeux des autres
» hommes, l'expérience qui a marqué les routes
» que doivent ſuivre nos mains dans les opéra-
» tions les plus délicates, la hardieſſe heureuſe
» qui retranche des corps ce qui pourroit les dé-
» truire, l'habileté avec laquelle nous aidons la

» nature dans la guérison des plaies, toutes ces
» ressources si précieuses à la vie des hommes,
» parce que nous les offrons à l'humanité, doi-
». vent être pour nous autant de titres d'exclu-
» sion ? »

Ces considérations ne purent point faire
revenir les esprits en faveur des Chirurgiens.
Mais cela n'empêcha pas que leur art ne fît
les plus grands progrès ; ce double avantage
qu'ils avoient & de la théorie & de la pratique, inspiroit de la confiance au public, &
cette confiance faisoit naître parmi eux l'émulation. Lorsqu'ils virent qu'on leur refusoit l'entrée dans l'enceinte Notre-Dame, où les célibataires s'étoient cantonnés pour y exercer la
médecine *divinatoire* (*), ils songèrent à former
de leur côté une espèce de société où ils pussent
s'instruire mutuellement.

Dans ce temps-là, qui étoit celui du règne
de saint Louis, Jean Pitard, Chirurgien, se fit
une réputation des plus distinguées. Ce prince
l'emmena avec lui dans sa première expédition
des croisades. A son retour, Pitard demanda
au roi sa protection pour ses confrères. Saint
Louis leur procura l'établissement de Saint-Côme
qu'on appela dans la suite *le collège de Saint-Louis.*
Les Chirurgiens se donnèrent des statuts en
1260, & leur société devint une société bril-
lante. Leur école excita l'émulation de plusieurs
médecins étrangers, qui se firent un honneur

_____

(*) C'est l'épithète que les chirurgiens donnoient par
dérision à la médecine spéculative qui s'exerçoit au parvis
Notre-dame, parcequ'elle n'étoit fondée alors que sur l'inspection des urines & des excremens des malades.

d'y être oſſociés. Lanfranc, médecin de Milan, & Guillaume de Salicet y briguèrent des places. Il y eut même des eccléſiaſtiques qui ne dédaignèrent pas d'y entrer : Jean le Comte, chanoine d'Avranche, y devint profeſſeur ; Robert Morillon, chanoine de Paris, fut tiré de cette école pour être le Chirurgien d'un de nos rois.

L'opinion favorable qu'on avoit de la Chirurgie en France, ſe répandit dans les pays étrangers. Les papes voulurent que la ſociété où elle étoit cultivée avec tant de ſuccès, fût érigée en faculté ; ils accordèrent aux Chirurgiens des bulles à cet effet. Pour entrer dans cette faculté, il falloit être maître-ès-arts, & avoir commencé par l'étude de la médecine. Ce n'étoit que par un ſavoir bien atteſté, que le Chirurgien parvenoit aux grades de *bachelier*, de *Licencié*, de *maître* ou de *docteur*. Les médecins clercs ou célibataires, qui avoient alors beaucoup de déférence pour tout ce qui émanoit de la cour de Rome, ne cherchèrent point à troubler les Chirurgiens dans la jouiſſance de ces privilèges.

Mais le célibat parut dans la ſuite une privation trop gênante pour les médecins théoriques : les prêtres mêmes furent charmés que leurs ſucceſſeurs n'y fuſſent pas aſſujettis. Le cardinal d'Etouteville entra dans leurs idées, & en conformité de ſes déciſions l'univerſité fut ouverte en 1452, aux médecins mariés.

Quand ce cardinal eut procuré aux médecins le droit de ſe marier, l'ambition de ceux-ci ſe réveilla ; ils ne virent plus dans les Chirurgiens que des rivaux & des uſurpateurs. La faculté de médecine croyant avoir fur ces derniers les mêmes droits qu'avoit l'univerfité fur ceux qui exerçoient les arts , mit tout en ufage pour fe foumettre les Chirurgiens : mais comme il ne lui étoit pas facile de triompher de la poffeffion de liberté où ils étoient , elle chercha à leur fuf-citer des ennemis domeftiques , dont nous allons dire deux mots.

Pour être au fait de la guerre inteftine dont il s'agit , il eft à obferver que tout ce qui étoit de l'exercice de la main fur le corps de l'homme , étoit de la compétence de la Chirurgie : l'art de rafer & de faire le poil n'en étoit pas excepté. Mais à mefure que les Chirurgiens s'appliquèrent à des opérations plus importantes , ils abandonnèrent à leurs élèves ou du moins à ceux qui n'avoient pas affez de génie pour s'é-lever à d'autres fonctions, toutes celles qui n'exi-geoient que des méthodes d'ufage & de routine , & cette claffe de Chirurgiens fubalternes fut dé-fignée fous le titre de *barbiers*. C'eft à eux qu'on abandonnoit le panfement des furoncles , des tu-meurs & des plaies qui n'avoient rien de dan-gereux ; on leur permettoit auffi de faire des faignées en cas de néceffité. Ces barbiers ne faifoient point partie du collège ou de la faculté de Chirurgie ; il eft vrai que c'eft dans cette fa-culté qu'ils alloient fubir des examens pour exer-cer leur profeffion ; mais ils étoient obligés de fe borner à la barberie , & au panfement des fimples tumeurs & des furoncles.

Comme dans tous les états où les droits font limités par des règlemens particuliers , on cherche continuellement à étendre fes fonctions en anticipant fur d'autres avec lefquelles elles ont de l'analogie, les barbiers n'échappoient presque jamais aucue occasion d'entreprendre sur la haute Chirurgie. Leur ignorance n'étoit qu'un motif pour être plus hardis & plus entreprenans. Si les Chirurgiens cherchoient à les contenir dans leur état, aussi-tôt les barbiers s'en plaignoient amèrement dans le public. Si une entreprise leur réussissoit, le public ne faisoit point attention à leurs fautes passées. Le moindre succès dans l'occasion, suffisoit pour les dédommager des prétendues vexations qu'ils essuyoient, & le public redoubloit de confiance envers eux.

Les choses étoient dans cet état lorsque les médecins, qui avoient projeté de soumettre les Chirurgiens à leur tribunal, attirèrent les barbiers à leur école, sous prétexte de leur donner des leçons & de les soustraire à la dépendance des Chirurgiens. Ils ne manquoient point de vanter ces nouveaux élèves dans le public, afin de leur procurer une préférence sur les Chirurgiens ; car on faisoit jurer aux barbiers avant de les régenter, qu'ils n'entreprendroient aucune cure sans avoir appelé les médecins, complaisance qu'ils n'avoient pu encore obtenir des Chirurgiens. La faculté de médecine pour honorer & accréditer davantage les barbiers leur donna le titre de *Chirurgiens-barbiers*, afin que comme Chirurgiens & barbiers tout ensemble, ils pussent plus adroitement faire tomber en ruine le collège de Saint-Louis.

Les membres de ce collège voyant que le projet des médecins ne réussissoit que trop, portèrent à l'université leurs plaintes de toutes les manœuvres pratiquées contr'eux. Leurs remon-

trances furent fi vives, que les médecins promirent de ne plus protéger les barbiers ; mais à
condition toutefois que les Chirurgiens aban-
donneroient à la médecine fpéculative le traitement des maladies internes, & cet arrangement fut accepté par la faculté de Chirurgie.

Les Chirurgiens comptoient par-là faire rentrer les barbiers dans les bornes de leur état ;
mais à peine y en eut-il quelques uns de pourfuivis à ce fujet dans les tribunaux, que les barbiers allarmés vinrent implorer le fecours des
médecins. Ce fut alors que les médecins cher-
chant à s'affervir d'une manière plus marquée les barbiers, profitèrent de la circonftance
du procès qu'on leur faifoit pour fe les attacher
plus étroitement. Les barbiers fe foumirent à
tout ce que la faculté exigea d'eux, & fous fes
nouveaux aufpices, ils cherchèrent à réfifter
aux Chirurgiens. Cependant il intervint contre
eux en 1564, une fentence du prevôt de Paris
qui refferra leurs fonctions, & cette fentence
fut confirmée par un arrêt de l'année fuivante.

Les droits des Chirurgies ne furent toutefois bien rétablis que fous Henri IV, par des
ordonnances qui enjoignirent expreffément
aux barbiers de fe contenir dans les bornes de
leurs fonctions, fuivant qu'elles étoient déter-
minées par une ordonnance de Charles V, qui
les limitoit, comme nous l'avons dit, aux tu-
meurs, aux plaies fimples & aux furoncles. Les
règlemens qui parurent à ce fujet, occafion-
nèrent des démêlés entre les médecins & les
barbiers : ceux-ci fe crurent vainement protégés
par ceux-là, & abandonnèrent les écoles de médecine ; les médecins pour les punir de leur dé-

fertion , les livrèrent au reffentiment & aux pourfuites des Chirurgiens ; mais ils n'abandonnèrent pas pour cela leurs entreprifes contre le collège de Saint-Louis.

Ne pouvant plus compter fur les barbiers, les médecins eurent recours à de nouveaux artifans pour foutenir leur manœuvre ; ils s'adrefferent aux *étuviftes*. Ces ouvriers uniquement occupés de leurs bains , ne fongeoient pas que leur profeffion leur donnât quelque droit fur les maladies extérieures ; ils pouvoient encore moins s'imaginer qu'elle put les introduire dans la faculté. Les médecins leur perfuadèrent qu'ils avoient autant de droit que les barbiers d'exercer les fonctions qui étoient permifes à ceux-ci ; la faculté leur promit fes enfeignemens, fes fuffrages & fon appui ; & rendit un décret par lequel les étuviftes furent autorifés à prendre des leçons de ces docteurs (*): mais cette tentative fut trouvée fi ridicule aux yeux du public, que les médecins n'en pouvant efpérer aucun fuccès , furent obligés de s'en départir pour rappeler auprès d'eux les barbiers : ceci donna lieu à un contrat par lequel le décret qui adoptoit les étuviftes fut fupprimé (**).

(*) On a de la peine à croire qu'un corps auffi refpectable que celui des médecins , ait été capable de faire la guerre aux chirurgiens jufqu'à ce point-là. Mais voici ce qu'on trouve dans les recherches fur la Chirurgie : *ledit de la Vigne , doyen au nom de là faculté, a annullé & annulle au profit de ladite communauté , le décret qui a été fait en faveur des Etuviftes en l'affemblée ordinaire des écoles le famedi treifième jour d'octobre 1643.*

(**) Les recherches fur l'origine & les progrès de la Chirurgie indiquent que ce contrat fe trouve à la page 25 du titre 5 des ftatuts des médecins.

Les

Les querelles entre les médecins & les Chirurgiens, & entre ceux-ci & les barbiers s'échauffèrent de nouveau. Les Chirurgiens fatigués de toutes les altercations auxquelles ils étoint continuellement expofés, prirent le parti de recourir une feconde fois à l'autorité de l'univerfité. Giles de Soulphour parut à la tête des principaux de fon art, dans une affemblée qui fut indiquée à ce fujet, & là, après avoir développé tous les malheurs de la Chirurgie, ils demandèrent à partager les honneurs & les privilèges de l'univerfité : leur demande après bien des délais & des conférences fut enfin accueillie.

Les Chirurgiens fe voyant donc décidément réunis à l'univerfité, ne fongèrent plus qu'aux progrès de leur art. Mais la paix qu'ils avoient conclue avec les médecins ne dura pas long-temps. La rivalité fondée fur l'intérêt qui conduit aux richeffes fut un germe qu'on ne put extirper, & qui renouvela les divifions. Les médecins prétendirent que l'affociation des Chirurgiens avec eux, détruifoit dans le public l'idée de fupériorité qu'on devoit avoir de la profeffion de la médecine fur celle de la Chirurgie. La bénédiction que les Chirurgiens à l'exemple des autres gradués, alloient recevoir du chancelier de l'univerfité leur déplut : ils cherchèrent à les troubler dans cette poffeffion, & à attaquer les bulles en vertu defquelles leur fociété avoit été érigée en faculté.

Les Chirurgiens reclamèrent l'autorité de Henri IV. Ils en obtinrent une lettre de cachet par laquelle ce prince après avoir déclaré qu'il defiroit maintenir le collège des maîtres Chirurgiens aux privilèges à eux accordés par les rois ses prédécesseurs & par lui, ajoute ce qui suit: *ayant su qu'ils ont un procès en notre cour de parlement sur l'indult de notre saint père le pape à eux octroyé, & que le recteur de l'université a appelé comme d'abus par la suscitation des médecins, nous vous faisons la présente afin que vous ayez à les conserver dans leurs privilèges, à l'effet de ladite bulle ou signature, qui ne tend à autre fin si ce n'est qu'ils reçoivent la bénédiction du chancelier de notre université, comme font tous autres maîtres, & d'y tenir la main: si n'y faites faute: car tel est notre plaisir.* Signé, HENRI, plus bas, DE LOMENIE. Cette lettre est du dernier février 1609.

Le parlement qui d'un côté ne vouloit point juger au contraire de la lettre de cachet & qui de l'autre ne vouloit rien prononcer qui fût désagréable aux parties, laissa l'affaire dans l'état où elle étoit, au moyen de quoi les Chirurgiens continuèrent l'exercice de leurs privilèges.

A l'avènement de Louis XIII à la couronne, les Chirurgiens obtinrent en 1611, des lettres-patentes, par lesquelles il fut dit qu'elles étoient données en faveur *des professeurs du collège royal & faculté de Chirurgie, composée du prévôt & autres professeurs dudit collège de la ville de Paris, faisant partie du corps de l'université.*

Dans cette circonstance, les médecins engagèrent les barbiers à solliciter aussi de leur côté des lettres-patentes, & ils en surprirent en 1613, qui les unissoient au corps des *professeurs Chirurgiens du collège royal de l'université.* Mais ces lettres demeurèrent sans effet; car les Chirurgiens ayant député quelques-uns d'entre eux auprès de Louis XIII en 1614, ce prince leur répondit : *je conserverai vos privilèges, car vous êtes à moi.* Il voulut même, pour marque de la protection qu'il leur accordoit, s'associer à leur confrèrie de saint Côme, & ajouter à leurs armes une fleur de lis rayonnée. Aussi les Chirurgiens en reconnoissance, jetèrent dans les fondemens de l'amphitéâtre qu'ils firent construire pour leur école, une médaille où d'un côté l'on voyoit les têtes de Henri IV, de Marie de Médicis & de Louis XIII (*).

A peine Louis XIV fut-il monté sur le trône, que les Chirurgiens obtinrent de lui la confirmation de leurs privilèges, par des lettres-patentes enregistrées au parlement le 17 mars 1644. ainsi les médecins étoient reduits à une jalousie sourde qui n'auroit produit que de l'émulation, si elle avoit été dirigée vers le bien public ; mais leur intérêt demandoit qu'on eût de leur doctrine & de leur savoir une idée supérieure à celle que les Chirurgiens cherchoient à établir de leur côté. Pour y réussir les barbiers furent encore appelés à leur secours ; il y eut un contrat passé entr'eux devant le Groyn & Henaut, notaires au châtelet, le 27 juin 1644, par lequel les médecins promirent de faire des leçons aux barbiers, de les prendre pour disséquer, de ne rien exiger pour enregistrer leurs noms, de poursuivre les chambrelans, les em-

––––––––––––––––

(*) Il y avoit cette inscription *D : O : M : DD : Coſm. & Dam. regnante Ludovico XIII. Doctores in Facultate Chirurgiæ, qui veri medici sunt, posuêre Henrici Magni effigies, Mariæ Medicæ effigies, Ludovici XIII effigies.*

pyriques, &c. en un mot d'exécuter un ancien
contrat qui avoit été paffé entr'eux en 1577.

Les barbiers affurés de la protection des médecins, fe livrèrent avec plus d'audace encore
qu'auparavant à l'exercice de la Chirurgie. Le
public juge aveugle du favoir, & féduit par les
récits avantageux que faifoient d'eux les médecins, leur donna ouvertement plus de confiance que jamais. Les vrais Chirurgiens avoient
la douleur de voir ces miférables ouvriers recueillir l'argent du public, tandis qu'au collège
de Saint-Louis on s'attachoit vainement aux
démonftrations & aux progrès de la Chirurgie.
Les loix les plus févères étoïent un frein inutile pour les barbiers ; leur nombre prodigieux
engloutiffoit, ruinoit & deshonoroit la Chirurgie ; il n'y avoit qu'une union entr'eux & les Chirurgiens qui put déconcerter les médecins, &
tarir la fource des altercations auxquelles les
barbiers donnoient lieu continuellement. Cette
union répugnoit à nombre de Chirurgiens qui
n'envifageoient dans leurs travaux que l'honneur & les talens ; mais il fallut céder aux circonftances, & par un acte autentique, les deux
corps s'affocièrent pour n'en former à l'avenir
qu'un feul.

Il y eut en 1656 des lettres-patentes confirmatives de cette union. Mais les médecins qui
fentoient parfaitement combien ce contrat de fociété entre les chirurgiens & les barbiers pouvoit leur être préjudiciable, préfentèrent requête le premier février 1657 pour être reçus
oppofans à l'exécution des lettres-patentes obtenues & à l'arrêt de vérification. Ils demandèrent que les chirurgiens & les barbiers fuffent

déboutés de l'entérinement de ces lettres, &
que leur contrat d'union fût déclaré nul ou du
moins qu'il ne subsistât qu'à la charge que les anciens concordats *faits entre la faculté de médecine & les barbiers-chirurgiens les 10 janvier 1505,
11 mars 1577, 27 juin 1644, seroient exécutés
par les deux compagnies, lesquelles seroient tenues de
bailler leur mémoire à la faculté pour leur être par elle
prescrit tels statuts qu'elle aviseroit pour le bien public, & qu'à la reception des aspirans, il en seroit usé tout ainsi que par le passé par les barbiers-
chirurgiens* (*).

Ceci donna lieu en 1660 à des plaidoiries qui
sembloient être faites pour amuser le public : la
contestation fut suivie d'un arrêt du 7 février
1660, par lequel il fut dit que les deux communautés des chirurgiens & des barbiers unies,
demeureroient *soumises à la faculté de médecine,
suivant les contrats des années 1577 & 1644 ;* &
ayant égard à l'intervention du recteur de l'u-
niversité, il fut ajouté par la cour qu'elle faisoit « inhibitions & défenses auxdits chirurgiens-
» barbiers de prendre la qualité de *bacheliers*,

(*) Il faut observer que le parlement étoit saisi alors
de l'appel d'une sentence du châtelet, à l'occasion duquel
la faculté de médecine demandoit qu'il fût fait défenses
aux chirurgiens *de lire, professer, & graduer ; de soutenir thèses, ni donner le bonnet ; de prendre la qualité de
bacheliers ni licenciés, ni le titre d'école & de collège.*
L'université avoit adhéré à toutes les conclusions des médecins par une requête d'intervention.

L'union des chirurgiens & des barbiers parut à la faculté de médecine une occasion bien favorable de se soumettre cette fois les chirurgiens en attaquant même leur
association avec les barbiers.

» *licenciés, docteurs & collège*, mais feulement
» celle *d'afpirans, maîtres & communautés* ». Le
même arrêt leur fit défenfes de *faire aucune
lecture & actes publics*, « pourront feulement
» (fut - il dit) faire des exercices particu-
» liers pour l'examen des afpirans, même des
» démonftrations anatomiques à portes ouver-
» tes, fuivant la fentence du prévôt de Pa-
» ris du 7 novembre 1612, fans qu'aucuns des
» chirurgiens-barbiers puiffent porter la robe &
» le bonnet, que ceux qui ont été & feront re-
» çus maître-ès-arts ; & néanmoins pourront
» ceux qui ont été reçus avec la robe & le
» bonnet jufqu'à ce jour, les porter pendant
» leur vie ».

Cet arrêt fut très-mortifiant pour les Chirurgiens ; mais la faculté de médecine n'y gagna
pas beaucoup. Son école fut abandonnée : les
éleves pour la Chirurgie & pour la barberie trouvant à Saint-Côme toutes les leçons convenables, ne fongérent plus à fe faire regenter par
des docteurs qui les traitoient avec hauteur &
mépris.

SECTION DEUXIÈME.

De l'état actuel de la Chirurgie.

Pour traiter cette partie avec méthode, nous
parlerons d'abord de la juridiction du premier
chirurgien du roi, & nous aurons occafion en
même-temps de reprendre la fuite de la fection
précédente. Après quoi nous pafferons aux règlemens qui concernent le collège de Chirurgie
de Paris & fon académie royale ; à ceux qui regardent les chirurgiens-officiers de la maifon du

roi & de la famille royale, à ceux qui ont pour objet l'exercice de la Chirurgie dans les provinces, dans les maisons de l'ordre de la Charité, dans les vaisseaux, & dans les armées; & nous finirons par un exposé des différens privilèges accordés à tous ceux qui en général exercent la Chirugie.

Juridiction du premier Chirurgien du roi.

Avant la réunion des Chirurgiens avec les barbiers, le roi avoit son premier Chirurgien & son premier barbier. Cette association parut si singulière à Louis XIV, qu'il voulut que les droits qu'avoit son premier barbier sur les Chirurgiens-barbiers, fussent réunis à ceux de son premier Chirurgien sur les Chirurgiens proprement dits ; & cette réunion s'effectua par un arrêt du conseil du 6 août 1668. Au moyen dequoi le premier Chirurgien devint chef & de la Chirurgie & de la barberie ; il devint par contre-coup chef des perruquiers-baigneurs-étuvistes ; comme on pourra le remarquer à l'article PERRUQUIER : desorte que les barbiers pouvoient être encore, ou Chirurgiens-barbiers, ou barbiers-perruquiers ; mais dans la suite la barberie fut entièrement abandonnée pour Paris aux perruquiers, comme on va le voir ci-après.

Le premier Chirurgien du roi en cette qualité, a une juridiction sur toute la Chirurgie dans le royaume, & même dans nos colonies. Il a droit de veiller à ce que les règlemens donnés pour cet art soient exécutés, & qu'il ne s'y commette aucun abus. Il a celui de présider en personne à la réception des aspirans à la maîtrise, & de commettre pour le représenter des

lieutenans & des greffiers (*). Louis XIV avoit
fubftitué par deux édits de mars 1691 & de février 1692, des jurés aux lieutenans & aux
greffiers, mais Louis XV par un édit du mois
de feptembre 1723, voulut que dorénavant ces
lieutenans & ces greffiers fuffent nommés &
commis par fon premier Chirurgien dans les
communautés de chaque ville du royaume où
il y a évêché, parlement, chambre des comptes, cour des aides, préfidial, bailliage ou fénéchauffée reffortiffant nûment aux cours de
parlement.

Il fut dit en même-temps que le lieutenant
de chaque communauté feroit choifi par le premier Chirurgien fur trois maîtres dont le nom lui
feroit envoyé par les maire & échevins de chaque endroit fi non qu'il auroit la liberté de les

---

(*) Pour ces fortes de réceptions on donne des requêtes
au premier chirurgien, intitulées : *à monfieur, monfieur le
premier chirurgien du roi, ou à monfieur fon lieutenant
en la communauté.*

Supplie humblement (tel) *qui expofe tous les moyens
à la faveur defquels il peut parvenir à la maîtrife &
prend des conclufions en conféquence.*

Le lieutenant rend une ordonnance portant que la requête
fera communiquée au prévôt de la communauté. Le prévôt
déclare qu'il n'empêche que vu les certificats & atteſtations, &c. le fupliant ne foit admis à la maîtrife, à la
charge par lui de fubir les examens, &c.... La réception
qui en eſt la fuite eſt une efpece de jugement de capacité
en faveur de l'afpirant, & c'eſt ce qui fait qu'on donne à
toutes ces fonctions, les attributs d'une juridiction.

Les requêtes doivent être en papier timbré.... Le jugement qui eſt l'acte de reception doit contenir le vu de
toutes les pièces & l'expédition s'en délivre en parchemin
timbré.

nommer ainsi qu'il se pratiquoit avant la création des jurés.

Cet édit fut confirmé par une déclaration du 3 septembre 1736, par laquelle il fut ajouté que les greffiers seroient aussi choisis entre les Chirurgiens de chaque communauté, s'il s'en trouvoit qui fussent intelligens dans les affaires ; sinon qu'il pourroit choisir telle autre personne de profession honnête que bon lui sembleroit. Il fut dit par cette même déclaration que les lieutenans & les greffiers ne seroient tenus de prêter serment pour raison de leurs fonctions qu'entre les mains du premier Chirurgien, ou en son absence entre les mains du plus ancien prevôt en charge ou doyen de la communauté, qui seroient à cet effet commis par le premier chirurgien.

Cette déclaration laisse subsister les privilèges accordés au lieutenant & au greffier par l'édit de septembre 1723, & ces privilèges sont l'exemption de collecte, de tutelle, de curatelle, de guet & garde, de logement de gens de guerre, & autres charges publiques, &c. L'édit fut enregistré au parlement le 8 octobre 1723, & la déclaration le 7 septembre 1736.

Observez que par une déclaration intermédiaire du 24 février 1730, il fut dit que le premier Chirurgien pourroit établir un lieutenant dans toutes les villes où il y auroit six Chirurgiens quand même la juridiction ordinaire de ces villes ne ressortiroit pas immédiatement aux cours de parlement, mais que par la même raison, il ne pourroit pas en établir lorsque le nombre seroit moindre de six dans les villes mêmes où il pourroit en établir suivant l'édit de septembre 1723 : cependant, comme par la déclaration du 3 septembre 1736 , il étoit dit que le premier Chirurgien pourroit nommer des lieutenans dans les communautés de chaque ville du royaume où il y a évêché , parlement , chambre des comptes , cour des aides , préſidial , bailliage ou ſénéchauſſée royale reſſortiſſant nûment aux cours , ſans pouvoir en nommer dans d'autres villes , cette déclaration donna lieu d'un côté aux lieutenans dans les bailliages de ſe perſuader que l'exercice de leur place n'avoit d'autres bornes que l'étendue de ces bailliages ; deſorte que s'il y avoit une ville épiſcopale dans l'étendue de ce même bailliage , ils vouloient exercer leur juridiction ſur les Chirurgiens de cette ville : d'un autre côté les lieutenans dans celles où il y avoit un évêché vouloient en agir de même à l'égard des Chirurgiens des autres villes du dioceſe même de celles qui dans ces dioceſes s'étendoient ſur le reſſort ou d'un autre parlement ou d'un autre bailliage. Pour terminer toutes les conteſtations qui naiſſoient à ce ſujet , il a été rendu le 29 mars 1760 une déclaration portant que le diſtrict ou le département de chaque lieutenant ſera réglé par l'étendue de la juridiction ordinaire des lieux où ils ſeront établis , ſans que les lieutenans dans les bailliages puiſſent exercer aucune juridiction dans les villes où il y en a d'établis , quoique ces villes ſoient reſſortiſſantes par appel à ces bailliages ; & ſans qu'auſſi les lieutenans établis dans celles où il y a un évêché , puiſſent étendre leur droit ſur les lieux des dioceſes de ces évêchés qui ne dépendent pas des juſtices où ils ſont ſitués.

Anciennement les Chirurgiens de Paris alloient tous enfemble ou du moins leurs prévôts, à la faculté de médecine le lendemain de la faint Luc prêter un ferment à peu près comme les avocats vont le prêter au parlement à la faint Martin. Ils étoient obligés de payer en même-temps pour tout le collège un écu d'or de redevance en conformité des anciens contrats paffés entre la faculté & les barbiers ; mais depuis une déclaration du 23 avril 1743, dont il va être parlé ci-après, laquelle a rompu l'affociation entre les Chirurgiens & les barbiers, le ferment ni la redevance n'ont plus eu lieu.

Le premier Chirurgien du roi prêtoit en cette qualité, ferment entre les mains du premier médecin du roi ; mais par une déclaration du 19 juin 1770, il a été ordonné qu'il le prêteroit entre les mains de fa majefté, & qu'il recevroit celui de fes autres chirurgiens ordinaires & de quartier, ainfi que des Chirurgiens de la famille royale & des princes du fang.

A l'égard des autres droits & privilèges du premier chirurgien, nous ne les détaillerons pas ici : on les remarquera fuffifamment dans ce que nous allons dire en continuant cet article.

Règlemens pour le collège royal de Chirurgie de Paris.

En rappelant ici l'ancien état de la Chirurgie dont nous nous fommes occupés dans la feétion précédente, cet art, comme nous l'avons dit, dégénéroit de jour en jour. Il ne règnoit plus entre ceux qui l'exerçoient cette difcipline, cette harmonie fi néceffaires pour le pratiquer utilement envers le public. Cette confidération détermina ceux qui confervoient encore un an-

cien refte de l'émulation de ces temps où leur
art jouiffoit de toute fa liberté, à former un
code de réglemens fous le titre de *ftatuts*. Ces
règlemens eurent lieu: on y traita, 1°. des droits
& des prérogatives du premier Chirurgien du
roi. 2°. De ceux qui devoient compofer la
communauté des maîtres chirurgiens de Paris,
de quelle manière ils devoient être diftribués
pour les claffes, & de la forme dans laquelle
on devoit en tenir les catalogues généraux &
particuliers. 3°. De l'élection des prévôts, &
du receveur. 4°. De la manière de convoquer
les affemblées, de la difcipline qui devoit y
être obfervée, & de ceux qui devoient les
compofer. 5°. Des prérogatives & des fonctions des chirurgiens dans la ville & dans les
fauxbourgs de Paris, 6°. Des afpirans & des
qualités requifes pour être admis à la maîtrife.
7°. Du chef-d'œuvre, de la légère expérience,
& des aggrégations. 8°. Des experts pour les
bandages des hernies. 9°. De la réception des
fages-femmes. 10°. Des droits de réception &
d'aggrégation. 11°. De la police concernant
tous ceux qui exerçoient la Chirurgie en tout
ou en partie.

A la fin de ces ftatuts, il fut ajouté que le roi
feroit très-humblement fupplié d'y donner toute la fanction néceffaire, & d'ordonner que s'il
furvenoit des conteftations ou des oppofitions
au fujet de l'exécution de ces ftatuts de la part
de qui que ce fût, la connoiffance en demeureroit attribuée au lieutenant général de Police
de la Prévôté de Paris, & par appel à la cour
de parlement.

Les Chirurgiens déclarèrent en même-temps

qu'ils n'entendoient point déroger aux droits du premier médecin du roi ni à ceux de la faculté de médecine de Paris, confentant que les chofes fe paffaffent à cet égard comme elles fe paffoient auparavant.

Ces ftatuts préfentés au roi furent renvoyés à M. d'Argenfon pour lors lieutenant de police afin d'y · donner fon avis. M. d'Argenfon les ayant trouvés fages & refléchis, y donna fon approbation ; & fur cette approbation ils furent confirmés par des lettres - patentes du mois de feptembre 1699, enregiftrées le 3 février 1701.

Comme il n'étoit pas dit par ces ftatuts que les élèves en Chirurgie iroient prendre des leçons dans la faculté de medecine, & qu'effectivement ces élèves n'y en alloient prendre aucune, ou que du moins celles que quelques-uns d'eux y prenoient n'étoient pas regardées comme des leçons d'obligation, les médecins fufcitèrent de nouvelles conteftations à la fociété de Chirurgie : ils prétendirent en 1721, *1°. que les Chirurgiens devoient apprendre leur art dans les écoles de médecine ; 2°. que les afpirans devoient être infcrits fur le regiftre du doyen ; 3°. que les médecins devoient préfider aux affembles des Chirurgiens, lorfque les élèves feroient examinés ou reçus ; 4°. que les Chirurgiens ne pourroient inftruire leurs élèves fur la théorie de la Chirurgie ; 5°. que les docteurs devoient affifter aux diffections anatomiques que feroient les Chirurgiens, & que les docteurs feroient les explications convenables à ces diffections, &c.*

Ces prétentions jetèrent un nouveau trouble dans la fociété de Chirurgie, mais elles

n'eurent pas de fuite à la faveur des lettres-
patentes en forme d'édit du mois de feptembre
1724, par lefquelles le roi louis XV établit à
faint Côme cinq places de démonftrateurs en
Chirurgie auxquels il fe réferva de nommer
les fujets les plus habiles fur la préfentation qui
lui en feroit faite par fon premier Chirurgien. Il
attacha des honoraires à ces places dont le
payement devoit être fait par les receveurs des
domaines de la généralité de Paris.

L'affociation des Chirurgiens avec les barbiers fubfiftoit encore ; & cette affociation nui-
foit confidérablement à la confidération que le
public devoit à ceux qui s'occupoient des progrès d'un art auffi recommandable que celui de
la Chirurgie. Le roi voulant écarter de ce
corps tout ce qui étoit étranger à la profeffion,
& tout ce qui pouvoit l'avilir, convaincu d'ailleurs qu'il n'eft guères poffible de s'immifcer dans
une fcience qui exige du raifonnement & des
connoiffances morales & phyfiques fans auparavant être muni des fecours que procurent les
belles lettres & l'étude de la philofophie, donna une déclaration le 23 avril 1743, par laquelle il exigea que ceux qui voudroient à l'a-
venir être admis à la profeffion de Chirurgien
dans la ville & les fauxbourgs de Paris, feroient
gradués dans le degré de maître-ès-arts, à peine de nullité de leur réception. Il annulla en même-temps l'affociation faite entre les Chirurgiens & les barbiers en 1656. Il voulut qu'à
l'avenir la Chirurgie fût exercée fans aucun mê-
lange avec l'état de barbier qu'il réunit à la communauté des perruquiers de Paris.

Cette déclaration donna lieu à des nouvelles

altercations entre les médecins & les Chirurgiens. Il y eut des mémoires de part & d'autre, sur lesquels il intervint un arrêt du conseil en date du 12 avril 1749, par lequel il fut dit que ceux qui aspireroient à la maîtrise en Chirurgie, soutiendroient un acte ou un examen public sur les matières de Chirurgie; qu'ils seroient tenus d'inviter à l'examen, la faculté de médecine pour y envoyer trois docteurs; & qu'ensuite ils pourroient être reçus par le premier Chirurgien ou son lieutenent, & les maîtres en Chirurgie seulement; mais à la charge toutefois de remettre au doyen de la faculté une copie en bonne forme des lettres de réception qui leur seroient expédiées.

Comme l'exigence du grade de maître-ès-arts auroit pu diminuer considérablement le nombre des Chirurgiens à Paris, le roi se relâcha à cet égard de la rigueur de la déclaration du 23 avril 1743; cependant il voulut que ceux qui seroient admis à la Chirurgie sans être gradués, n'eussent que le titre d'*associés* au corps de la Chirurgie, & que les autres qui voudroient être membres réels de ce corps, fussent maîtres-ès-arts de l'université de Paris. Que le droit de porter la robe & le bonnet n'appartint qu'à ceux-ci, qui seuls pourroient être présentés pour remplir les places de démonstrateurs.

Il fut ajouté à l'égard de la dispute entre les médecins & les chirurgiens, que dans les consultations les voix de ces derniers seroient comptées, mais qu'ils opineroient avant les médecins. Il fut dit en même-temps que *les Chirurgiens se conduiroient à l'égard des médecins avec la déférence qui leur est dûe, & que les médecins auroient de leur part pour les maîtres en Chirurgie tout les égards que méritent l'utilité & l'importance de leur profession.*

Ce règlement n'étoit que provisoire, il n'applanissoit pas toutes les difficultés concernant la médecine & la Chirurgie : il parut un autre arrêt du conseil du 4 juillet 1750, par lequel il fut dit :

1°. Que le cours complet des études de Chirurgie seroit de trois années.

2°. Qu'au commencement de la seconde année du premier cours, il en seroit commencé un second par un autre démonstrateur ; qu'il en seroit usé de même à l'égard d'un troisième cours qui s'ouvriroit au commencement de la troisième année du premier ; ensorte que les nouveaux élèves ne fussent point obligés d'attendre la fin d'un premier ou d'un second cours pour commencer celui qu'ils devoient faire.

3°. Qu'il seroit établi dans le collège de saint Côme une école pratique d'anatomie & d'opérations chirurgicales, que les élèves feroient les dissections nécessaires, & que les maîtres leur enseigneroient l'art d'opérer.

4°. Que tous les élèves gradués & non gradués seroient tenus de se faire inscrire au commencement de chaque année du cours sur le registre du démonstrateur, ainsi que sur celui du professeur de l'école-pratique.

5°. Que ces élèves rapporteroient des attestations d'assiduité pendant le cours des trois années ; lesquelles attestations seroient visées dans leurs lettres de maîtrise, à peine de nullité, & que ceux qui voudroient se borner à

la

la maîtrife hors de la ville & des fauxbourgs de Paris, ne payeroient que moitié des droits ordinaires.

6°. Que les maîtres reçus & à recevoir, feroient tenus d'affifter affidument pendant deux ans au moins aux grandes opérations qui fe font dans les hôpitaux de Paris ; & que les nouveaux maîtres feroient tenus d'appeler pendant ce temps-là deux des autres maîtres ayant au moins douze années de réception, aux opérations difficiles qu'ils entreprendroient.

7°. Que les maîtres-ès-arts qui auroient obtenu ce titre dans quelque univerfité approuvée feroient admis à fe faire aggréger à la faculté des arts de Paris pour obtenir le titre de maître en Chirurgie dans cette capitale.

8°. Que les Chirurgiens du roi, de la reine & de leurs maifons, ceux des enfans de France, & du premier prince du fang, ceux qui font à la nomination du grand-maître d'artillerie ou du grand prévôt, pourroient s'ils n'étoient pas gradués exercer leur profeffion dans Paris ; mais que ceux qui étant gradués voudroient fe faire aggréger, feroient obligés de foutenir aux écoles de faint Côme l'acte ou l'examen public prefcrit par l'arrêt du confeil du 12 avril 1749.

9°. Que le doyen de la faculté de médecine feroit invité d'envoyer comme à l'ordinaire trois docteurs pour être préfens à cet acte ; qu'en cas d'empêchement, fa place feroit remplie par le doyen qui l'auroit immédiatement précédé, ou à fon défaut par le plus ancien des docteurs de la faculté. Qu'en parlant du doyen le répondant diroit : *decanus faluberrimæ facul-*

tatis ; & de chacun des docteurs, *sapientissi-mus doctor* : suivant l'usage observé dans les écoles de l'université de Paris ; & que les droits accoutumés seroient donnés au doyen & aux docteurs lorsqu'ils sortiroient de la salle d'exer-cice.

10°. Qu'après cette opération le premier Chi-rurgien ou son lieutenant, les prévôts & les autres maîtres en Chirurgie se retireroient dans une salle voisine pour délibérer par la voie du scrutin, sur la capacité du répondant ; que s'il étoit trouvé capable, il seroit appelé pour prê-ter serment & être admis à la maîtrise, en se conformant au surplus à ce que porte l'arrêt du conseil du 12 avril 1749 (*).

─────────────────────────

(*) Un point essentiel sur lequel les médecins insistoient, étoit qu'il fût fait défenses aux Chirurgiens de se mêler de la cure des maladies internes, voulant que cette partie fût entièrement reservée pour la faculté de medecine. L'arrêt du conseil la lui a effectivement reservée, car l'article 10 fait très-expresses inhibitions *à tous Chirurgiens de quelque qualité qu'ils soient de composer, vendre ou debiter aucun médicament ou remede destinés à entrer dans le corps hu-main, & de signer des ordonnances pour en faire compo-ser par des apothicaires ou autres.*

Comme il n'est parlé que des médicamens destinés à entrer dans le corps humain, les Chirurgiens ont la fa-culté de composer & d'administrer ceux qui n'ont pour objet qu'une application extérieure.

Cet arrêt du conseil ne s'exécute à la rigueur que dans les villes où il y a des médecins ; car pour le traitement des malades de la campagne les Chirurgiens sont en posses-sion de suppléer & le médecin & l'apothicaire, & cela parcequ'il seroit souvent impossible & trop dispendieux de réunir auprès d'un malade indigent ou éloigné les trois se-cours du médecin, du Chirurgien & de l'apothicaire.

11°. Que la faculté de médecine ne pourroit exiger à l'avenir aucun ferment, ni autre tribut des chirurgiens, ni les mander ou les troubler dans l'exercice de leur profeffion ; & que les chirurgiens ne pourroient pas fe prévaloir non plus de la dénomination *d'école* ou *de collège*, pour s'attribuer aucun des droits des membres & fuppôts de l'univerfité de Paris.

Ce fut ainfi que le roi termina les conteftations qui s'étoient élevées entre les médecins & les Chirurgiens. Sa majefté réferva en même temps aux Chirurgiens de propofer tels nouveaux ftatuts ou règlemens qu'ils jugeroient à propos pour établir dans leur fociété une plus parfaite difcipline ; & en attendant elle voulut que les ftatuts de 1699 fuffent par provifion exécutés dans les points auxquels il n'avoit pas été jufqu'alors dérogé.

Les Chirurgiens ayant en conféquence de cette réferve, propofé de nouveaux règlemens, le roi jugea à propos de les comprendre dans des lettres-patentes données en forme d'édit au mois de mai 1768, & enregiftrées au parlement le 10 du même mois. Ces lettres-patentes forment treize titres différens dont nous allons analyfer les principales difpofitions.

Le titre *premier* concerne les droits & les prérogatives du premier Chirurgien du roi. Ce chef de la chirurgie eft confirmé garde des chartes, ftatuts & règlemens de fa compagnie, avec droit de juridiction par lui ou fes lieutenans fur ceux qui exercent la profeffion en tout ou en partie dans l'étendue du royaume.

Il eft autorifé à donner des provifions à un des maîtres tirés du nombre des gradués du collège de Paris, pour l'établir son lieutenant dans ce collège, & des provisions de greffier à un autre maître, ou à telle personne étrangère qu'il juge à propos, avec le droit d'avoir sa chambre de juridiction au collège, d'y convoquer les assemblées, d'y présider, de recevoir les sermens, d'entendre les comptes & d'y faire observer les règlemens, &c. Les contestations concernant ses droits utiles ou honorifiques, ainsi que ceux de ses lieutenans, de ses greffiers & de ses commis doivent se porter directement à la grand-chambre du parlement de Paris.

Le titre *deuxième* regarde les prérogatives & les immunités des Chirurgiens de Paris. Le roi maintient le collège dans la possession de porter pour armoiries d'azur à trois boîtes d'or, deux en chef, l'autre en pointe avec une fleur de-lys en abîme & cette devise, *consilioque manuque.* Il veut que les Chirurgiens soient regardés comme exerçant un art libéral & scientifique; qu'ils soient mis au rang des notables bourgeois de Paris, avec défenses de les comprendre dans la classe des arts & métiers, ni de les assujetir à aucune taxe d'industrie. Il conserve aux maîtres du collège le droit de porter la robe longue & le bonnet carré, ainsi que l'évocation de leurs causes civiles en première instance au châtelet.

Le titre *troisième* a pour objet la forme du collège & de ses assemblées. Le collège est composé du premier Chirurgien, de son lieutenant, de quatre prévôts, d'un receveur, d'un doyen, d'un greffier & de tous les maîtres reçus ou aggrégés.

Les assemblées doivent se faire sur les mandemens du premier Chirurgien ou de fon lieutenant ; mais à leur refus, elles peuvent fe faire huitaine après, de la part des prévôts, en les faifant précéder néanmoins d'une fommation en la forme ordinaire.

La chambre du confeil eft compofée du premier Chirurgien, de fon lieutenant, des quatre prévôts, du receveur, du doyen, des deux derniers prévôts & du receveur fortis de charges, du greffier & de vingt autres maîtres. Le confeil doit s'affembler tous les mercredis de chaque femaine non fêtés, à trois heures précifes, pour délibérer fur les affaires du collège. Le greffier n'y a de voix délibérative qu'autant qu'il eft membre du collège.

Aux affemblées pour l'élection des prévôts & du receveur & pour la reddition des comptes, tous les maîtres qui ont dix ans de réception doivent être appelés ; ils doivent l'être tous fans diftinction de temps de réception, lorfqu'il y a lieu à une diftribution de jetons.

Le même titre règle ce qui regarde les regiftres, leur dépôt, l'argent qui eft en caiffe, la bourfe commune, les dettes, les emplois, les emprunts, les dépenfes ordinaires & extroardinaires.

Le titre *quatrième* parle du fervice divin & de la vifite des malades pauvres, de l'acquit des fondations, du convoi des confrères & des jetons qui fe diftribuent en pareil cas. Il eft dit par ce titre que lorfqu'il fera néceffaire de choifir un Chirurgien pour foigner gratuitement les pauvres dans les hôpitaux de Paris en qualité de premier élève & pour y gagner par fix années confécutives la maîtrife en Chirurgie, on

obfervera qu'il foit âgé au moins de vingt-quatre ans, de bonnes vie & mœurs & de la religion
catholique ; qu'il ait fait fes cours au collège de
Chirurgie, & fervi fous des maîtres ou dans des
hôpitaux pendant quatre années. Les afpirans à
ces places doivent être examinés au concours
par le lieutenant du premier Chirurgien & par
les quatre prévôts, en préfence des gouverneurs & des adminiftrateurs de l'hôpital auquel
ils font deftinés.

Le titre *cinquième* traite de l'élection des prévôts, du receveur & des confeillers. Tous les
ans, dans le courant de mars, les maîtres qui
ont au moins dix ans de réception, doivent
être convoqués pour l'élection de deux prévôts,
afin de remplacer les anciens, & pour celle
d'un receveur.

Pour être élu prévôt il faut avoir dix ans de
réception, & pour devenir receveur, il faut
avoir été prévôt.

Les maîtres du collège étant divifés en quatre claffes, chaque claffe a un maître particulier à la tête : mais l'un de ces maîtres doit être
pris entre les officiers-Chirurgiens de la cour,
& les trois autres indiftinctement parmi tous les
autres maîtres.

Les fonctions des prévôts font de gérer les
affaires du collège, d'empêcher les abus & de
pourfuivre les contrevenans en juftice, après
avoir pris toutefois l'avis du premier Chirurgien, ou de fon lieutenant (*).

_____

(*) Une des prérogatives du premier Chirurgien du roi
eft de pouvoir à fon avenement, continuer un des prévôts
en exercice, où d'en nommer un à fon choix entre les
anciens prévôts.

Celles du receveur font de toucher tous les deniers appartenans au collège, de payer les dettes, charges & autres dépenses arrêtées par l'assemblée générale, ou par le conseil, de rendre compte à la fin de ses deux années d'exercice, &c.

Le titre *sixième* règle les cours de Chirurgie & la police des écoles. Le temps complet des études en Chirurgie est composé des cours de *phisiologie*, de *pathologie*, & de *thérapeutique*, des cours *d'anatomie* & *d'opération* de ceux *d'accouchement* & de *maladie des yeux* enfin d'une *école pratique*. Les cinq premiers cours doivent se faire chacun les mêmes jours par deux professeurs, dont l'un donne ses leçons le matin, & l'autre l'après-midi.

Le cours de *phisiologie* doit commencer le premier lundi libre du mois de mai & continuer tous les lundis & les jeudis de chaque semaine.

Celui de *pathologie* le mardi suivant & continuer les mardis & les vendredis.

Celui de *thérapeutique*, le mercredi de la même semaine & continuer tous les mercredis & les samedis.

Tous ces cours qui font autant de cours de théorie, doivent finir à la saint Martin.

Ensuite le premier lundi d'après la saint Martin doit commencer le cours *d'anatomie* & continuer les lundis, mardis, jeudis & vendredis de chaque semaine jusqu'au quinze février.

Dès le premier lundi libre d'après le 15 février, doit commencer le cours *d'opérations*, & continuer jusqu'au mois de mai les lundis, mardis, jeudis & vendredis de chaque semaine.

A l'égard de *l'école pratique* de dissection, elle

doit se tenir pendant les mois de décembre, de janvier, février & mars par deux professeurs-démonstrateurs, au choix du premier Chirurgien, aux jours & aux heures convenables.

Pour ce qui est des deux cours *d'accouchement*, & de celui des *yeux*, ils doivent se faire pendant les mois de mai, juin, juillet & août, depuis cinq heures de relevée, jusqu'à six & demie, les lundis, mardis & vendredis. L'un des cours d'accouchement doit se faire en faveur des seules sages-femmes & de leurs éleves, & l'autre séparément en faveur des étudians en Chirurgie.

Les leçons doivent être d'une heure & demie chacune ; c'est à-dire, le matin depuis onze heures jusqu'à midi & demie ; & l'après-midi depuis trois heures précises jusqu'à quatre & demie, sans que sous quelque prétexte que ce soit, les professeurs puissent en abréger la durée, ni en changer le temps ; & il est recommandé aux professeurs-démonstrateurs de se réserver après la fin de leurs leçons un temps convenable pour interroger & exercer leurs élèves sur les objets qui ont fait les matières des leçons précédentes.

Les étudians sont tenus de s'inscrire sous chaque professeur sur trois feuilles différentes, dont l'une doit être remise au premier Chirurgien, la seconde déposée aux archives du collège & la troisième demeurer entre les mains du professeur.

Les inscriptions doivent se prendre pendant les premiers quinze jours de chaque cours : ce temps passé, les élèves ne doivent plus être reçus à se faire inscrire.

Le cours complet des études de toutes les

parties de la Chirurgie eſt fixé à trois années, dont la première eſt deſtinée au cours de phiſiologie, la ſeconde au cours de pathologie & la troiſième à celui de thérapeutique; & chacune de ces années les élèves doivent recommencer les cours d'anatomie, des opérations & des accouchemens. A l'égard des exercices de l'école pratique, du cours des maladies des yeux, ou d'autres cours particuliers qui pourroient encore s'établir (*), les élèves ſont ſeulement invités de s'y rendre aſſidus.

Aucun élève ne peut être admis à la maîtriſe pour la ville & les fauxbourgs de Paris, qu'il n'ait ſatisfait aux cours dont il s'agit dans la forme preſcrite. Et quant à ceux qui n'aſpirent pas à devenir membres du collège de Paris, il eſt dit que lorſqu'ils auront fait le cours complet, ils ſeront reçus ſans difficulté dans les communautés des Chirurgiens de province, ſans préjudicier aux trois autres années de ſervice preſcrites par les règlemens généraux pour tous ceux qui aſpirent à la maîtriſe en Chirurgie dans les villes de province.

Les profeſſeurs doivent donner à chacun de ceux qui ont ſuivi leurs cours avec ſageſſe & régularité, des atteſtations ſignées d'eux & viſées par le lieutenant & les prévôts du collège de Chirurgie. Ces atteſtations doivent en outre être ſignées du premier chirurgien ou de quelqu'un prépoſé de ſa part à cet effet, pour juſtifier que les dénommés dans ces atteſtations ſe trouvent inſcrits ſur les feuilles dépoſées entre

_____

(*) Il a été établi depuis un cours de chymie chirurgicale.

ſes mains ; & ſi ces formalités manquent , les atteſtations doivent être regardées comme nulles & de nul effet.

Le reſte de ce même titre regarde les honoraires des profeſſeurs. Il eſt dit que les places de quinze cens livres paſſeront de droit au plus ancien de ceux qui ſeront aux appointemens de cinq cens livres , & que la place de ce dernier ſera donnée par un brevet ſigné du roi, à l'un des maîtres en Chirurgie de Paris, qui ne pourra néanmoins être choiſi que dans le nombre de ceux qui ſeront maîtres-ès-arts. Le premier Chirurgien eſt en droit de choiſir chaque année tels maîtres qu'il juge à propos pour l'école de diſſeĉtion & pour les cours d'accouchement.

Les adminiſtrateurs de l'hôpital-général doivent fournir gratuitement les cadavres néceſſaires pour les démonſtrations. La diſſeĉtion n'eſt permiſe que depuis le premier novembre juſqu'au premier avril.

Le titre ſeptième indique les qualités requiſes pour parvenir à la maîtriſe, & la forme des réceptions. Pour être reçu maître , il faut être âgé au moins de vingt ans & faire profeſſion de la religion catholique. Il faut encore , outre l'atteſtation des cours pendant trois années , des certificats de ſervice pendant trois autres années chez les maîtres , dans les hôpitaux des villes frontières , ou dans les armées , ou au moins durant deux années dans les hôpitaux de Paris. Et afin que ces certificats ſoient à l'abri de tout ſoupçon , les élèves doivent faire dans la quinzaine une déclaration au greffe du premier Chirurgien de leur entrée chez le maître ou dans l'hôpital. Si les maîtres du collège venoient à

fervir dans les armées, les certificats qu'ils dor-
neroient à leurs élèves du fervice d'une campagne, leur tiendroit lieu d'une année; mais il
faudroit que ces certificats fuffent vifés par les
colonels & autres officiers du corps, & leur *visa*
tiendroit lieu de déclaration au greffe du premier
Chirurgien.

Ce même titre veut que conformément à la
déclaration du 23 avril 1743, les candidats
rapportent encore des lettres de maîtres-ès-arts
dans quelqu'une des univerfités du royaume.
Cependant on excepte de cette obligation 1°.
les Chirurgiens de la maifon du roi & de la famille royale, ainfi que ceux qui ont gagné leur
maîtrife par un fervice de fix années dans un hôpital. 2°. Les Chirurgiens des autres villes du
royaume qui ont pratiqué la Chirurgie avec honneur & diftinction pendant vingt années. 3°.
Les fujets qui par leurs talens naturels & leur
capacité reconnue, font dans le cas de mériter
une indulgence, au jugement du confeil de la
compagnie. Le roi déroge en cela à la déclaration de 1743.

Le refte de ce titre explique d'une manière
fort détaillée tout ce qui regarde les examens
& la manière de procéder à la réception des
candidats. On conferve à la faculté de médecine fon droit d'affiftance à l'acte public, fuivant
l'arrêt du confeil du 4 juillet 1750.

Le titre *huitième* concerne les aggrégations.
Il eft dit que les Chirurgiens officiers de la maifon du roi & de la famille royale, ceux du premier prince du fang, ceux qui font à la nomination du grand-prévôt, ainfi que les Chirurgiens qui auront été admis à gagner la maîtrife

par un fervice de fix années confécutives dans les hôpitaux, feront aggrégés au collège des maîtres en Chirurgie de Paris; que ceux des villes où il y a parlement & archevêché & qui y auront exercé pendant vingt ans, à compter du jour de leur réception, pourront pareillement y être aggrégés; mais par une difpofition particulière il eft dit que, ni les maîtres, ni les aggrégés de Paris ne pourront louer leur privilège, ni avoir d'élèves ailleurs que dans le domicile qu'ils occuperont en perfonne, à quelque titre & fous quelque pretexte que ce puiffe être, & il eft ajouté qu'à l'avenir les veuves des maîtres ne pourront plus comme auparavant faire exercer la Chirurgie en leur nom par des élèves.

Le titre *neuvième* regarde les experts pour quelque partie de la Chirurgie, tels que les herniaires & les dentiftes.

Le titre *dixième* concerne les fages-femmes. Elles font fujettes à un apprentiffage de trois années chez un maître en Chirurgie, ou une maîtreffe fage-femme de Paris, ou de trois mois à l'Hôtel Dieu, à moins qu'elle ne foit fille de maîtreffe & qu'elle n'ait exercé pendant trois ans au moins fous les yeux de fa mère. Leurs brevets d'apprentiffage doivent être enregiftrés au greffe du premier Chirurgien dans la quinzaine de leur paffation, à peine de nullité. Elles ne peuvent avoir plus d'une apprentie à la fois, ni prêter leur nom à d'autres femmes, à peine de cinquante livres d'amende. Deux fages-femmes ne peuvent demeurer dans la même maifon, fi ce n'eft du confentement de celle qui l'habite la première. Voyez la note fur le titre *neuvième* des statuts des Chirurgiens de province.

Le titre *onzième* règle les droits à payer pour les différentes réceptions.

Le titre *douzième* concerne la réception des Chirurgiens pour la banlieue & le ressort de la prévôté & vicomté de Paris.

Le titre *treizième* & dernier a pour objet la police générale de la Chirurgie. Suivant ce titre les maîtres sont obligés d'avertir sans délai les commissaires de leur quartier des blessés qu'ils ont pansés en premier appareil. Il est défendu à tous les maîtres & à tous autres de lever aucun appareil posé par d'autres maîtres, si ce n'est en leur présence, ou eux dûment appelés, a moins toutefois d'un péril évident, à peine d'interdiction & de cinq cens livres d'amende.

Ils ne peuvent procéder à l'ouverture des cadavres, depuis le premier avril jusqu'au premier octobre que douze heures après la mort ; & le reste de l'année, qu'après vingt quatre heures. Et en quelque saison que ce soit, ils ne peuvent ouvrir les cadavres des personnes mortes subitement, qu'après vingt quatre heures pour le moins.

Le reste du titre regarde les soldats qui servent dans les régimens des gardes-Françaises & Suisses sous le nom de *Chirurgiens* ; ces soldats ne peuvent exercer que pour leurs régimens ; ils ne peuvent point avoir de garçon, ni d'autre demeure que celle du quartier de leur compagnie ; ils ne peuvent pas non plus prendre aucune marque extérieure qui indique un Chirurgien.

Il est défendu à tous ceux qui ne sont point maîtres de faire aucune leçon sur la Chirurgie, ni de publier rien qui y ait rapport sans des certificats de la commission du premier Chirurgien, à peine de cinq cens livres d'amende. Les maîtres sous les mêmes peines ne peuvent rien publier non plus en leur propre & privé nom, sauf à en donner communication à l'académie royale de Chirurgie pour faire part de leurs découvertes au public par la voie des écrits périodiques.

Les personnes non-reçues ne peuvent point se faire un asile des lieux privilégiés : elles n'ont aucune action pour leurs salaires, pansemens & médicamens, même en vertu de mémoires arrêtés & reconnus. Leurs rapports ne peuvent faire aucune foi en justice, & il est défendu à tous juges d'y avoir égard ; il y a au contraire contre ces sortes de personnes une amende de cinq cens livres. Sur quoi il est à observer que toutes les amendes qui peuvent être prononcées, ainsi que les dommages & intérêts sont pour la bourse commune, dont le receveur du collège doit se charger.

Académie royale de Chirurgie.

Cette académie doit sa première institution eu 1731, au soin & au zèle réunis de M. Maréchal, pourlors premier Chirurgien du roi, & de M. de la Peyronie, qui étoit son successeur désigné. Persuadés de l'utilité d'un tel établissement dans la capitale du royaume, ces citoyens respectables concertèrent entr'eux les moyens de le faire réussir. Le roi ne permit de commencer de le mettre à exécution que sous le titre de *société*, sauf à lui donner celui d'*académie*, s'il y avoit lieu dans la suite.

L'évènement justifia les vues d'utilité qu'on avoit fait entrevoir. Les mémoires importans que la société publia, ne laissèrent plus aucun doute sur les avantages qui résulteroient de l'érection légale de cette même société en corps académique, & cette érection se fit en vertu de lettres-patentes du 2 juillet 1748, enregistrées le 22 du même mois. Il suffit de prendre lecture de ces lettres-patentes, pour concevoir de la nouvelle académie l'idée la plus honorable.

Ces lettres furent suivies d'un règlement donné par le roi le 18 mars 1751. Voici en substance ce que porte ce règlement.

· L'académie de Chirurgie est sous la protection immédiate de sa majesté. Son premier Chirurgien en est le premier président né. C'est à lui qu'il appartient d'en diriger les travaux, & d'en ouvrir les séances; de nommer les commissaires, de visiter les expéditions du secrétaire, les comptes de recette & de dépense, &c.

· L'académie est divisée en quatre classes.

La première est de quarante académiciens, ayant le titre de conseillers du comité.

La deuxième de vingt académiciens, avec le titre d'adjoints au comité.

· La troisième est formée de tous les autres maîtres en Chirurgie de Paris, qui ne font pas des deux premières classes, avec la qualité d'académiciens libres.

La quatrième enfin, est composée d'académiciens sous la dénomination d'associés, françois ou étrangers.

Les officiers de l'académie se tirent de la première classe. Ces officiers sont, un directeur, un vice-directeur, un secrétaire, deux commissaires, l'un pour les extraits, l'autre pour la corespondance, & un trésorier. Ces officiers sont amovibles, excepté le secrétaire & le trésorier qui sont perpétuels.

. Le secrétaire qui tient la place du président en l'absence du directeur ou du vice-directeur, est chargé de tenir les registres, & de faire tous les ans l'histoire raisonnée des différens mémoires approuvés par l'académie, qui peut en ordonner l'impression quand elle le juge à propos.

Le lieutenant du premier Chirurgien du roi est en cette qualité trésorier perpétuel de l'académie. Il est chargé de la recette & dépense des fonds de l'académie, ainsi que des machines & des instrumens qui regardent la Chirurgie.

Les conseillers du comité sont tenus de fournir chaque année un ou deux mémoires, à peine de déchéance de leur place s'ils passoient deux ans sans en donner, ou s'ils manquoient trois fois de suite de se trouver aux assemblées.

Les membres du comité ont tous voix délibérative dans les affaires de l'académie; mais il n'appartient qu'aux conseillers d'opiner, quand il s'agit de l'élection des conseillers.

Les académiciens libres ont simplement séance dans les assemblées ordinaires; & pour constater leur assiduité, ils doivent signer chaque fois sur un registre destiné à cet effet.

Il est permis à l'académie de se nommer des correspondans, à l'exemple de l'académie royale des sciences.

Les officiers amovibles peuvent être changés
tous

tous les ans, & le roi défigne celui qu'il lui plaît entre trois fujets qu'on lui propofe, pour chaque place. Cependant ces officiers peuvent être continués fous le bon plaifir de fa majefté.

Le règlement s'explique auffi fur la manière de remplir les places vacantes dans la première & la feconde claffe, fur la nomination des affociés, fur les travaux dont l'académie doit principalement s'occuper, fur les obfervations ou les defcriptions des maladies chirurgicales, fur les meilleures méthodes à employer dans la pratique, fur l'ufage des mémoires qu'elle reçoit, &c.

L'académie doit s'affembler régulièrement le jeudi de chaque femaine, & s'il eft fête ce jour-là, la féance eft remife au jeudi fuivant. Chaque féance eft depuis trois heures après midi jufqu'à cinq. Outre les affemblées ordinaires, il peut y en avoir d'extraordinaires fuivant les occafions: alors elles font indiquées par des billets circulaires.

Le comité ne peut délibérer valablement, qu'il ne foit compofé au moins de vingt-cinq délibérans, confeillers ou adjoints.

Les délibérations prifes doivent être enregiftrées. Il fuffit qu'elles foient fignées du préfident & du fecrétaire, à moins qu'il ne s'agiffe des fonds de l'académie, auquel cas la fignature du tréforier eft encore néceffaire.

Les articles 33, 34 & 35 du règlement dont il s'agit, portent fur la manière dont les commiffaires doivent faire le rapport des mémoires, fur la lecture des ouvrages, fur les changemens & les obfervations qu'on peut y faire, & fur la décence qui doit régner dans les affemblées.

Chaque jour d'affemblée ordinaire, il y a un jeton pour chacun des quarante confeillers du comité. Les jetons des abfens font moitié pour le fecrétaire, & l'autre moitié pour les adjoints fuivant leur rang d'ancienneté, à raifon d'un jeton chacun. Ceux qui après trois heures un quart ne font pas entrés, n'ont rien à prétentendre, quoique la diftribution ne fe faffe qu'après la féance de l'académie.

Pour perfectionner de plus en plus les progrès de la Chirurgie & exciter l'émulation non-feulement parmi les Chirurgiens du royaume, mais encore parmi ceux de toute l'Europe, l'académie doit propofer chaque année une queftion chirurgicale, & le prix, fondé par feu M. de la Peyronie (*), doit être donné à celui qu'elle a jugé avoir traité la queftion avec le plus de fuccès.

La queftion doit être choifie dans le nombre de celles qui font indiquées par les accadémiciens nommés pour la propofer. Elle doit être annoncée au public dans le courant de jan-

_____

(*) Par teftament du 18 avril 1747, dont l'exécution a été ordonnée par fentence du châtelet du 29 août fuivant, laquelle a été confirmée par un arrêt du parlement du 8 juillet 1748 & par un arrêt du confeil, M. de la Peyronie à laiffé des fonds néceffaires pour fournir à la dépenfe d'une médaille d'or de la valeur de cinq cens livres pour ce prix, à celle des jetons qui fe diftribuent à la fin de chaque féance, & aux honoraires du fecrétaire perpétuel.

L'académie diftribue encore tous les ans le jour de l'adjudication du prix une médaille d'or de deux cens livres qu'on nomme prix d'émulation, & cinq médailles d'or de cent livres chacune à ceux qui dans le cours de l'année ont fourni à l'académie des mémoires ou des obfervations intéreffantes relatives à la Chirurgie.

vier de chaque année. Toute perſonne de quelque qualité & condition que ce ſoit, peut prétendre au prix; on n'en excepte que les membres de l'académie.

Les articles ſuivans regardent encore tout ce qui a rapport à ces prix.

Perſonne ne peut prendre le titre de membre de l'académie dans les ouvrages qu'il fait imprimer, ſi ces ouvrages n'ont point eu auparavant l'approbation de cette même académie.

Elle a déja publié cinq volumes *in-4°*. de ſes mémoires, & autant du recueil des pièces qui ont concouru pour les prix.

Obſervation au ſujet des nouvelles écoles de Chirurgie de Paris.

Les écoles de Chirurgie ſe tenoient ci-devant derrière Saint-Côme, ou eſt aujourd'hui l'école gratuite du *deſſein*. L'ancien collège de Bourgogne a ſervi à la conſtruction d'un édifice ſuperbe vis-à-vis de la rue de l'Obſervance, pour donner à l'étude de la Chirurgie toute la facilité néceſſaire. Le roi a fondé dans ce nouvel édifice, qu'on appelle aujourd'hui le *collège* ou *les écoles de Chirurgie*, un hoſpice de ſix lits, pour autant de malades indigens attaqués de maladies chirurgicales graves & extraordinaires. Ces malades peuvent y être reçus ſur l'avis du premier Chirurgien du roi, par délibération du bureau d'adminiſtration du collège & de l'académie royale. Sa majeſté a attribué pour ces ſix malades une ſomme de ſix mille livres, payable chaque année par le receveur des domaines de la généralité de Paris; & il eſt dit que ſi cette ſomme ne ſuffit pas, on recevra moins de malades ; que fi au contraire on dépenfe moins, le reftant fera réfervé pour fubvenir aux cas où certaines maladies exigeroient de plus grandes dépenfes. L'édit de cette inftitution eft du mois de décembre 1774, enregiftré au parlement le 7 janvier fuivant.

Chirurgiens-officiers de la maifon du roi & de la maifon royale.

Pour afpirer à ces places, il faut avoir été reçu maître en Chirurgie dans quelqu'une des villes principales du royaume, ou bien rapporter une atteftation de fuffifance & de capacité, fignée du premier Chirurgien du roi, avec le procès verbal de deux examens fubis au collège de Chirurgie de Paris, à la fatisfaction du premier Chirurgien du roi, de fon lieutenant, des quatre prévôts de ce collège, & de quatre maîtres nommés à cet effet par le premier Chirurgiens. Les droits pour ces deux examens, font fixés à la fomme de trois cens quatrevingt livres pour tous frais. Il y a eu à ce fujet une déclaration le 13 mars 1771, enregiftrée en la chambre des comptes le 19 avril fuivant.

Voyez ce qui a été dit ci-deffus de ces officiers Chirurgiens, en parlant de l'arrêt du confeil du 4 juillet 1750, & des titre cinquième & feptième des lettres-patentes du mois de mai 1768, concernant le collège de Chirurge de Paris.

Règlemens concernant la Chirurgie dans les provinces.

S'il étoit néceffaire de foumettre la Chirurgie à des loix particulières pour la capitale, il n'étoit pas moins intéreffant de la fubordonner à des règles pour les provinces. L'intention du roi fut de donner des ftatuts à chaque commu-

nauté de Chirurgiens du royaume qui n'en avoit
pas. Il commença par en accorder aux Chirurgiens de Versailles, & par son édit du mois
de septembre 1723, en confirmant ces statuts,
il ordonna qu'ils seroient observés par toutes les
autres communautés du royaume qui en manquoient, jusqu'à ce qu'elles en eussent reçu de
particuliers.

En 1730 le roi considérant que la différence
des lieux dans les provinces exigeoit une différence dans les règlemens de Chirurgie, crut que
rien ne contribueroit davantage aux progrès de
cet art, que de former des statuts qui, renfer-
mant des règles générales également nécessaires
dans tous les lieux, distinguassent les règlemens particuliers qui convenoient soit aux villes
considérables, soit aux villes plus médiocres,
soit enfin aux bourgs & aux villages où il y auroit des Chirurgiens; en conséquence il parut
des statuts contenant quatrevingt dix-huit articles, pour toutes les communautés du royaume
qui n'en avoient point qui fussent dûment ho-
mologués. Ces statuts furent accompagnés d'une
déclaration du 24 février 1730, enregistrée
avec les statuts le 13 août 1731, & ce sont ces
statuts dont nous allons donner une analyse.

Le titre *premier* parle des droits & des prérogatives du premier Chirurgien du roi. Ce
titre ne dit rien qui ne soit conforme à ce que
nous avons déja exposé touchant la juridiction
de ce premier Chirurgien.

Le titre *deuxième* regarde les maîtres Chirurgiens. Personne ne peut exercer la Chirurgie, soit à
la ville, soit à la campagne, sans des lettres de
maîtrise, à peine de cinq cens livres d'amende.

Les Chirurgiens reçus pour une ville où il y a communauté, ne peuvent s'établir dans une autre ville où il y a communauté fans s'y faire aggréger ; & s'ils font Chirurgiens pour une ville où il n'y a point de communauté, ils ne peuvent point s'établir dans une autre ville où il y a communauté, fans s'y faire recevoir. De même ceux qui font reçus pour de fimples paroiffes, ne peuvent point exercer leur profeffion dans des villes ; mais ils le peuvent dans telles autres paroiffes qu'il leur plaît. Sur quoi il eft à obferver que par l'arrêt d'enregiftrement il eft dit, qu'il fera *libre à toutes fortes de perfonnes d'envoyer querir en cas de befoin, tels Chirurgiens que bon leur femblera, dans telles villes, bourgs ou villages qu'elles aviferont bon être, fans être contraintes à fe fervir des Chirurgiens des villes, bourgs ou villages de leur réfidence.* Ce qui paroît naturel pour favorifer la confiance & l'émulation ; il fuffit que le Chirurgien foit maître, & qu'il ne change point de domicile.

Le titre *troifième* règle la forme des communautés & des affemblées. Chaque communauté eft compofée du Lieutenant, d'un prévôt s'il n'y a pas vingt maîtres, ou de deux, s'il y a vingt maîtres ou plus, d'un doyen, de tous les autres maîtres & d'un greffier. Il doit y avoir deux regiftres cottés & paraphés du lieutenant ; l'un de ces regiftres eft pour les apprentiffages & l'autre pour les délibérations. Ils doivent être entre les mains du greffier pendant trois ans, enfuite dépofés dans les archives, après quoi on en commence de nouveaux.

Le greffier doit envoyer chaque année au premier Chirurgien un état figné du lieutenant, des anciens maîtres & de ceux qui ont été reçus dans le cours de l'année.

Pour les assemblées, il doit y avoir une chambre particulière. Le lieutenant a la police de cette chambre, & à son mandement on doit s'assembler à peine de trois livres d'amende. Les délibérations en fait d'emprunts & d'obligations, doivent être homologuées par ordonnance du lieutenant général de police, & même toutes celles qui ont trait au moindre emploi des deniers. Les émolumens du lieutenant de police sont de six livres, & ceux du procureur du roi, sont de quatre livres pour chaque homologation.

Dans les hôpitaux des villes où il n'y a point de Chirurgiens ordinaires, les lieutenans du premier Chirurgien & les prévôts en charge doivent nommer de mois en mois, deux d'entre les maîtres de la communauté, l'un des anciens & l'autre des jeunes, à tour de rôle, pour se trouver tous les jours à l'hôpital, & y panser gratuitement les pauvres.

On peut admettre dans cet hôpital un garçon Chirurgien jugé capable, pour gagner sa maîtrise suivant que le portent les articles 23 & 24.

Chaque communauté doit démontrer publiquement dans sa chambre commune, par l'un des maîtres qu'elle nomme annuellement, l'anatomie, l'ostéologie & toutes les opérations de la Chirurgie: le démonstrateur a cinquante livres sur la bourse commune.

Le titre *quatrième* concerne l'élection des prévôts. Elle doit se faire dans le mois de mars. Le prévôt doit avoir quatre années de réception ; il prête ferment entre les mains du lieutenant.

Les fonctions du prévôt font de gérer les affaires de la communauté, de recevoir les deniers, de payer & de pourfuivre les réfractaires devant les officiers de police, lorfque le lieutenant après fommation à lui faite, eft négligent dans cette partie.

Le lieutenant & les prévôts en charge doivent faire célèbrer dans telle églife qu'ils jugent à propos, la folemnité de faint Côme avec un fervice le lendemain pour les confrères défunts.

Le titre *cinquième* a pour objet la réception des afpirans à la maîtrife. Aucun afpirant ne peut être admis à faire le grand chef-d'œuvre avant l'âge de vingt-deux ans : s'il eft fils de maître, il peut l'être à vingt.

Mais pour afpirer à la maîtrife, il faut être apprenti de l'un des maîtres d'une communauté approuvée, & avoir un brevet (*) enregiftré.

_____

(*) Comme ce brevet d'apprentiffage rapprochoit trop les éleves en Chirurgie de ceux qui exercent les arts mécaniques, il a paru le 12 avril 1772 une déclaration par laquelle en interprétant eft-il dit, en tant que de befoin, les articles 32, 33, 34, 35, 36 & 37 des ftatuts généraux donnés en 1730 pour les communautés de Chirurgiens du royaume, ces éleves en Chirurgie peuvent être admis à la maîtrife après avoir rempli pendant une année au moins, le cours ordinaire des études en Chirurgie dans quelqu'une des villes où il y en a d'établies, telles que Paris, Montpellier, Bordeaux, Lyon, Rouen, Orléans, Tours, Toulon & Nanci, & après avoir en outre exercé avec application & affiduité pendant trois années chez des maîtres en Chirurgie, dans les hôpitaux des villes frontières ou dans les armées, ou au moins dans les hopitaux de Paris, defquelles études & fervice ils doivent rapporter des certificats duement légalifés, à peine de nullité.

Il eſt parlé enſuite de la préférence entre les aſpirans & les fils de maîtres, entre les fils des anciens & ceux des modernes.

Les fils de maîtres & ceux qui ont épouſé une de leurs filles ne payent que la moitié des droits pour le grand chef-d'œuvre.

L'aſpirant après ſa ſupplication admiſe dans l'aſſemblée, doit être interrogé ſommairement

---

Pour prévenir les fraudes, la loi citée porte que les élèves feront déclaration de leur entrée chez les maîtres ou dans les hôpitaux au greffe du premier Chirurgien dans la quinzaine du jour de leur entrée ; que cette déclaration ne pourra être reçue que ſur le certificat du maître ou du Chirurgien de l'hôpital où ils auront été reçus, & quelle ſera enregiſtrée ſur un regiſtre particulier tenu à cet effet par le greffier, en payant par l'élève pour cet enregiſtrement dix livres pour la bourſe commune, & quatre livres au greffier.

Les certificats de ſervice délivrés par le maître ou par le Chirurgien major de l'hôpital doivent être repréſentés au lieutenant & au greffier pour y faire mention, à peine de nullité, de l'enregiſtrement de la déclaration préalablement faite, d'atteſter que le temps porté par ces certificats a été exactement rempli.

Il eſt dit en même temps que quand les maîtres ſerviront dans les armées, les certificats d'une campagne tiendront lieu d'une année, mais que ces certificats ſeront viſés par le colonel & autres officiers du corps ou ces élèves auront été employés dans le temps marqué par leurs certificats. Il eſt ajouté que le *viſa* de ces officiers tiendra lieu pour les élèves, de la déclaration au greffe du premier Chirurgien.

Les certificats des cours de Chirurgie doivent être ſignés des profeſſeurs, viſés par les lieutenans & les prévôts des collèges & des communautés de Chirurgiens, & légaliſés par les juges des lieux, à peine de nullité.

Il eſt libre par la même loi à tous les maîtres en Chirurgie indiſtinctement, de former autant d'élèves qu'ils jugent à propos en ſe conformant aux diſpoſitions ci-deſſus.

par le lieutenant, par les prévôts & par le doyen, sur les principes de la Chirurgie. S'il est jugé capable dans cet examen appelé *sommaire*, le lieutenant doit ordonner qu'il sera immatriculé dans les registres & renvoyé au mois pour son premier examen, que l'aspirant ne peut différer de plus de deux mois, à compter du jour de l'immatricule, à peine de nullité.

Les actes du premier examen des trois semaines & du dernier examen, doivent être faits en présence de toute la communauté, & chaque examen ne peut durer moins de deux heures. Les interrogations doivent rouler sur les principes de la Chirurgie, sur le chapitre singulier & sur le chapitre général des tumeurs, des plaies & des ulcères.

Si l'aspirant est jugé n'être pas suffisamment instruit, il doit être renvoyé à trois mois, pour recommencer le même examen. Si au contraire il est trouvé suffisamment instruit, il doit être admis à faire deux mois après, les deux actes par semaine d'ostéologie, entre lesquels deux actes, il doit y avoir deux jours d'intervale.

Il y a d'autres examens & d'autres interrogations sur les différentes parties de la Chirurge, dont il est parlé par les articles 53, 54, 55, 56, 57 & 58.

Si l'aspirant est jugé capable à la pluralité des suffrages, il doit être reçu maître, & sa réception doit être transcrite sur le registre, & signée de tous ceux qui y auront été présens (*).

(*) On doit viser à peine de faux, dans ce registre & dans les lettres de maîtrise l'extrait de baptême, les certificats, les attestations légalisées que l'aspirant doit rap-

L'afpirant devenu maître, doit prêter le ferment entre les mains du lieutenant.

Mais fi l'afpirant étoit refufé dans quelque examen & qu'il fe prétendît capable, il pourroit fe faire donner un acte de refus, & fe pourvoir devant le premier Chirurgien, pour fubir les mêmes examens à Saint-Côme, ou en cas de trop grand éloignement pour lui être nommé d'autres examinateurs dans la communauté de la ville voifine, au choix du premier Chirurgien ; & s'il étoit alors jugé capable, ce houvel examen tiendroit lieu de celui où il auroit été refufé.

Obfervez que lorfqu'il s'agit de procéder à une réception, le médecin de la ville où elle doit fe faire, doit être averti par l'afpirant affifté de fon conducteur pour être préfent à la tentative, au premier & au dernier examen, ainfi qu'à la preftation de ferment, & cela trois jours avant le premier examen. Le médecin doit avoir la place d'honneur à la droite des examinateurs, ainfi que la chofe fe pratique à faint Côme ; & à l'égard des droits utiles du médecin, ils font de trois livres par affiftance, conformément à ce qui fe pratique à Paris.

Le titre *fixième* concerne les droits à payer pour les réceptions dans les villes où il y a communauté, outre lefquels l'afpirant doit encore donner lors de fa réception, cent livres

---

porter. Ceci eft ordonné par l'article 2 des lettres patentes du 31 décembre 1750, enregiftrées au parlement de Paris le 26 mars 1751. Il eft dit par l'article fuivant que tout acte de réception fera figné de tous ceux qui y auront affifté & qu'il en fera fait mention dans les lettres. Voyez *la note ci après fur le titre huitième*.

pour la bourfe commune dans les villes de la première claffe, & cinquante livres dans les autres, au cas toutefois que la communauté ait fait démontrer publiquement l'anatomie & les opérations, fuivant que le porte le titre *troifième*, pendant les deux années qui ont précédé la réception de l'afpirant ; autrement il n'eft rien dû pour la bourfe commune.

Le titre *feptième* regarde les réceptions des afpirans pour les villes où il n'y a point de communauté & pour les bourgs & les villages.

Les afpirans qui veulent fe faire recevoir pour les villes où il n'y a point de communauté ni de lieutenant du premier Chirurgien, doivent repréfenter des certificats de bonnes vie & mœurs, de religion catholique, de deux années d'apprentiffage (*) chez un maître Chirurgien d'une communauté ou de fervice dans les hôpitaux, & de trois années d'exercice chez les maîtres ou dans les hôpitaux. Ils doivent enfuite préfenter leur requête au lieutenant du premier chirurgien dans la communauté de la ville la plus prochaine pour être reçus à fubir leurs examens de trois heures chacun, en deux jours différens, devant le lieutenant, les prévôts, le doyen & deux maîtres.

Le premier examen doit rouler fur l'anatomie, l'oftéologie, les fractures & les luxations. Le fecond fur les faignées, les apoftêmes, les plaies, les ulcères, les médicamens ; & ils doivent être reçus s'ils font jugés capables, en prêtant ferment & payant pour tous droits cent fix livres, dont trente livres pour le lieutenant,

---

(*) Voyez la note fur le titre *cinquieme.*

trente livres pour les prévôts, le doyen & les interrogateurs; vingt livres au greffier & fix livres au médecin. Il doit encore vingt livres à la bourfe commune, s'il y a eu démonftration, comme il eft dit au titre précédent.

Les afpirans pour les bourgs & les villages doivent rapporter les mêmes certificats que les afpirans pour les villes dont nous venons de parler. Ils n'ont qu'un examen à fubir de trois heures fur les principes de la Chirurgie, fur les faignées, les apoftêmes, les plaies & les médicamens. Pour tous droits ils ne doivent que foixante-dix livres, dont vingt livres au lieutenant, vingt-cinq livres entre les prévôts, le doyen & les interrogateurs; dix livres au greffier, cinq livres au médecin & dix livres à la bourfe commune, s'il y a eu démonftration.

Le titre *huitième* parle des aggrégations : il n'y a que les maîtres d'une communauté ou les garçons qui ont fervi les malades fix ans dans un hôpital qui puiffent fe faire aggréger à une autre communauté (*).

_____

(*) Les lettres-patentes de 1750 que nous avons citées fur le titre *cinquième* ci-deffus portent qu'il ne pourra fe faire d'aggrégation dans d'autres villes même dans celles où il n'y à ni lieutenant ni communauté, qu'après avoir exercé la Chirurgie pendant dix ans dans les villes pour lefquelles ils ont été reçus. Et pour obtenir cette aggrégation, il faut outre les lettres de maîtrife des certificats du lieutenant du prévôt & autres officiers de la communauté, ainfi que du juge royal & du procureur du roi de l'endroit, qui portent que le Chirurgien a exercé fon art avec honneur & capacité pendant les dix années requifes; au moyen de quoi il peut être aggrégé après avoir fubi un feul examen de trois heures fur les principales parties de

Ceux qui veulent se borner aux hernies & aux dents doivent subir un examen de pratique, & payer cent cinquante livres, dont le tiers est pour la bourse commune.

Le titre *neuvième* regarde les sages-femmes. Dans les villes où il y a communauté, il leur faut deux années d'apprentissage auprès d'une maîtresse de la ville, ou un service de deux années dans l'hôtel-dieu de la même ville, s'il y a occasion d'y occuper des apprenties dans cet art.

Si l'apprentissage est fait chez un Chirurgien accoucheur, leur brevet doit être enregistré au greffe du premier Chirurgien, dans la quinzaine de sa date, à peine de nullité. Le greffier a pour cet enregistrement un droit de trois livres.

Il suffit pour les apprenties de l'hôtel-dieu de deux années de service sur le certificat des administrateurs, attesté de la principale sage-femme; & même trois mois de service à l'hôtel-dieu de Paris suffisent.

Il faut de plus aux unes & aux autres un certificat de religion & de bonnes mœurs. L'aspi-

---

la Chirurgie, & en payant le tiers au lieu du quart des droits fixés pour les réceptions ordinaires. Le *visa* de tous les actes, même de ceux qui ont pu déjà être visés dans les lettres de maîtrise, ainsi que de tous les certificats nécessaires, est essentiellement ordonné, à peine de faux & de nullité.

Les mêmes lettres patentes veulent, en l'article 9, qu'aucun Chirurgien, soit pour les villes ou pour les campagnes, ne puisse exercer son art, qu'après avoir fait enregistrer ses lettres de maîtrise ou d'aggrégation au bailliage ou à la sénéchaussée royale du lieu sur les conclusions du procureur du roi; cet enregistrement doit se faire sans frais.

rante eft dans le cas de fubir un examen de trois heures devant le lieutenant , le prévôt , le doyen, la fage-femme jurée ou la plus ancienne en maîtrife fur l'art des accouchemens. Les droits de réception pour chacune font de trente-fept livres, dont dix au lieutenant, quatre au prévôt , quatre au doyen & autant à l'ancienne fage-femme, cent fous au greffier, & à la bourfe commune dix livres.

Les afpirantes pour les villes où il n'y a point de communauté ne payent que vingt-trois livres.

Les femmes qui font pour les bourgs & les campagnes, ne doivent que dix livres, & même leur réception doit être gratuite, fi elles rapportent de leur curé un certificat de pauvreté (*).

Le titre *dixième* regarde la police de la Chirurgie. Il eft libre aux prévôts en vertu de la permiffion des juges des lieux, d'aller faire des recherches & des vifites partout où ils le croient néceffaires, fans en excepter les palais, les colléges, les hôtels, les prifons, &c.

Le lieutenant affifté de fon greffier doit faire une vifite chaque année chez tous les maîtres de la ville de fa réfidence, ainfi que chez les Chirurgiens privilégiés, pour voir s'il ne fe commet point d'abus tant par rapport aux apprentis qu'autrement; pour favoir auffi fi leurs inftru-

_____

(*) La partie des accouchemens eft la feule de la Chirurgie à laquelle les femmes puiffent être admifes, depuis un arrêt de la cour & parlement de Paris du 19 avril 1755. Voyez de plus fur ce titre, le titre *dixième* des lettres-patentes de 1768 pour le collège de Chirurgie de Paris.

mens font en état. Chaque Chirurgien doit par visite quarante sous au lieutenant & vingt sous au greffier.

Le lieutenant seul doit faire aussi tous les ans une visite chez les autres Chirurgiens de son ressort, pour voir leurs instrumens & médicamens, entendre les plaintes qu'on peut porter contre eux, en dresser son procès-verbal, & en faire ensuite son rapport aux juges des lieux pour y être par eux pourvu. Il lui est dû par chaque Chirurgien quarante sous par visite.

A l'égard de la levée des appareils, de l'ouverture des cadavres, ce qui est réglé se rapporte à ce que renferme le titre treizième des règlemens du collége de Chirurgie de Paris.

Quand les maladies ou les blessures paroissent dangereuses, les Chirurgiens font obligés d'en donner avis au curé.

Les veuves qui veulent faire exercer la Chirurgie doivent présenter un garçon pour être examiné. Ce garçon ne peut faire aucune opération décisive, ni lever un appareil important, sans appeler un des maîtres. Il doit, accompagné de la veuve, faire renouveler tous les ans depuis le premier jour de janvier jusqu'au dernier jour de mars suivant, son enregistrement: le droit pour chaque enregistrement est de vingt sous pour le greffier.

Les garçons des maîtres ou des veuves ne peuvent quitter sans congé; & au cas qu'ils veuillent entrer chez un barbier-perruquier, ils font obligés de déclarer au maître ou à la veuve de chez qui ils fortent, qu'ils renoncent pour toujours à l'art de la Chirurgie. Faute d'avoir fait cette déclaration & de l'avoir

réitérée

réitérée au greffe du premier chirurgien, ils ne peuvent être reçus ni dans l'une, ni dans l'autre communauté, à peine de nullité de leur réception & de trois cens livres d'amende. Un nouveau maître ne peut pas non plus les recevoir qu'ils ne produisent leur congé.

Il est expressément défendu à tous barbiers-perruquiers d'exercer la Chirurgie dans les villes où il y a communauté, à peine de cinq cens livres d'amende, & même de punition exemplaire en cas de récidive.

Ce qui regarde les soldats se mêlant de Chirurgie pour leurs compagnies, la publication des découvertes ou des remèdes, les dommages-intérêts, les amendes & leur application, est conforme à ce qui est réglé pour ces objets par le titre *treizième* des règlemens du collège de Chirurgie de Paris.

Les statuts ne disent pas formellement devant quel juge doivent se porter les contestations qui peuvent avoir trait à l'exécution des règlemens de Chirurgie; mais il y a tant de préjugés suivant lesquels l'attribution en est donnée aux lieutenans-généraux de police, qu'on ne peut peut plus former de doute à cet égard. Un arrêt du conseil du 29 juin 1700, ordonne qu'en exécution des édits des mois d'octobre & de novembre d'auparavant, les officiers de police de la ville d'Orléans connoîtront de l'exécution des règlemens concernant l'art de la Chirurgie à l'exclusion des officiers du bailliage.

Le 27 juillet de la même année 1700, un autre arrêt du conseil confirme cette attribution au lieutenant-général de police de la ville de Bourges: même arrêt le 21 août suivant, en faveur de celui de la prévôté royale de Mont-luçon. Le 30 janvier 1703, nouvel arrêt pour celui de Chaumont en Baffigny. Le 29 avril 1704, encore autre arrêt pour celui de Châtel-lerault.

Les lettres-patentes du 31 décembre 1750, citées fur le *cinquième* & le *huitième* titres de ces ftatuts, portent auffi que les conteftations qui pourront naître fur l'exécution de ces mêmes lettres-patentes, feront portées en première inftance devant les juges de police des lieux.

Exercice de la Chirurgie dans les maifons de l'ordre de la Charité.

Lorfque par les lettres-patentes du mois de feptembre 1724, le roi défendit l'exercice de la Chirurgie aux religieux de la Charité, il fe ré-ferva la nomination d'un Chirurgien en chef dans chacune des maifons de leur ordre : mais ayant compris depuis qu'en fe repofant fur ces religieux de choifir eux-mêmes leur Chirurgien comme ils choififfent leur médecin, & en éten-dant à leurs autres maifons la prérogative ac-cordée à celle de Paris de faire gagner la maî-trife à un garçon Chirurgien qui y auroit fervi gratuitement les pauvres pendant plufieurs an-nées, il en réfulteroit une union vraiment plus utile au fervice des malades ; il rendit une dé-claration le 20 juin 1761, par laquelle il fut dit,

1°. Que dans toutes les maifons de l'ordre de la Charité il y auroit un Chirurgien en chef & un fubftitut de ce Chirurgien, ou du moins un Chirurgien en chef.

2°. Que ce Chirurgien & fon fubftitut feroient

choisis parmi les maîtres les plus habiles des communautés les plus proches ; que le choix en feroit fait par le prieur de chaque hôpital & les quatre plus anciens de la maison.

3°. Que lorsqu'il viendroit à vaquer une place, le prieur de la maison en donneroit avis au procureur-général de la cour de parlement dans le reffort duquel la maison feroit fituée ; & que faute de nomination dans un mois, à compter du jour de la vacance, il feroit enjoint fur le réquifitoire du procureur-général , d'y procéder dans tel bref délai qui feroit réglé ; & que les prieurs feroient tenus d'envoyer une copie fignée d'eux des actes de nomination dans la quinzaine de leur date , aux procureurs-généraux.

4°. Qu'en cas de plaintes contre les Chirurgiens & leurs fubftituts , il y feroit pourvu de l'autorité des cours fur le réquifitoire des procureurs-généraux.

5°. Qu'il pourroit être reçu des élèves dans chaque hôpital par le prieur , de l'avis des quatre plus anciens ; mais que ces élèves ne pourroient être admis qu'en juftifiant de leurs bonnes vie & mœurs, ainfi que de leur fervice chez un maître Chirurgien pendant un an au moins ; qu'ils feroient préalablement examinés par le Chirurgien en chef ou par fon fubftitut, & qu'ils feroient infcrits fur un regiftre tenu à cet effet par le prieur & par le Chirurgien en chef.

6°. Que le nombre des élèves feroit fixé par le prieur de chaque hôpital, de l'avis des quatre plus anciens, & de concert avec le Chirurgien en chef.

7°. Que le gagnant maîtrife dans l'hôpital de

la Charité de Paris feroit choifi au concours par le doyen de la faculté de médecine, par le lieutenant du premier Chirurgien & les quatre prévôts du collège, entre les élèves qui auroient fervi dans cet hôpital pendant deux ans au moins, & entre pareil nombre des élèves du collège défignés par le Chirurgien en chef de l'hôpital ; mais qu'à mérite égal, ceux de l'hôpital auroient la préférence.

8°. Que tous les fix ans dans chaque hôpital de l'ordre, il feroit choifi un gagnant maîtrise entre les élèves de la maifon qui y auroient fervi deux ans au moins, & les élèves en Chirurgie du lieu ou des environs.

9°. Que le choix du gagnant maîtrise feroit fait au concours en préfence du plus ancien médecin du lieu ou des environs, du lieutenant & du prévôt de la communauté, ou en leur abfence, du plus ancien Chirurgien du lieu ou des environs.

11°. Qu'il feroit établi dans ces hôpitaux des cours de Chirurgie & d'anatomie auxquels les élèves & les jeunes religieux pourroient affifter ; qu'il feroit pareillement permis aux religieux profès de faire des cours particuliers pour les jeunes religieux deftinés à l'exercice de la Chirurgie, fuivant leurs conftitutions.

En conféquence, la même déclaration permet aux religieux des hôpitaux dont il s'agit d'exercer la Chirurgie dans leur maifon feulement & pour les pauvres en cas de néceffité & d'abfence du chirurgien en chef, du fubftitut ou du gagnant maîtrise, en appelant toutefois le médecin de la maifon & le Chirurgien du lieu pour affifter aux opérations délicates.

Mais pour qu'un religieux puiſſe exercer la Chirurgie dans l'hôpital, il faut qu'il en ait la permiſſion par écrit du ſupérieur général ſur une information préalable de ſa capacité & de ſon expérience, & ſur le vu des atteſtations des médecins & Chirurgiens des hôpitaux de l'ordre ſous les yeux deſquels il a appris ſon art.

Il eſt expreſſément défendu à ces religieux de s'immiſcer dans l'exercice de la Chirurgie hors de leurs hôpitaux, & de faire ailleurs aucune opération ou panſement, ſous quelque prétexte & de quelque manière que ce puiſſe être (*).

L'arrêt d'enregiſtrement au parlement de Paris porte : *ſans que le Chirurgien gagnant maîtriſe ſoit tenu pour être reçu maître de prendre des lettres de maître-ès-arts : ſera*, eſt-il ajouté, *le gagnant maîtriſe, après le ſervice de ſix années, reçu maître ſans examen & ſans frais, &c.*

Exercice de la Chirurgie dans les hôpitaux militaires.

Il faut voir à ce ſujet les règlemens des 20 avril 1717, 22 novembre 1728 & premier janvier 1747, dont nous allons analyſer les principales diſpoſitions.

Le Chirurgien major eſt le chef de tous les autres Chirurgiens, des aide-majors & des garçons Chirurgiens de l'hôpital. Ceux-ci ſont te-

(*) On voit par ces diſpoſitions qu'il a été dérogé aux lettres-patentes du mois de ſeptembre 1724 ſuivant leſquelles les frères ou religieux de la Charité ne pouvoient aucunement exercer la Chirurgie, pas même dans leurs hôpitaux.

nus de lui obéir comme à leur fupérieur en tout ce qui concerne l'art & le fervice de la Chirurgie.

Aucun garçon ne doit être admis qu'il n'ait été examiné par le Chirurgien major qui doit vifiter les inftrumens de ce garçon, & qui eft maître de le congédier avec le confentement du commiffaire des guerres, fi ce même garçon manque à fes devoirs.

Il n'eft point permis au Chirurgien major de prendre pour garçon un apprenti dans la vue de lui faire faire apprentiffage, ni de le recevoir par recommandation.

Le Chirurgien major doit obliger tous les garçons de coucher à l'hôpital, & s'il y eft logé lui-même, il doit faire une ronde toutes les nuits dans leur chambre, pour s'affurer s'ils y font, ou en charger un aide-major à fa place.

C'eft au Chirurgien major à diftribuer le fervice des falles de l'hôpital. Quand il y a des fous-aide-majors, ceux-ci font fubordonnés aux aide-majors. Le plus ancien aide-major repréfente le Chirurgien major quand ce dernier eft abfent.

Le Chirurgien major doit commander chaque jour un Chirurgien de garde pour veiller aux accidens le jour & la nuit, pour vifiter les malades qui entrent, pour les placer fuivant la nature de leurs maladies, & ordonner les remèdes qui leur font néceffaires. Ce Chirurgien de garde doit s'acquitter de ce devoir, à peine d'amende pour la première fois, & d'être congédié en cas de récidive ; & s'il furvient des accidens graves & preffans, il eft obligé d'en avertir le médecin ou le Chirurgien major. Il

ßoit veiller en même-temps à ce que les fenti-
nelles & les infirmiers faffent leur devoir , &
à ce que les malades obfervent le régime prefcrit.

Aucun Chirurgien ne peut emporter hors de
l'hôpital rien de ce qui a rapport au fervice des
malades.

Les garçons doivent être nourris dans l'hôpital à la portion fixée pour les foldats , cavaliers & dragons. Celui d'entr'eux qui fort fans
permiffion, ou qui forti avec permiffion, rentre
ivre doit être puni de la prifon & d'une amende
de quatre livres pour la première fois; dans le
cas de récidive , il doit être chaffé.

Tout Chirurgien convaincu d'avoir retranché
ou fait retrancher de la portion d'un malade
pour en augmenter la fienne , encourt une
amende de dix livres pour la première fois, &
en cas de récidive , il doit être chaffé fans efpé-
rance de rentrer dans aucun des hôpitaux du
roi. La même peine eft prononcée contre les
garçons qui vendent des alimens aux malades ;
il y a même de plus contr'eux la prifon. S'il y
avoit de leur part du vol, de la friponnerie ou
de la malverfation , ils feroient dans le cas d'ê-
tre févèrement chatiés pour l'exemple, & même
d'être mis entre les mains de la juftice, fi le cas
l'exigeoit. Le roi veut que ceux qui tombent
malades foient traités dans l'hôpital fur le même
pied que les foldats, cavaliers & dragons; mais
en ce cas leur traitement eft en entier à la charge
de l'entrepreneur , qui ne peut en renvoyer aucun qu'après fa guérifon, & du confentement du
commiffaire des guerres.

Le nombre des garçons dans chaque hôpital

Kk iv

doit être d'un pour cinquante malades, d'un pour quinze bleſſés & d'un pour dix ſoldats, cavaliers, dragons ou autres attaquée du mal vénérien.

Le Chirurgien major doit faire tous les jours la viſite & le panſement, ayant l'attention d'avertir le médecin d'être préſent à toutes les grandes opérations néceſſaires & de ſe concerter ſur les remèdes convenables dans le cours des panſemens. Il doit faire lui-même toutes les opérations de conſéquence, il doit encore goûter aux bouillons & aux autres alimens preſcrits pour les malades.

Le Chirurgien major doit faire ſes panſemens un peu avant la viſite du médecin, afin qu'en cas d'accident grave, de fièvre ou de maladie chronique, ils puiſſent en conférer enſemble. Ce même Chirurgien doit viſiter les bleſſés après le panſement, pour avoir l'idée plus récente de l'état où il a trouvé leurs bleſſures, & ſe conduire plus ſagement en conſéquence. Il doit être accompagné d'un garçon Chirurgien & d'un apothicaire pour écrire ſes ordonnances, & d'un infirmier de garde & de quartier pour recevoir ſes ordres.

Le Chirurgien major doit encore avoir toujours devant ſes yeux en faiſant ſa viſite, le cahier de celle du jour précédent, pour obſerver plus ſûrement ſi le malade ou bleſſé a été traité tant pour les alimens que pour les remèdes, comme il avoit été ordonné, & pour juger de leur effet. Il doit panſer ou faire panſer les bleſſés autant de fois qu'il eſt néceſſaire. L'ordonnance veut que les plaies à grande ſuppuration ſoient panſées deux fois par jour, & les autres

au moins une fois. Il ne doit point commencer
le panſement, que tous ſes appareils ne ſoient
prêts, & il lui eſt recommandé de faire brûler
du genièvre ou d'autres parfums avant & durant
le panſement.

· Il eſt dit que dans les principaux hôpitaux il
fera pendant l'hyver un cours d'anatomie &
d'opérations; & dans l'été un cours d'oſtéologie
& de bandages. Les garçons Chirurgiens ſont
obligés d'aſſiſter à ces cours pour s'entretenir
dans l'exercice de leur art, & pour y former
des élèves.

· Le Chirurgien major eſt de plus chargé de
tenir un regiſtre cotté & paraphé à chaque page
par le commiſſaire des guerres, pour y inſcrire
le nom de famille & de guerre, le lieu de la
naiſſance, l'élection, le bailliage, la ſénéchauſſée ou la châtellenie d'où ce lieu dépend; le
nom du régiment, celui de la compagnie & le
jour de l'entrée dans l'hôpital de chaque ſoldat,
cavalier ou dragon, qui ayant été traités dans
cet hôpital, ne ſe trouveront plus en état de
ſervir à raiſon de leurs infirmités; même ceux
qui s'étant préſentés pour être reçus, auront été
renvoyés comme incurables. Il doit y expliquer
par un détail ſommaire dans une colonne d'obſervations, le genre d'infirmités dont l'incurable
eſt attaqué, & envoyer le premier de chaque
mois au miniſtre de la guerre un extrait de ce
regiſtre viſé par le médecin de l'hôpital, s'il y
en a un; car il eſt dit que dans les hôpitaux où
il n'y en aura pas, le Chirurgien major ſervira
de médecin.

Lorſque ce Chirurgien major quitte l'hôpital,
il doit remettre le regiſtre dont il s'agit à ſon

fucceffeur, il doit même en rapporter un *récé-pissé* pour être payé de fes appointemens.

Quand la note eft donnée pour la fortie des convalefcens, il doit fe faire repréfenter cette note pour connoître fi effectivement les malades font renvoyés, & examiner fi les caufes pour lefquelles ils ont été retenus font légitimes ; quand elles ne le font pas, il doit en donner avis fur le champ au commiffaire des guerres & au contrôleur pour y pourvoir ; & faute par ceux-ci d'avoir fait fortir les convalefcens, il doit en inftruire le miniftre de la guerre par une note dans la colonne des obfervations de l'extrait de fon regiftre. Il doit fe comporter de cette forte pour empêcher que les convalefcens ne foient employés comme infirmiers dans l'hôpital.

A l'égard des médicamens, c'eft à lui de prefcrire la formule des remèdes ufuels qui regardent fa partie : il doit encore de concert avec le médecin, vifiter l'apothicairerie au moins une fois par mois, & faire jetter les remèdes corrompus & gâtés.

Obfervation.

Le roi ayant jugé à propos de faire quelque changemens aux hôpitaux militaires de Strasbourg, de Metz & de Lille, il a été donné le 22 décembre 1775, un règlement dont voici les difpofitions pour ce qui concerne la Chirurgie.

Il eft dit d'abord que dans ces trois endroits il fera choifi un emplacement convenable propre à y établir des amphitéâtres pour les differtions & les leçons d'anatomie, qu'enfuite on fera choix d'un démonftrateur qui aura le titre d'aide-major, de disséqueur & de démonstrateur aux appointemens de quatre cens livres qui seront payés par le roi, outre les gages attribués au premier garçon dont il tiendra lieu aux entrepreneurs ; que dès-lors à mesure que les Chirurgiens-aide-majors & leurs survivanciers viendront à mourir ou à se retirer, leurs places demeureront supprimées.

Il a été en même temps réglé 1°. qu'aucun élève en Chirurgie ne pourra être admis à suivre comme surnuméraire les malades ou blessés, ni les cours qui se feront, sans avoir fait au moins deux années d'apprentissage chez un maître Chirurgien dont il sera tenu de rapporter un certificat authentique, sauf encore un examen particulier.

2°. Que les places de garçon Chirurgien venant à manquer elles seront données au concours pour éviter la brigue & pour faire germer l'émulation, en observant que l'amphithéâtre établi à Lille fournira les garçons Chirurgiens pour la Flandres, le Hainault, la Picardie & la Champagne ; que l'amphithéâtre établi à Metz les fournira pour les trois évêchés & la Loraine, & celui de Strasbourg pour l'Alsace & la Franche-Comté.

3°. Qu'il ne sera admis que quatre Chirurgiens surnuméraires externes dans chacun des trois hôpitaux ci-dessus, & qu'ils seront tenus de faire le service sans appointemens ni nourriture au compte du roi, lorsque le nombre des malades ne sera pas suffisant pour les employer. Ces Chirurgiens, ne pourront servir en cette qualité que pendant l'espace de six ans, après lesquels ils chercheront à se pourvoir dans les villes & bourgs du royaume & dans les régimens pour être placés de préférence dans les armées & dans les hôpitaux de l'intérieur du royaume, en qualité de major ou d'aide-major.

4°. Que les Chirurgiens employés furnuméraires feront tenus d'affifter régulièrement aux leçons & aux démonftrations qui fe feront, & qu'ils feront fubordonnés au Chirurgien - aide-major-démonftrateur, & aux Chirurgiens-major & aide-major de l'hôpital.

L'article 10 de ce règlement détermine les cours que le démonftrateur fera chaque année.

L'article 11 règle les études que feront les furnuméraires, la première, la feconde & la troifième année.

L'article 12 porte que les Chirurgiens qui ne feront pas de fervice affifteront à la préparation des remèdes dans la pharmacie, & à leur diftribution dans les falles.

L'article 14 veut afin d'affujettir davantage tous les Chirurgiens employés & furnuméraires à l'étude, qu'il foit fait chaque année un examen général au commencement de mai ; en conféquence duquel chaque Chirurgien doit être examiné féparément l'un après l'autre. Et à l'affemblée du premier juin fuivant le médecin-infpecteur, conjointement avec les autres examinateurs, tous les Chirurgiens affemblés, en nommera deux de ceux qui fe feront le plus diftingués dans l'examen précédent, pour leur être diftribué à chacun un prix de cinquante livres en volumes concernant leur profeffion.

Il eft dit par l'article 20 que les places vacantes feront remplies dans les hôpitaux mili-

taires du département & dans ceux des provinces qui y font adjointes par les Chirurgiens
furnuméraires employés dans les amphithéâtres,
& que pour cet effet le Chirurgien major de
chaque hôpital, demandera un fujet à l'intendant de la ville où l'amphithéâtre fera établi ;
lequel donnera en conféquence fes ordres afin
que les examinateurs s'affemblent & choififfent
au concours & à la pluralité des voix, le Chirurgien le plus capable de remplir la place.

L'article 23 qui eft le dernier porte que les
Chirurgiens furnuméraires feront autant qu'il
fera poffible logés dans les hôpitaux ou dans les
villes où les amphithéâtres feront établis.

Obfervez que le même règlement contient des
difpofitions particulières pour ce qui concerne
le médecin & les apothicaires des hôpitaux dont
il s'agit ici.

Règlemens qui concernent les chirurgiens de vaiffeau.

L'article premier du titre 6 de l'ordonnance
de 1681 pour la marine porte que dans chaque
navire, même dans les vaiffeaux pêcheurs faifant voyage de long cours, il doit y avoir un
ou deux Chirurgiens, eu égard à la qualité des
voyages & au nombre des perfonnes. Mais parce
que le cas où il faudroit plus d'un Chirurgien étoit
indécis, il eft intervenu le 5 juin 1717 un règlement dont l'article 8 porte « qu'il y aura tou-
» jours un Chirurgien au moins par cinquante
» hommes, & deux lorfque l'équipage excédera
» le nombre de cinquante à quelque quantité qu'il
» puiffe monter ». Ce règlement a été renouvelé

par une déclaration du 15 novembre 1767.

L'article second porte qu'aucun ne sera reçu en qualité de Chirurgien dans les navires qu'il n'ait été examiné & trouvé capable par deux maîtres Chirurgiens qui en doivent donner leur attestation. Cet article fait assez comprendre qu'il ne concerne que les garçons Chirurgiens & non les maîtres reçus qui n'ont pas besoin d'examen. Mais quand il s'agit d'examinateurs, c'est à l'amiral de France à les choisir dans le nombre des Chirurgiens jurés qu'il désigne, & auxquels il donne des commissions qu'ils sont tenus de faire enregistrer à l'amirauté en y prêtant serment de les bien exécuter suivant que le prescrit le règlement du 5 juin 1717 dont nous venons de parler.

L'article 3 & l'article 4 veulent que les propriétaires des navires soient tenus de fournir le coffre du Chirurgien garni de drogues, onguens, médicamens & autres choses nécessaires pour le pansement des malades pendant le voyage, & le Chirurgien, les instrumens de sa profession ; que le coffre soit visité par le plus ancien maître Chirurgien du lieu, & par le plus ancien apothicaire autre que celui qui a fourni les drogues. L'article 6 du règlement que nous avons cité porte que le coffre de Chirurgie sera visité par les Chirurgiens & apothicaires nommés à cet effet par l'amiral.

L'article 5 enjoint aux Chirurgiens des vaisseaux de faire la visite de leur coffre trois jours au moins avant de faire voile, & aux maîtres Chirurgiens & apothicaires d'y procéder vingt-quatre heures après qu'ils en ont été requis à peine de trente livres d'amende & des dommages-in-térêts réfultans du retardement.

L'article 6 fait défenfes aux maîtres, à peine de cinquante livres d'amende, de recevoir au-cun Chirurgien pour fervir dans leur vaiffeau, fans avoir copie en bonne forme des atteftations de fa capacité & de l'état de fon coffre ; mais il n'eft plus à craindre à ce fujet aucune infidélité, attendu qu'on ne peut lui expédier aucun brevet qu'il n'ait été reçu dans quelque amirauté, & qu'il ne foit établi en qualité de Chirurgien fur le rôle de l'équipage.

Il eft enjoint aux Chirurgiens des navires au cas qu'ils découvrent quelque maladie conta-gieufe, d'en avertir promptement le maître, afin d'y pourvoir fuivant l'exigence du cas. C'eft ce que porte l'article 7.

Il lui eft défendu par l'article 8 de rien exiger ni recevoir des mariniers malades ou bleffés au fervice du navire, à peine de reftitution & d'amende arbitraire. A l'égard des paffagers il n'eft rien dit, au moyen de quoi l'on penfe qu'il peut fe faire payer de fes foins & de fes peines, mais non des drogues ni des remèdes attendu qu'ils fe prennent dans le coffre du navire.

Il ne peut fuivant l'article 9 quitter le vaiffeau où il eft engagé, que le voyage entrepris n'ait été achevé, à peine de privation de fes appoin-temens, de cent livres d'amende & de pareille fomme envers le maître.

Pour ce qui eft de la marine militaire, voici ce que porte le titre 56 de l'ordonnance du 25 mars 1765 concernant le *Chirurgien*.

» ARTICLE PREMIER. Le Chirurgien doit choi-
» fir fes remèdes avec beaucoup de foins, &
» obferver qu'il n'en foit embarqué que de bonne
» qualité & la quantité ordonnée ».

» II. La vifite & la vérification des remedes
» feront faites en fa préfence, comme auffi de
» fes inftrumenspar les médecin & chirurgien du
» port, qui certifieront l'état qui en aura été fait
» en préfence du commiffaire chargé du détail
» de l'hôpital, du contrôleur & d'un officier du
» vaiffeau nommé à cet effet par le capitaine ;
» après quoi les coffres feront fermés & les clefs
» en feront remifes entre les mains de l'écrivan
» qui ne pourra les rendre au Chirurgien que
» lorfque le vaiffeau fera à la voile ».

» III. Il fera tenu d'écrire journellement fur
» un regiftre cotté & paraphé par l'intendant,
» les noms des malades, leur maladie & la dofe
» de chaque remède qu'il donnera, & fera arrê-
» ter ce regiftre à la fin de chaque femaine par
» le lieutenant chargé du détail & par l'écrivain
» du roi, auxquels il donnera connoiffance de
» l'emploi des remèdes ».

» IV. Il diftribuera fes aides à un certain nom-
» bre de malades afin qu'ils foient traités plus
» commodément, & il les vifitera lui-même le
» plus fouveut qu'il lui fera poffible.

» V. Il aura foin que le commis du munition-
» naire fourniffe les rafraîchiffemens néceffaires
» & ordonnés pour les malades ; & en cas qu'il
» vienne à y manquer, il en avertira le capitaine
» & l'écrivain.

» VI. Il informera chaque jour le capitaine de
» l'état auquel fe trouveront les malades & les
» bleffés,

» bleſſés, & ſurtout l'avertira des maux qui
» pourroient ſe communiquer, afin de ſéparer
» ceux qui en feront attaqués.

» VII. Il fera favoir de bonne heure à l'aumô-
» nier l'état & le danger où feront les malades,
» afin qu'il puiſſe leur donner les ſecours ſpiri-
» tuels.

» VIII. Lui défend ſa majeſté de rien exiger
» ni recevoir des matelots & ſoldats malades ou
» bleſſés, à peine de reſtitution & de privation
» de ſes appointemens.

» IX. Pendant un combat il ſe tiendra dans le
» fond de cale ſans pouvoir monter en haut pour
» quelque raiſon que ce puiſſe être, & il aura
» ſoin d'y diſpoſer une place pour recevoir les
» bleſſés & tout ce qu'il faudra pour les panſer.

» X. Auſſitôt que le vaiſſeau ſera arrivé dans
» la rade pour déſarmer, il remettra ſes coffres
» à l'écrivain du roi, qui les fera porter dans le
» magaſin général où ils feront viſités par le mé-
» decin & Chirurgien du port en préſence du
» commiſſaire de la marine chargé du détail de
» l'hôpital, & du contrôleur ; les remèdes qui
» ſe trouveront gâtés ſeront jetés à la mer, &
» les autres portés à l'hôpital pour le ſervice des
» malades.

Priviléges attachés à l'exercice de la Chirurgie.

Depuis que cet art eſt connu en France, le
prince qui l'a le plus favoriſé eſt ſans contredit le
feu roi Louis XV. Il a voulu que la Chirurgie fût
miſe au rang des arts *ſcientifiques & libéraux* ; c'eſt
l'expreſſion dont il s'eſt ſervi dans pluſieurs règlemens, afin que cet art important fût exercé
par des ſujets auſſi diſtingués par leur naiſſance

& leur éducation que par leur capacité. Voyant que les diſtinctions qu'il avoit accordées à ceux qui s'en étoient acquittés dignement (*), ne ſuffiſoient pas pour donner au public toute l'idée qu'il devoit en avoir, il donna des lettres-patentes le 10 août 1756, par leſquelles ſa majeſté déclara combien elle deſiroit de rendre à la Chirurgie le luſtre & la conſidération qui lui étoient propres, en accordant aux chirurgiens des privilèges tels qu'ils ſont énoncés dans le diſpoſitif ſuivant :

» A ces cauſes.... nous.... ordonnons que
» les maîtres en l'art & ſcience de Chirurgie des
» villes & lieux où ils exerceront purement &
» ſimplement la Chirurgie ſans aucun mélange de
» profeſſion méchanique & ſans faire aucun com-
» merce ou trafic, ſoit par eux ou par leurs
» femmes, feront réputés exercer un art libéral
» & ſcientifique, & jouiront en cette qualité des
» honneurs, diſtinctions & privilèges dont jouiſ-
» ſent ceux qui exercent les arts libéraux. Vou-
» lons & entendons que leſdits Chirurgiens ſoient
» compris dans le nombre des notables bour-
» geois des villes & lieux de leur réſidence, &
» qu'ils puiſſent à ce titre être revêtus des offi-
» ces municipaux deſdites villes dans le même
» rang que les notables bourgeois. Défendons de
» les comprendre dans les rôles d'arts & mé-
» tiers ni de les aſſujettir à la taxe de l'induſ-
» trie, & feront leſdits Chirurgiens exempts de
» la collecte, de la taille, de guet & garde, de

_____

(*) Il avoit accordé des lettres de nobleſſe à M. de la Peyronie ; il avoit réſervé quatre places dans l'ordre de ſaint Michel pour ceux qui ſe diſtingueroient, dans la ſuite, &c.

» corvées & de toutes autres charges de ville
» & publiques dont font exempts fuivant les
» ufages & règlemens obfervés dans chaque
» province, les autres notables bourgeois & ha-
» bitans des villes & lieux où ils auront leur
» établiffement. Permettons auxdits Chirurgiens
» d'avoir un ou plufieurs élèves, foit pour être
» aidés dans leurs fonctions, foit pour les inf-
» truire dans les principes de la Chirurgie, lef-
» quels élèves au nombre de deux feront exempts
» de tirer à la milice, le tout à la charge, tant
» par lefdits maîtres que par leurs élèves d'exer-
» cer purement & fimplement la Chirurgie. (*)
» Dérogeons à tous ufages, coutumes & règle-
» mens contraires à ces préfentes ».

Ces lettres-patentes ont été enregiftrées au
parlement de Paris, le 7 feptembre de la même
année, & il a été ajouté : *fans qu'on puiffe fous
les termes de fonctions publiques, y comprendre les
fonctions de marguilliers, commiffaires des pauvres & autres fonctions de religion, de piété & de
charité.*

L'arrêt d'enregiftrement en la cour des aides
de Paris du 20 du même mois, porte : *à la
charge que les maîtres & les élèves auront pris
le grade de maîtres-ès-arts dans l'une des univerfités du royaume, ou de juftifier par des certifi-*

___

(*) Cette dernière difpofition ne doit pas être entendue
dans un fens fi défavorable, qu'on dût regarder un Chirurgien qui prépareroit & adminiftreroit des remedes dans toutes
fortes de maladies pour les gens de la campagne, comme
dérogeant à l'exercice de fon art. Ce qu'il feroit pour fuppléer à l'indigence des malades, feroit incapable de le faire
déchoir des privilèges qui lui font accordés dans des vues
d'utilité publique. Voyez la deuxième note fur cette fection.

cats en bonne forme qu'ils ont fréquenté pendant trois années entières & consécutives les écoles de Chirurgie légitimement établies, ou qui le feront à l'avenir en vertu de lettres-patentes enregistrées en la cour.

Les Chirurgiens ont le même privilége que les médecins & les apothicaires sur le mobilier de ceux qu'ils ont traités ; mais il faut qu'ils forment leur action dans l'année à compter du dernier traitement de la maladie. Ils doivent tenir un regiſtre exact jour par jour, de leurs opérations, de leurs panſemens & de leurs médicamens. L'extrait de ce regiſtre qu'on appelle *mémoire de chirurgien*, n'eſt point ſujet au contrôle pour être ſignifié. Pendant l'année ils en ſont crus à leur mémoire ; ce temps paſſé ils ſont obligés de s'en rapporter au ſerment du défendeur ſur le payement que celui-ci prétend qu'ils ont reçu.

Lorſque les mémoires qu'ils produiſent ſont exorbitans, on peut faire des offres ſur ce qu'on croit leur être du légitimement, & demander que ces mémoires ſoient taxés par un ancien Chirurgien. Cette taxe doit ſe faire ſommairement. Elle ſe met au bas du mémoire & le juge prononce en conſéquence.

Le ſieur P.... maître en Chirurgie à Paris ayant préſenté un mémoire de cinq mille cinq cens livres à la dame de Châteauvillars, légataire univerſelle du ſieur de Launai, pour en être payé ſur le montant de la ſucceſſion pour des traitemens & des panſemens qu'il diſoit avoir faits au défunt pendant deux ans, ce mémoire a été trouvé exceſſif par les juges du châtelet qui l'ont réduit à dix-huit cens livres. Le Chirurgien ayant appelé de leur ſentence au parlement, cette voie bien loin de lui réuffir, a donné lieu à une nouvelle modération, de forte que la dame de Châteauvillars par arrêt du cinq août 1776, n'a été *condamnée à lui payer qu'une fomme de douze cens livres, dépens compenfës..*

Lorfqu'il fe préfente des conteftations de cette efpèce, autant les juges doivent réprimer la cupidité, autant ils doivent craindre de favo-rifer l'ingratitude ordinaire des malades, & le Chirurgien mérite un degré de faveur lorfque fes foins & fes talens ont réuffi.

Voici un préjugé qui prouve auffi qu'il n'eft point permis aux Chirurgiens de faire de con-vention avec leurs malades pour les traitemens qui leur font confiés.

Un Chirurgien de Chaillot fut appelé pour panfer d'une maladie la femme d'un menuifier. Le Chirurgien avant d'entreprendre aucun trai-tement exigea un billet de trois cens livres; quand il fut muni de ce billet la guérifon ne tarda pas à s'effectuer; il ne tarda pas non plus à de-mander le payement des trois cens livres. Le menuifier qui ne pouvoit croire que fa femme fût fi promptement guérie, refufa le payement. Ceci donna lieu à une conteftation au châtelet fur laquelle on ordonna que la femme feroit vifitée. Le rapport du Chirurgien commis pour la vifite fut que la femme étoit parfaitement guérie. Le mari obferva alors que le traitement avoit été bien prompt, qu'on n'avoit pas em-ployé beaucoup de médicamens, & qu'on avoit fait peu de vifites à la malade. Sur cette obfer-vation il intervint une feconde fentence par la-quelle il fut dit que le Chirurgien fourniroit un mémoire détaillé de fes drogues employées, &

des vifites qu'il avoit faites. Cette fentence a été confirmée au parlement le 5 feptembre 1776.

Quand le mobilier du défunt ne .fuffit pas pour tous les frais de maladie, les médecins, les Chirurgiens ni apothicaires n'ont point de préférence entr'eux, ils partagent au *proratâ* de leur du.

A l'égard des libéralités que les chirurgiens peuvent recevoir de leurs malades, voyez ce qui eft dit à ce fujet à l'article AVANTAGE.

SECTION TROISIÈME.

Des obligations que les Chirurgiens contractent envers le public, & des fautes dont ils font refponfables.

Tous les règlemens dont il a été parlé dans la fection précédente annoncent affez que la Chirurgie eft un art qui ne doit être confié qu'à des fujets capables de s'en acquiter dignement. Nous ne parlons point de la fageffe de leurs mœurs, elles doivent être atteftées avant de leur accorder la maîtrife.

Le Chirurgien doit du zèle au public dans fes fervices : fi dans un cas preffant où il feroit appelé, il laiffoit périr quelqu'un par une négligence affectée, il feroit dans le cas de recevoir des admonitions de la juftice, & même d'être condamné à des aumônes ou à d'autres peines, foit pécuniaires, foit corporelles felon les circonftances.

Quand la juftice le commet pour des vifites & des rapports, il doit y apporter toute l'attention poffible ; commencer par défigner l'état dans lequel il a trouvé le malade ; détailler fes contufions, fes plaies ou fes bleffures ; dire ce qu'il y a à craindre où à efpérer ; faire fon rapport fur les lieux-mêmes, de crainte que fa mémoire ne le trompe (*) ; & s'expliquer le plus intelligiblement qu'il eft poffible fans fe fervir, à moins qu'il n'y ait néceffité, des termes fcientifiques qui pour l'ordinaire ne font entendus que des gens de l'art. Nous fommes entrés dans quelques obfervations à ce fujet aux articles Blessé & Cadavre, où nous avons fait voir qu'un rapport en Chirurgie étant une des pièces les plus importantes d'une procédure criminelle, capable de déterminer les juges à prononcer des décrets plus ou moins rigoureux,

(*) L'aventure tragique du malheureux Monbailly eft une preuve encore toute recente de la néceffité d'apporter la plus fcrupuleufe attention à l'examen de ce qui doit faire l'objet d'un rapport. Celui que donnèrent les Chirurgiens dans cette affaire, induifit les juges en erreur, Monbailly expira fur la roue. Sa femme étoit réfervée auffi pour le fupplice ; mais lorfqu'il fut queftion de revoir le procès, on reconnut d'après une très-favante confultation de M. Louis de l'académie royale de Chirurgie de Paris, dans laquelle le rapport des premiers Chirurgiens fut analyfé ; qu'en partant du fait tel qu'il étoit conftaté, d'après l'état du cadavre de la perfonne qu'on croyoit avoir été homicidée, fa mort étoit fimplement la fuite d'un accident, & non d'aucun coup porté par des mains meurtrières. La mémoire de Monbailly a été rehabilitée & fa femme a échappé au fupplice, graces à la fagacité du célèbre auteur de la confultation donnée dans cette affaire.

Une fage femme ayant été appelée pour vifiter une femme condamnée à mort & favoir fi la déclaration de groffeffe qu'elle avoit faite, étoit vraie, fit fon rapport que la femme n'étoit pas enceinte ; mais après l'exécution on reconnut le contraire, car à l'ouverture du cadavre on trouva l'enfant.

& à accorder aux bleſſés des proviſions plus ou moins conſidérables eu égard aux dépenſes qu'exigent les mauvais traitemens reçus, ceux qui ſont commis pour ces opérations doivent apporter toute l'attention poſſible à s'en acquitter avec autant d'intelligence que de probité.

Louis XIV a créé par un édit du mois de mars 1691 un médecin & des Chirurgiens-jurés dans toutes les villes du royaume pour faire les rapports à l'excluſion de tous autres ; mais dans les endroits où la création de ces offices n'a pas eu lieu, ce ſont les médecins & Chirurgiens ordinaires qui les ſont. Au châtelet de Paris les rapports ſont attribués aux médecins & Chirurgiens-jurés de la juridiction : ce ſont eux qui en fait de groſſeſſe ſont leur rapport conjointement avec la ſage-femme chargée de la viſite.

Quand il eſt queſtion de viſite par des médecins & chirurgiens autres que ceux qui ſont en titre d'office ſuivant l'édit de 1691, ces médecins & chirurgiens ſont tenus de prêter ſerment de s'acquitter fidellement de leur commiſſion, & d'affirmer enſuite leur rapport véritable : on peut voir ſur cela le titre 5 de l'ordonnance criminelle de 1670.

La diſcrétion eſt encore une qualité morale eſſentiellement requiſe dans le Chirurgien : il doit s'abſtenir de divulguer aucune de ces maladies ſecrettes qu'on ne peut publier ſans compromettre l'honneur ou la délicateſſe de ceux qui en ſont atteints. Voyez ce que nous avons obſervé à ce ſujet à l'article APOTHICAIRE.

Dans les opérations délicates de ſon art, il doit ſe comporter avec toute la prudence que lui preſcrivent les ſtatuts, & n'en entreprendre aucune de cette efpèce, fans avoir confulté fes anciens confrères. Lorfqu'il a pris toutes les précautions néceffaires, & qu'il s'eft comporté fuivant les règles & les indications de fon art, il n'eft plus refponfable des évenemens fâcheux qui en font quelquefois la fuite. C'eft fur ce principe que fut rendu en faveur d'un Chirurgien l'arrêt dont voici lefpèce :

Ce Chirurgien fut appelé pour remettre le bras qu'un particulier s'étoit caffé. Cette réduction fut fuivie de la gangrène, & il fallut en venir à l'amputation. Quelque temps après le Chirurgien voulut être payé : fa demande déplut au particulier qui ne fe croyoit pas obligé de payer la perte de fon bras & qui reprochoit de l'impéritie au demandeur. Celui-ci foutint que l'amputation n'étoit devenue néceffaire que par la faute du malade qui s'étoit agité après la réduction, & qui avoit négligé de fe comporter fuivant qu'on le lui avoit prefcrit.

Cette conteftation donna lieu à un interlocutoire par lequel il fut dit que « par experts-» Chirurgiens nommés de part & d'autre, il fe-» roit vérifié d'après les déclarations refpectives » tant du Chirurgien que du malade (& autre-» ment) de la manière dont le Chirurgien s'é-» toit comporté, fi l'opération & les panfemens » avoient été faits fuivant les règles de l'art, &c.

- Le rapport s'étant trouvé en faveur du Chirurgien, fa demande lui fut adjugée avec cinquante livres de dommages-intérêts pour réparation d'inculpation d'ignorance & de maladreffe; & la fentence fut confirmée par un arrêt du 14 feptembre 1764, dont il eft fait mention ainfi que de l'efpèce fur laquelle il eft intervenu dans les additions à la collection de jurisprudence. . .

Mais aussi quand l'impéritie est manifeste, la justice ne ménage point le Chirurgien comme on peut s'en convaincre par un arrêt du parlement de Paris du 22 juin 1768, par lequel un Chirurgien privilégié qui avoit passé les bornes à lui prescrites, fut condamné à quinze mille livres par forme de réparation civile envers un jeune homme à qui il fallut couper le bras pour remédier aux suites du mauvais traitement d'une fracture, avec défenses à ce particulier Chirurgien d'exercer à l'avenir la Chirurgie.

SECTION QUATRIÈME.

De ceux qui s'immiscent dans l'exercice de la Chirurgie sans qualités.

Plus cet art est intéressant dans l'ordre social, plus le gouvernement doit avoir attention qu'il ne soit exercé que par ceux qui sont en état de s'en acquitter dignement. Le public est facile à surprendre : les véritables maîtres ne connoissent point toutes ces pratiques qu'emploient les charlatans pour s'accréditer. Ils ont des principes, ils respectent la nature, ils cherchent à l'aider & jamais à la combattre. Quand ils s'apperçoivent qu'elle résiste à leurs secours, ils ne vont point au-delà, ils lui abandonnent tous les prodiges qu'elle se plaît quelquefois d'opérer sans eux.

Mais il n'en est pas de même des ignorans, de ces empyriques téméraires qui abusent de ce desir qu'ont la plupart des malades de surmonter des atteintes contre lesquelles tous les

efforts de l'art font inutiles. Leur grand axiome
eft que le public veut être trompé & qu'il doit
l'être : *vulgus vult decipi, decipiatur ergò*. Le
fouverain attentif à la confervation de fes fujets,
inftruit des maux qu'occafionnent la plupart de
tous ceux qui fe mêlent de prétendues cures extraordinaires, a profcrit dans tous les tems leurs
entreprifes téméraires. Nous ne citerons pas
tous les règlemens qui ont été rendus à ce fujet :
il fuffit de fe rappeler ce que portent les ftatuts
dont nous avons donné l'analyfe dans la fection
deuxième & d'y ajouter que par un arrêt de la
cour de parlement de Paris du 15 juillet 1755,
il a été ordonné que les ftatuts de 1730 feroient
exécutés fuivant leur forme & teneur ; en conféquence il a été « fait défenfes à tous empiri-
» ques, vendeurs d'orviétan & à toutes autres
» perfonnes de quelque qualité & condition
» qu'elles foient, non reçus maîtres dans les
» communautés des villes du royaume, où le fup-
» pliant (le fieur de la Martiniere) a droit d'avoir
» des lieutenans, & furtout à ceux qui fe difent
» munis de brevets de la commiffion d'exercer
» en façon quelconque l'art de Chirurgie ; leur
» fait défenfes de diftribuer aucuns remèdes,
» fpécifiques concernant ledit art, comme or-
» viétan, poudres, baumes, onguents & au-
» tres médicamens tant internes qu'externes, à
» moins qu'ils ne foient pourvus de brevets &
» permiffions revêtus des formalités prefcrites
» par les ftatuts, le tout fous les peines portées
» par les ftatuts, arrêts & règlemens, & de cinq
» cens livres d'amende en cas de contrevention ;
» permet au fuppliant & à fes lieutenans de faire
» faifir & arrêter les chevaux, équipages & mé-

» dicamens dont les contrevenans se trouveront
» munis , à cet effet de se faire assister d'huissiers
» & d'archers de maréchaussée & de toutes au-
» tres personnes en nombre suffisant pour que
» force demeure à justice , &c. ».

Plusieurs religieux se sont crus quelquefois en
droit d'exercer la Chirurgie, mais cet exercice
leur est absolument interdit, & les communautés sont responsables des contraventions qu'elles
permettent. Les religieux de la Charité sont les
seuls, comme nous l'avons fait voir dans la sec-
tion deuxième, qui puissent s'adonner à cet exercice avec les restrictions portées par la déclaration du 20 juin 1761.

Il est assez ordinaire que les exécuteurs de la
haute justice entreprennent de remettre les fractures & les luxations. Le vulgaire s'imagine que
parce qu'ils sont au fait de rompre les os à un
malheureux, ils doivent avoir plus d'habileté
qu'un Chirurgien pour les remettre , & par ce
moyen ils cherchent à faire illusion & à s'accréditer. Celui de Fontenai-le-Comte étoit parvenu
au point d'enlever toutes ces opérations aux
Chirurgiens de l'endroit : ceux-ci le recherchè-
rent à ce sujet pour qu'il lui fût fait défense de
s'immiscer à l'avenir dans cette partie ni dans
aucune autre de la Chirurgie. Cet exécuteur se
prétendant aussi habile que quelque Chirurgien
que ce fût , demanda à subir un examen & à être
reçu Chirurgien ; mais sa demande fut mal accueillie , on comprit parfaitement qu'elle n'étoit
fondée que sur l'idée qu'il avoit de la répugnance
qu'auroient les Chirurgiens de s'associer un per-
sonnage aussi vil & d'accepter le défi ; les juges
éclairés sentirent en même temps que si l'on de-

voit fuppofer les Chirurgiens capables d'opérations plus délicates comme celles du tré-
pan, de la taille, de l'amputation & de tant
d'autres, on devoit les croire égelement capables de remettre des fractures & des luxations ;
qu'au furplus il ne fuffit pas de favoir faire une
réduction, mais qu'on doit être en état d'obvier
aux fuites fâcheufes qu'elle peut avoir ; que
pour avoir cette capacité il faut être muni de
certains principes qui ne fe préfument point dans
ceux qui n'ont fait aucune étude raifonnée de
la Chirurgie ; en conféquence l'exécuteur fut
débouté de fa demande par un arrêt de la grand'-
chambre du 8 mars 1755 ; il lui fut fait défenfes de faire à l'avenir aucune opération de Chirurgie, à peine de plus forte amende que celle
qui avoit été pronocée, & qui par modération
fut réduite à dix livres, fans tirer à conféquence.
Cet arrêt étoit d'ailleurs conforme aux règlemens qui défendent à toutes perfonnes excepté
aux maîtres en Chirurgie d'exercer cet art fous
quelque prétexte que ce foit.

Voyez *un édit de Philippe-le-Bel du mois de
feptembre 1311 ; une ordonnance de Jean I du
mois d'avril 1352 ; un édit de Charles V du 19
octobre 1364 ; des lettres-patentes du 21 juillet
1370; d'autres lettres-patentes des 21 Juillet 1370,
20 août 1390, 1611 & 1644 ; un arrêt du confeil
du 6 août 1668 ; les édits de mars 1691, février
& mars 1692 ; l'édit de feptembre 1723 ; les déclarations des 24 février 1730, & 3 feptembre
1736 ; celles des 23 avril 1743 & 29 mars 1760 ;
les lettres-patentes du mois de feptembre 1699 ; l'édit
du mois de feptembre 1724 ; les arrêts du confeil
des 12 avril 1749 & 4 juillet 1750 ; l'édit de*

1768 ; *les lettres-patentes du 2 julllet 1748 ; les déclarations des 13 mars 1771 , & 12 avril 1772 ; les lettres-patentes du 31 décembre 1750 ; un arrêt de règlement du parlement de Paris du 19 avril 1755 ; les arrêts du conseil des 29 juin , 27 juillet , 21 août 1700 , 30 janvier 1703 & 29 avril 1704 ; la déclaration du 20 juin 1761 ; les règlemens militaires des 20 avril 1717 , 22 novembre 1728 , & premier janvier 1747 ; les ordonnances de la marine de 1681 , de 1689 & du 25 mars 1765 ; un arrêt du conseil du 5 juin 1717 ; la déclaration du 15 novembre 1767 ; les lettres-patentes du 10 août 1756 ; l'ordonnance criminelle de 1670 ; les recherches de la France par Pasquier ; les recherches sur l'origine & les progrès de la Chirurgie imprimées en 1743 ; le recueil des règlemens de la Chirurgie par Duverdier, &c.* Voyez aussi les articles APOTHICAIRE, AVANTAGE, BLESSÉ , CADAVRE , MÉDECIN, RAPPORT , HÔPITAL , &c. (*Article de M. DAREAU , avocat , &c.*)

CHŒUR. C'est la partie de l'église où se placent les prêtres & les chantres.

Dans les trois premiers siècles de l'église le Chœur n'étoit point séparé de la nef. Cette séparation se fit sous le règne de l'empereur Constantin. On ferma alors le Chœur de balustrades, & l'on couvroit de toiles ces balustrades jusqu'après la consécration. Dans le douzième siècle on entoura de murailles le Chœur des églises : mais les temples s'étant aggrandis dans les siècles suivans, & l'architecture s'en étant perfectionnée, on a séparé le Chœur de la nef par des colonnes entre lesquelles il y a des grilles ou des balustrades.

Les réparations du Chœur des églises paroiffiales font à la charge des décimateurs. (*)

(*) Les chartes générales du Hainaut renferment une
difpofition particulière fur la réparation des *Chœurs*. Voici
les termes dont elles fe fervent, chapitre 7 article premier.
» les collateurs font tenus à l'entretenement du Chœur &
» des chanceaux des églifes paroiffiales dont ils font col-
» lateurs; à favoir de couverture, maçonnerie, charpen-
» tage; voirieres & autrement, & fi ledit chanceau tombe
» en ruine par caducité, fortune de feu, foudre du ciel,
» ou autrement, iceux feront tenus à la réédification du
» nouveau chanceau & entretenement d'icelui, s'il n'y a
» fait fpécial au contraire; eux entiers d'avoir leur recours
» contre ceux qu'ils trouveront convenir, à proportion des
» dîmes qu'ils poffederont en la paroiffe «.
De forte que dans cette province la feule qualité de
patron oblige celui à qui elle appartient, d'entretenir le
Chœur, quoiqu'il n'ait aucune part dans la dîme, fauf fon
recours contre ceux qui la poffedent. Le chapitre de l'églife
collégiale de faint Amé de Douai, foutint contre la communauté de Wavrechin, que la coutume devoit être entendue des collateurs qui poffedent la dîme, du moins en
partie, conformément au droit commun, qui exempte le
patron des réparations de l'églife, à moins qu'il n'ait une
part dans la dîme de la paroiffe. En conféquence, ce chapitre qui avoit le droit de patronage fur l'églife paroiffiale
de Wavrechin, fans en être décimateur, prétendoit n'être
pas obligé à en réparer le Chœur. Mais par arrêt rendu
au parlement de Flandres le 31 janvier 1693, Confirmatif d'une fentence du fiège royal de Bouchain, ce chapitre fut condamné à réparer & entretenir le Chœur, fauf
fon recours contre les décimateurs de la paroiffe. Le confeil fouverain de Mons avoit rendu quelque temps auparavant un arrêt femblable.
Ce chapitre fe voyant condamné, abdiqua fon droit de
patronage, & prétendit en conféquence n'être pas obligé
à la réparation du Chœur. On lui oppofa que le Chœur
étant tombé en ruine, pendant qu'il jouiffoit du droit de
patronage, fa renonciation ne pouvoit le décharger de l'o-
bligation de le réparer; de même que le détenteur d'un

L'article 21 de l'édit de 1695 impofe cette obligation, non - feulement aux eccléfiaftiques qui jouiffent des dîmes, mais encore à ceux qui poffèdent des dîmes inféodées. La feule diffé-rence que la loi ait mife entre ces décimateurs confifte en ce que les poffeffeurs des dîmes

---

fond chargé d'une rente, ne peut déguerpir, qu'en payant les arrérages échûs pendant la poffeffion.

Le parlement de Flandres reçut la renonciation du cha-pitre, & le déchargea de la demande de la communauté. On peut appliquer ici les arrêts rapportés par Louet let. d. fom. 41. par lefquels il fut jugé qu'un emphytéote qui déguerpit n'eft pas obligé de répater les édifices tombés en ruine de fon temps. Voyez les lois 45 & 64. *Digeft. de ufufruêtu.*

L'article 2 du chapitre 7 des chartes générales du Hai-naut décide que les patrons ne font pas obligés de tournir les ornemens d'autel, ni les vafes facrés, ni d'aggrandir le Chœur.

Cette dernière difpofition ne paroît pas jufte, puifque la chaige des réparations retombe toujours fur les décimateurs, par le moyen du recours que la coutume accorde contre eux au patron, & qu'à mefure que les habitans d'une pa-roiffe fe multiplient, les dîmes augmentent, par la culture des terreins en friche : ainfi lorfque le nombre des paroif-fiens exige que l'on augmente la nef aux dépens de la paroiffe, on devroit également augmenter le Chœur aux dépens des décimateurs.

Les conteftations relatives à cet objet fe portent en pre-mière inftance au confeil fouverain de Mons dans le Hai-naut-Autrichien, & aux fièges royaux dans le Hainaut-François, fauf l'appel au parlement de Douai. C'eft ce qui réfulte de l'article 2 du chapitre 7 des chartes générales combiné avec l'arrêt du confeil d'état du 18 juin 1703, rendu contradictoirement entre les juges royaux de cette province & le procureur général du parlement de Douai.

Voyez l'article ÉGLISE. *Note de M. MERLIN, avo-cat au parlement de Flandres.*

inféodées

inféodées ne font tenus des réparations du Chœur
que lorfque les décimateurs ordinaires ont épuifé
la portion de leurs dîmes dont ils doivent contribuer ; c'eft ordinairement le tiers ainfi qu'il a
été jugé par plufieurs arrêts , entr'autres par
celui du 12 décembre 1623 rendu contre le chapitre de Ligny en Barrois ; il eft rapporté dans
le journal des audiences : par un autre arrêt de
1631 rapporté dans les mémoires du clergé
rendu contre le chapitre de Rheims ; par un
arrêt de règlement du parlement de Paris du
4 janvier 1642 ; par un arrêt du 9 mai 1665
rendu contre le chapitre de Saint-Firmin & les
Jéfuites d'Amiens , & enfin par un autre arrêt
du 8 août 1690 rendu pour la paroiffe de Conty
du diocèfe d'Amiens.

Quelquefois fuivant Duperray les décimateurs eccléfiaftiques ont été condamnés à employer la moirié de leurs dîmes aux réparations
du Chœur , & cet auteur cite un arrêt du parlement de Paris du premier août 1670 , par lequel
le chapitre de Rheims fut condamné comme
gros décimateur de la paroiffe de Marmolon
à employer la moitié des dîmes qu'il percevoit dans cette paroiffe aux réparations du
Chœur de l'églife paroiffiale.

Mais il paroît que les cours ne fe déterminent à condamner les décimateurs à employer
une portion plus confidérable que le tiers de
leurs dîmes, que quand il y a une négligence &
une affeƈation marquée de leur part à ne pas
faire les réparations auxquelles ils font obligés.

On réferve toujours une portion des dîmes
aux décimateurs eccléfiaftiques pour fournir à
leur fubfiftance ; mais on n'eft pas obligé d'avoir

les mêmes égards pour les poffeffeurs de dîmes inféodées ; on peut les forcer de contribuer aux réparations (c'eft-à-dire fubfidiairement & lorfque la contribution des décimateurs ordinaires eft épuifée) jufqu'à la concurrence de la totalité de leur dîmes , fi elle eft néceffaire pour réparer le Chœur.

Les curés qui font décimateurs font également obligés de contribuer à ces réparations comme les autres décimateurs ; ils font cependant affranchis de cette contribution lorfque les dîmes dont ils jouiffent n'excèdent pas trois cens livres de revenu annuel outre le cafuel & les fonds qui font chargés de fondations. C'eft le fentiment de Fuet dans fon traité des matières bénéficiales.

Les vicaires perpétuels font affujettis à la même obligation que les curés lorfqu'ils font décimateurs ; c'eft ce qui a été jugé par un arrêt rendu au grand confeil le 7 mars 1719. Il eft rapporté dans le code des curés.

Les décimateurs en général peuvent fe fouftraire à l'obligation de réparer le chœur des églifes paroiffiales , en abandonnant les dîmes qu'ils poffèdent dans la paroiffe. Cette option leur a été accordée par la déclaration du roi du 30 juin 1690.

Les décimateurs font non-feulement tenus de faire les réparations d'entretien , ils font encore obligés de faire les groffes réparations du Chœur. Ces réparations confiftent dans la reconftruction des murs , des voûtes , lambris , couvertures , ftalles , fiéges , pavé , vîtres , retable , tableau du Chœur , & généralement tout ce qui dépend du Chœur.

Les décimateurs ne peuvent fe difpenfer de

faire ces réparations fous prétexte que la fabrique de l'églife eft affez riche pour fuppporter cette dépenfe, & l'on ne fait à cet égard aucune diftinction entre les paroiffes des villes & celles des campagnes. Dans les unes comme dans les autres les obligations des décimateurs font les mêmes.

Ce principe a été confirmé par plufieurs arrêts. M. le Prêtre en rapporte deux, le premier du 30 juillet 1599 rendu en faveur des habitans de la paroiffe de Saint-Pierre de Tonnerre, & le fecond du 31 mars 1679 rendu contre le chapitre de Langres en qualité de décimateur de la paroiffe de Saint-Paul de la même ville. D'Héricourt rapporte un troifième arrêt du 10 mars 1721 qui a condamné le chapitre de Châlons à faire les réparations du Chœur de l'églife paroiffiale de Saint-Loup de la même ville, quoiqu'il prétendît que la fabrique de cette églife étoit affez riche pour faire ces réparations.

Lorfqu'il n'y a point de décimateurs, les réparations du Chœur font à la charge des habitans fi les revenus de la fabrique ne font pas fuffifans.

Comme il s'élève très-fouvent des difficultés entre les décimateurs & les habitans fur les limites qui féparent leurs obligations refpectives, il eft important de bien diftinguer le Chœur de la nef.

Le Chœur eft comme nous l'avons dit au commencement de cet article l'endroit où le clergé fe met pour faire l'office divin. Il eft ordinairement féparé de la nef par une baluftrade qu'on nomme cancel. Cette baluftrade fait par-

tie du Chœur ainfi que le fanctuaire, & l'un &
l'autre font à la charge des décimateurs.

La nef eft l'endroit où fe met le peuple pour
affifter à l'office divin.

Lorfque le Chœur d'une églife eft d'une architecture différente que la nef, toute la portion de l'églife qui eft de cette architecture eft
à la charge des décimateurs, quand elle feroit
plus avancée que le Chœur. Duperray rapporte
un arrêt du parlement de Dijon du 11 février
1708 qui l'a ainfi jugé contre le chapitre d'A-
valon décimateur de la paroiffe de Saint-Valen-
tin de Taule.

Les vitres qui font dans le Chœur, même
celles qui font peintes doivent être réparées
par les décimateurs, & ils ne peuvent les changer & y en fubftituer de verre blanc, parce
qu'ils font obligés d'entretenir le Chœur dans
le même état où ils l'ont trouvé. Duperray
rapporte encore un arrêt du parlement de Paris
du 14 juillet 1705 qui a condamné le chapitre
de Langres à faire une réparation de cette nature au Chœur de l'églife de la paroiffe de Bar-
fur-Seine.

Suivant le droit commun les réparations du
clocher font à la charge des habitans; cependant
lorfque le clocher eft bâti fur le Chœur, il eft
à la charge des décimateurs. Plufieurs arrêts
l'ont ainfi jugés on en trouve deux dans le journal des audiences, le premier du 30 mai 1659
rendu en faveur des habitans de la paroiffe de
Blacy, & le fecond du 29 juin 1668 rendu contre le chapitre de Senlis, décimateur de la paroiffe de Saint-Vaft.

En 1690 on éleva la queftion de favoir fi les

décimateurs étoient obligés de faire généralement toutes les réparations du clocher lorfqu'il
eft conftruit fur le Chœur. Les Chartreux du
Liger foutinrent contre les habitans d'Azey
qu'ils n'étoient tenus que des réparations des
gros murs, de la couverture & de la croix du
clocher & que la charpente qui portoit les cloches, & les cloches étoient à la charge des habitans. Par arrêt du parlement de Paris du 3
mars 1690, les Chartreux furent déchargés de
ces dernières réparations.

. Si le clocher eft bâti en partie fur le Chœur
& en partie fur la nef, les réparations doivent
en être faites par les habitans & par les décimateurs, & ils doivent y contribuer à proportion de la partie qui eft fituée foit fur le Chœur
ou fur la nef.

Les habitans font feuls chargés des réparations
des aîles qui font autour du Chœur, parce qu'elles ne font point partie du Chœur & qu'elles ne
font deftinées qu'à l'ufage des habitans.

Quant aux chapelles qui font à côté du Chœur,
on diftingue fi la conftruction en eft auffi ancienne
que l'églife, ou fi elle eft plus moderne ; il faut
auffi faire attention fi elles font fituées fous la
même voûte du Chœur ; les réparations font
dans ce cas à la charge des décimateurs ; fi elles
paroiffent au contraire féparées du chœur, c'eft
aux habitans à les réparer.

Lorfque les chapelles font d'une conftruction
moins ancienne que l'églife, on diftingue celles
qui font fondées de celles qui ne le font point.
Les premières font à la charge des chapelains
titulaires, & les fecondes à la charge des habitans.

A l'égard des églises succursales ou des annexes, c'est un principe certain que lorsque les décimateurs se sont opposés à ce qu'on les construisît, les réparations du Chœur de ces églises ne sont point à leur charge ; mais si les décimateurs ont consenti à la construction, l'entretien du Chœur est à leur charge.

On peut contraindre solidairement tous les co-décimateurs pour les réparations du Chœur : c'est ce qui a été jugé par un arrêt du 27 juillet 1688.

Quoique l'article 21 de l'édit de 1695 ne fasse aucune distinction entre les décimateurs des gosses dîmes & ceux des menues & vertes dîmes, cependant c'est un principe consacré par la jurisprudence que les décimateurs des menues & vertes dîmes ne sont pas obligés de contribuer aux réparations du Chœur.

Un arrêt rendu par le grand conseil le 29 février 1748 a jugé que le curé de Chenevières près Louvres en Parisis n'étoit point obligé de faire les réparations du Chœur de son église, & que les gros décimateurs qui étoient l'archevêque de Cambrai & le chapitre de Notre-Dame de Paris, étoient seuls tenus de faire ces réparations.

Les gros décimateurs dans l'espèce jugée par cat arrêt articuloient néanmoins que le curé de Chenevières outre les menues & vertes dîmes, possédoit quarante-cinq arpens de terre, & qu'il percevoit un muid de bled sur le revenu des dîmes. Mais malgré ces circonstances le principe que les décimateurs des menues & vertes dîmes sont affranchis des réparations du Chœur fût confirmé par l'arrêt du grand conseil que nous venons de citer.

Il n'y a que les juges royaux qui puiſſent connoître des conteſtations relatives aux réparations des égliſes. L'article 21 de l'édit de 1695 en interdit formellement la connoiſſance à tous les autres juges. Les officiaux ne peuvent connoître de ces ſortes de queſtions, & toutes les fois qu'ils ont prononcé des jugemens ſur cette matière, ils ont été déclarés abuſifs.

Duperray rapporte un arrêt du parlement de Paris du 6 août 1650 qui a déclaré abuſive une ſentence de l'official de Châlons rendue en pareille matière. Par une déclaration du roi du 27 janvier 1716 rendue pour le parlement de Rouen, la connoiſſance des conteſtations relatives aux réparations a été formellement interdite aux officiaux.

Les évêques & archevêques peuvent rendre des ordonnances proviſoires, mais ils ne peuvent ordonner qu'il ſera pourvu par eux aux réparations, faute par les décimateurs d'y ſatisfaire. Une ordonnance ſemblable de l'archevêque d'Aix fut declarée abuſive par arrêt du parlement de Provence du 26 janvier 1607.

Lorſqu'il s'élève des conteſtations ſur l'exécution des ordonnances des ſupérieurs eccléſiaſtiques, elles doivent être portées devant les juges royaux.

C'eſt une règle certaine qu'un habitant ſeul ne peut de ſon chef pourſuivre les décimateurs pour les forcer à faire les réparations qui ſont à leur charge. La communauté entière a ſeule le droit de former cette action.

Un habitant peut cependant dénoncer au miniſtère public l'état de l'égliſe paroiſſiale, & le procureur du roi peut requérir une aſſemblée des habitans & une visite des lieux , parce que l'entretien des églises est soumis à la vigilance & au zèle du ministère public.

Voyez *Duperray ; les mémoires du clergé ; d'Héricourt.* Voyez aussi les articles CLOCHER, DÉCIMATEURS, DÎMES, EGLISE, RÉPARATIONS, &c. (*Cet article est de M. DESESSARTS , avocat au parlement.*)

CHOIX. Préférence , soit d'une personne , soit d'une chose à une ou à plusieurs autres personnes ou choses.

Le Choix de celui qui doit recueillir une succession se fait ordinairement par le testateur. Quelquefois ce Choix est fait par contrat de mariage , ou bien le père qui marie un de ses enfans , se réserve la liberté de choisir pour héritier celui de ses enfans qu'il jugera à propos.

Quelquefois le testateur défère par son testament le Choix de son héritier à une autre personne ; soit en lui indiquant plusieurs personnes entre lesquelles elle pourra choisir , soit en lui laissant la liberté entière de choisir qui bon lui semblera , & quelquefois cette personne à laquelle le testateur donne pouvoir d'élire est par lui d'abord instituée héritière , à la charge de remettre l'hoirie à un de ceux qui sont indiqués , ou à telle personne qu'elle jugera à propos.

Le testateur peut aussi instituer héritier celui qui sera nommé par la personne à laquelle il donne ce pouvoir.

Ces sortes de dispositions sont fort usitées dans les pays de droit écrit où il est assez ordinaire que le mari & la femme s'instituent réciproquement héritier , à la charge de remettre l'hoirie à tel de leurs enfans que le survivant jugera à propos.

Lorsque celui qui avoit le pouvoir d'élire décède sans avoir fait son Choix, tous les héritiers présomptifs succèdent également. C'est ce qu'ont jugé deux arrêts des 16 avril 1585 & 15 mai 1592.

Le conjoint survivant qui a le pouvoir d'élire, ne le perd point en se remariant. M. Maynard rapporte un arrêt du mois de mai 1588 qui l'a ainsi jugé.

Observez néanmoins que plusieurs prétendent que si la femme se remarioit pendant l'année du deuil, elle seroit privée du droit de choisir entre ses enfans un héritier à son mari. M. Maynard dit l'avoir ainsi décidé par une sentence arbitrale à laquelle les parties acquiescèrent. Cette opinion n'est au surplus fondée sur aucun texte de loi, aussi a-t-elle des contradicteurs. Ceux qui l'ont adoptée disent pour l'appuyer, que la veuve en se remariant dans l'année du deuil fait à la mémoire de son mari une injure qui la rend indigne de faire le Choix dont il s'agit. Les autres au contraire soutiennent que les lois n'ayant rien déterminé sur cette question, on ne doit point étendre à ce Choix les peines prononcées contre les veuves qui convolent en secondes nôces dans l'année du deuil : ils fondent ce raisonnement sur la loi *interpretatione. ff. De poen.* Cette dernière opinion me paroît devoir être préférée à la première.

On a agité une autre question qui consiste à savoir si la mère chargée de rendre les biens de son mari à l'un des enfans de leur mariage, peut choisir un des petits enfans au préjudice des enfans du premier degré ?

On peut dire en faveur de celui des petits enfans que la mère a choisi, que suivant la loi *li-*
berorum, ff. de verborum significat. Nomine libero-
rum veniunt nepotes, & qu'ainsi la faculté de
choisir ne doit pas moins s'étendre aux petits
enfans qu'aux enfans. En effet Barthole & les
autres interprêtes de la loi qu'on vient de citer
ont remarqué que quand l'héritier venoit à
mourir sans laisser des enfans procréés de son
mariage, mais en laissant des petits enfans, ceux-
ci excluoient le substitué. La raison en est qu'on
présume que le testateur n'a pas moins d'affec-
tion pour ses petits enfans que pour ses enfans, &
qu'il considère les uns & les autres comme s'ils
étoient tous au même degré. Il faut donc en
conclure que le testateur en donnant le pouvoir
d'élire un de ses enfans, n'a point eu l'intention
d'exclure ses petits enfans.

Ajoutez que la représentation a lieu à l'infini
en ligne directe, & que le fils venant à mourir,
l'enfant qu'il laisse le représente & prend sa
place : ainsi le droit de succéder passe en sa personne; aussi succède-t-il avec ses oncles lorsque
son aïeul n'a point testé ou que sa grand'mère
qui avoit pouvoir d'élire, est venu à mourir
sans faire aucun Choix. Il faut par conséquent
en conclure que puisqu'il est capable de succéder lorsqu'il n'y a point eu d'élection, il doit
pareillement être capable de concourir avec
ceux que sa grand'mère peut choisir.

Ceux qui tiennent l'opinion contraire, disent
que le Choix ayant été limité aux enfans, il ne
doit pas s'étendre aux petits enfans; & que
quand le testateur n'a parlé que de ceux-là, il

n'a pas entendu parler de ceux-ci. Que si en quelques endroits la loi semble confondre *filios & nepotes*, les enfans & les neveux, aussi bien que *liberos*, c'est lorsque le testateur l'a donné à connoître & que son intention peut être présumée telle par ce qui précède ou par ce qui suit : mais que dans tout autre cas, & surtout en matière d'élection, le mot d'*enfans* demeure restreint à sa propre signification.

C'est, ajoutent-ils, ce qu'on peut établir sur divers textes du droit, surtout *in leg. cum ita, par. in fidei commisso, ff. de legat.* 2, où il est dit qu'on doit choisir ceux de la famille qui ont été nommés par le testateur ; & qu'à leur défaut il faut choisir ceux qui lors du décès du testateur portoient son nom dans le degré le plus prochain, à moins qu'il n'ait en termes exprès, étendu sa volonté à d'autres plus éloignés.

On doit inférer de là continuent les partisans de l'opinion dont il s'agit, qu'on ne peut élire qu'un de ceux qui étoient vivans lors du décès du testateur, que les plus proches doivent être préférés aux éloignés. La raison en est qu'ils sont présumés plus chéris, & qu'on n'estime pas que le testateur ait pensé à ceux qui n'étoient pas encore au monde, à moins qu'il ne l'ait expressément déclaré.

La question s'étant présentée au parlement de Paris, elle a été jugée au contraire de cette dernière opinion par arrêt du 12 février 1692 dans l'espèce suivante :

Le sieur Jean de Navette de la province de Forest avoit institué pour héritière la dame Marie Rachel de Meruault sa femme, à la charge qu'elle rendroit l'hoirie à l'une de leurs trois filles à fon Choix. Cette dame étant à Paris à la pourſuite d'un procès, y fit ſon teſtament par lequel elle inſtitua pour héritier Jean Allier de Seignard petit-fils de Marguerite de Navette ſa fille puînée. Après le décès de la mère, il y eut procès entre le petit-fils inſtitué, & Charlotte-Catherine de Navette fille aînée de Jean de Navette, laquelle prétendit que ce petit-fils n'avoit pas pu être inſtitué à ſon préjudice.

· La cauſe ayant été plaidée au châtelet, parce que le teſtament avoit été paſſé à Paris, & que le ſcel du châtelet eſt attributif de juridiction, ce tribunal prononça en faveur du petit-fils, & la ſentence fut confirmée par l'arrêt cité. (*)

· M. Bretonnier qui rapporte cette déciſion la

_____

(*) *Le chancelier d'Agueſſeau étoit alors avocat du roi au châtelet, & le préſident de Lamoignon avocat général au parlement. Ces deux grands magiſtrats portèrent la parole dans l'affaire, & voici le jugement qui intervint au châtelet & qui fut confirmé au parlement.*

Nous, faiſant droit ſur les demandes & conteſtations des parties, ordonnons que le teſtament de ladite défunte ſera exécuté; & en conſéquence avons fait délivrance à ladite partie de d'Averdy, des legs univerſels & particuliers portés par icelui, & en conſéquence, que le ſcellé, qui a été appoſé ſur les effets de ladite défunte, ſera levé à la diligence de la partie de d'Averdy; enſemble lui avons fait main levée des ſaiſies faites ès mains deſdits débiteurs leſquels à payer & vider leurs mains en celles de ladite partie de d'Averdy ſeront contraints, quoi faiſans déchargés, tous dépens compenſés; la préſente exécutée ſans préjudice de l'appel, & audit cas en baillant caution, qui ſera reçue par devant M. Petit-Pas, en témoin de ce, &c. Donné au châtelet de Paris par meſſire Jean le Camus, chevalier, &c. Lieutenant civil, tenant le ſiège le jeudi quatrième jour de décembre 1690. *Signé*, par collation, Joſſe.

croit appofée aux vrais principes. Il fe fonde ,
tant fur les raifons que nous avons rapportées
en faveur de l'opinion que le parlement a condamnée que fur les fuivantes : il obferve 1°. que
la faculté qu'un conjoint laiffe au furvivant de
choifir un de leurs enfans pour héritier, eft in-
conteftablement un fidéi commis : or il eft de
maxime que la repréfentation n'a pas lieu dans
les fidéi-commis en faveur des petits enfans ,
tandis qu'il y a des enfans au premier degré :
c'eft pourquoi les neveux ne peuvent jamais
concourir avec leurs oncles , & encore moins
leur être préférés.

2°. En matière de fubftitutions faites en faveur des enfans , les petits enfans n'y font pas
compris. Telle eft la doctrine de Menochius ,
de Fufarius & d'Expilly.

3°. Les jurifconfultes , & entr'autres Cujas
dans fon commentaire fur les queftions de Papinien , décident que celui qui eft chargé de rendre un fidéicommis à la famille du teftateur ou
de l'héritier doit fuivre l'ordre des degrés.

4°. Plufieurs auteurs diftingués , tels que Henrys , Faber , Fernand , la Peirère (*) , décident
tous que la mère ne peut pas choifir les petits-
enfans au préjudice des enfans.

A ces raifons que M. Bretonnier oppofe à la

_____

·(*) Ce dernier auteur dit dans fes décifions du parlement de Bordeaux , que quand l'inftitution eft faite , même
dans un contrat de mariage en faveur de celui qui fera
choifi , le petit-fils d'un des enfans predécédés ne peut point
être choifi tant qu'il y a des enfans du premier degré. Il
ajoute néanmoins qu'il a vu des arrêts qui ont confirmé le
Choix du petit-fils , mais il foutient que fa décifion eft
bonne.

jurifprudence du parlement de Paris , il faut
ajouter que M. Catelan fait mention d'un arrêt
du parlement de Touloufe par lequel il a été
jugé qu'un homme qui par fon contrat de mariage fait une donation à celui de fes enfans à
naître qu'il jugera à propos de choifir, ne peut
point par la fuite choifir un de fes petits-enfans
au préjudice de fes enfans du premier dégré. S'il
en doit être ainfi à l'égard du donateur même ,
il faut en conclure qu'une mère, qui n'eft qu'une
fimple dépofitaire, ne peut à plus forte raifon
avoir la liberté de choifir le fils de la fille puînée
prédécédée au préjudice de la fille aînée vi-
vante.

De plus, M. de Saint-Jean, préfident au parlement de Provence , qui a traité favamment la
même queftion dans fes décifions, cite un arrêt
du 18 mars 1585 , rendu par ce parlement en
faveur de la fille du teftateur, contre le fils d'une
autre fille qui étoit décédée, quoique la fille
furvivante eût approuvé le partage que fa mère
avoit fait des biens du fidéicommis entr'elle &
fon neveu.

Enfin l'auteur des lois civiles penfe que la
mère chargée de rendre à un des enfans, n'a pas
la liberté de choifir un petit-fils au préjudice de
fes enfans.

Ainfi il réfulte de tout ce qui vient d'être dit,
que la jurifprudence n'eft ni certaine, ni uniforme fur la queftion dont il s'agit.

Une femme inftituée héritière par fon mari
à la charge de rendre la fucceffion à celui de
leurs enfans qu'elle aura choifi, ne peut pas,
felon Henrys, charger de fubftitution l'enfant fur
lequel fon choix eft tombé. Cet auteur, dont

Ricard a embrassé l'opinion, dit que l'ayant ainsi jugé en qualité de juge de l'hôpital sur Rochefort, la sentence fut confirmée par celle du bailli de Forez, & que l'appel qui fut interjeté de cette dernière, fut jugé insoutenable par les avocats au parlement.

Le même Henrys remarque néanmoins qu'on juge le contraire tant au parlement de Toulouse, que dans ceux de Provence & de Dauphiné, comme l'attestent d'Olive, Mainard, Cambolas, Ferrière, Albert, Boniface, Duperrier, Basset & Vulson. Au parlement de Bordeaux, on distingue, dit la Peirère, si le Choix est fait par le contrat de mariage du fils ou par un acte particulier. Dans le premier cas, on rejette la substitution, mais on l'admet dans le second.

Catelan adopte la jurisprudence du parlement de Toulouse ; mais avec une condition très-juridique : il dit que l'héritier chargé de rendre à plusieurs, selon son Choix, peut changer celui à qui il rend de rendre à un autre des éligibles ; mais qu'il ne peut pas le charger de rendre à un autre non éligible. L'auteur cité fait mention d'un arrêt du mois de février 1679, qui a jugé conformément à cette décision. Bretonnier pense qu'il faut mettre à la condition dont on vient de parler une limitation, & considérer si l'élu a des enfans ou s'il n'en a point. Dans le premier cas, dit cet auteur, l'élu peut être chargé de rendre à ses enfans plutôt qu'à ses frères ; par exemple, un père charge sa femme de rendre sa succession à celui de ses enfans qu'elle voudra choisir ; elle nomme l'aîné & le charge de rendre à un de ses enfans : cette disposition est légitime, quoique les enfans de cet aîné ne foient pas du nombre des éligibles ; mais fi le père avoit chargé fa femme de rendre à l'un de fes enfans mâles, & que cette femme en remettant le fidéi-commis à l'un des mâles, le chargeât de le rendre à l'une des filles, cette difpofition ne feroit pas valable, parce qu'elle ne feroit pas conforme à l'intention du teftateur.

Par arrêt du 16 décembre 1529, le parlement de Grenoble a jugé contre l'opinion de Guypape, qu'un père chargé d'un fidéicommis envers fes enfans collectivement, ne pouvoit choifir un d'entr'eux au préjudice des autres, pour recueillir ce fidéicommis.

Sur cette queftion, Papinien & Cujas décident que celui qui eft chargé d'un fidéi-commis pour le rendre à la famille du teftateur, fatisfait à fon devoir en le rendant à un feul.

Du Perrier & Bretonnier diftinguent entre les fidéi-commis faits en ligne directe avec pouvoir de choifir, & ceux qui font faits en ligne collatérale. Dans le premier cas, ces auteurs penfent que le père & la mère ont la faculté de choifir un des enfans, ou d'en nommer plufieurs, comme ils le jugent à propos : dans le fecond cas, ils décident au contraire, qu'un parent collatéral ne doit pas jouir de cette faculté, à moins que le teftament ne la lui ait accordée expreffément ou tacitement.

Cujas fur la loi *unum ex familia*, de leg. 2, examine fi celui qui a le pouvoir d'élire un héritier, en peut choifir deux ou plufieurs, & il décide qu'il le peut. La raifon en eft, dit-il, que celui qui a le droit de nommer entre plufieurs

celui

celui qu'il juge à propos , peut faire enforte que le fidéi-commis appartienne à tous également : il fuffit pour cela de ne point faire de nomination : or fi par fon filence, il peut produire un tel effet, il eft bien jufte qu'il puiffe opérer la même chofe par une difpofition expreffe.

Cette opinion de Cujas a été embraffée par Fernand , Govéan , Fufarius , Defpeiffes & la Peyrère. Elle eft d'ailleurs conforme à la jurif-prudence des arrêts. Boyer & Papon en rappor-tent un du 24 mars 1535 , par lequel le parle-ment de Bordeaux a jugé felon la décifion de Cujas. Cambolas en rapporte un autre du 24 mars 1603 , par lequel le parlement de Touloufe a jugé qu'un père qui avoit promis dans fon con-trat de mariage de faire héritier un des enfans à naître de ce mariage , pouvoit en choifir plu-fieurs pour leur rendre fon hérédité. Le parle-ment de Paris a jugé de même le 15 janvier 1639.

Les exceptions qu'il faut faire à la règle qu'on a établie dépendent toutes de voir fi l'intention du teftateur a été que le fidéi-commis ne fût point divifé. On doit à cet égard confidérer non-feulement fes expreffions , mais encore les circonftances qui peuvent faire connoître fa vo-lonté.

Il fe préfente une autre queftion , qui eft de favoir fi celui auquel la faculté d'élire un des en-fans a été accordée , peut varier & faire un fe-cond Choix.

Pour prononcer fur cette matière , on doit diftinguer fi la faculté d'élire eft accordée fim-plement , ou dans un temps limité ou indéfini-ment.

Si le survivant a simplement la faculté d'élire
un des enfans, son pouvoir est fini aussitôt qu'il
a fait un Choix.

Il faut en dire autant du survivant qui a été
chargé de choisir un des enfans lorsqu'il sera majeur ou qu'il se mariera, comme cela se pratique
souvent.

Mais quand la faculté de choisir est indéfinie,
comme quand le testateur a donné au survivant
le pouvoir d'élire lorsqu'il lui plaira, ce pouvoir
dure pendant toute la vie du survivant, & il
peut varier jusqu'au dernier moment. Toutes ces
distinctions sont établies par Cujas, par Fernand
& par Barry.

On doit aussi distinguer entre les différens
actes par lesquels l'élection est faite. Si c'est par
un testament ou par quelqu'autre acte à cause
de mort, il n'y a pas de doute qu'elle ne puisse
être révoquée, puisque l'acte qui la contient le
peut être dans toutes ses dispositions, comme
Henrys l'a fort bien prouvé dans la question 76
du livre 5 de ses œuvres.

Mais si le Choix est fait par une donation
entre vifs, Chopin pense qu'il ne peut plus être
révoqué. Cette opinion se trouve confirmée par
un arrêt du 20 avril 1660, rendu en faveur des
créanciers de celui des enfans qui avoit été le
premier nommé par un acte entre vifs. Cet arrêt
est rapporté au journal des audiences, & cité
par l'auteur des additions au traité des substi-
tutions de Ricard. Boniface rapporte aussi à la
suite de son recueil un arrêt du 7 mai 1674,
par lequel le parlement de Provence a jugé que
le Choix fait dans une donation entre vifs étoit

irrévocable. Il eft vrai que la donation étoit de biens fujets à reftitution.

Lorfque le Choix eft fait par un contrat de mariage en faveur des époux ou de leurs enfans, il eft abfolument irrévocable. Le parlement de Paris l'a ainfi jugé par arrêt du 27 juillet 1658.

C'eft auffi la jurifprudence des parlemens de Provence & de Bordeaux, comme le prouvent les arrêts rapportés par Boniface & par la Peirère : mais au parlement de Touloufe on juge que fi celui qui a été élu par fon contrat de mariage, vient à décéder fans enfans, l'héritier fiduciaire peut faire un autre Choix. C'eft ce que juftifient les arrêts rapportés par d'Olive, par Cambolas & par Defpeiffes. De plus, l'arrêt du 27 mars 1631 rapporté par ces auteurs, a jugé qu'une fille que fon père avoit nommée héritière en la mariant, étant devenue veuve fans enfans, avoit pu être valablement privée de l'hérédité, au moyen du nouveau Choix que le père avoit fait de la perfonne de fon fils par un acte poftérieur. D'Olive remarque à ce fujet que plufieurs des juges eftimèrent que s'il y avoit eu des enfans, la première nomination n'auroit pu être révoquée à caufe de la faveur du mariage & des enfans ; ce qui fait connoître, ajoute Bretonnier, que l'efprit du parlement de Touloufe eft que toutes fortes d'élections, par quelque acte qu'elles foient faites, même par contrat de mariage, font révocables quand il n'y a point d'enfans iffus du mariage.

Par arrêt du 2 juillet 1640, le parlement de Paris a jugé qu'un fils que fa mère avoit élu héritier en vertu du pouvoir que le père lui en avoit donné, s'étoit rendu indigne de ce Choix en se mariant sans le consentement de sa mère.

- Et ce n'est pas seulement pour s'être marié sans le consentement de sa mère qu'un enfant peut être privé du bénéfice d'un tel Choix; il peut aussi être révoqué pour les injures que cet enfant peut faire à sa mère. C'est ce qu'a jugé le parlement de Grenoble par arrêt du 3 juillet 1675.

Des enfans étant convenus de partager entre eux le fidéi-commis sans attendre le Choix de leur père ou de leur mère, & ayant transigé en conséquence, on demande si c'est une injure ou une indignité suffisante pour les faire priver du fidéi-commis? Bretonnier qui propose cette question, répond qu'on doit distinguer si tous les enfans ont passé de concert la transaction, ou s'il n'y en a que quelques-uns : dans le premier cas, dit-il, ce ne seroit pas une indignité qui dût leur faire préférer un étranger : dans le second cas, au contraire, il estime que ceux qui ont eu la témérité de transiger sans le consentement de leur père ou de leur mère, doivent être exclus du Choix, lequel ne peut être fait qu'entre les autres enfans, quand même ce seroit des cadets ou des filles.

La Peirère dit qu'une telle transaction doit être déclarée nulle, parce qu'autrement ce seroit contrevenir à la volonté du défunt & donner aux enfans l'occasion de manquer d'égards pour leur mère.

Boniface rapporte néanmoins un arrêt du 29 octobre 1686, par lequel le parlement de Pro-

vence a déclaré une pareille tranfaction valable :
mais c'eft que le père en maltraitant fes enfans,
& en tirant d'eux de l'argent pour faire différens Choix, tantôt en faveur de l'un, & tantôt
au profit de l'autre, s'étoit rendu indigne de
choifir.

Nous renvoyons à l'article élection, l'explication des règles à fuivre dans le Choix qu'on
fait de certaines perfonnes pour remplir certains
bénéfices, certains offices, &c.

Lorfque dans la vente de l'une ou de l'autre
de deux chofes, on n'eft pas convenu que l'acheteur en aura le Choix, le vendeur peut délivrer celle qu'il juge à propos. La raifon en eft
que dans ce cas le vendeur eft confidéré comme
un débiteur, & qu'il eft de principe qu'un débiteur peut fe libérer de la manière qui lui paroît
la plus avantageufe.

Par la même raifon, fi un teftateur propriétaire de deux héritages de valeur inégale, en
avoit légué un fans le diftinguer de l'autre &
fans que rien indiquât lequel des deux il avoit
eu intention de léguer, l'héritier feroit alors
confidéré comme débiteur, & pourroit délivrer
au légataire celui des deux héritages qu'il jugeroit à propos, fans que le légataire pût choifir
l'un par préférence à l'autre.

Mais fi le legs étoit de chofes qui dans la
même efpèce peuvent être de différentes qualités, comme des chevaux, des tapifferies ; la
liberté du choix qu'auroit l'héritier n'iroit pas
au point qu'il fût en droit de délivrer au légataire
une tapifferie ufée & de nulle valeur, ou un
cheval pouffif. La raifon en eft qu'on ne préfu-

meroit pas que le teftateur eût donné cette étendue au droit de choifir qu'il laiffoit à fon héritier. Ainfi dans ce cas l'héritier ne peut donner
la plus mauvaife chofe, ni le légataire choifir la
meilleure : on doit déterminer le legs d'après
les qualités du teftateur & du légataire, & les
autres circonftances qui peuvent faire connoître
l'intention de ce teftateur.

Si le teftateur a donné au légataire le droit
de choifir une chofe entre plufieurs, comme
entre les chevaux qu'il a dans fon écurie, ou
entre les caroffes qui font dans fes remifes, le
légataire peut choifir la meilleure de ces chofes :
c'eft pourquoi l'héritier eft obligé de repréfenter
au légataire toutes les chofes de la fucceffion
qui font de l'efpèce de celles dont le Choix eft
légué. Et même fi par hafard & fans le fait de
l'héritier, il s'en trouvoit qui n'euffent pas été
repréfentées avant le Choix du légataire, il
pourroit choifir de nouveau. Au furplus, fi parmi
ces chofes il y en avoit quelqu'une qui fût fin-
gulièrement néceffaire à l'héritier pour affortir
quelque bien de la fucceffion, il feroit équitable
de l'excepter du Choix du légataire, fauf à indemnifer celui-ci en argent dans le cas où il ne
fe trouveroit aucune autre chofe de valeur égale
à celle que garderoit l'héritier. Cette décifion
eft fondée fur ce que le droit du légataire ne doit
pas s'étendre jufqu'au pouvoir de nuire à l'héritier. Et puifque celui-ci ne peut pas abufer de la
liberté du Choix, comme on l'a vu plus haut,
il convient que le légataire ne puiffe pas en abufer non plus.

Si le teftateur avoit ordonné que le Choix de

la chose léguée fût fait par une tierce personne,
afin que les intérêts de l'héritier & du légataire
fuſſent ménagés reſpectivement, & que cette
perſonne refuſât de remplir la commiſſion, le
légataire pourroit demander à l'héritier l'une des
choſes dont le Choix lui auroit été attribué, &
qui fût d'une valeur moyenne entre ce qu'il y
auroit de plus précieux & de moindre prix. S'ils
ne pouvoient pas s'accorder à ce ſujet, il faudroit que le choix ſe fît par une perſonne dont
ils ſeroient convenus, ou que le juge auroit
nommée.

Lorſque l'héritier ou le légataire ont un Choix
à faire, il faut qu'ils le faſſent dans un délai convenable & relatif à l'état des choſes, ou tel que
le teſtateur ou le juge l'auront réglé. Si celui qui
a le Choix néglige de le faire, l'autre partie peut
le ſommer de choiſir, avec proteſtation de ſe
faire adjuger les dommages & intérêts qui pourront réſulter du retardement.

Il ſuit delà que quand l'héritier qui a le Choix
ſe trouve en demeure à cet égard, & que les
choſes, dont une eſt léguée, viennent à périr
ou à être endommagées, il doit ſupporter la
perte qui peut avoir été occaſionnée par ſon retardement. On préſume alors que ſi la choſe léguée eût été délivrée dans le temps convenable,
le légataire l'auroit vendue ou en auroit prévenu
la perte.

Ce qu'on vient de dire de l'héritier s'applique
auſſi au légataire qui a le Choix & qui néglige
de le faire : il doit ſupporter les dommages &
intérêts auxquels ſon retardement a donné lieu,
tout comme l'héritier eſt tenu des ſuites du ſien.

Suppofez, par exemple, que deux chevaux dont
l'un eſt légué au Choix du légataire, viennent
à périr après le temps auquel le Choix auroit dû
être fait, la perte doit être ſupportée par le
légataire. La raiſon en eſt que l'héritier n'ayant
beſoin d'aucun des deux chevaux, auroit pu
vendre celui qui lui feroit reſté après le Choix
du légataire, s'il l'eût fait dans le délai convenable.

Lorſqu'après la mort du teſtateur & avant le
Choix à faire, ſoit par l'héritier ou par le légataire, les choſes ſoumiſes à ce Choix viennent
à périr ſans qu'on puiſſe imputer à cet égard aucune faute à l'un ni à l'autre, chacun perd ce
qu'il auroit eu ſans l'accident : cependant s'il
reſte une ſeule de ces choſes, elle doit appartenir au légataire : la raiſon en eſt que quoique
ſon legs ait été d'un droit de choiſir & qu'il n'y
ait plus de Choix à faire, l'intention du teſtateur
étoit qu'il eût une des choſes à choiſir : ainſi
celle qui reſte doit lui être délivrée.

Quand après le Choix fait par celui qui en
avoit le droit, la choſe choiſie vient à périr, la
perte en doit être ſupportée par le légataire ſans
qu'il puiſſe prétendre aucun droit aux autres
choſes ſur leſquels s'étendoit le Choix avant
qu'il fût fait. La raiſon en eſt qu'à l'inſtant de la
perte il étoit propriétaire de la choſe, & que
res perit domino.

Lorſque l'héritier ou le légataire ont une fois
choiſi, ſoit en juſtice ou de gré à gré, ils ne
peuvent plus varier, parce que le droit que le
teſtateur leur avoit donné eſt conſommé par ce
premier Choix.

Le légataire qui a le droit de faire un Choix, ne peut l'exercer avant que l'héritier ait accepté la succession. La raison en est qu'auparavant il n'y auroit personne à qui il pût faire connoître son Choix, & qui pût ou le contester ou l'accorder & faire la délivrance du legs. Ce seroit par conséquent en vain qu'il auroit fait un Choix.

Si le testateur léguoit une ou deux choses d'entre plusieurs, au Choix d'un légataire, & le reste à un autre, & que celui auquel le Choix auroit eté attribué renonçât à son droit, toutes ces choses appartiendroient au second légataire sans que l'héritier en pût prétendre aucune. La raison en est que l'expression des choses qui restent après le Choix du premier légataire, les comprend toutes lorsqu'il n'en prend aucune.

Si le légataire vient à mourir avant d'avoir fait le Choix auquel il étoit autorisé, il transmet à son héritier & le droit au legs & celui du Choix.

Les articles 15 & 16 de la coutume de Paris attribuent à l'aîné tant dans la succession de son père que dans celle de sa mère, *un hôtel tenu en fief, tel qu'il veut choisir pour son principal manoir ;* mais aussitôt qu'il a fait son Choix, il ne peut plus varier. C'est l'avis de Dumoulin.

La même jurisprudence doit s'appliquer à la veuve qui a le droit de choisir entre un douaire préfix & le douaire coutumier. Dès qu'elle a choisi l'un ou l'autre, elle ne peut plus faire un nouveau Choix. C'est ce qu'ont décidé la coutume de Laon, ainsi qu'Auzanet & Lebrun.

Dans plusieurs chapitres, les statuts ou la coutume donnent au plus ancien chanoine, de degré en degré, le droit de choisir dans un certain temps la prébende qui vient à vaquer, à la charge de renoncer à celle dont il est pourvu ; & cette derniere peut être choisie par celui qui est après lui & ainsi de suite ; ensorte que le possesseur du dernier canonicat vacant, n'a que la prébende que les autres chanoines ont refusée.

Il faut remarquer que le mot de prébende, quand il s'agit d'option, se prend pour le revenu destiné à l'entretien d'un chanoine & non pour le canonicat.

Les règles relatives au genre de vacance qui peut donner lieu au Choix, & celles qui concernent le temps dans lequel ce Choix doit être fait, dépendent des termes dans lesquels les statuts sont conçus. Il y a des chapitres où le Choix des prébendes n'est admis que pour les vacances par mort : il y en a d'autres où il a aussi lieu dans les cas de la résignation en faveur & de la permutation.

Lorsque le pape admet une résignation en faveur, il y auroit abus s'il inséroit dans les provisions que le résignataire jouira du même gros que le résignant, au préjudice des statuts du chapitre, qui admettent le Choix en toute sorte de mutation. Le parlement de Paris l'a ainsi jugé par arrêt du 19 juillet 1689 pour les prébendes de Saint-Pierre de Poitiers.

Quand le statut qui autorise le Choix des prébendes n'a pas été confirmé par des lettres-patentes, le Chanoine pourvu en régale prend la prébende dont jouissoit le chanoine auquel il fuccède, fans qu'aucun autre puiffe la choifir à fon préjudice. Il faut en dire autant du chanoine pourvu par vacance en cour de Rome ; mais le Choix peut être exercé au préjudice des expectans, de quelque nature que foit leur expectative.

Voyez *les œuvres de Henrys & de Bretonnier ;* *les arrêts de Maynard ; Guypape , en fes queftions ; les arrêts de Boniface ; les décifions de Lapeyrère ; Ricard , traité des fucceffions ; les arrêts de Baffet ; Vulfon , traité des élections ; le traité des lois civiles , par Domat ; Boyer , dans fes décifions ; les arrêts de Papon ; le journal du palais ; les œuvres de Cujas ; Barry , traité des fucceffions ; Chopin , de privileg. ruft. les œuvres de Defpeiffes ; le journal des audiences ; Dumoulin , fur la coutume de Paris ; les œuvres de Lebrun ; les mémoires du clergé ; les lois eccléfiaftiques de France ; le dictionnaire du droit canonique ,* &c. Voyez auffi les articles ÉLECTION, OPTION, PARTAGE, HÉRITIER, SUCCESSION, TESTAMENT, LEGS, ÉCHEVINS, TUTEUR, CURATEUR, CHANOINE, PRÉBENDE, VACANCE, RÉSIGNATION, EXPECTATIVE , &c.

CHOMAGE D'UN MOULIN. C'eft l'efpace de temps qu'un moulin eft fans travailler.

Suivant l'article 45 du titre 27 de l'ordonnance des eaux & forêts du mois d'août 1669, ceux qui occafionnent le Chômage d'un Moulin relativement à leur navigation ou flottage , doivent payer quarante fous d'indemnité pour le temps de vingt-quatre heures au propriétaire de ce moulin , ou au meûnier fon fermier : mais on n'a droit à cette indemnité que pour le Chômage des Moulins établis fur les rivières navigables ou flottables avec titre & conceſſion. Il eſt au ſurplus très-expreſſément défendu d'exiger une indemnité plus forte que celle dont on vient de parler , & de retarder en aucune manière la navigation ou le flottage , à peine de mille livres d'amende , outre les dépens , dommages & intérêts , qui dans ce cas doivent être réglés par les officiers des maîtriſes.

L'article 46 du titre cité , porte , que s'il arrive quelque différent pour les droits de Chômage des Moulins , ou pour les ſalaires des maîtres de pont & gardes de pertuis , portes & écluſes des rivières navigables ou flottables , ces droits ou ſalaires doivent être réglés par le grand maître , ou en ſon abſence , par les officiers de la maîtriſe , après que les marchands trafiquans & les propriétaires ou meûniers ont été préalablement ouïs. Les ordonnances rendues à cet égard doivent s'exécuter par proviſion nonobſtant l'appel & ſans y préjudicier.

L'article 14 du chapitre 17 de l'ordonnance du mois de décembre 1672 a auſſi réglé à quarante ſous par jour le Chômage d'un Moulin, de quelque nombre de roues qu'il ſoit compoſé, lorſqu'il vient à chômer au ſujet du paſſage des bois flottés : la même loi porte que ſi les marchands de ces bois ſont en poſſeſſion de payer une moindre ſomme aux propriétaires des moulins ou à leurs meûniers , ceux-ci ſeront tenus de s'en contenter : elle défend d'ailleurs aux meûniers , à peine du fouet , de ſe faire payer aucune autre ſomme , ſinon pour leur travail particulier , comme ils ont pu en convenir de gré à gré avec les marchands ou leurs facteurs.

Lorfqu'un moulin banal vient à chômer, ceux qui font fujets à la banalité, peuvent après avoir attendu vingt-quatre heures, aller moudre ailleurs.

Voyez les lois citées & les inflitutes coutumières de Loifel. Voyez auffi les articles MOULIN, BANALITÉ, FLOTTAGE, &c.

Fin du Tome dixième.

CORRECTIONS.

TOME III de la feconde Edition.

Page 551, ligne 1, droit coutumier, lifez douaire coutumier.

TOME VI.

Plufieurs jurifconfultes ont penfé qu'une rente conflituée devoit toujours fuivre la loi du domicile que le créancier avoit lors de la création de la rente : Tronçon & le Preftre citent même deux arrêts, l'un du 5 mars 1598 & l'autre du 10 février 1608 qui l'ont ainfi jugé : cette opinion a été adoptée par l'auteur de l'article BIENS : mais quelque juftes que foient en général les décifions de cet auteur, nous regardons celle-ci comme oppofée à la faine doctrine; & la raifon fur laquelle on la fondée ne peut être d'aucune confidération. En effet, fuppofons qu'un habitant de la Lorraine ou les rentes conflituées font réputées biens meubles, fe foit rendu adjudicataire d'une rente conflituée faifie réellement à Paris fur le créancier, dira-t-on que quand la fucceffion de cet adjudicataire fera ouverte en Lorraine, il faudra pour diftribuer la rente acquife fuivre la loi du domicile du créancier originaire qui étoit habitant de Paris où cette forte de bien eft réputée immeuble? perfonne n'oferoit fans doute foutenir férieufement un tel paradoxe. Et quand pour appuyer fa décifion, l'auteur dont nous refutons l'opinion a dit que fi l'on fe régloit autrement que fur le domicile qu'avoit le créanciers lors de la création de la rente, il feroit facile à un particulier qui auroit de ces fortes de biens de les rendre meubles ou immeubles à fon gré, en changeant de domicile, il a dit une chofe vraie, mais qui ne préfente pas plus d'inconvéniens que le droit qu'a tout homme libre de vendre fes biens immeubles pour les convertir en bijoux ou autres meubles : fupprimez donc à la page 25, ligne 27, ces mots cependant il a été jugé &c. Jufqu'à la douzième ligne de la page 26 inclufivement, & lifez à la place ce qui fuit : & il en donne une raifon qui ne fouffre point de replique: c'eft qu'une rente conftituée n'étant un bien que dans la perfonne du créancier à qui elle appartient, il n'y a que la loi qui régit la perfonne de ce créancier qui doive régler fi une telle rente eft un bien meuble ou immeuble. *Voyez* au furplus l'article RENTE CONSTITUÉE.

Comme parmi, &c.

Les Tomes XI & XII paroîtront au mois de juin 1777.